Nachbar Hitler

Ulrich Chaussy

Nachbar Hitler

Führerkult und Heimatzerstörung am Obersalzberg

Mit aktuellen Fotos
von Christoph Püschner

6., überarbeitete und erweiterte Auflage

Ch. Links Verlag, Berlin

Die Deutsche Nationalbibliothek verzeichnet diese Publikation in der
Deutschen Nationalbibliographie; detaillierte bibliographische Daten
sind im Internet über http://dnb.ddb.de abrufbar.

6., überarbeitete und erweiterte Auflage, Juni 2007
© Christoph Links Verlag – LinksDruck GmbH, 1995
Schönhauser Allee 36, 10435 Berlin, Tel.: (030) 44 02 32 - 0
Internet: www.linksverlag.de; mail@linksverlag.de

Umschlaggestaltung: Kahane Design, Berlin,
unter Verwendung einer historischen Postkarte,
die eine Besuchergruppe vor Hitlers »Berghof« zeigt

Innengestaltung: Eberhard Delius, Berlin
Satz: Ch. Links Verlag, Berlin
Lithos: Reprowerkstatt Rink, Berlin
Druck- und Bindearbeiten: Bosch Druck GmbH, Landshut

ISBN 978-3-86153-462-4

Inhalt

Hitlers Panorama
Ausblick auf dieses Buch 7

1. Sommerfrische
Ein Bergdorf kommt in Mode 12

2. Inkognito
Hitlers Zuflucht Obersalzberg 25

3. Freundschaftsdienste
Hitlers erste Helfer 34

4. Die Eichengrüns (1)
Eine jüdische Familie 40

5. Haus »Wachenfeld«
Hitler wird Nachbar 45

6. Hitler oder Jesus
Der Kult um den Kanzler 49

7. Die Eichengrüns (2)
Gehen, bevor die Haberer kommen 58

8. Der verfehmte Volkskünstler
Der Bildhauer Gerhard Marcks auf dem Obersalzberg 61

9. »Wer war hier zuerst?«
Die Vertreibung des »Türken«-Wirtes 69

10. Hitlers Geld
Vermögensbildung in Führerhand 81

11. Gleichschaltung
Politik, Freizeit und Verbrechen (1) 85

12. Ein Dorf wird ausradiert
Die Vertreibung der Bewohner 94

13. Architekt in eigener Sache
Der Bau von Hitlers »Berghof« 108

14. KZ für einen Widerspenstigen
Johann Brandners langer Weg nach Hause 116

15. Architektur im Höhenkoller
Großbaustelle und »Kehlsteinhaus« 121

16. Die Eichengrüns (3)
Bilanz einer Entrechtung 131

17. Gipfeltreffen
Politik, Freizeit und Verbrechen (2) 137

18. Bunker und Bomben
Hitler schützen, Hitler töten 150

19. Fronarbeit für die Herrenrasse
Ausländer am Obersalzberg 162

20. Operation Foxley
Wie die Briten Hitler töten wollten 168

21. Off Limits
Kriegsende und Nachkriegszeit 180

22. Der Führer lebt
Eine Geisterbahnfahrt 197

23. Schlußakkord
Von der unendlichen Geduld der Häuser 212

Wellness und Geschichtsbewußtsein
Nachwort zur überarbeiteten und erweiterten 6. Auflage 222

Anmerkungen 229

Bildnachweis 244

Personenregister 245

Angaben zu den Autoren 248

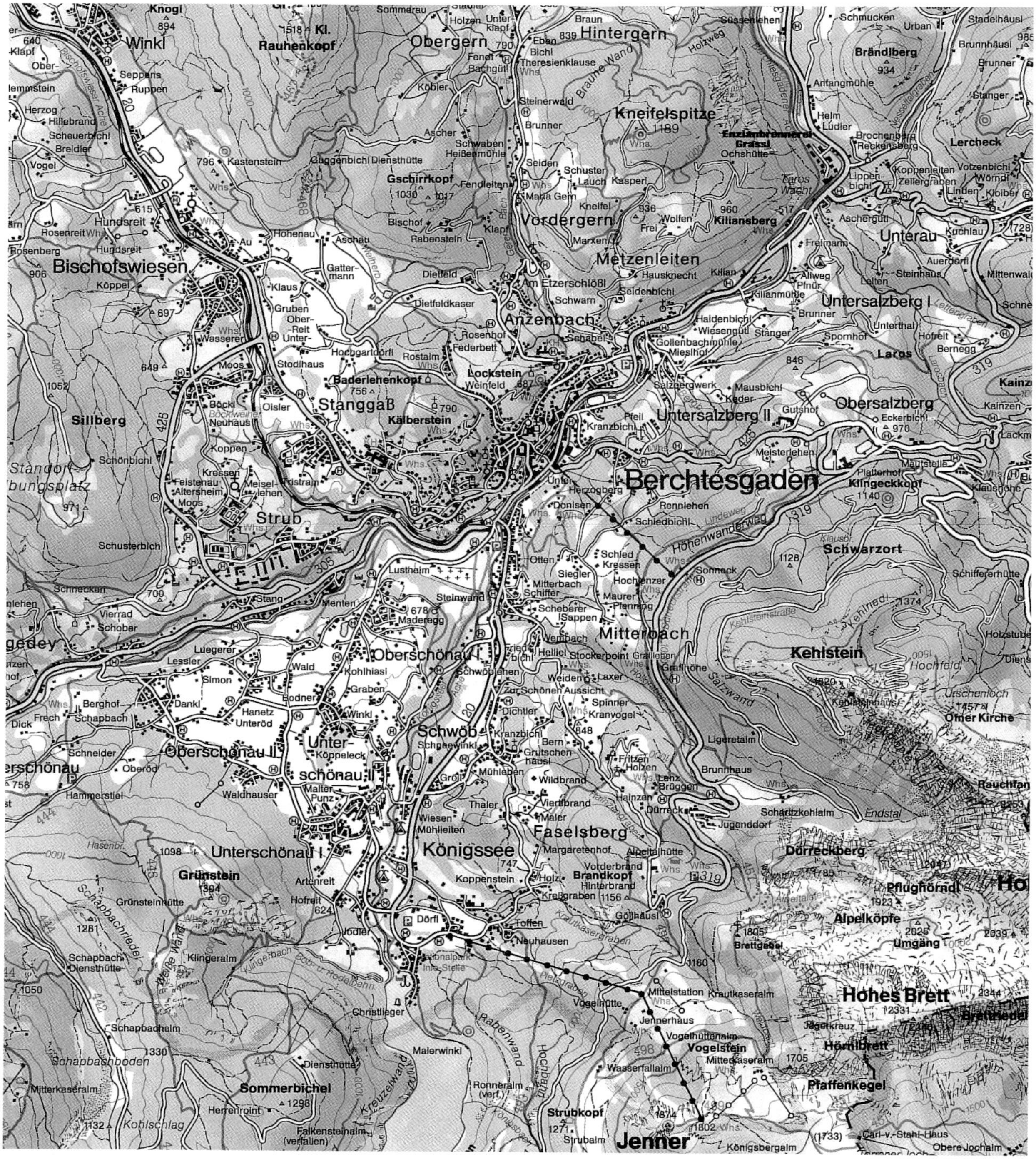

Winkl
Kl. Rauhenkopf
Obergern
Hintergern
Kneifelspitze
1189
Brändlberg
934
Lercheck
Bischofswiesen
Gschirrkopf
Vordergern
Kiliansberg
Unterau
Metzenleiten
Untersalzberg I
Anzenbach
Laros
Baderlehenkopf
Lockstein
Stanggaß
Kälberstein
Obersalzberg
Untersalzberg II
Sillberg
Berchtesgaden
Klingeckkopf
Strub
Schwarzort
Mitterbach
Kehlstein
Oberschönau
Oberschönau II
Unter-schönau II
Schwöb
Faselsberg
Königssee
Unterschönau I
Grünstein
Brandkopf
Dürreckberg
Pflughörndl
Alpelköpfe
Hohes Brett
Hörnlbrett
Vogelstein
Pfaffenkegel
Sommerbichel
Strubkopf
Jenner
Mittelstation
Jennerhaus
Carl-v.-Stahl-Haus
Königsbergalm

Hitlers Panorama
Ausblick auf dieses Buch

Am 25. April 1945 nehmen 318 britische Lancaster-Bomber Kurs auf Berchtesgaden. Ihr Ziel ist nicht der Ort im Talkessel, sondern ein Berggipfel und ein eingezäuntes Gelände auf einem Hochplateau unterhalb des Kehlsteins, der Obersalzberg.[1] Die Piloten haben 1811 Tonnen Bomben an Bord, die nach ihrem Einsatzbefehl vor allem für nur zwei genau bezeichnete Gebäude bestimmt sind: »Eagles Nest« auf dem Gipfel des Kehlsteins und »Wachenfeld at the village of Obersalzberg«. Die gewaltige Menge von beinahe eintausend Tonnen Bomben pro Gebäude läßt ahnen, als wie wichtig die Zerstörung dieser Ziele von Briten und Amerikanern angesehen wird.

»Eagles Nest« und »Wachenfeld« sind Häuser Adolf Hitlers, das wissen die britischen Bomberpiloten, und somit hat deren Zerstörung in dieser letzten Phase des Krieges schon allein symbolischen Wert. Der einst allmächtige *Führer* hat sich seit Mitte März mit seinem Stab im Bunker unter

Hitlers Panorama als Postkarten-Motiv, 1935

Überwucherte Ruinen am Obersalzberg

der Reichskanzlei im eingeschlossenen Berlin verschanzt; er soll hierher, in den noch unbesetzten Süden Bayerns, nicht mehr ausweichen können.

Die 1811 Tonnen Bomben gelten der Zerstörung eines mythischen Bezirks. Dabei werden die britischen Bomberpiloten nicht so sehr an die massentouristisch erschlossene Kultstätte des Führer-Mythos gedacht haben, sondern eher an den militärischen Mythos von der Alpenfestung, wonach das Gelände am Obersalzberg womöglich nur der Einstiegspunkt in eine im Fels verborgene uneinnehmbare Festung sei, in der sich Hitler verbergen könne – so wie einst Kaiser Barbarossa im Kyffhäuser – oder, so will es eine andere Variante der Sage, im dem Obersalzberg gegenüberliegenden Untersberg.

Das Wort von der *Alpenfestung* hatte einen ähnlichen Klang wie die Rede von den *Wunderwaffen*. Fast niemand wußte, was sich dahinter verbarg, doch alle munkelten darüber – eine subtile und durchaus erwünschte Form der Propaganda, die mit irrationalen Hoffnungen zum fanatischen

Durchhalten anfeuerte, während jedem nüchtern Denkenden die unabwendbare militärische Niederlage längst vor Augen stand.

Was die Gebäude anbelangt: »Eagles Nest«, das Kehlsteinhaus, übersteht den Angriff am 25. April 1945 unbeschädigt. Nicht eine Bombe trifft, obwohl die deutsche Flakabwehr zwischen erster und zweiter Angriffswelle ausgeschaltet wird. »Wachenfeld at the village of Obersalzberg« und die meisten der umstehenden Gebäude werden zerstört.

Doch wieder überlebt ein Mythos, ja er wird von diesem 25. April 1945 an erst geschaffen. Das Datum des Bombenangriffs gilt fortan als »die Zerstörung des Obersalzbergs«. Wunderbare und bestaunenswerte Bauten habe es gegeben, nun seien sie verschwunden mit Ausnahme des Kehlsteinhauses. Bis heute wird dieser Mythos gepflegt, jedoch hinter vorgehaltener Hand. Denn wer in den vergangenen Jahren als Tourist ins Berchtesgadener Land kam, erfuhr davon bis 1999 nichts. Keine Rede davon in den offiziellen Prospekten des Fremdenverkehrsamtes. Daß hier am Obersalzberg seit den zwanziger Jahren Hitlers Privathaus stand, das bald auch ein zweiter Amtssitz wurde, ist lange Zeit weder dem Landkreis und der Marktgemeinde Berchtesgaden noch dem Freistaat Bayern der Erwähnung wert gewesen.

Immer aber erzählt irgendwer, da sei etwas

Touristen auf dem Golfplatz in Obersalzberg, früher der »Gutshof« von Martin Bormann

gewesen da oben am Berg. Jeder Besucher Berchtesgadens schnappt irgendwann die Nachricht auf, hört, da müsse man hin. Die Aussicht sei schön, das auch. Man fährt hinauf. Man landet an auf einem Parkplatz, steigt aus, späht in das Tal, wenn die Sicht es erlaubt, schaut sich um. Entdeckt schließlich die Andenkenläden und stöbert wißbegierig nach Informationen. Findet Broschüren zuhauf. Hier erst, so scheint es, wird offen gesprochen, bunt und schwarzweiß und in Skizzen und Karten. Haben andere etwas zu verbergen? Die Neugierde steigt und macht uns dadurch oft notgedrungen zum Komplizen bonbonfarbener Broschüren. Wir saugen alles auf: Die Skizze mit dem Lageplan. Hier Hitlers »Berghof«, dort Görings Villa, da Bormanns Haus, dahinter die Kaserne der SS. Wir werden, so scheint es, informiert.

Detailgenau werden wir über die Architektur und das Interieur der Mächtigen des Nazireiches ins Bild gesetzt. Wir studieren Ansichten von Hitlers »Berghof« – eben jenes Gebäude, das in der Zielinformation der britischen Piloten »Wachenfeld« hieß, Görings Villa, Bormanns Landhaus und das Kasernenkarree der SS. Wir erfahren von kilometerlangen Bunkerstollen, die unter den Häusern in den Berg getrieben wurden. Eine Aura von Macht und Geheimnis geht von den offenbar verdrängten Prunkbauten einer erst jüngst untergegangenen Ära aus.

Wir rekonstruieren im Kopf das geschleifte Ensemble. Unser Blick schweift heute über wüstes Gelände und unwirtliches Unterholz, imaginiert, was dort stand und nun verschwunden ist. Am 25. April 1945 haben 318 britische Lancaster-Bomber den Obersalzberg zerstört. Das merken wir uns und fahren ins Tal.

Es gibt jedoch mehr zu entdecken für den, der sich herantastet an die Baugeschichte des Obersalzbergs in der Zeit des Nationalsozialismus. Der Bau selbst war Zerstörung. Zerstört wurde das gewachsene Bergdorf Obersalzberg für eine Prominentensiedlung. Der Bau einiger Häuser für die Elite des *Dritten Reiches* ist ein kleines Modell für die Errichtung der Herrschaft des Terrors, mit dem dann das ganze Land regiert wurde. Wie unter einer Lupe läßt sich im Planquadrat Obersalzberg beobachten, wie der Nationalsozialismus in Deutschland entsteht, sich festigt, funk-

Hitler als Motiv der zeitgenössischen Souvenirindustrie, Porträtpostkarte mit Landschaftsmalerei auf Baumscheibe, ca. 1940

tioniert. Die handelnden Personen sind dabei wie immer einfache Nachbarn und einfache Nazis, aber – im Unterschied zu anderen regionalgeschichtlichen Studien – nicht irgendwelche örtlichen Nazi-Bonzen, sondern die führende Garde: Adolf Hitler, Hermann Göring, Martin Bormann und das Gefolge ihrer Adjutanten und Helfershelfer.

Dieses Buch über den Obersalzberg erzählt nicht nur von den Jahren 1933 bis 1945.

Wer einschätzen möchte, was Hitlers persönliche und architektonische Verherrlichung am Obersalzberg angerichtet hat, muß weiter ausgreifen – zunächst in die Zeit vor dem Nationalsozialismus, um sich ein Bild machen zu können, welche Menschen dort vorher wohnten, wie ihre Häuser aussahen, wie die Menschen lebten und arbeiteten. Dieser geschichtliche Rückblick beginnt Mitte des 19. Jahrhunderts, als jene Besiedelung entstand, die Hitler am Obersalzberg vorfand.

Hitlers langer Schatten ist auch nicht mit dem Bombenangriff am 25. April 1945 vom Obersalzberg gewichen – eine Rückkehr in ihre alte Heimat ist den ehemaligen Bewohnern Obersalzbergs verwehrt worden. Zwar wurden die ausgebombten Ruinen der Nazi-Bauten gesprengt, die alte Bebauung aber durfte nicht wieder erstehen. An ihrer Stelle wucherten auf dem ehemaligen Hitler-Bezirk Gestrüpp und Gerüchte. Den forstlichen Wildwuchs hat der bayerische Staat so gewollt, Kabinettsbeschlüsse aus den fünfziger Jahren belegen das: Man glaubte im Ernst, über die Geschichte des Berges werde im doppelten Sinne Gras wachsen. Für den sich statt dessen einstellenden publizistischen Wildwuchs übers Gute an der Nazi-Zeit im allgemeinen und den jovialen Privatmann Hitler am Obersalzberg insbesondere hat sich niemand zuständig gefühlt.[2] Fünfzig Jahre haben sämtliche Bayerischen Staatsregierungen, die Berchtesgadener Landräte, Gemeinderäte und Bürgermeister diesem Treiben reglos zugeschaut.

Schon 1949 hatten die Amerikaner das bei Kriegsende beschlagnahmte Obersalzberger Gelände, das sie bei ihrem Einmarsch als NSDAP-Gelände vorgefunden hatten, dem Freistaat Bayern zum Eigentum übertragen. Die Amerikaner behielten sich die Nutzung einiger nicht zerstörter Gebäude und Grundstücke vor. Sie richteten auf dem Obersalzberg ein Erholungszentrum für Soldaten und ihre Familien ein. Der Freistaat Bayern kümmerte sich in den vergangenen fünfzig Jahren nur in zwei Angelegenheiten um sein Erbe aus der Nazi-Zeit. Er weigerte sich durch alle Gerichtsinstanzen, den von der NSDAP vertriebenen ehemaligen Privatbesitzern ihre Grundstücke zurückzugeben – und er verkaufte andererseits unter dubiosen Umständen in den sechziger Jahren auf einen Schlag fast das ganze Areal an einen Großhotelier. Das Bundesverfassungsgericht in Karlsruhe machte schließlich diese Transaktion rückgängig, die als »Steigenberger-Skandal« in die Annalen der Bayerischen Nachkriegsgeschichte einging. Auch er gehört zur Geschichte des Obersalzbergs.

Ausgelöst hatte den »Steigenberger-Skandal« ein in Berchtesgaden lanciertes Gerücht, das sich dann als Falschmeldung entpuppte. Die Falschmeldung lautete damals, die Amerikaner räumten den Obersalzberg, die Hotels und das Gelände würden frei. Was damals Falschmeldung war, ist heute Fakt: Im Februar 1995 erklärte das Hauptquartier der amerikanischen Streitkräfte in Deutschland offiziell und verbindlich, man werde den Obersalzberg noch in diesem Jahr endgültig verlassen.

Die Verantwortung für alles, was mit dem Obersalzberg zukünftig geschieht, liegt nun wieder in deutscher Hand. Ein Grund mehr, die Geschichte dieses Berges genau zu studieren.

Sommerfrische

Ein Bergdorf kommt in Mode

Michael Lochner ist höchst erstaunt. Noch nie hat ihn jemand aufgesucht, um ihn nach seiner alten Heimat Obersalzberg zu befragen, sagt er mir, als ich ihn 1987 ausfindig gemacht hatte. Er führt Christoph Püschner und mich in seine Wohnung im Berchtesgadener Ortsteil Strub, ein kleines Haus auf einem geräumigen Gartengrundstück, in dem er seit fünfzig Jahren, seit seiner Vertreibung vom Obersalzberg lebt und arbeitet. Überall an den Wänden hängen Bilder, Landschaftsansichten, religiöse Szenen, Stilleben und immer wieder Landschaften. All diese Bilder hat Michael Lochner gemalt.

Er arbeite nun nicht mehr, von ein paar kleinen Skizzen abgesehen. Die Augen, sagt er, sie machen nicht mehr so mit bei einem 90jährigen. Ich rechne zurück: Geburtsjahrgang 1897.

»Ich bin geboren am 4. September '97, am Obersalzberg an der ›Baumgartmühle‹. Meine Mutter hat 13 Kinder gehabt, und wir haben eigentlich immer Not gehabt. Aber das ist damals üblich gewesen. Meine Mutter hatte ein kleines Geschäft. Sie verkaufte Brot, Salz, Mehl und was so ungefähr notwendig war da oben. Das war die Einnahme, und dann ein bißchen an Gäste vermieten. Der Pianofabrikant Bechstein und der Herr von Linde, ein sehr netter Mann, das waren unsere Nachbarn.«[1]

Michael Lochner steht auf und kramt eine alte Fotografie aus seinen Unterlagen. Sie zeigt ein holzverkleidetes Haus mit weit ausladendem, flachem Giebel, hineingeduckt in ein Eck des Berghanges, durch das der Bach fließt, der dem Haus den Namen gab: »Baumgartmühle«. Und er zeigt uns, daß diese Mühle in seinen Skizzen und Zeichnungen immer wiederkehrt. Über Michael Lochners Bett hängt die »Baumgartmühle« als Ölgemälde.

Nichts von dem, was Lochner erzählt, kann man sich vorstellen, wenn man heutzutage von der Hauptverkehrsstraße im Berchtesgadener Tal, der Salzburger Straße, entlang der Berchtesgadener Ache abbiegt, die Brücke überquert und dann der Straße B 425 vier Kilometer steil und immer steiler bergan folgt, 7 % Steigung, dann 10, 22 und schließlich 24 % kündigen die Schilder am Straßenrand an. Obersalzberg, 4 km, steht auf dem gelbgrundigen deutschen Wegweiser, flankiert von den weißen Hinweisschildern der Amerikaner mit *Stars and Stripes*: AFRC General Walker/Skytop Lodge. Auf dem knappen letzten Kilometer dieser Strecke, unweit der Einfahrt zu dem jetzigen Golfclub- und Skigelände »Skytop-Lodge« der Amerikaner, da standen einmal, Parzelle für Parzelle, links und rechts der Straße auf dem Hang abgetrotztem Gelände die Häuser des verschwundenen Dorfes Obersalzberg, stand auch die »Baumgartmühle« der Familie Lochner.

Wir finden den Ort nicht wieder, erzählen wir Michael Lochner bei einem zweiten Besuch, sind hinauf- und wieder hinuntergefahren, haben jede Biegung, jedes Eck gemustert, ob hier oder dort sein Haus gestanden haben könnte, ohne uns sicher zu werden. So fragen wir ihn, ob er nicht mit uns kommen wolle.

Lochner zögert einen Moment.

Er ist seit seiner Absiedelung kaum mehr dort oben gewesen, auch nicht nach dem Ende der Nazi-Zeit, als ihn niemand mehr hinderte, sich dort oben umzuschauen.

Übersicht vom Obersalzberg vor 1933, Postkarte

»Da bin ich einmal am Obersalzberg gewesen und hab' meinen Skizzenblock dabeigehabt, und dann hab' ich das zerstörte Haus ›Wachenfeld‹, das Führerhaus, hab' ich dann skizziert. Das wurde dann gesprengt noch, da war nicht mehr viel da vom Haus.«

Lochner redet so tonlos, als habe er seine letzten Erinnerungen an und Gefühle für die alte Heimat damals ein für allemal in den Block schraffiert. Hat er bei dieser Gelegenheit nicht auch an eine Rückkehr gedacht?

»Ja mein Gott. Schließlich haben sich die Gefühle verändert. Ich wußte, daß dies alles umsonst war, und hab' die Skizze gemacht und hab' mich für den Obersalzberg nicht mehr interessiert. Hab' auch kein Interesse mehr. So ist das.«

Trotzdem können wir ihn überreden, uns zu begleiten. Bedächtig zieht Lochner seine klobigen Bergschuhe an, erinnert sich an die langen Wege, die er damals am Berg zu gehen hatte. »Sehen Sie, wir sind nach Berchtesgaden in die Schule gegangen. Das war immer ein Weg von einer Stunde, runter, und hinauf auch eine Stunde.«

Die Straße, die Lochner Tag für Tag gegangen ist, die sich dem Gedächtnis der Füße eingeprägt hatte, war damals noch ungeteert. Fast alle Spuren, die er kannte, sind längst getilgt und zudem im Zeitraffer unserer zehnminutigen Auffahrt mit dem Auto schwer zu erkennen. Lochner schaut etwas teilnahmslos aus dem Fenster, meint dann, noch ein gutes Stück zu früh, den ehemaligen Standort seines Elternhauses gefunden zu haben, schüttelt aber beim Näherkommen den Kopf. Langsam fahren wir weiter bergauf. Lochner

Obersalzberg bei Berchtesgaden, Bayer. Hochland

schaut betreten, als nach einer Kurve das »Hotel Türken« auftaucht und ihm klar wird, daß er an seiner alten Heimat vorbeigefahren ist, ohne sie wiederzuerkennen. Wir kehren um, fahren zurück. Lochners Ehrgeiz erwacht, er späht jetzt angespannt in das Unterholz auf der linken Hangseite, ist sich schließlich sicher und läßt uns anhalten. Wir parken das Auto und steigen aus. Von der Lichtung im Anschluß an die Kurve der Straße, auf der die »Baumgartmühle« errichtet worden war, ist nichts geblieben, die gesamte Fläche überwuchert. Nur der Bach, der dem Haus den Namen gab, plätschert in derselben Einkerbung der beiden aufeinanderstoßenden Hangrücken zu Tal, in der er auch damals floß. Wir bahnen uns mit Lochner einen Weg in das Gestrüpp. Kein Stein, kein Fundamentstreifen, nicht der kleinste Rest ist von Lochners verschachtelt gebautem, angebautem und wieder und wieder erweitertem Elternhaus zu entdecken. Wir hatten uns vorgestellt, Michael Lochner könne das Ölbild der »Baumgartmühle« dort hintransportieren wie das Mittelstück eines schon nahezu fertigen Puzzlebildes, das dort fugenlos hineinpaßt und es schließt. Aber jetzt steht Lochner mit dem selbstgemalten Bild der »Baumgartmühle« nur im Gestrüpp wie ein vom Himmel gefallener Kunsthändler. Der Grund, auf dem er steht, hat jede Erinnerung abgestreift. Nur der alte Maler kann noch ein paar der Bilder aus seiner Jugendzeit skizzieren.

»Gebaut wurde das Haus schon viele Jahre, bevor wir kamen. Das war die sogenannte Wolkenbruchmühle. Eine Frau hat sie bewirtschaftet. Mein Vater hat dann die Mühle bei ihr gekauft und hat's ungefähr 1905 umgebaut, für den Lebensmittelladen. Wir Kinder sind nach Berchtesgaden in die Schule gegangen, und dann bin ich zum Herrn Renoth in die Lehre gekommen. Das

Panorama-Postkarte von Obersalzberg in den dreißiger Jahren

war mein Lehrmeister, das war eine sehr günstige Sache. Der Mann hat mir was beigebracht. Und von da an bin ich dann mehr oder weniger selbständig als Maler, hab' ich dann gearbeitet, nicht wahr: immerzu Landschaften.

Das war so eine Sache. Der Weg war nicht leicht, denn ohne jede Unterstützung ist es schwer, einen solchen Weg einzuschlagen, als Kunstmaler. Ich hab' doch Glück gehabt, bin dann nach München und nach Berlin gegangen und hab' Ausstellungen besucht und hab' auch auf diese Weise den Einblick bekommen, wie ein Bild werden muß. Ich hab' meine Bilder gemalt, kleine Anfänge, und wußte aber nicht, daß der Adolf auch ein Zeichner war.«

Es gibt nicht viele Blätter des von der Wiener Kunstakademie abgelehnten Studienbewerbers Adolf Hitler, von denen bekannt ist, daß sie später, in den dreißiger Jahren, hier am Obersalzberg entstanden. Einige aber sollten von einschneidender Bedeutung werden für Michael Lochner, seine Familie, seine Nachbarn, für die »Baumgartmühle« und die meisten anderen Gebäude in der Nachbarschaft. Diese Blätter sind Architekturzeichnungen, und sie zeigen ein gigantisches Haus am Berg, das der Zeichner bauen und »Berghof« nennen wird.

Michael Lochners Eltern hatten die Mühle bei ihrem Einzug in den neunziger Jahren des vorigen Jahrhunderts stillgelegt und setzten auf den Verkauf von Lebensmitteln.

Sie taten dies zum frühestmöglichen Zeitpunkt. Von der bis in die siebziger Jahre des 19. Jahrhunderts einheimischen Bevölkerung des Obersalzbergs hätten sie nicht leben können. Seit dreihundert Jahren siedelten Bergbauern an den Hängen und Almen des Obersalzbergs, aber den kargen, schwer zu bearbeitenden Böden und dem rauhen Klima ließen sich nur bescheidene Erträge abtrotzen. Viele der Bauern verdingten sich zusätzlich im Salzbergwerk. 1877 aber war in der abgeschiedenen Bergidylle oberhalb Berchtesgadens eine Frau aufgetaucht, deren energische Aktivität das Leben der Obersalzberger innerhalb weniger Jahre tiefgreifend veränderte. Mauritia Mayer ist unverheiratet, 44 Jahre alt, Tochter eines bayerischen Försters, war jahrelang Gesellschaftsdame und Haushälterin einer vermögenden Dame aus Livland. Jetzt aber kauft sie am Obersalzberg das alte Bauernanwesen »Steinhaus« mit dem dazugehörigen Almgrund auf. Sie hat allerdings nicht vor, eine Bergbäuerin unter Bergbauern zu werden, auch wenn sie anfänglich den Hof zu bewirtschaften beginnt, Wiesen trockenlegen läßt und selbst beim Pflügen ihrer Äcker mit anpackt.[2]

Mauritia Mayer weiß aus ihrer Zeit als Gesellschaftsdame um die aktuelle Befindlichkeit gutbetuchter bürgerlicher Kreise. Eine neue Sehnsucht nach der Natur und dem zuvor als primitiv verachteten Landleben geht um, je komplizierter, künstlicher, von Konventionen eingeschnürter das städtische Leben mit seinen gesellschaftlichen Verpflichtungen wird, eine Sehnsucht, für die Nord- und Ostseebäder sowie die weiten Landschaften Italiens schon zu Fluchtpunkten geworden sind, warum also nicht auch die kühne und malerische Berg- und Talsilhouette des Berchtesgadener Landes zu Füßen des Obersalzbergs. Schon 1860 ist das bis dahin entlegene, schwer erreichbare Berchtesgadener Land näher an die Welt der Städte gerückt. In diesem Jahr wird die Eisenbahnlinie von München nach Salzburg eröffnet; von dort aus ist der Weg mit Fuhrwerken nach Berchtesgaden und Obersalzberg nicht mehr weit.[3]

Mauritia Mayer baut zunächst das »Steinhaus«-Bauernanwesen zu einer einfachen Fremdenherberge um. Sie benennt sie nach ihrem Spitznamen Pension »Moritz«. Das Geschäft mit den Feriengästen läßt sich gut an. In dem bescheidenen Berggasthof steigen meist gutbetuchte und immer wieder auch prominente Gäste ab, so die Pianistin Klara Schumann, der Physiker Carl von Linde, die Schriftsteller Peter Rosegger, Ludwig Ganghofer und Richard Voß.[4] 1882 kann Mauritia Mayer auf ihrem Grundstück die Dependance »Göllhäusl« errichten, später benachbarte Anwesen hinzukaufen und ihren Gastbetrieb vergrößern. Ab 1888 wird der Weg dorthin für die städtischen Feriengäste erheblich bequemer. Über die neuerbaute Trasse von Bad Reichenhall nach Berchtesgaden bringt die Eisenbahn die Besucher direkt an den Fuß des Obersalzbergs.

Mauritia Mayers touristisches Pionierunternehmen Pension »Moritz« zieht Kreise. Viele Bauernfamilien richten Fremdenzimmer ein und bessern damit ihr karges Einkommen aus der Landwirtschaft auf. Gasthöfe und Geschäfte – wie etwa der Lebensmittelladen der Familie Lochner – bieten den Urlaubern ihre Dienste an.

Immer wieder kommt es vor, daß aus begeisterten Besuchern des Obersalzbergs nach einiger Zeit Daueranwohner werden. So ist das der Fall bei Regine Glas, die sich 1886 in Obersalzberg niederläßt und eine Fremdenpension gründet, die sie Pension »Regina« tauft, ein Familienunternehmen in mehrerlei Hinsicht. Zunächst hilft Mutter Glas bei der Bewirtschaftung des Hauses, danach zwei der Schwestern von Regine Glas. Als Architekt und auch als Eigentümer des Hauses fungiert ihr Schwager, Geheimrat Ludwig Mellinger, ein

Die Keimzelle des Obersalzberger Fremdenverkehrs, Pension »Moritz«, gegründet 1877

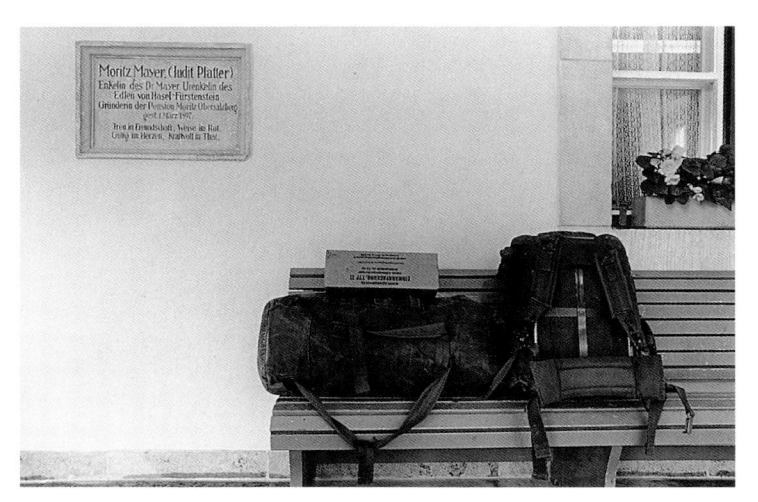

Erinnerungstafel an Moritz Mayer am späteren »Platterhof« bzw. »General Walker-Hotel«

Architekt, der sich mit dem Bau des neoklassizistischen Armeemuseums in München einen Namen gemacht hat. Aber der Geheimrat Mellinger enthält sich am Obersalzberg jeder pompösen städtischen Architektur im Stil der Zeit und paßt den holzverschalten Bau mit dem weitläufigen, windgeschützten Sonnenbalkon gut in die alpenländische Architektur der Umgebung ein.[5] Diese Zurückhaltung gilt auch für die anderen Bauherren, die aus großen Städten wie Berlin oder München kommen und zumeist Architekten aus ihren Heimatstädten mit dem Entwurf ihrer Sommerhäuser für den Obersalzberg beauftragen. Die Bilder der alten Bebauung des Obersalzberges vor der Zeit des Nationalsozialismus zeigen ein geschlossenes, architektonisch einheitliches Ensemble.

Einige der wohlhabenden Gäste der Pension »Moritz« begeistern sich so für ihr sommerliches Bergdomizil, daß sie am Obersalzberg bleiben. Carl Linde ist erstmals im Jahr 1883 Gast in der Pension »Moritz«. Zwar ist dem gebürtigen Oberfranken noch nicht der Adelstitel verliehen worden –

erst von 1897 an darf er sich Carl Ritter von Linde nennen –, doch schon zur Zeit seines ersten Besuches auf dem Obersalzberg in den achtziger Jahren ist er ein berühmter Wissenschaftler und erfolgreicher Unternehmer. 1872 war er zum Professor an der Technischen Universität in München berufen worden; 1876 baute er die erste Ammoniak-Kältemaschine; 1879 begründete er die »Gesellschaft für Lindes Eismaschinen A.G.« in Wiesbaden, die die Fabrikation von Kühlanlagen für Lebensmittelbetriebe, die Gastronomie und private Haushalte aufnimmt.

Der Erfinder des Kühlschranks erwirbt bei seinem zweiten Aufenthalt auf dem Obersalzberg im

Tourismus-Pionierin Mauritia, genannt »Moritz«, Mayer

Jahr 1884 umfangreichen Grundbesitz. Carl Linde kauft das schon 1385 urkundlich erwähnte Baumgartlehen. Das alte Bauernhaus und die dazugehörigen sieben Hektar Grund verpachtet er an den Vorbesitzer, den Bauern Renoth, der mit seiner Familie im Erdgeschoß wohnen bleibt. Das erste Stockwerk läßt Linde noch 1885 aufmauern und richtet darin und in dem darüber gelegenen Kniestock eine erste Wohnung für sich und seine Familie ein. Drei Jahre lang lebt Linde Tür an Tür mit seiner bäuerlichen Nachbarschaft. 1888 ziehen die Lindes auf dem eigenen Grund um. Dann ist, den Hang hinauf, an der Grenze zum Antenberglehen am entgegengesetzten Grundstücksende, seine von dem Berliner Architekten Baurat Schwechten entworfene Villa »Oberbaumgart« fertiggestellt. Auch dieses Haus mit seinem weit ausladenden Dach, dem holzverschalten Giebel und dem auf den First aufgesetzten Türmchen mit der Brandglocke entspricht von außen der landschaftstypischen Bauweise. Einheimische Maurer und Zimmerleute errichten das Haus und verwenden dabei Materialien aus dem Berchtesgadener Land: Lärchenstämme vom Hochkalter, Marmor aus der Au.⁶ Im Erd- und Kellergeschoß des Hauses versammelt Linde jedoch modernste technische Anlagen: Von einem höhergelegenen Teich aus führt eine Druckrohrleitung Wasser zu einer Turbine, mit der ein Stromgenerator betrieben wird. Linde braucht die Elektrizität, um in

Mauritia Mayer als 25jährige

Die ursprüngliche Pension »Moritz« kurz vor dem Abriß und Neuaufbau, Oktober 1937

seinem privaten Labor im Keller und im Erdgeschoß der Villa seine kältetechnischen Erfindungen zu verfeinern.⁷ Ein Stockwerk höher spielt sich das großbürgerliche Salonleben der Familie ab. Zu den häufigen Gästen gehört der Münchner Historienmaler Ludwig Thiersch, der selbst in Schönau am Königsee ein Landhaus besitzt und alljährlich mit großem familiären Gefolge zu den Lindes nach Obersalzberg wandert, darunter auch seine Enkelin Märit Ullrich-Hellquist. »Alle Wege mußten damals zu Fuß gemacht werden«, schreibt sie, »und es kostete manchen Schweißtropfen, bis man in der Mittagshitze auf der stolzen Höhe ankam. Da rauschte einem der Wildbach entgegen, und ein herrlich kühler Wind blies

Pension »Moritz«, auch »Gebirgskurhaus Obersalzberg« genannt, vor 1933

von Salzburg her über die Höhe. Schöne Stunden im großen Freundeskreis schlossen sich an. Oft wurde musiziert – Kammermusik –, denn Familie Linde war selbst sehr musikalisch und hatte außerdem oft berühmte Musiker bei sich zu Gast. Im großen, schön getäfelten Eßzimmer befand sich oben ein Fries mit reizvollen Blumen und Landschaftsstücken in Öl, von der Hand der Malerin Erni Thiersch, Ludwig Thierschs Tochter.«[8]

Diese Tafeln sind das einzige, was später von Carl von Lindes Villa »Oberbaumgart« übrigbleibt. Es gelingt, sie zu bergen, bevor das Haus 1936 auf Weisung von Martin Bormann abgerissen wird.

Schon zur selben Zeit wie das Baumgartlehen, Mitte der achtziger Jahre, kauft Carl von Linde das benachbarte Antenberglehen, und auch hier beläßt er die vormaligen Besitzer, die Bauernfamilie Lochner, als Pächter in ihrem Wohnhaus und auf dem angestammten Grund. Im Jahr 1904, zwanzig Jahre, nachdem er selbst zum ersten Mal als Pensionsgast auf den Obersalzberg gekommen war, erbaut Carl von Linde neben seiner Villa »Oberbaumgart« die Pension »Antenberg«.

Es geht dem vielbeschäftigten Wissenschaftler und Unternehmer dabei offensichtlich nicht darum, mit 52 Jahren eine dritte Karriere als Hotelier zu beginnen, für die er gar keine Zeit hat. Von Anbeginn verpachtet von Linde das Haus an zwei im Hotelgeschäft erfahrene Damen, die Gesellschaftsdame Marie von Liebig und die Wirtschafterin Kaethe Noeldechen, die von ihren Schwestern Johanna und Charlotte Noeldechen beim Service und in der Küche, beim Blumengießen und Butterkugeldrehen tatkräftig unterstützt wird. Man kann nur darüber spekulieren, warum Carl von Linde das dreistöckige Fünfzig-Betten-Haus in unmittelbarer Nähe seiner Privatvilla bauen läßt und damit sich selbst ohne Not um seine bisherige Abgeschiedenheit und Ruhe bringt.

Sicher ist nur, daß Carl von Lindes Ansprüche an seine private Wohnumgebung und Lebensführung weder von seiner zunehmenden Berühmtheit noch von seinem beträchtlichen Reichtum berührt worden sind: Nach der Fertigstellung der Pension »Antenberg« gibt er nämlich seine Privatvilla »Oberbaumgart« auf und zieht sich für die Zeit der Sommerfrische am Obersalzberg wieder mit seiner Familie in das weitaus bescheidenere Bauernhaus »Unterbaumgart« zurück, in dem er vor beinahe zwanzig Jahren in der Zeit vor der Fertigstellung der Villa schon einmal drei Jahre lang gewohnt hatte. Oder er logiert, wenn ihm danach der Sinn steht, im eigenen Hotel. Die Villa »Oberbaumgart« wird zu einem Dependance-Gebäude des Hotels »Antenberg« umgerüstet, das nun in seinen Anzeigen stolz verkündet: »Großer Waldpark mit Fernsicht auf das ganze Gebirge. Schöne Gesellschaftsräume – Herrliche Terrasse, 2 Häuser, 62 Betten.«

Hotel »Antenberg« – das wird ab nun die feine Adresse am Obersalzberg. »Ein sehr elegantes Publikum kehrte in Antenberg ein, Adel der Geburt und des Geldes, auch die Königin von Württemberg war häufiger Gast«,[9] notiert Märit Ullrich-Hellquist, eine Umgebung, in der nun zum Beispiel auch der zum Erfolgsschriftsteller avancierte Richard Voß einkehrt, der einst als Gast der Pension »Moritz« das Berchtesgadener Land entdeckte und sich in Königsee mittlerweile sein eigenes Haus »Bergfrieden« gebaut hat.

Spätsommer 1908. Die 18jährige Hanna Hesse, eine Nichte der Pächterin Maria von Liebig, wohnt im Hotel »Antenberg« und verdingt sich als Aushilfskraft. »Es sind ungefähr 40 Gäste da, und es ist sehr viel zu tun«, schreibt sie am 2. September nach einem anstrengenden und besonderen Tag in einem langen Brief nach Hause – eine kleine, authentische Miniatur, in der das Leben im Berghotel »Antenberg« lebendig wird.

»Jetzt hat sich die Gesellschaft zu Quartettsingen abends aufgeschwungen und auch uns dazu aufgefordert. Es wird mit wenig Begabung, aber mit viel Gefühl gesungen. Ein holländischer Herr und eine Frau Kreglinger spielen himmlisch Klavier.

Eben Handshaking mit Richard Voß gemacht. Fühle mich dadurch schon ganz dichterisch inspiriert! (...) Heute ist Richard Voß' Geburtstag, der größte Tag im Jahr für die Tanten. Tante Marie ist heute früh 7 Uhr schon zum Gratulieren solo hingefahren, und um ¾ 12 Uhr nochmal zum Diner. Da blieb es mir überlassen, Direktor Leonhard und Lewald zu verabschieden, was ich mit Rosenbouquets tat.

Es gibt hier unmenschlich reiche Leute. Neulich hat eine Dame an einem Tag für 20 Mark Telegramme abgeschickt. Unser Mittagessen dauert immer eine bis eineinhalb Stunden. Die Unterhaltung geschieht im Flüsterton, so daß einem die Hälfte verloren geht. Es ist tötend! Die Abende werden jetzt durch ein sehr sinniges Kartenspiel ›Mietzekatz und Mausekater‹ verkürzt, das ein lustiger Bremer Herr eingeführt hat. Gestern gab's sogar Preise. Der höchste bestand aus zwei Pralines und 20 Pfennig, der niedrigste aus einem Stück Zucker und einem Pfennig. Bei der Preisverteilung erhob sich die Gesellschaft, etwa 15 Personen, immer feierlich. Es war lustig und wir kamen erst gegen 11 Uhr zu Bett.«[10]

Das städtische bürgerliche Publikum ist im Hotelbetrieb meist unter sich, die Einheimischen,

Speisesaal des Alpengasthofs »Steiner«, ca. 1930

die als Dienstboten für die ständig wachsende Zahl von Fremdenpensionen arbeiten, erleben sie nur selten, wie etwa die Briefschreiberin Hanna Hesse. »Neulich gaben die Damen einen Abschiedsabend für die Dienstboten. Dazu fanden sich eine Menge Burschen aus der Umgebung ein, die prachtvoll schuhplatteln konnten. Ein paar Gäste und ich gingen auf kurze Zeit auch hin und mischten uns unter die Bauern. Auf einmal erschallte der Köchin Ruf: ›So, jetzt kommt eine Extratour für die Herrschaften!‹ Die kühnsten Bauernburschen bemächtigten sich unser, und ich muß sagen, es ging wirklich großartig. Die Dienstmädchen ringsum machten ihre Glossen, die aber recht günstig für uns ausfielen.«[11]

Der kurze Tanz der Dienstboten mit den Herrschaften läßt die gesellschaftlichen und sozialen Verhältnisse des aufstrebenden Fremdenverkehrsortes Obersalzberg aufblitzen. Stadt und Land treffen aufeinander, wohlhabendes Bürgertum und verarmte Bauernschaft – ein Bild, das ich weder nur nostalgisch noch nur sozialkritisch entschlüssele. Natürlich haben die Klassenunterschiede der Wilhelminischen Zeit auch hier in den bayerischen Bergen noch ihre Gültigkeit – und doch wirbelt wie in diesem Tanz die neue Beweglichkeit der gutbetuchten Sommerfrischler auch in die beengten und gleichförmigen Verhältnisse der Bergbauern- und Handwerkerfamilien am Obersalzberg frischen wirtschaftlichen Wind. Das gesamte 19. Jahrhundert lang lebten – mit geringen Schwankungen – knapp 1 000 Menschen in der Gemeinde Salzberg; in nur einem Jahrzehnt zwischen 1895 und 1905 aber steigt diese Zahl auf 1 402 Einwohner.[12] Diese Zahlen verraten weniger, wie viele Fremde kommen, als vielmehr, wieviel weniger Einheimische fortgehen. Nur die wenigsten Sommerfrischler sind als Bürger der Ortschaft gemeldet, schon gar nicht die Hotel- und Pensionsgäste – aber die Fremden bringen Geld und Beschäftigung in das Berchtesgadener Land.

Bis die Fremden kamen, hatte es über die bäuerliche Subsistenzwirtschaft hinaus nur die winterliche Hausindustrie gegeben. »Schachteln machte der Breiler und Hölzl malte sie, Puppenmöbel der Hölzl vom Oberwurf. Dessen Vorfahren hatten noch die Kästchen mit Stroheinlage gemacht, sehr mühsame Arbeit mit gepreßtem und gefärbtem Stroh. Außerdem wurden Truhen und Schmuckschatullen geschnitzt und große Schäffer gemacht. Noch um das Jahr 90 ging alles mit Kraxen und Schlitten nach Hallein. Dort befand sich eine Firma, die ihnen Ware abnahm und in alle Welt verschickte. Die Bezahlung war schlecht und nur erträglich, da eben die ganze Familie bei der Herstellung mithalf.«[13]

Nach Mauritia Mayers erfolgreichem Vorbild wurde seit den achtziger Jahren eine Reihe neuer Pensionsbetriebe gebaut – und sie finden ihr Publikum. 1885 baut Johann Kurz senior an der Straße Richtung Hintereck den Alpengasthof »Steiner«. Um das Haus auf dem steil zur Straße abfallenden Hanggrundstück zu errichten, muß auf der zum Berg aufsteigenden Hangseite eine hohe Stützmauer errichtet werden, oberhalb der der Wirtsgarten und das Gasthaus mit einem ungehinderten Talblick entstehen. Wie die Pension »Moritz« wirkt auch das Haus »Steiner« als Magnet für spätere Dauergäste, durch Mund-zu-Mund-Propaganda in den Metropolen. Die Sängerin Maria Schmidtlein aus Berlin mietet sich seit Ende der achtziger Jahre im Alpengasthof »Steiner« ein und schwärmt ihrem Bruder, Sanitätsrat Karl Schmidtlein, von der Alpenidylle vor, der darauf 1891 zum ersten Mal mit Frau und Kindern zum Obersalzberg kommt. Sie logieren einige Sommer im »Steiner«, bis Frau Schmidtlein im Jahr 1900 eine dauernde, eigene Bleibe für die Familie findet. »Am letzten Sonntag ihres Aufenthaltes ging Frau Schmidtlein ganz traurig mit ihren fünf Kindern den Berg hinauf und rastete an einem Bauernhaus, das sie so begeisterte, daß sie ihr Entzücken lebhaft äußerte. Da sagte plötzlich der Bauer Amort: ›Kauf's mir doch ab!‹«[14]

Wo man hinschaut, erinnert das gründerzeitliche wirtschaftliche Gefälle zwischen den erholungssuchenden, gutbetuchten Ärzten, Militärs, Beamten, Fabrikanten und Künstlern aus der Stadt und den in kargen Verhältnissen, aber im Zauber einer bizarr schönen Landschaft lebenden Obersalzbergern an heutige, die Landesgrenzen überschreitende Landnahmen – wie die Ansiedelung ungezählter gestreßter Deutscher in den Hügeln der Toscana, an den Küsten Spaniens oder Portugals. Karl Schmidtlein erwarb mit dem Unterwurflehen, das 1610 oder 1660 gebaut worden war, eines der ältesten Anwesen auf dem Obersalzberg, das benachbarte Mitterwurflehen kaufte zunächst eine Münchner Sanitätsratswitwe, danach die Berliner Fabrikantenfamilie Eichengrün.[15]

Die einheimischen Familien profitierten von der Ansiedelung der Sommerfrischler, sei es, daß sie sich durch den Verkaufserlös ihres wenig ertragreichen Bodens eine neue Existenzgrundlage schaffen konnten, sei es, daß sie als direkte Folge

Lieferwagen des Gasthofs »Steiner«; im »Steiner« war auch die Brotbäckerei von Obersalzberg

dieser Ansiedelung Arbeit bekamen. Der Wirt des Alpengasthofes »Steiner« etwa baute für die Schmidtleins das Unterwurflehen um, und Kurz – als Baumeister – war es auch, der um 1898 für den Münchner Maler Karl Gussow eine Villa auf dem Grund des Weißenlehens errichtete, das sich unterhalb seines Gasthofes, auf der anderen Seite der Straße erstreckte.[16] Die Ansiedler aus der Fremde wiederum verhielten sich nicht als Usurpatoren, sie wollten am manchmal gewiß exotisch empfundenen ländlichen Leben in den Bergen teilhaben, ohne es zu zerstören.

Dies gilt gerade auch für den aktivsten Landaufkäufer in dieser Periode, für Carl von Linde. Er beließ nicht nur die Bauern der aufgekauften Lehen als Pächter in ihren angestammten Häusern, er ließ darüber hinaus Straßen und Wege auf seine Kosten erbauen, stiftete der Gemeinde Salzberg ein Haus aus seinem Besitz und gründete eine Reihe wohltätiger Stiftungen. Sein Interesse war die Erhaltung der dörflichen Ansiedelung Obersalzberg durch ihre behutsame Entwicklung zu einem Fremdenverkehrsort, der sein ländliches Gepräge nicht verlieren sollte.[17]

Der Erste Weltkrieg, der die bayerische Bergwelt äußerlich völlig unberührt ließ, bewirkte trotzdem, gleichsam aus der Ferne, einige ein-

Carl von Lindes Villa »Oberbaumgart« (oben)
Carl von Linde (rechts) im Kreis seiner Familie am Obersalzberg (unten)

schneidende Veränderungen im Ferienort Obersalzberg. Wieder ist Carl von Linde im Spiel. Seine Königliche Hoheit, Prinz Adalbert von Preußen, geht den Forscher und bekannten Unternehmer um einen Gefallen an, mit dem dieser seine vaterländische Gesinnung erweisen soll. Linde läßt sich nicht zweimal bitten. Er verkauft 1917 das Hotel »Antenberg« mitsamt Dependance und Grund und Boden an den »Marine-Offiziers-Verband e.V.«. Aus dem publikumsoffenen Hotel wird das »Prinzessin Adalbert Marine-Offiziersheim«. Angeblich hat Linde seinen Besitz weit unter Wert verkauft.[18] Vielleicht aber kam Linde die Offerte des preußischen Prinzen gerade recht, stellte sich doch beim Abgang der alten Pächterinnen heraus, »daß die Damen Liebig und Noeldechen alles so schön und reichlich gaben, als sie nur konnten, ohne kleinlich zu rechnen. Jedenfalls zeigte es sich später, daß sie in ihrem Pensionsleiterdasein nicht nur nichts verdient hatten, sondern daß Marie von Liebig noch obendrein ihr Vermögen zugesetzt hatte.« – Gleichwohl, so wird berichtet, hat die Frau von Liebig einen angenehmen Lebensabend im Kreis ihrer Familie zugebracht. Man ahnt, der Abgang der alten Damen läutet das Ende einer Epoche ein, in der man in gewissen Kreisen – allerdings nur in diesen – nicht über Geld sprach, sondern es hatte. Der Gast war Gast, nicht Geldquelle, gieriger Geschäftssinn unter Niveau. Das Geld war weg, nun ging nichts mehr.

Auch die Geschwister Glas bekommen die Folgen des Krieges und der scharfen Konkurrenz der Pensionsbetriebe am Obersalzberg zu spüren. Sie geben ihre Pension »Regina« auf und verkaufen das Haus 1920 an den Kinderarzt Dr. Robert Seitz. Unter Bauern, Bürger und Sommerfrischler mischen sich nun Krankenschwestern, weißbekittelte Ärzte und erholungssuchende Kranke. Lungenkranke Kinder auf der Sonnenterrasse des Heimes von Dr. Seitz, eingewickelt in die obligaten Wollplaids, kurieren fügsam ihre bronchialen Leiden, die lustwandelnden Offiziere des Marinegenesungsheimes am Antenberg führen ihre Ausgehuniformen in der Höhenluft spazieren. Mit der Zeit weht auch ein wenig Zauberbergluft am Obersalzberg.

Inkognito
Hitlers Zuflucht Obersalzberg

Es war nicht die *Vorsehung*, von der er später immer sprach mit rollendem R, die Hitlers Weg zum Obersalzberg führte. Daß der spätere *Führer* sich diesen Ort erwählt habe, gehört zu den nachträglich konstruierten Mythen, auf die die Inszenierung der nationalsozialistischen Macht baute.[1] Eine Verlegenheit war der reale Grund, den Obersalzberg zu entdecken. Ein Fluchtpunkt wurde gesucht, nicht für Hitler, das Mitglied Nummer 555 der im Münchner Sterneckerbräu gegründeten rechtsextremistischen Splittergruppe »Deutsche Arbeiter Partei« (DAP, die Vorläuferorganisation der NSDAP), sondern für einen ihrer Mitbegründer, den Schriftsteller Dietrich Eckart. Nur einmal in seiner beruflichen Laufbahn hatte Eckart einen literarischen Erfolg zu verzeichnen, als er 1912 Henrik Ibsens »Peer Gynt« in einer neuen Fassung für die deutschen Bühnen herausbrachte. Die eigenen Stücke und die unbeholfen humpelnde Lyrik des aus Neumarkt in der Oberpfalz stammenden Schriftstellers fielen beim Publikum durch und ernteten allenfalls Spott in der Kritik. Zogen sich schon durch die Werke des deutschtümelnden Autors beständig antisemitische Tendenzen, so brach mit der notorischen Erfolglosigkeit bei Eckart ein immer aggressiverer Haß gegen die Juden hervor. In der von ihm im Dezember 1918 gegründeten Zeitschrift »Auf gut deutsch« ließ er ihm freien Lauf. In der »Wochenzeitschrift für Ordnung und Recht« – so der Untertitel – ist das rassistische Arsenal der späteren Nazi-Propaganda bereits vollständig zu besichtigen – bis zu Karikaturen, wie sie später »Der Stürmer« veröffentlichte: Juden mit schielendem Blick, halbgesenkten Lidern, überdimensionalen Hakennasen und fleischigen Mündern. »Nur schauen, schauen! / Mehr tut hier nicht Not / Um klarzumachen, was auch uns bedroht«, so agitierte Eckart in der Unterzeile solcher wenig schmeichelhaften Bilder die Leser seines Blattes. Unter dem Bildnis des ungarischen Räterevolutionärs Béla Kun werden erste Mordphantasien druckreif: »Auf zum Kampf / es naht die Wende! / Tod den Schurken auch bei uns!«[2]

Der glatzköpfige Mann in den Fünfzigern träumte von der Ankunft »eines Kerls, der ein Maschinengewehr hören kann. Das Pack muß Angst in die Hosen kriegen. Einen Offizier kann ich nicht brauchen, vor denen hat das Volk keinen Respekt mehr. Am besten wäre ein Arbeiter, der das Maul auf dem rechten Fleck hat ... Verstand braucht er nicht viel, die Politik ist das dümmste Geschäft auf der Welt. (...) Er muß Junggeselle sein. Dann kriegen wir die Weiber.«[3]

Den Kerl, den er suchte als menschliches Gefäß für seine Visionen, hat Dietrich Eckart frühzeitig in DAP-Mitglied Nummer 555, dem jungen Weltkriegsgefreiten Adolf Hitler, erblickt: einer, der vom gleichen fanatischen Haß gegen die Juden erfüllt war, hungriger aber und energischer bei seinen Reden im Dunst der Wirtshauszimmer und Münchner Biersäle als der biedere Werkzeugschlosser und Parteigründer Anton Drexler oder als er selbst, der alternde, von Morphium und exzessivem Alkoholkonsum gezeichnete, verkrachte und verbitterte Schriftsteller. Es war Eckart, der die hymnische Apotheose des späteren NSDAP-Parteivorsitzenden Hitler zum jeder demokratischen Kontrolle enthobenen *Führer* vorantrieb, der Geldmittel für den Kauf des

»Völkischen Beobachters« durch die NSDAP beschaffte[4] und im August 1921 zu ihrem ersten Schriftleiter wurde.

Eckart geriet in Schwierigkeiten, als sich – in der Weimarer Zeit durchaus ungewöhnlich – die Justiz dazu entschloß, den Schriftsteller wegen seiner antisemitischen Ausfälle gegen den damaligen Reichspräsidenten Friedrich Ebert wegen Beleidigung zu verklagen. Zu der vom Leipziger Staatsgerichtshof am 12. März 1923 angesetzten Verhandlung erschien Eckart nicht, und so wurde Haftbefehl gegen ihn erlassen.

Wahrscheinlich hat Eckart diese Nachricht veranlaßt, seine Flucht auf den Obersalzberg vorzubereiten, um sich der Verhaftung durch die Polizei zu entziehen. Seinen Anteil an der Verherrlichung des jungen *Führers* lieferte er jedoch pünktlich zum Geburtstag am 20. April mit einer gereimten Lobpreisung auf Hitler im »Völkischen Beobachter«. Unter drei Zentimeter hohen Lettern feierte er ihn als »DEUTSCHLANDS FÜHRER«. Unter dieser Überschrift plazierte er ein kleines Gedicht: »Fünf Jahre Not, wie noch kein Volk sie litt! / Fünf Jahre Kot, Gebirge der Gemeinheit! / Vernichtet, was an stolzer Glut und Reinheit, / Was uns an Größe Bismarck einst erstritt! / Und doch – auch wenn der Ekel noch so würgt – / Es war doch, war doch – oder ist's Legende? / Es war doch deutsches Land? Und doch dies Ende? / Nicht eine Kraft mehr, die uns Sieg verbürgt? / Die Herzen auf! Wer sehen will, der sieht! / Die Kraft ist da, vor der die Nacht entflieht!«[5] Daß nicht alle sehen wollten, was ihnen Eckart vorsetzte, sondern schon damals kritisch nach den Gründen für die Inszenierung des Kultes um Hitler gefragt wurde, beweist postwendend die kühle Reaktion der sozialdemokratischen Zeitung »Münchner Post«. »Das Schimpflexikon der deutschen Sprache ist von A–Z erschöpft, und mit der Aufforderung zu Mord, Totschlag und Verbrechen aller Art läßt sich auf Dauer die Gefolgschaft weder zusammenhalten noch in ersehnter Weise vergrößern. Man muß also die objektiven Momente der Bewegung durch subjektive, in der Persönlichkeit des Braunauer Anstreichers liegende Eigenschaften ergänzen, und zwar solcher Art, daß daraus für ein mehr als naives Volksempfinden die Gestalt eines Messias herauswächst.«[6]

Ende April sickerte durch, daß nun die Leipziger Kriminalpolizei ernsthaft nach Eckart suchte.

Christian Weber, ein ehemaliger Viehhändler und der schlagkräftige Mann fürs Grobe aus Hitlers engster Umgebung, wußte ein Versteck. Er kannte Bruno Büchner, den damaligen Wirt der

Das Titelblatt der »Juden-Nummer« der antisemitischen Zeitschrift »Auf gut deutsch«

von Mauritia Mayer begründeten Pension »Moritz«, der bereit war, den von der Polizei gesuchten Eckart inkognito zu beherbergen und notfalls zu verstecken. In München hatten sich bereits Kriminalbeamte aus Leipzig auf Eckarts Spur gesetzt; Hitler ließ bewaffnete SA vor dessen Wohnung Wache stehen, doch die drohende Verhaftung schien nur eine Frage der Zeit. Ernst Röhm, schon Führer der Privatmiliz SA, aber immer noch Hauptmann im Stab der 7. Division der Bayerischen Armee, organisierte in einer Nacht-und-Nebel-Aktion Eckarts unauffälligen Abtransport nach Berchtesgaden in einem Wagen der Reichswehr.

Dorthin kam einige Tage später Hitler auf Besuch – ebenfalls inkognito. Als Kriegsherr, vergraben im Bunker seines militärischen Befehlsstandes Wolfsschanze, hat er sich 1941 in einem seiner nächtlichen Monologe[7] an den ersten Tag am Obersalzberg zurückphantasiert.

»Ich wußte nur, daß er oberhalb Berchtesgadens war in einer Pension. An einem Apriltag habe ich meine jüngere Schwester mitgenommen und die Hirtreiterin. Ich habe ihnen gesagt, ich hätte eine Besprechung mit ein paar Herren dort und habe sie abgesetzt in Berchtesgaden, um mit Weber zu Fuß heraufzugehen. Nun ging das steil bergauf und wollte gar kein Ende nehmen! Ein schmaler

Dietrich Eckarts Mörderpoesie unter Haßkarikaturen aus dem Jahr 1920, Vorbild für die spätere Judenhetze der Nationalsozialisten in der Zeitschrift »Stürmer«

Weg, im Schnee. ›Du‹, sag' ich, ›bist Du verrückt? Hört der Weg nicht gleich auf jetzt? Glaubst Du, ich steig auf den Himalaya hinauf, bin ich jetzt plötzlich eine Gemse geworden? Herrgott, habt Ihr keinen besseren Platz finden können? Wenn das jetzt nocheinmal so lang dauert, kehre ich lieber um, übernachte unten, und steig' bei Tag herauf.‹

Er: ›Wir sind ja gleich oben.‹ Und plötzlich sah ich ein Haus vor mir: Die Pension ›Moritz‹. ›Haben wir überhaupt Zimmer?‹

›Nein. Aber wo keine Stiefel draußen stehen, können wir reingehen.‹ Telefonisch hatten wir uns ja nicht anmelden können. ›Jetzt schauen wir, ob der Dietrich Eckard da ist.‹

Wir klopften an einer Tür. ›Diedi, der Wolf ist da!‹ Im Nachthemd kommt er heraus mit seinen stacheligen Beinen. Begrüßung. Er war ganz gerührt.

›Um wieviel Uhr muß ich aufstehn in der Früh?‹ – ›Um sieben, halb acht ist es am schönsten!‹ – Ich hatte von der Landschaft noch gar nichts gesehen. Nächsten Morgen werde ich wach, es ist ganz hell. Ich gehe zur Veranda und schau hinaus: Ist das wunderbar! Ein Blick auf den Untersberg, unbeschreiblich! Eckart war schon unten, Frau Büchner lachte herauf. Eckart stellte mir Büchners vor: ›Das ist mein junger Freund, Herr Wolf.‹ – Kein Mensch hatte eine Ahnung, daß ich identisch war mit dem berüchtigten Adolf Hitler. Eckart war da als Dr. Hoffmann. Wie es Mittag war, sagte mir Eckart: ›Du mußt jetzt mitkommen zum Türkenwirt! Da kriegst Du als Österreicher ein richtiges Goulasch.‹ Er wurde dort als Herr Doktor begrüßt. Ich sah, alle wußten, wer er war. Auf mein Fragen meinte er: ›Hier oben gibt es keine Verräter!‹«[8]

Dietrich Eckart war eine Schlüsselfigur für Hitlers frühen Aufstieg. Daß Hitler Eckart wie keinen anderen seiner *alten Kämpfer* ehrte, ihm sogar eigens in »Mein Kampf« huldigte, hat gute Gründe. Eckart, wie Hitler ein politisierender Bohemien, war mit seinen radikal nationalistischen, antidemokratischen und antisemitischen Auffassungen ideologisches Vorbild. Er schlug sich bedingungslos auf Hitlers Seite, als innerhalb der jungen, von Machtkämpfen und Intrigen zerrissenen nationalsozialistischen Bewegung im Sommer 1921 eine vom Parteigründer Anton Drexler und einigen weiteren Parteifunktionären initiierte Revolte gegen Hitler losbrach – die mit der Ernennung von Hitler zum Parteiführer mit diktatori-

Werbeplakat der »Deutschen Bürgervereinigung« von Dietrich Eckart

schen Vollmachten endete.⁹ Eckart sekundierte Hitler aber nicht nur im Bierdunstmilieu der frühen innerparteilichen Kämpfe. Er verfügte über Kontakte in die arrivierten Kreise Münchens und Berlins, in die er Hitler einführte. Eckart vermittelte Hitlers Auftritt im »Nationalclub«, durch den eine Reihe wichtiger Geldgeber für die NSDAP gewonnen wurden, darunter der Lokomotivenfabrikant Borsig, Fritz Thyssen, die Daimlerwerke und der bayerische Industriellenverband.¹⁰ Eckarts Kontakte waren noch mehr wert als bares Geld, sie ebneten dem kleinbürgerlichen Parvenü Hitler den Weg zur gesellschaftlichen Anerkennung. Über Eckart lernt Hitler den Klavierfabrikanten Erwin Bechstein und dessen Frau Helene kennen (wir werden ihnen später wiederum am Obersalzberg begegnen) und findet Einlaß in die Salons der Verlegerfamilien Bruckmann und Hanfstaengl und weiterer einflußreicher und vermögender Familien.¹¹

Eckarts letzter Vorzug aus Hitlers Sicht lag darin, daß er die schwulstigen Huldigungen des kommenden *Führers* Hitler frühzeitig – man nannte das später: als *Seher* – ausbrachte – und dann kurz nach dem Putschversuch an der Feldherrnhalle Weihnachten 1923 starb.¹² Hitler brauchte lediglich diesen *alten Kämpfer*, der seine frühen Elogen nie mehr zurücknehmen können würde, seinerseits zu mystifizieren, eine Saga, die ausgiebig mit dem Obersalzberg verknüpft wurde. »Weit entfernt von der Reichszentrale, abgelegen von der Landeshauptstadt, lebte die aus eingesessenem Bauern- und Bürgertum, einigen zugereisten Pensionären und Villenbesitzern bestehende Bevölkerung, bedrückt von der wirtschaftlichen und seelischen Not des völkischen Niedergangs ohne Hoffnung und Glauben an eine Zukunft, ohne Mittelpunkt und höheren Zusammenhang dahin, als – mit einem Male! – ein Ruf widerhallte von der Höhe des Salzbergs an den Untersbergwänden: ›Deutschland erwache!‹ Dietrich Eckarts Ruf! Während unten im Tal Verzweiflung und Zwietracht die Menschen niederdrückten, hatten sich am Felsrand des Hohen Gölls einfache Menschen, meist Bauern vom alten Berchtesgadener Stamm, um Dietrich Eckart versammelt und hörten seine Botschaft von der Volksgemeinschaft.«¹³

Dietrich Eckart, der für Hitler Kontakte zu den Geldgebern vermittelte, kurz vor seinem Tod, 1923

Hitlers erste Jahre am Obersalzberg sind kaum dokumentiert; fast alle hierzu gewinnbaren Informationen stammen aus Partei- und *Führer*-Hagiographien, die nach der Machtergreifung verfaßt wurden. Diese Verherrlichungsliteratur nennt keine Quellen und pflegt einen überaus freien Umgang mit den geschichtlichen Fakten.

Daß die ersten Jahre Hitlers am Obersalzberg im dunkeln liegen, entsprach der Funktion als Versteck, die dieser Ort beim ersten Besuch bei Dietrich Eckart hatte und später für Hitler über Jahre hinweg behielt. So wie sich Eckart dem Haftbefehl des Leipziger Reichsgerichts entzog, tat dies Hitler in der Zeit des NSDAP-Verbotes, die dem November-Putsch von 1923 folgte, wenn er beispielsweise das ihm auferlegte Redeverbot durchbrochen hatte und deshalb polizeilich gesucht wurde. Die Camouflage mit Decknamen wurde ernstgenommen und ernsthaft betrieben: Eckart nannte sich Dr. Hoffmann oder Dr. Schütz und Hitler Herr Wolf.

»Die einzigen, die wußten, wer ich war, die Büchners, haben geschwiegen. Alles, was mich kannte, hat mich mit Wolf angesprochen«,[14] räumt Hitler rückblickend in seinen Tischgesprächen ein und schildert, wie er und seine Begleitung Eckart abrupt ausquartierten, weil das Gerücht ging, ein Polizeitrupp wolle in der Pension »Moritz« nach ihm suchen. Hitler war in der Defensive, er brauchte einen geheimen Ort.

Der Parteimythos entledigt sich später dieser lästigen Fakten. »Und als Adolf Hitler im Frühjahr 1923 zum ersten Mal auf den Obersalzberg kam, konnte er dort bereits dreißig Parteigenossen von der SA begrüßen. (...) Es ging wie eine Flamme über den Obersalzberg, als Hitler und Dietrich Eckart dort erschienen. Bei der ersten Versammlung des Führers standen die Bauern schon Kopf an Kopf.«[15] – Geht man dieser bis in neuere Publikationen verbreiteten Legende nach, für die es keinen dokumentarischen Beleg gibt, stößt man als ursprüngliche Quelle auf den soeben zitierten, 1937 verfaßten Text, der auch in anderen Passagen mehr über den Gemütszustand der Autorin aussagt als über ihr Sujet, Hitler am Obersalzberg. In diesen und eine Reihe ähnlicher Texte wird eine leicht variierte, immer gleiche Geschichte eingewoben, auf die es eigentlich ankommt und die zuweilen auch in Titeln wie »Adolf Hitlers Wahlheimat«[16] thematisiert wird. Ihr zufolge erkennt das urwüchsige, dem Boden verwachsene Volk in Hitler spontan den messianischen *Führer* – und der *Führer* in den aufrechten, einfachen Bergbauern seine natürliche Gefolgschaft. »An einem Werbeabend droben am Obersalzberg, beim ›Türkenwirt‹, der heute sein Nachbar geworden ist, hatte er in flammender Rede den Grundstein zur festen Zelle der Gefolgschaft des ›Landls‹ in den Bergen gelegt.«[17]

Besagten Grundstein hatte die Gefolgschaft sich eine gute Weile zuvor selbst gelegt. Schon am 14. Februar 1922, nicht ganz ein Jahr vor Hitlers erstem Auftreten in Obersalzberg, hatte der Reichsbahnbetriebsarbeiter Wolfgang Trimpl die NSDAP-Ortsgruppe Berchtesgaden gegründet.[18] Es war also nicht nötig, daß sein Parteichef Hitler sie im Frühjahr 1923 mit flammender Rede ins Leben rief, wobei er das für ihn und Eckart wichtige Inkognito in den Bergen hätte aufgeben müssen, an dem er ganz offensichtlich hing. Hitler brauchte das Versteckspiel, und er genoß es, wie er später in seinen Monologen einräumte: »Bis die Sache eines Tages aufplatzte! Ich wollte nach Passau zum Deutschen Tag. Es war immer recht amüsant für mich, die Debatten mitanzuhören, die bei Tisch über Hitler geführt wurden. Da war nun ein Holsteiner mit einer bildhübschen jungen Frau. Wir sitzen da, auf einmal sagt er: Jetzt fahre ich von Holstein nach Berchtesgaden, da muß ich doch den Menschen wenigstens einmal gesehen haben: Ich fahre hinüber nach Passau.

Ich denke mir: Au weh, jetzt ist meine Sache vorbei! – Sie, sage ich, ich fahre auch rüber. Mich interessiert das auch. Wenn sie wollen, ich nehme Sie in meinem Wagen mit. Großartig, sagt er. Nächsten Tag, wir hatten unsere Kombination an, ging's nach Berchtesgaden hinunter und dann mit dem Wagen los.

Wie wir in Passau ankommen, wartet dort ein Wagen auf uns. Wir halten, ich bin dem gleich entgegen und habe den Männern zu verstehen gegeben: Nicht sagen, wer ich bin! Ich bin Herr Wolf. Es existierte von mir kein Bild. Wer mich nicht kannte, konnte nicht wissen, wie ich aussehe. Ich sage zu dem Holsteiner, nachdem mir Maurice zugeraunt hatte, wir müßten uns doch ausziehen: Ich will noch in die Stadt hineinfahren, um dort etwas zu besorgen. Ob er nicht mit dem anderen Wagen vorausfahren wolle, ich würde gleich nachkommen. Wie wir nun runterkommen zur Halle, sitzt der schon drin, hört das Geschrei, hat ein Gesicht geschnitten, das dümmste, was ich je gesehen habe. Auf einmal sieht er, daß ich zur Bühne gehe und zu reden anfange, und starrt mich an wie einen Geist. (...) Wir sind dann zusammen zurückgefahren. Der war nun weg. Ich sagte zu ihm: Sie dürfen das keinem Menschen sagen! Ich muß sonst oben ausziehen und habe keinen Platz mehr, wo ich bleiben kann. Das hat er mir versprochen.«[19]

Hitlers ungefilterter Redefluß vor seinen Vertrauten im Führerbunker im Januar 1942 fährt der in den Jahren seiner Herrschaft für das Volk produzierten Verklärungsliteratur in die Parade. In der Tat haben wir es im Frühjahr und Sommer 1923 mit einem gerade bekannt werdenden rechtsextremistischen Schreihals unter vielen zu tun, einer bislang lokalen Münchner Größe, einem Agitator unter vielen anderen, die die nationale Karte spielen und mit unterschiedlicher Schärfe Sündenböcke benennen für Deutschlands wirtschaftlichen und sozialen Niedergang nach dem Ersten Weltkrieg, der froh ist, ein Refugium zu kennen, in das er entweichen kann, in dem ihn kaum jemand kennt. »Wenn ich ein bissel Zeit hatte, bin ich herausgerutscht«,[20] beschreibt er nachträglich seine kleinen Fluchten aus verschie-

Das Brüggenlehen auf dem Obersalzberg 1994, ehemaliger Aufenthaltsort von Dietrich Eckart

densten Gründen. Mal hatte er die Niederlage zu verdauen, daß ein erster Putschversuch am Tag der Maifeierlichkeiten 1923 auf dem Münchner Oberwiesenfeld schon im Ansatz gescheitert war,[21] dann wieder hatte er deswegen und wegen der Sprengung einer gegnerischen politischen Versammlung die Polizei auf dem Hals und wollte ihr gern entgehen.

Das Versteckspiel ist vorerst nicht schwierig. Denn es existiert bis September 1923 noch keine einzige veröffentlichte Fotografie von Hitler, und der Mann, der später beinahe exklusiv tausende von Aufnahmen Hitlers fertigen und mit diesem Monopol zum Millionär werden wird, erwirbt sich in diesem Sommer 1923 gerade bei einem gemeinsamen Ausflug mit Hitler zum Obersalzberg dessen Vertrauen durch einen für Fotografen heroischen Verzicht. Heinrich Hoffmann, DAP/NSDAP-Mitglied Nr. 925, ein enger Freund Dietrich Eckarts, unterwirft sich – noch – Hitlers striktem Fotografierverbot: »Und oft hat er den Gedanken niederkämpfen müssen, wie schön es wäre, nun eine Aufnahme zu machen. Als er 1923 einmal mit dem Führer und Dietrich Eckart in die bayerischen Berge fuhr, ließ er als Schutz vor sich selbst die Kamera zu Hause.«[22] Der Führer-Mythos, dessen erster schreibender Propagandist Dietrich Eckart ist, wäre später ohne Hoffmanns Foto-Propaganda auf die Dauer gar nicht denkbar gewesen; es ist auch die jedes bislang gekannte Maß überschreitende optische Allgegenwart Hitlers, mit der er später aus der Vielzahl der konkurrierenden Politiker in der Weimarer Zeit herausgehoben und zur Ikone gemacht wird.

Hoffmann kann am Obersalzberg mitverfolgen, daß die Zeit für ihn arbeitet. Hitlers dortiges Inkognito als Herr Wolf wird immer durchsichtiger – eine unausweichliche Folge der Rednerauftritte Hitlers, mit der die NSDAP neue Anhänger wirbt. Am 1. Juli 1923 hat er vom Obersalzberg aus eine äußerst kurze Anfahrt zu seinem nächsten Termin. »Nun sollte ich ja immer schon in Berchtesgaden sprechen. Endlich ließ es sich nicht mehr umgehen. Deutscher Tag in Berchtesgaden. Pg. Adolf Hitler kommt! Da gab es in der Pension eine Aufregung. Die ganze Pension, 40, 50 Leutchen sind hinuntergewandert, um diesen Menschen kennenzulernen. Das Essen war eigens früher angesetzt worden. Ich bin mit dem Motorrad hinunter, kam in der Krone an, und – das war das Tollste – vor mir saß die ganze Pension. Die dachten, das Volk schreit bei jedem, der jetzt hereinkommt. Ich ging zum Podium hinauf. Die schauten mich an, wie wenn ich wahnsinnig wäre. Die Leute waren weg!

Aber wie ich wieder angekommen bin oben, da war das Leben in der Pension für mich zerstört, denn alle, die vorher über mich geschimpft hatten, haben sich geniert.«[23]

Was die Gäste der Pension »Moritz« wirklich genierte, muß dahingestellt bleiben, aber es war sicher nicht nur, was Hitler annahm: daß sich seine Pensionsnachbarn über ihr negatives Urteil zur Person geschämt hätten angesichts einer fulminanten Rede. Eine zweite Möglichkeit, die der im Januar 1942 vor sich hinbramarbasierende allmächtige Diktator in seiner Erinnerung gar nicht erwägt, muß auch bedacht werden, liest man den Bericht des »Völkischen Beobachters«[24] über Hitlers Ausführungen: daß sie erschrocken waren über die Intensität der Hetze, die aus dem jovialen Pensionsnachbarn Herrn Wolf da unten als Adolf Hitler herausbrach. Über die *Börsenbanditen* schimpft er, er wettert gegen die Reparationszahlungen, die Deutschland nach dem Versailler Vertrag leisten muß, er geißelt den Marxismus, der die deutsche Wirtschaft bekämpfe und an das Ausland ausverkaufe, um endlich bei seinem Springpunkt anzulangen, der angeblichen Schuld der Juden an dem Debakel Deutschlands, die fest in Hitlers rassistischer Wahnwelt wurzelt: »Alle Kultur und Lebenserscheinungen quellen aus dem Leben eines Volkstums. Wie Kunst und Entdeckungen in ihrer Art ein Volkstum bekunden, so auch die Staatsgesinnung. Wie ein technischer Erbauer Produkte schafft, so ist der jüdische Geldverleiher zerstörend. Auch das, was wir ›internationales Leihkapital‹ nennen, ist letzten Endes ein nationales Erzeugnis: das Produkt der jüdischen Rasse. Unfähig zu eigener Kunst, unfähig für die produktive Wirtschaft, ist sein Wesen im Leihgedanken und auf rassischer Zucht beruhender Wuchergemeinschaft erschöpft. Deshalb stehen heute – im Zeichen des mammonistischen Zeitalters – überall Hebräer an der Spitze der Hochfinanz. Sie sind die Nutznießer des Völkerelends, sie sind in erster Linie auch die planmäßigen Vorbereiter der Völkerversklavung.«[25]

Dietrich Eckart – der sich nach wie vor zu dieser Zeit am Obersalzberg versteckt hielt – dürfte sich diesen Ausbruch seines Schülers Hitler im Berchtesgadener Tal nicht haben entgehen lassen. Es ist eine merkwürdige Vorstellung, wie die beiden sich bergan auf dem Rückweg in die Pension »Moritz« wieder in Dr. Hoffmann und Herrn Wolf verwandelten, von jetzt an bewundernd oder verabscheuend beäugt von jenen Gästen, die Zeuge der Kundgebung im Gasthaus »Krone« gewesen waren. Was die beiden am Berg untereinander oder in erweiterter Runde – mal sind es Besucher aus München, mal Einheimische und immer wieder die Wirte –, was sie an den Stammtischen in Karl Schusters Gasthof »Türken« oder in Bruno Büchners Pension »Moritz« vor sich hinpoltern, will also ganz ernsthaft große Politik werden.

Eckart versteht sich darauf, bei seinen antisemitischen Tiraden ganz gezielt mundartliche Töne anzuschlagen. Die Pogrom-Lyrik, derentwegen ihn der Leipziger Staatsgerichtshof vor Gericht stellen möchte und per Haftbefehl sucht, ist auf bayerisch verfaßt. Das »Miesbacher Haberfeldtreiben« stellt den sozialdemokratischen Reichskanzler Friedrich Ebert als Marionette jüdischer, gegen Deutschland gerichteter Interessen dar, gegen den nur ein solcher volkstümlicher Exorzismus helfe, der ihm am Ende angedroht wird: »Damit ist's heut Schluß mit'm Haberfeldtreib'n /Auf's Jahr kemma wieda, wenn d' Zuständ so bleibn.«[26]

Die spärlichen Belege über jene ersten Sommertage, Wochen und Monate, die der junge Parteichef und sein Mentor am Obersalzberg verbringen, lassen auf ein Wechselbad der Stimmung zwischen Depression, Angriffslust und Sich-treiben-lassen schließen. Am Ende sah sich Hitler Vorwürfen von Parteigenossen ausgesetzt, in seinem Refugium auf dem »Platterhof« mit Eckart, Esser und anderen bei Zechgelagen zu versumpfen, was Gottfried Feder zu dem brieflichen Tadel an Hitler veranlaßte, »daß er mit seinem ganzen Tun und Lassen im öffentlichen Leben stehe« und »daß man nach seinem Verhalten den idealen und sozialen Wert der Partei beurteilt«.[27]

Glaubt man den Bekundungen Martin Bormanns, kehrte Hitler jedoch mit einem festen Entschluß nach München zurück. »Wie der Führer

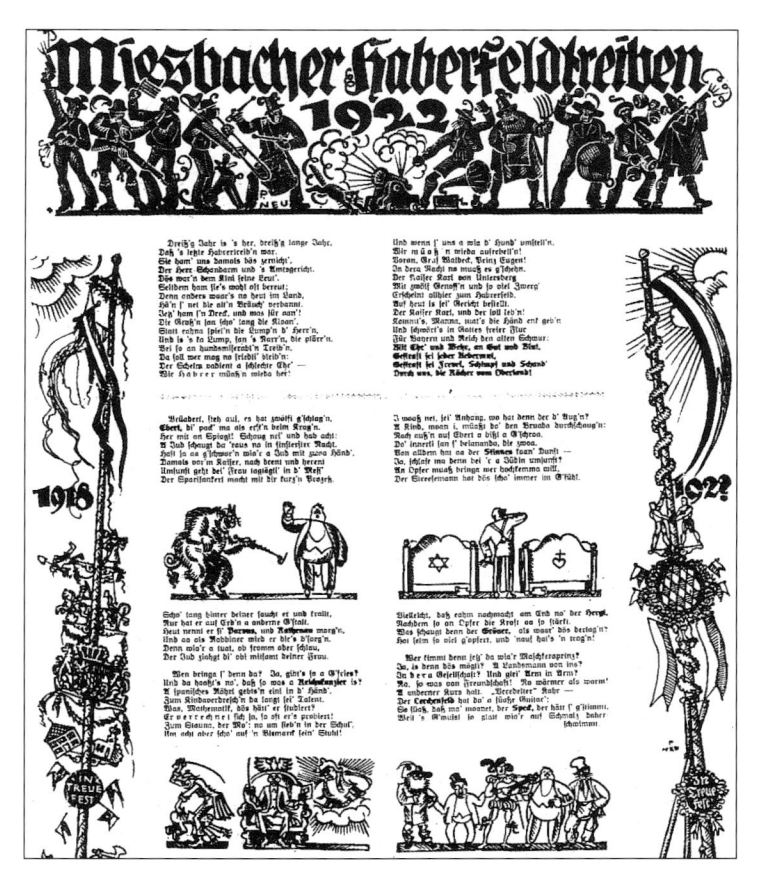

Gereimte Judenhetze auf bayerisch: Dietrich Eckarts »Miesbacher Haberfeldtreiben«, 1922

selbst oft erzählte, fasste er den Plan, im November loszuschlagen, wie auch später alle anderen großen Pläne in der Ruhe des Obersalzberg.«[28]

Gemeint ist damit der Putschversuch vom 9. November 1923. Von der *Ordnungszelle Bayern* aus wollte Hitler gen Berlin marschieren und die Reichsregierung stürzen. Doch der Marsch auf Berlin kommt schon an der Münchner Feldherrnhalle zum Stehen – im Kugelhagel der loyalen bayerischen Landespolizei. Herr Wolf alias Hitler ist daraufhin für gerade eine Sommersaison im Jahr 1924 am Obersalzberg verhindert.

Freundschaftsdienste
Hitlers erste Helfer

»Sie war schön und stolz und prachtvoll, und ich blondes Bürschlein war leidenschaftlich in sie verliebt. Sie duldete es, lachte mich aus, küßte mich und behandelte mich als den, der ich war. Also als großes Kind«, schreibt der Schriftsteller Richard Voß in seinen Erinnerungen »Aus meinem phantastischen Leben«[1] über Mauritia Mayer, die Begründerin der Pension »Moritz« am Obersalzberg, die den damals berühmten und vielgelesenen Schriftsteller in den achtziger Jahren als Sommergast beherbergte. In seinen Memoiren plaudert Voß noch etwas aus, nämlich daß er der Titelheldin seines Romans »Zwei Menschen«, Judith Platter – mit der nötigen dichterischen Freiheit – in etwa die Züge von Mauritia Mayer verliehen habe.

In seinem in Südtirol angesiedelten Roman erzählt Voß die Geschichte einer unerfüllten Liebe zwischen dem jungen Grafen Rochus von Enna und dem Mädchen Judith vom »Platterhof«. Rochus ist von seiner Mutter dem geistlichen Stand gewidmet, die beiden aber stranden bei gemeinsamer Bootsfahrt in Unwetter mit Blitz und Donner und widmen sich heftig einander. Die Mutter stirbt vor Gram; Rochus wird Priester vor lauter Schuldgefühl; Judith zerbricht an unerfüllter Liebe ... Dieser Verschnitt aus Fürsten- und Bergroman war in den Jahren vor dem Ersten Weltkrieg ein Bestseller.

Nach dem Ersten Weltkrieg tauchte am Obersalzberg ein vierschrötiger Mann namens Bruno Büchner auf.

Er interessierte sich für die Pension »Moritz«, musterte den ganzen Betrieb, las wohl auch den Roman von Richard Voß, witterte eine Chance – und machte einen Plan.

Die Pension war nach dem Tod ihrer Begründerin Mauritia Mayer von deren jüngerer Schwester Antonie bis zum Jahr 1919 weitergeführt worden. Sie verkaufte das gesamte Anwesen im Juli 1919 an die Brüder Ernst und Eugen Josef aus Berlin, der eine Sanitätsrat, der andere Professor. Ihnen

Bruno und Elisabeth Büchner, die Eigentümer der Pension »Moritz« bzw. des »Platterhofes« bis 1936

diente sich Bruno Büchner als Pächter des Gaststätten- und Pensionsbetriebes an und bekam den Zuschlag. Ab 1920 soll er nach den Angaben seiner zweiten Frau Elisabeth den Betrieb geführt haben.[2]

Warum es Büchner ins Berchtesgadener Land verschlug, bleibt schemen- und rätselhaft wie sein gesamter Lebenslauf, der ein gewisses Faible für Abenteuer, Köpenickiaden, Verkleidungen und theatralische Inszenierungen erkennen läßt. Er ist in Altgersdorf in Sachsen geboren,[3] kommt aber vor seiner Zeit am Obersalzberg geradewegs aus Daressalam in Ostafrika, wo er sich während des Ersten Weltkriegs aufgehalten hat.[4] Dort wanderte er 1916 für einige Monate ins Gefängnis, weil er sich unbefugt den Titel eines Vizewachtmeisters angemaßt hatte. Er nennt sich Ingenieur und Feldpilot, ist Motorradnarr und Wildschütz. Der Sachse Büchner posiert in bayerischer Tracht, als habe er nie etwas anderes getragen, er knattert mit dem Motorrad über die Berghänge bis hinauf ins »Purtscheller-Haus«, als gehörte sich das so und nicht anders. Büchner liebt das Leben als lautes Plakat, und ist es nicht bunt genug, dann macht er es bunter. Oben am Berg gibt es Fremdenbetten zuhauf, die Luft ist überall gleich frisch, der Talblick ähnlich betörend, wer Gäste anziehen will, braucht eine feinere Küche, billigere Preise – oder eine verlockende Legende. Hierauf versteht sich Bruno Büchner, der mit seiner dröhnenden und von Skrupeln unbeleckten Natur loslegt, wenn er meint, eine gute Idee zu haben. Auf Mauritia Mayers Grabstein im Berchtesgadener Friedhof läßt er einen Steinmetz »Judith Platter« einmeißeln, oben am Obersalzberg läßt er auf dem eigenen Gelände eine Kopie dieses Grabsteins aufstellen,[5] die Pension selbst tauft er kurzerhand um in »Platterhof«. Das Leben ist ein Roman, nein noch viel schriller, denn jetzt ist Mauritia Mayer gleich Judith Platter und Richard Voß gleich Graf Rochus von Enna, und hier in der Pension »Moritz« gleich »Platterhof« hat das unerfüllte Liebesdrama »Zwei Menschen« gespielt, suggeriert Büchner seinen Gästen; das ist schaurig und macht das Wohnen hier schöner.[6]

Er kenne da jemanden, bei dem man bestimmt den steckbrieflich gesuchten Dietrich Eckart verschwinden lassen könne, hatte Christian Weber[7] gesagt und an den Wirt Bruno Büchner gedacht. Nicht allein, daß Hitlers Duzfreund Weber im Hochlenzer-Gebiet ein Jagdrecht hatte[8] und somit natürlich auch Bruno Büchner begegnet war, erklärt dieses noble Vertrauen. Was über die beiden bekannt ist, prädestiniert sie für eine dicke Männerfreundschaft: Lärmende Kraftmenschen und Kraftfahrer sind sie mit einem Hang zu Kitsch und Kult. Motzt Büchner die Geschichte von Mauritia Mayer und Rudolf Voß zur Love-Story im Dienste seines Fremdenverkehrs-Etablissements auf, wird der ehemalige Rausschmeißer und notorische Schläger Christian Weber, aufgestiegen zum Führer der Münchner NSDAP-Stadtratsfraktion, später mit Hingabe die einzige nazi-offizielle Nackt-Show unter freiem Himmel organisieren, die »Nacht der Amazonen« mit barbusigen BDM-Mädchen, drapiert zu »historischen Bildern«, die an Weber und anderen NS-Bonzen vorbei durch den nächtlichen, mit Kerzen illuminierten Nymphenburger Schloßpark paradieren.

Hierher, zu Bruno Büchner, paßten die Herren Dr. Hoffmann und Wolf trotz oder vielleicht gerade wegen ihrer Camouflage, eine Spielerei, bei der auf den ehemals angemaßten »Vizewachtmeister« Büchner zu zählen war. Wie er sich zu den beiden Herren als Dietrich Eckart und Adolf Hitler verhalten hat – Büchner und seine Frau Elisabeth wußten ja, wen sie vor sich hatten –, ist schon deswegen einleuchtend. Die Büchners waren den völkischen Agitatoren zugetan. Dem Herrn Wolf alias Hitler schenkte Elisabeth Büchner ein afrikanisches Mitbringsel, jene Nilpferd-

Diese Holzhütte, im Wald oberhalb der Pension »Moritz« stellte Bruno Büchner Hitler als Versteck zur Verfügung; hier schrieb Hitler 1925 an »Mein Kampf«; das kultisch verklärte »Kampfhäusl« wurde nach 1945 abgetragen

peitsche, mit der die Obersalzberger den neuen Nachbarn durchs Gelände spazieren sahen.[9] Das Geschenk galt noch nicht dem allmächtigen *Führer* und Reichskanzler, nein, Frau Büchner gab es Hitler in der von den Nationalsozialisten als *Kampfzeit* verklärten Periode des Parteiverbotes der NSDAP nach dem Putschversuch an der Feldherrnhalle, mithin einem verurteilten Putschisten und Rechtsextremisten.

Noch bedeutender aber war ein anderer Gefallen, den die Büchners unmittelbar nach der Festungshaft in Landsberg Hitler erwiesen. »1925 – eine meiner ersten Fahrten – bin ich wieder herauf zu Büchners. Ich sagte: Ich muß diktieren, ich muß ganz Ruhe haben, und ich bin in das kleine Häusl rein und habe da gearbeitet.«[10] – Das kleine Häusl war eine zu Büchners Besitz gehörende Holzhütte mit Balkon, im Wald oberhalb der Straße gelegen, die zur Pension »Moritz« führte, und was da diktiert wurde, bekam Steffl, Thekla Rasps Mann, von Herrn Wolf – oder war es nicht schon ein offen firmierender Herr Hitler? – persönlich erläutert, denn der Alpengasthof »Steiner« unterhalb der Pension »Moritz« war die Poststelle für den Weiler Obersalzberg, und die Wirtsfamilie trug Briefe und Päckchen aus oder nahm Telegramme an, auch für den Herrn mit der Peitsche oben im Häusl.

»Also«, erinnert sich Thekla Rasp, »der war beim Büchner versteckt, dann als Dr. Wolf, und da ham mir auch Telegramme nauftragen und i woaß no guat, des Häusl war in so oan kloana Birkenwald, und da war rechts a Bett, wenn ma neiganga is, in der Mitt so a Kachelofen, links a Tisch und a Stuhl, und des war alles. Und da also ham mir auch Post nauftragen. Und zwar war da mein Mann Briefträger. Und da hat der Amann tippt auf der Schreibmaschine. Mein Mo is da neikemma mit der Post. Da hat er schon an ›Mein Kampf‹ gearbeitet. Und da hat er gsagt: ›Steffl, du sollst einmal von den ersten eins kriegen.‹ – Und der hat also des Buch kriegt, mit eigener Widmung.«[11]

Hitler, im engen Zimmer hektisch auf- und abgehend, seine Suada hervorstoßend – diese Szene spielt also nicht nur in der Gefängnisarchitektur der Feste Landsberg, mit Rudolf Heß an der Schreibmaschine, sie wiederholt sich wenig später bei »Mein Kampf. Zweiter Teil« auf dem Obersalzberg im Geviert einer gemütlichen, waldumstandenen Blockhütte mit Talblick in Richtung Untersberg. Auch aus der neuen Schreibkraft Max Amann wird etwas werden im Nazi-Reich, er avanciert später zum Chef des parteieigenen Eher-Verlages. *Kampfhäusl* wurde das Blockhaus dann genannt.

Kaum war Hitler nach dem Putsch aus der Festungshaft entlassen, hatten ihm die bayerische und die meisten anderen deutschen Landesregierungen Redeverbot erteilt. Äußerungen, daß entweder der Feind über seine Leiche oder er über die des Feindes gehen werde, hatten den Verdacht genährt, daß Hitlers Verfassungsfeindlichkeit ungebrochen sei.[12] Das Verbot galt zwei Jahre lang, bis zum Frühjahr 1927. In dieser Zeit diente ihm das Büchnersche Blockhaus nicht nur als Diktatzimmer für sein apokalyptisches Buch, sondern auch als Versteck. Diejenigen, die ihm in dieser Phase begegnen, lernen Hitler nun schon als Hitler kennen. Nach dem Putsch ist er schlagartig bekannt geworden, und er wird bekannt gemacht. Manchmal besorgen das Väter, nehmen ihre Töchter an die Hand, wie es Maria Heiß am Bahnhof Berchtesgaden erlebte, die später für Hitler als Putzfrau arbeiten sollte.

»Mein Vater hat mir'n zeigt. Der Vater hat g'sagt: ›Heute kommt der Hitler. Der sollt amal regiern, aber i glaub, daß des nix werd. Der is mir zu jung. Und außerdem versteht er mir eh nix‹, hat er gsagt, und: ›Aber heit zeig i dir'n.‹ Dann san ma in Bahnhof neiganga, und der Zug is komma, a gewöhnlicher Zug. Und der Hitler is ausg'stiegn, und da san noch zwei dabeigewesen, und heraußen ham scho a paar g'wart. So a Kappe hat der Hitler aufg'habt, und da so an Riemen runter, und so Hosen mit Ohren dran, und a Braunhemd an. Und da hat der Vater g'sagt: ›Der isses!‹ Na hat er mi g'fragt, ob er mir g'falln hat. Na hab i g'sagt: ›Ja Vater, schön is er g'wesn.‹ «[13]

Hitler ist nun wer, Rechtsextremist, Hetzer und Putschist für die einen, Hoffnungsträger für andere; immer mehr Augen wandern mit, wo er geht und steht. Natürlich auch die der bayerischen Polizei, die nun weiß, daß der Parteifüh-

Noch Helfer, bald Unperson: Bruno Büchner als Chauffeur von Hitler und Goebbels

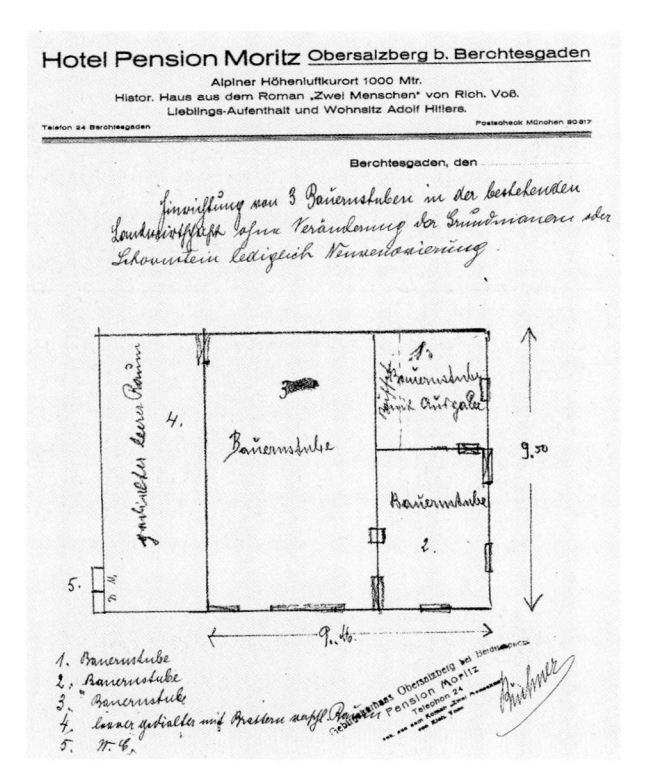

Hitler als Werbeargument: Bruno Büchner pries seine Pension als »Lieblings-Aufenthalt und Wohnsitz Adolf Hitlers« an, bis ihm dies untersagt wurde, und führte das Hakenkreuz wie ein Firmenlogo in seinem Hotel-Stempel

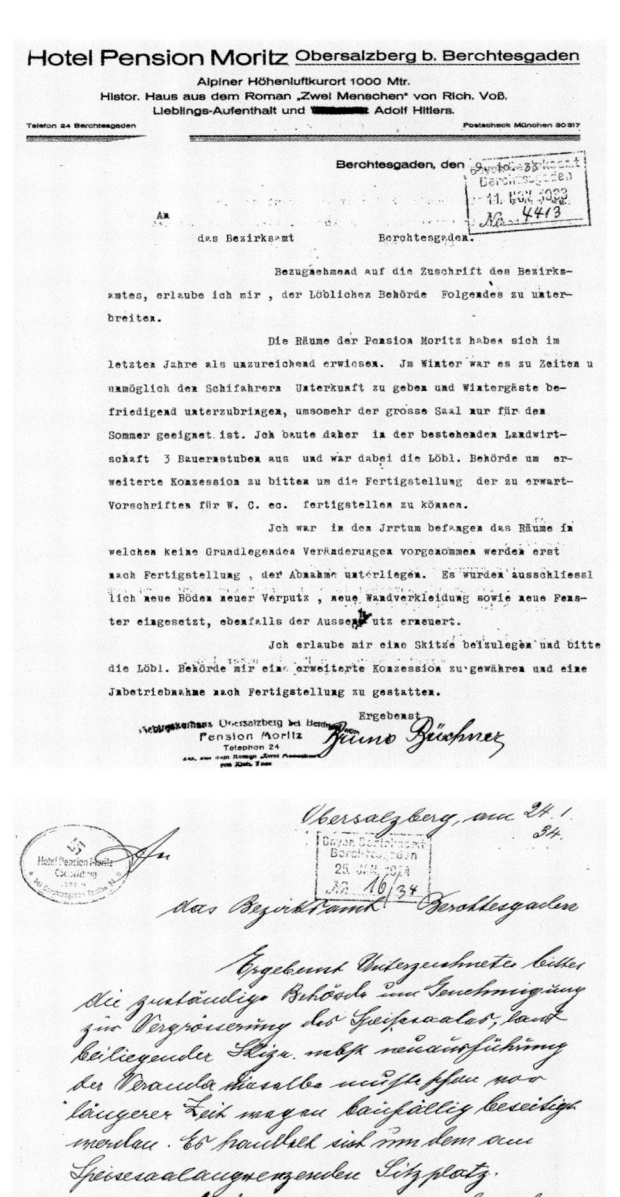

rer der Nationalsozialisten gelegentlich auf den Obersalzberg im Berchtesgadener Land fährt. Das heißt nicht, daß er sich dort nun nicht mehr unsichtbar machen kann. Herr Hitler hat Vertrauensleute wie die Büchners am Berg und verfügt jetzt über genügend Geld, um junge Burschen am Obersalzberg für seine Zwecke einzuspannen. »Die Buam am Salzberg«, erinnert sich Maria Heiß, »wenn der Hitler kemma is in des Wachenfeld-Häusl, dann ham sie Posten stehn müssen. Da hat a jeder 1 Mark fuffzig Pfenning kriegt. Das war viel Geld damals. Und Wache stehn, und wenn die Polizei kemma is, dann ham sie Signal geben müssen, na ist der Hitler hinten raus beim Wachenfeld und auffi obern Platterhof. Da ist a so a Holzhäusl oben, und da hat er sich versteckt.«[14]

1926 oder 1927 scheint Hitlers Beziehung zu den Pensionsbesitzern Büchner erste Risse bekommen zu haben. Er meidet den »Platterhof«, nach seinen Aussagen nicht wegen eines politischen Zerwürfnisses, sondern wegen schlechter Gastronomie, »es gab miserables Essen und oft furchtbare Auftritte; ein Schwager hatte Riesenräusche!«, klagt er.[15] Doch noch nach 1933 darf Büchner sein Idol Hitler und dessen Chefpropagandisten Goebbels im offenen Wagen auf dem Obersalzberg herumkutschieren. Auf jede Postsendung vom »Platterhof« drückt er einen eigens gefertigten ovalen Stempel mit den Worten »Lieblingsaufenthalt unseres Führers Adolf Hitler«.

1936 werden Büchner und sein »Platterhof« Hitlers Plänen zur Umgestaltung des Obersalzbergs im Weg sein und müssen weichen wie alle anderen eingesessenen Obersalzberger. Auf seine Verdienste um Dietrich Eckart und Hitler aus der *Kampfzeit* wird er dann vergeblich verweisen.

Noch aber existiert der alte Luftkurort Obersalzberg mit der ganzen Palette seiner Fremdenbetriebe – von urig bäuerlicher Fremdenzimmervermietung auf dem Bauernhof bis zum vornehmen »Prinzessin Adalbert Marine-Offiziersheim Hotel Antenberg«. Herr Hitler weicht auf freundschaftlichen Rat dorthin aus, doch es ist offensichtlich das falsche Milieu für ihn.

»Ich habe dann im Marineheim gewohnt. Die Bechsteins waren da und hatten mich gebeten, ihnen Gesellschaft zu leisten. Aber es war unerträglich. Bechsteins sagten es selbst, und sie waren doch wirkliche Weltleute. So etwas Gespreiztes und Unnatürliches, der Extrakt einer Auffassung, die uns konträr ist! Nach dem Ärger mit dem Gepäck des Herrn Modersohn[16] bin ich dort weg. In einem Haus, in dem solche Leute wohnen, konnte ich unmöglich bleiben.«[17]

Blick auf die Terrasse des »General-Walker-Hotel«, 1994

Das Wachenfeld-Häusl, von dem die spätere Putzfrau in Hitlers Diensten Maria Heiß spricht, wird sein fester und endgültiger Ankerplatz am Obersalzberg. Er entdeckt es auf langen Spaziergängen, die er von seinem Berchtesgadener Hotelquartier »Deutsches Haus« täglich auf den Obersalzberg unternimmt. Erst kann er es mieten, später wird er es kaufen.

Die Versteckspiele des Herrn Hitler, die er von hier aus den Hang hinauf in Büchners Holzhütte unternimmt – sie sind nicht mehr als eine Marotte neuer Qualität eines aus der Fremde Zugezogenen. Der Berg hatte schon manchen kommen und gehen sehen. Warum nicht auch Herrn Hitler?

Die Eichengrüns (1)
Eine jüdische Familie

»Dann war eine Judenfamilie oben, das waren unsre Nachbarn, die Eichengrüns, die sind dann weggezogen. Die haben alles im Stich gelassen, und das haben sie dann sowieso kassiert.«[1]

Johanna Stangassinger, die jüngste Tochter des Bauern und Straßenwärters Johann Hölzl aus dem Oberwurflehen, nannte diesen Namen zum ersten Mal, als sie sich daranmachte, die Nachbarn im mittlerweile längst verschwundenen Dorf Obersalzberg aufzuzählen. Der Name Eichengrün fiel ihr sofort ein, sie waren schließlich die Bewohner des Mitterwurflehens direkt nebenan, auf derselben Seite der Straße wie der elterliche Hof, gegenüber dem Hotel »Türken« und der Einfahrt zum Haus »Wachenfeld«, dem späteren Haus Hitlers. Auch Thekla Rasp, eine der Töchter des Johann Kurz aus dem einige Meter bergab gelegenen Alpengasthof »Steiner«, erinnert sich gut an die jüdische Familie Eichengrün, deren Spuren sich am Obersalzberg sehr früh verloren haben. Eine Familiengeschichte, die hier oben abrupt und früh endet. Da war der Einfluß des später zugezogenen Nachbarn Hitler im Spiel, der etwa einhundert Meter Luftlinie entfernt wohnte. Seinem Einfluß sind die Eichengrüns aber auch anderswo nicht entkommen.

Wann Dr. Arthur Eichengrün und seine damalige zweite Ehefrau Madleine den Obersalzberg für sich entdeckten, ist heute nicht mehr genau zu ermitteln, auch nicht, wer die Empfehlung gab,[2] sich doch einmal in diesem entlegenen Teil der bayerischen Berge umzuschauen. Sicher ist, daß die Eichengrüns schließlich das Haus, in dem sie schon einige Sommer lang zur Miete gewohnt hatten, im August 1915 kauften.[3] Gemessen an den Gewohnheiten der Herrschaften aus dem fernen Berlin war das Haus »Mitterwurf« für die Sommermonate eine äußerst bescheidene Bleibe, bildete vielleicht aber auch einen ganz bewußt gewählten Gegensatz zum prachtvollen und weitläufigen

Dr. Arthur Eichengrün am Kamin seines Obersalzberger Hauses »Mitterwurf«, ca. 1920

Zuschnitt der heimischen Villa im Berliner Grunewald. Dort galt es schließlich, als Fabrikant angemessen zu repräsentieren, hier in Obersalzberg war diese gesellschaftliche Etikette außer Kraft oder zumindest von minderer Bedeutung.

Eichengrüns nutzten ihr efeuberanktes Sommerdomizil so regelmäßig und ausgiebig, daß sie in den Erinnerungen einheimischer Obersalzbergerinnen wie Thekla Rasp und Johanna Stangassinger nicht als Gäste, sondern als richtige Nachbarn erscheinen. Das Gefühl erklärt sich recht einfach: Thekla, Hanni und ihre Geschwister waren Spielkameraden von Hille und Hans – den beiden Kindern von Dr. Arthur und Madleine Eichengrün; diese hatten in der kleinen Dorfgesellschaft des Weilers Obersalzberg ein mindestens ebenso offenes Haus für die herumvagabundierende nachbarschaftliche Kinderschar wie die Hölzls oder die Familie Kurz. Es scheint, als

Die Kinder aus der Nachbarschaft bei einem Kindergeburtstag im Haus »Mitterwurf«, im Hintergrund Arthur Eichengrün

hätten die Eichengrüns die Kinder der Nachbarschaft gerne bei sich gehabt, denn Thekla Rasp und Johanna Stangassinger erinnern sich unabhängig voneinander zunächst einmal an die opulenten Kindergeburtstage ihrer Freunde Hille und Hans, bei der sämtliche Kinder aus der Umgebung eingeladen waren und bei denen es Kuchen, Kakao und Süßigkeiten im Überfluß gab, auch kleine Preise und Geschenke, für alle Gäste, nicht nur für das Geburtstagskind. Thekla Rasp hat aus dieser Zeit noch Fotos von aufgeputzten Kindern an der Kuchentafel. Hinter den Kindern huschen dienstbare Geister mit Häubchen und Schürze herum; auch sie – so weiß Thekla Rasp – wurden dann aus der Nachbarschaft engagiert.

Gewiß gehörten die Eichengrüns aus der Sicht der eingeborenen Obersalzberger in die Schicht der vornehmen und reichen Herrschaften, der Umgang mit ihnen aber war herzlich und unver-

Hille und Hans Eichengrün am Brunnen von Haus »Mitterwurf«; am oberen Bildrand der Balkon des Oberwurflehens der benachbarten Familie Hölzl

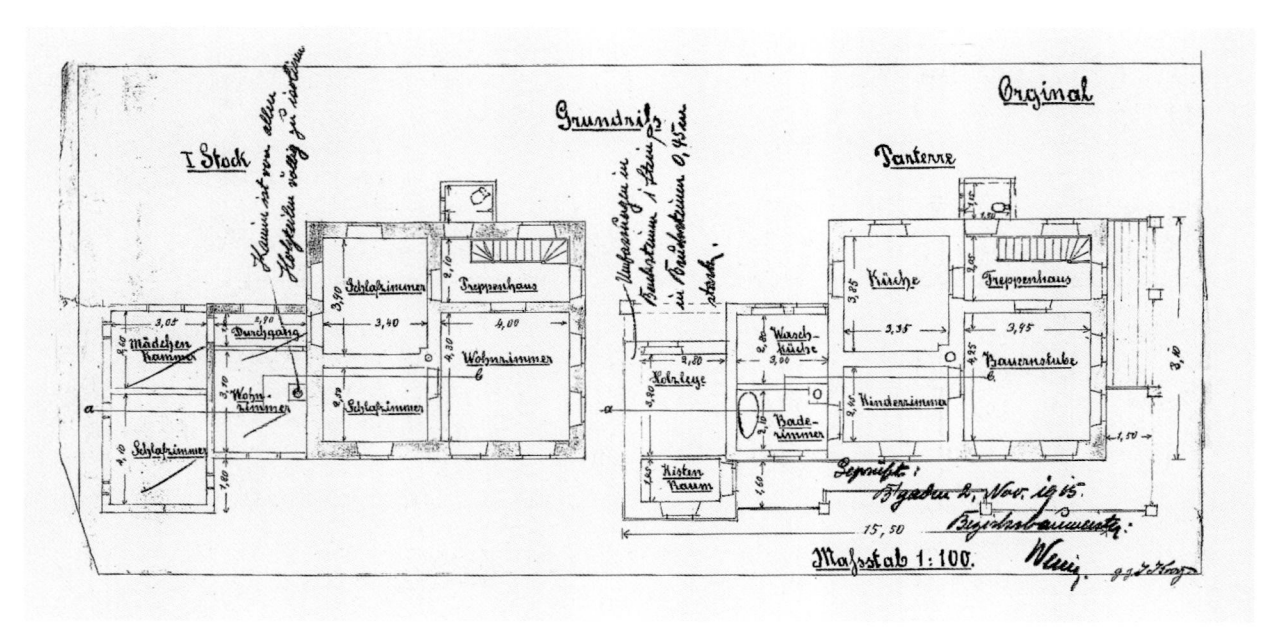

Bauplan zur Erweiterung des Hauses »Mitterwurf« für Familie Eichengrün, November 1915

stellt. Nicht zu vergessen die Geschichte mit den zwei elektrischen Bügeleisen, die in den Jahren des Ersten Weltkriegs spielt und somit in der Zeit, in der im Haus »Mitterwurf« die neuen Nachbarn Eichengrün seit kurzer Zeit wohnten. Bis zum Ausbruch des Krieges hatte der Gasthof »Steiner«, erbaut von Johann Kurz senior, so recht und schlecht funktioniert, weil sich alle in der Familie halfen und zusammenlegten. Johann Kurz junior hatte als Hauer im Salzbergwerk gearbeitet und damit einen wichtigen Teil des Familieneinkommens garantiert, das vom Gastbetrieb unabhängig war. Aus dem Krieg kehrte er als schwer Kriegsbeschädigter zurück; er hatte einen Lungensteckschuß erlitten, der es ihm unmöglich machte, seine Arbeit im Bergwerk wiederaufzunehmen, außerdem blieb sein Gehör geschädigt. »Es war ja nur noch ein halber Mensch«, sagt seine Tochter Thekla. Noch dazu hatten die Eltern Kurz ihre Ersparnisse in Kriegsanleihen angelegt, die nun bei Kriegsende komplett verloren waren. In dieser Lage mußte eine neue Einkommensquelle gefunden werden, und die erschloß sich Mutter Kurz durch Dienstbotenarbeit für die umliegenden Fremdenbetriebe: Sie besorgte die Wäsche für Gäste des Hotels »Antenberg« und andere Pensionsbetriebe. Madleine Eichengrün war die schwierige Lage der Familie Kurz zu Ohren gekommen, und sie befand, sie könne Frau Kurz am besten dadurch helfen, daß sie ihr zu einem damals noch neuen Arbeitsgerät verhalf, mit dem man die Arbeitsproduktivität enorm steigern konnte. Gebügelt wurde bisher entweder mit schweren, auf dem Ofen erhitzten Massiv-Metallbügeleisen oder mit hohlen Bügeleisen, in deren Inneres glühende Kohle gegeben wurde. Der letzte Schrei aber waren Geräte, mit denen sich wesentlich schneller und leichter arbeiten ließ. Eines Tages schenkte Frau Eichengrün Theklas Mutter zwei hochmoderne Elektro-Bügeleisen.

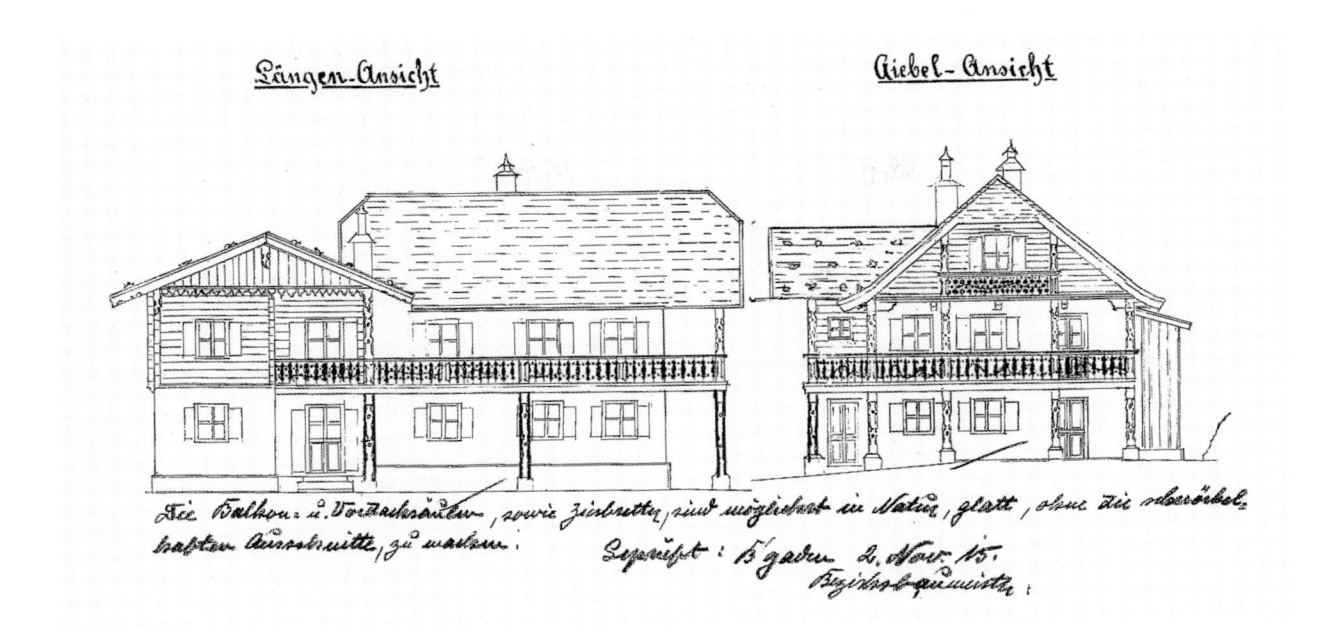

Arthur Eichengrün war am 13. August 1867 in Aachen als Sohn eines Tuchfabrikanten geboren worden.[4] Den elterlichen Betrieb schien er nicht übernehmen zu wollen, denn er entschied sich für ein Studium, das nicht auf das väterliche Gewerbe ausgerichtet war. Mit 17 bestand er das Abitur und belegte, zunächst in Aachen, später in Berlin und in Erlangen, die Fächer Chemie, Mineralogie und Physik. Erst 21 Jahre alt, schloß er sein Studium in Erlangen mit einer Promotion zum Dr. phil. ab.[5] Danach war er ab 1890 Universitätsassistent in Genf und wechselte dann in die Wirtschaft, zunächst zu C. H. Boehringer in Ingelheim, danach zu C. L. Marquardt in Bonn und schließlich 1895 zu den Farbenfabriken, vormals Frdr. Bayer & Co in Elberfeld. Carl Duisberg, der Vorstandsvorsitzende und Architekt des späteren I. G. Farben-Konzerns, übertrug dem gerade 28jährigen Arthur Eichengrün die Gesamtleitung des pharmazeutisch-wissenschaftlichen Laboratoriums der Firma. Und Duisberg hatte sich nicht verspekuliert:

Eichengrün erfand wichtige Arzneimittel wie Protargol und Helmitol. Protargol war beinahe vierzig Jahre lang das wichtigste Medikament gegen die Gonorrhoe. Außerdem ist unter Eichengrüns Leitung – gemeinsam mit Felix Hofmann – ein Medikament entwickelt worden, das weltberühmt und bis heute unentbehrlich geblieben ist: das Schmerzmittel Aspirin.

Aber Eichengrün war nicht nur ein erfolgreicher Pharmakologe, er wurde auch noch zu einem wichtigen Pionier der Kunststoffentwicklung. Ab 1901 meldeten er und seine Mitarbeiter immer neue Patente an, die sich mit der Herstellung einer hochwertigen Acetylcellulose beschäftigten, die 1905 schließlich gelang. Mit seinen Bayer-Kollegen Th. Becker und H. Guntrum gelang Arthur Eichengrün die Synthese des »Cellit«, ein Grundprodukt, das in der noch jungen Geschichte der Fotografie und des Kinos und in der Textilindustrie gleichermaßen eine wichtige Rolle spielen sollte. Denn »Cellit« war der Grundstoff für eine

Chemiker-Kollegen der französischen Firma Pathé mit dem ersten unentflammbaren Film aus Cellit, gewidmet dem Erfinder Dr. Arthur Eichengrün

ganze Palette von künftigen Kunststoffprodukten, für Trägerfolien des fotografischen Films zum Beispiel – und aus »Cellit« konnte Acetat-Kunstseide gefertigt werden.

1908 nahm er seinen Abschied von Bayer, gründete in Berlin zunächst als freier Erfinder ein Versuchslabor und baute dann in Berlin-Charlottenburg aus dem Ertrag seiner weltweiten Kunststoff-Patente die »Cellon«-Werke auf. Eichengrün, der schon in seiner Zeit bei Bayer ständig neue Kunststoffverbindungen und deren Herstellungsverfahren zur Patentreife gebracht hatte, fühlte sich von Bayer übervorteilt, was den wirtschaftlichen Ertrag der auf den Namen der Firma angemeldeten Patente anging, und wollte daher auf eigene Rechnung arbeiten.[6] Diese Rechnung ging vor allem dank Eichengrüns neuester Entwicklung »Cellon« auf, weshalb er seine Firma nicht zu Unrecht nach diesem von ihm erfundenen Werkstoff benannte. Aus »Cellon« ließ sich vielerlei herstellen: unbrennbares Zelluloid, Kunststoffröhren, -stäbe und -tafeln, nicht entflammbare Lacke und Spritzgußmassen, aus denen beliebig geformte Kunststoffteile hergestellt werden können.

Es war nicht herauszufinden, wann Arthur Eichengrün im Sessel vor dem Kamin seines Hauses »Mitterwurf« am Obersalzberg für die Aufnahme posiert hat, die ich im Fotoalbum des ehemaligen Nachbarkindes Thekla Rasp fand, ein Foto, das mich neugierig machte und auf die Spur setzte. Ein Zigarillo in der Hand, die Beine lässig übereinandergeschlagen, an den Füßen Schuhe mit geknöpften Stoffgamaschen, den Blick selbstbewußt in die Kamera gerichtet, vermittelt er den Eindruck eines Mannes, der sich nicht so leicht erschüttern läßt, und es spricht viel dafür, daß Eichengrün hart im Nehmen war. Um die Zeit, als Herr Wolf alias Hitler ab 1923 am Obersalzberg zum gelegentlichen Nachbarn wurde, hatten die Eichengrüns in ihrem Lebensstandard bereits herbe Einschnitte hinnehmen müssen. Die Cellon-Werke machten am Ende des Ersten Weltkrieges große Verluste, alle in Staatspapieren angelegten Gelder lösten sich in Nichts auf, und drei Jahre später ging der Rest des Barvermögens in der Inflation ebenso verloren wie die private Villa im Grunewald. Immerhin aber hatte es Eichengrün geschafft, die Cellon-Werke weiterzuführen und die Arbeitsplätze der Belegschaft zu erhalten. Und immer noch ging es sommers in den Süden, ins Haus »Mitterwurf« am Obersalzberg.

Haus »Wachenfeld«
Hitler wird Nachbar

»Auf einmal höre ich von jemanden, das Haus Wachenfeld sei zu vermieten, das war 1928. Etwas Schöneres, sagte ich mir, kann es nicht geben. Ich bin gleich herauf, traf aber niemand an. Da kam der alte Rasp: Die beiden Frauen sind gerade weg! Winter war Großindustrieller in Buxtehude gewesen, und nach seiner Frau, einer geborenen Wachenfeld, hatte er das Haus benannt. Ich warte, auf einmal kommen zwei herauf. ›Sie entschuldigen, sind Sie Besitzer dieses Hauses? Ich hab' gehört, daß Sie vermieten wollen.‹ ›Sind Sie Herr Hitler? Wir gehören auch zu Ihnen. Wir sind Parteigenossen.‹ ›Das ist ja wunderbar!‹ ›Kommen Sie doch gleich herauf zu einer Tasse Kaffee!‹ Ich bin rauf und war ganz weg. Das große Zimmer vor allem hat mich bezaubert. ›Kann ich das ganze Haus mieten?‹

›Ja, überhaupt nur! Im Winter steht es leer, der alte Rasp lüftet, aber das ist doch nicht das Rechte.‹ ›Kann ich es das ganze Jahr mieten?‹ ›Ja.‹

Rodler Hitler, Ende der 20er Jahre

›Was kostet es?‹ ›Ja, ich weiß nicht, ob Ihnen das zuviel ist, 100 Mark im Monat.‹ ›Sofort! Und für den Fall, daß Sie es hergeben, ein Vorkaufsrecht für mich!‹ ›Sie nehmen uns eine kolossale Sorge weg! Wir können mit dem Häusl nichts mehr anfangen.‹«[1]

Vom Zufallsbesuch bei einem versteckten Bekannten zum Feriengast, dann zum Mieter und schließlich zum Besitzer eines Hauses: Hitler wird am Obersalzberg genau auf dieselbe Weise seßhaft wie viele bürgerliche Sommerfrischler zuvor. Das Haus »Wachenfeld« ist kein altes Bauernanwesen, sondern ein Ferienhaus im alpenländischen Stil, das der Lederwarenfabrikant Winter mitten im Ersten Weltkrieg 1916[2] erbauen ließ, auf einem Wiesengrundstück seitlich unterhalb des Gasthofes »Türken«. Auch die Winters hatten den Obersalz-

Das 1916 erbaute Haus »Wachenfeld« im ursprünglichen Zustand, noch ohne Anbauten

berg als Gäste der Pension »Moritz« entdeckt und bei günstiger Gelegenheit das Baugrundstück für ihr Haus erworben.

Recht widersprüchlich sind die Aussagen darüber, wann Hitler das Haus mietete. Die meisten Quellen geben unrealistisch früh 1925 an, Hitlers eigene Datierung auf das Jahr 1928 ist wahrscheinlich ebenfalls unkorrekt – am meisten spricht für das Frühjahr 1927.[3] So oder so bleiben einige Jahre einer relativ unauffälligen Anwesenheit übrig, in der sich Hitler zumindest einigen seiner Nachbarn gegenüber an die üblichen nachbarschaftlichen Gepflogenheiten hält: Er grüßt, er ist für kleine Schwätzchen zu haben, er gratuliert zu familiären Festtagen, er wünscht »Frohe Weihnachten« per Postkarte. Als Hitler sich in dem Haus einmietet, führt noch ein für jedermann begehbarer, ungeteerter Stichweg von der Straße bis wenige Meter vor das Haus. Die Grundstücksgrenze war an dieser Seite auf der Hangwiese mit einem niedrigen Drahtzaun eher markiert als befestigt, das gleiche galt für das windschiefe Holzgatter auf dem Zufahrtsweg.

So, wie Hitler das Haus »Wachenfeld« von der Kommerzienratswitwe Margarete Winter-Wachenfeld übernahm, fügte sich das Gebäude unauffällig in das vorhandene architektonische Ensemble am Obersalzberg. Es war einstöckig gebaut, wie viele der Häuser im Erdgeschoß weiß verputzt, im ersten Stock dann holzverschalt und mit einem umlaufenden Balkon versehen. Das Dach war flach geneigt und mit Steinen belegt. An die talwärtige Giebelseite schloß sich im Erdgeschoß auf ganzer Breite eine windgeschützte Veranda an.

Auch das Innere des Hauses blieb lange Jahre unverändert, und Hitler übernahm in seinem Kaufvertrag später bis auf kleine Ausnahmen das gesamte Inventar, das von den Erbauern angeschafft worden war. Er scheint es auch nach dem ersten, noch geringfügigen Umbau im Jahr 1933 weiter in den Räumen belassen zu haben, wie aus einer Schilderung von Albert Speer hervorgeht. »Nach Berchtesgaden folgte eine steile Bergstraße voller Schlaglöcher, bis uns am Obersalzberg Hitlers kleines gemütliches Holzhaus mit weit überstehendem Dach und bescheidenen Räumen erwartete: Ein Eßzimmer, ein kleines Wohnzimmer, drei Schlafzimmer. Die Möbel entstammten der Vertiko-Periode altdeutscher Heimattümelei und gaben der Wohnung das Gepräge behaglicher Kleinbürgerlichkeit. Ein vergoldeter Käfig mit einem Kanarienvogel, ein Kaktus und ein Gummibaum verstärkten diesen Eindruck noch. Hakenkreuze fanden sich auf Nippessachen und von Anhängerinnen gestickten Kissen, kombiniert etwa mit einer aufgehenden Sonne oder dem Gelöbnis ›Ewige Treue‹.«[4]

Hitler kann Anfang 1927 seine in Wien lebende Halbschwester überreden, nach Obersalzberg zu kommen. Ab März 1927 führt sie ihm den Haushalt. Angela Raubal ist verwitwet und hat eine zu diesem Zeitpunkt 20jährige Tochter. Angelika, genannt Geli, begleitet zunächst ihre Mutter, zieht aber schon im November 1927 nach München um[5] und hält sich von da an nur besuchsweise am Obersalzberg auf.

Mieter Hitler im Haus »Wachenfeld«

Hochzeitszug in Obersalzberg

Es ist die Zeit des netten Herrn Nachbarn Hitler, und sie dauert bis zur Jahreswende 1932/33. In diesen Jahren lernen die Obersalzberger durch die immer zahlreicheren Besucher bei Herrn Hitler neue Uniformen kennen, deren größter Neuigkeitswert darin liegt, daß sie nicht von Soldaten, sondern von Zivilpersonen getragen werden. Schließlich sind die Herren, die Nachbar Hitler mal in kleinen Gruppen, dann in größeren Pulks besuchen kommen, keine Soldaten, sondern Mitglieder der NSDAP, einer politischen Partei. Aber diese Partei und ihre Mitglieder sind fasziniert von militärischem Gepränge, von Kragenspiegeln und Schulterstücken, von Schaftstiefeln und Breeches-Hosen, von schweren Gürteln mit Koppelschlössern, von Schulterriemen und Uniformmützen. Wie um sich abzusetzen und die besondere, eigene Rolle zu betonen, changiert Hitler in der Wahl seiner Kleidung bei seinen Aufenthalten am Obersalzberg. Seine Referenz an die landesübliche Tracht, kniekurze Lederhosen, trug er gelegentlich in den ersten Jahren, dann nie mehr, eher selten zeigt er sich im schlechtsitzenden braunen Uniformdrillich der Partei, häufig und gerne in legeren, hellen Anzügen.

Noch kann jeder Obersalzberger von den braunschwarz-uniformierten NSDAPlern hier oben am Berg halten, was er will, ästhetisch wie politisch.

Von dieser Freiheit wird Gebrauch gemacht. Im öffentlichen Raum des Dorfes ergibt sich ein interessantes Bild. Wer von der neuen, rechtsextremistischen Partei nichts hält und ihren Versprechungen nicht traut, hält Abstand von Nachbar Hitler und seinen Gefolgsleuten. Wer so denkt, macht dies nicht öffentlich kenntlich, und nur das Festhalten an alteingesessenen Bräuchen, Traditionen und ihrer Symbolik ist in dieser Phase der von rechts vielgescholtenen pluralistischen

Haus »Hintereck« am Obersalzberg, schon 1930 ist hier die Hakenkreuzfahne gehißt

Weimarer Systemzeit noch keine eindeutige Aussage: der sonntägliche Kirchgang, das Tragen der Berchtesgadener Tracht, der Herrgottswinkel mit Kruzifix und Marienstatue in den Gasthäusern oder der häuslichen Stube. Wer aber, wie sich in diesen Jahren im bayerischen Sprachgebrauch einbürgert, »ein Hitler ist«, der zeigt das auch. Das penetrante Hakenkreuz-Symbol taucht als Blickfang auf, subtil wird es plaziert: Auf der uniformierten Partei-Kleidung signalisiert die Binde am Oberarm einen Helfer. Daß die Hakenkreuzfahne schon vor der Machtergreifung an einem Fahnenmast vor Hitlers Haus »Wachenfeld« gehißt wird, verwundert nicht. Doch sie taucht auch schon auf dem Foto eines Obersalzberger Hauses aus dem Jahr 1930 auf.

Den jungverheirateten Kunstmaler Michael Lochner aus der »Baumgartmühle« kennt der Herr Hitler vom Mehl- und Eierkaufen im elterlichen Geschäft. Michael Lochner kann von seinen künstlerischen Arbeiten in den späten zwanziger Jahren noch nicht leben. Aber er ist auch ein geschickter Fotograf, der die Kamera auf seine Bergtouren mitnimmt und ansprechende Landschaftsansichten aufnimmt, die er als Postkarten in einem kleinen Atelier neben dem elterlichen Haus zum Verkauf anbietet. Selbstverständlich nimmt Lochner auch Ansichten des Hauses »Wachenfeld« ins Sortiment, sie werden zunehmend verlangt. Eines Tages spaziert Lochner mit seiner kleinen Tochter am Hitlerhaus vorbei. Es ist schon mit einem neuen Maschenzaun umgeben. Der Hausherr hält gerade Audienz, als er seinen Nachbarn Lochner erblickt: »Da hat er mich herangerufen und hat gesagt: Ich soll eine Aufnahme von ihm machen mit meiner Tochter. Hab' ich gemacht. Aber nachher hat sich alles grundsätzlich geändert. Er wurde dann eben ein unnahbarer Mensch.«

Diese Zeit des netten Herrn Nachbarn wird später mit publizistischen Mitteln künstlich verlängert, nachdem sich der Gewaltherrscher Hitler seine Nachbarn vom Halse geschafft hat.

Hitler posiert mit der Tochter des Kunstmalers Michael Lochner

Hitler oder Jesus
Der Kult um den Kanzler

Täglich um 7 Uhr morgens läutete am Obersalzberg die Glocke zur Frühmesse, werktags wie sonntags, da auch noch zur Abendandacht um 18 Uhr. Natürlich war das Geläut der Kapelle »Maria Hilf« auch im Haus »Wachenfeld« zu hören, das etwa einhundert Meter entfernt lag.

Wer ein Dorf in Bayern ohne Kirche nicht als Dorf empfindet, mag die Ansiedlung in Obersalzberg lange Zeit für nicht mehr angesehen haben als eine stattliche Ansammlung von Bauerngehöften, Sommervillen, Fremdenpensionen, Handwerksbetrieben mit einem Feuerwehrhaus und einem Sanatorium. Erst im Jahr 1920 änderte sich das, als eine günstige Interessenkoalition den Bau einer Kirche ermöglichte. In diesem Jahr hatte der Arzt Dr. Richard Seitz in der ehemaligen Pension »Regina« ein Kindersanatorium, vor allem für lungenkranke Kinder, eröffnet. Auf der Suche nach medizinischem Pflegepersonal fand er Schwestern des Mallersdorfer Ordens, und um diese katholischen Schwestern zu gewinnen, war Seitz daran gelegen, den Ordensfrauen die Gelegenheit für regelmäßige Gottesdienstbesuche und Gebete in der Nähe ihres Arbeitsplatzes zu verschaffen. Der insgesamt zweistündige Fußweg zur Kirche in Berchtesgaden – oder die Stunde, die man zur Kirche in Oberau und zurück rechnen mußte, wäre für die Schwestern äußerst mühsam und einem geregelten Sanatoriumsbetrieb kaum zuträglich gewesen. Jetzt erkannten die Obersalzberger die Chance, diese ihnen sattsam bekannten langen Kirchgänge auch für sich abzukürzen. Der »Kapellenbauverein Obersalzberg« wurde gegründet, in dem sich die Bewohner von Obersalzberg, die Gemeindeverwaltung Salz-

Die Kapelle »Maria Hilf«, angebaut an das Kindersanatorium von Dr. Richard Seitz, ca. 1939

berg und Dr. Richard Seitz zusammenschlossen. Dr. Seitz und die auf der Nordseite seines Sanatoriums angrenzenden Grundstücksbesitzer stellten den Bauplatz zur Verfügung, die örtlichen Handwerker traten in Aktion, und binnen eines Jahres war die an das Kindersanatorium angebaute Kapelle mit dem runden, gedrungenen Glockenturm fertiggestellt. Ab 1921 war Obersalzberg also zu einem – beinahe – richtigen Dorf geworden, zu einem Dorf mit eigener Kirche.[1]

Die ersten zehn Jahre des kirchlichen Lebens am Obersalzberg liefen ab wie in jedem anderen Ort auch. Von der Taufe bis zum Totengedenken, vom Weihnachtsfest bis zur Passionszeit begleitete das Kirchenjahr das Leben der Gemeindemitglieder.

Daß seit einigen Monaten nichts ist wie zuvor, erfährt der junge Priester Johannes Baumann, der

Dr. Johannes Baumann, von 1933 bis 1937 der letzte Kurat der Obersalzberger Kirche »Maria Hilf«, 1987 in Berchtesgaden

am 2. Oktober 1933 mit dem Postomnibus auf dem Obersalzberg ankommt, um sein Amt als Kurat in der Obersalzberger Kirche »Maria Hilf« und in der Gemeinde anzutreten. Das Münchner Ordinariat hat dem 32jährigen, der vor dem Abschluß seiner theologischen Dissertation steht, mit Vorbedacht diesen Posten zugeteilt. »Ich brauchte die Nähe der Salzburger Grenze, nicht zum Schmuggel, sondern ich wollte in der theologischen Fakultät mein Studium abschließen. So mußte ich über die Grenze, und diese war inzwischen heiß geworden und drohte jeden Tag ganz geschlossen zu werden: Eine strenge Klausur! Aber meine Prüfungen mußte ich unter Dach bringen. Eine Möglichkeit blieb noch offen. Wenn ich Grenzlandbewohner würde, dann hätte ich etwas Erleichterung im Grenzverkehr. Und deswegen hat das Münchner Ordinariat mir die Seelsorge im Kindersanatorium und bei der Bergbevölkerung übertragen.«[2]

Johannes Baumann weiß zwar, daß er einer Kirche als Priester zugeteilt ist, die sich in unmittelbarer Nähe von Hitlers Landhaus befindet. Von den Verhältnissen an Ort und Stelle aber hat er sich keine Vorstellung machen können. Schon im Tal entdeckt er einen langen Strom von Fußgängern, die alle der Straße auf den Berg zustreben. An der Abbiegung zur Straße auf den Obersalzberg sind riesige Plakate angeschlagen:

»Um in Obersalzberg während des Aufenthaltes des Herrn Reichskanzlers den Straßenverkehr in Ordnung zu halten, wird folgendes verfügt:
I. Strassenbenützung. A. Strasse Berchtesgaden – Obersalzberg. Die Strecke dürfen nur folgende Fahrzeuge befahren:
1.) Der Wagen des Herrn Reichskanzlers und die Fahrzeuge, die zur unmittelbaren Begleitung gehören.
2.) Die Fahrzeuge von Regierungsmitgliedern.
3.) Die Fahrzeuge der Bayerischen Politischen Polizei und des Bezirksamtes Berchtesgaden.
4.) Die Fahrzeuge der Post.
5.) Die Fahrzeuge von Angehörigen der SA und der SS, die aus dienstlichen Gründen nach Obersalzberg müssen.
6.) Ärzte, Hebammen, und Geschäftswagen mit Ausweis des Bezirksamtes Berchtesgaden.
B. Strasse Berchtesgaden – Au – Obersalzberg.
1.) Die Taxameter von Berchtesgaden.

Der Altar der Kapelle »Maria Hilf« kurz vor Schließung und Abriß der Kirche

2.) Die Fahrzeuge von solchen Personen, die in Obersalzberg wohnen.
C. Allen übrigen Fahrzeugen ist das Befahren der beiden Strassen polizeilich verboten.«³

Heinrich Himmler, der spätere Reichsführer der SS, damals gerade Chef der Bayerischen Politischen Polizei, erläßt Ende Juli 1933 dieses Reglement für den Straßenverkehr auf den Straßen zum Obersalzberg. Kaum ist das Berchtesgadener Land im Frühling 1933 aus dem wetterbedingten Winterschlaf aufgewacht, beginnt der massenhafte Besucheranstrom auswärtiger Gäste. Ein Jahrzehnt lang hat die Propaganda der NSDAP systematisch alle denkbaren messianischen Versprechungen ausschließlich an den Parteiführer Adolf Hitler gebunden, nun, da Hitler als Reichskanzler in Stellung gebracht ist, entladen sich die messianischen Erwartungen seiner Anhängerschaft. Was da losbricht, ist sowohl in der propagandistischen Darstellung von Zeitungsreportagen und Büchern als auch im tatsächlichen alltäglichen Verhalten der Besucher mehr, als einem politischen Führer, der in der Gunst der Massen steht, zu huldigen. Die Fahrt zum Obersalzberg wird zum pseudoreligiösen Ritual. »Das stille Haus am grünen Hang ist zum Wallfahrtsort der Deutschen geworden. Ob der Führer, die seltenen Stunden, die ihm als Muße gegönnt sind, hier genießend, anwesend ist oder nicht, immer umlagern die Scharen das Haus, in dem der Mann lebt, an den sie glauben. Und wissen sie, daß er anwesend ist, dann warten sie, das Haus belagernd, geduldig und unverzagt, ringsum aus der gebotenen Distanz, die die Notwendigkeit ergab, und brechen in glücklichen Jubel aus, wenn sie den großen, einfachen Mann auch nur für Augenblicke aus ungefährer Ferne erblicken.«⁴

Presseberichte, Broschüren und Bücher wie das soeben zitierte aus der Nazi-Zeit geben dem Hitler-Tourismus den Anschein einer würdevollen Weihehandlung. Dieser Anschein eines durch

Plakat des SS-Reichsführers und bayerischen Polizeichefs Heinrich Himmler; im August 1933 in Obersalzberg und Berchtesgaden erstmals ausgehängt

und durch zivilisierten Geschehens wird aus gutem Grund durchgehalten. Im nationalsozialistischen Führerstaat, der keine Parteien, keine Wahlen, keine widerstreitenden, konkurrierenden politischen Interessen mehr zuläßt und in dem zur selben Zeit die gewaltsame Unterdrückung und Ausschaltung der Opposition mit aller Brutalität vorangetrieben wird, werden sinnfällige Bilder der Legitimation von Hitlers Macht benötigt. Die Fahrt der täglich Tausenden zu Hitlers Haus liefert sie. Die Eindringlichkeit dieser Bilder steigt, wenn das Verhalten der Besucher einer wohlüberlegten Entscheidung zu entspringen scheint – oder einem tief akzeptierten religiös gefärbten Gefühl. Nach dieser Richtschnur sind die überall veröffentlichten, relativ dezenten Bilder von Hitlers Leibfotograf Heinrich Hoffmann ausgewählt, und so erklärt sich auch, warum eine simple touristische Bergwanderung mit theologischem Vokabular zur *Wallfahrt* erhoben wird.

Der Alltag ist weit profaner. Himmlers in Berchtesgaden und Obersalzberg aushängendes Plakat versucht den Hitler-Touristen mit der Macht des Kommandeurs der Bayerischen Politischen Polizei Benimmregeln einzubleuen: »Es wird von der Bevölkerung erwartet, dass sie im Interesse der Erholung des Volkskanzlers sich strikte an die Vorschriften hält und so jeder dazu beiträgt, dem Volkskanzler den Aufenthalt in Obersalzberg so angenehm als möglich zu gestalten.

Es ist notwendig, dass jeder unnötige Lärm vor dem Hause, wie Sprechchöre oder Zurufe, unter allen Umständen zu unterbleiben haben. Als gegen den guten Ton verstossend muss es bezeichnet werden, wenn ständig jede Bewegung des Volkskanzlers mit dem Feldstecher beobachtet wird.«[5]

Auch der katholische Kurat Johannes Baumann wird Nachbar Hitlers, und wie all diese Nachbarn muß er sich nun täglich durch die Massen der Besucher drängeln, wenn er in seiner Gemeinde unterwegs ist. Zeitweise wohnt er im Anwesen seines Meßners, des Bauern Josef Hölzl vom Oberwurflehen. Dieser Bauernhof befindet sich auf der gegenüberliegenden Seite der Straße, nur wenige Schritte von dem Stichweg zu Hitlers Haus entfernt.

Johanna Stangassinger, auf die Hitler-Touristen angesprochen, lacht auf und schüttelt den Kopf. »Wahnsinn! Wahnsinn.« Die jüngste Tochter des Hölzl-Bauern erinnert sich mit einer Mischung aus Hohn und Verachtung an die Hitler-Touristen, von denen einige Pensionsgäste im elterlichen Haus waren. »Die ham geschrien und waren begeistert und haben sich Holzstücke von den Zäunen runter und haben sich Steine mitgenommen, wo der Hitler drauf gegangen ist. Das war ja ein Chaos. Die sind ja gar nicht ins Bett gegangen. Wir haben da auch Gäste gehabt, 1934 noch, die haben sich dann die Hände nicht mehr gewaschen, wenn ihnen der Hitler die Hand gegeben hat. – Es war fürchterlich. Es war entsetzlich. Das war ein Unfug, den die getrieben haben. Das kann man sich nicht vorstellen, das muß man erlebt haben, wie sich die aufgeführt haben, die Menschen.«[6]

Wir treffen Johanna Stangassinger in Oberau im Café »Priesterstein«. Hier hat ihr Vater nach der Vertreibung vom Obersalzberg ein kleines Haus, allerdings ohne Bauerngrund, kaufen können, das die Familie in drei Generationen zu einem gutgehenden Pensionsbetrieb ausgebaut hat. Von der Terrasse vor dem Haus schauen wir auf die Ostflanke des Kehlstein-Massivs, an dessen Fuß wir in etwa erahnen können, wo einst der Bauernhof ihrer Eltern war.

Auch von Frau Stangassinger wüßten wir gerne den genauen Ort, an dem das Oberwurflehen stand, wollen sie wie zuvor schon Michael Lochner zu einer gemeinsamen Fahrt in die alte Heimat überreden.

Johanna Stangassinger ist dazu nicht zu bewegen, nicht einmal im Laufe der über einige Jahre ausgedehnten Recherche, die uns immer wieder zu ihr geführt hat. Sie hat keine Zeit, sagt sie jedesmal, die Arbeit in der Gastronomie geht nie aus, ob sie in der Küche Mehlspeisen bäckt oder Wäsche bügelt oder Getränke richtet. Sagt es und setzt sich dann doch mit uns hin, beugt sich mit uns über alte Bilder, strapaziert ihr Gedächtnis, nimmt sich Zeit. Sie redet mit einer Energie und Bitterkeit von der verlorenen Heimat, davon, was geschehen ist und was sie gesehen hat, als sei all das gestern gewesen und nicht vor über fünfzig Jahren, als sie eine zwanzigjährige Bauerntochter war. Diese Bitterkeit, die sie meist mit einem trockenen Lachen wieder beiseite wischt, ist der wahre Grund, warum Johanna Stangassinger bei einem Lokaltermin in der alten Heimat nicht mitmacht.

»Nein, nein«, wehrt sie ab, »ich schau nimmer hin. Wenn ich grad' einmal vorbeifahr an der Straße vielleicht, aber aussteigen tu' ich nicht. Da ist mir die Wildnis und der ganze Saustall zu groß, und die ganze Atmosphäre ist weg. Man weiß gar nicht mehr, wo's Haus gestanden hat. Da haben sie den Bormann-Stollen reingegraben auf unserem Grund, und das schaut aus wie ein Greuel der Verwüstung. Nein, da geht nix mehr«[7], sagt sie, und ihre funkelnden Augen verraten, daß sie die Arbeit nur vorschiebt, wenn sie nicht mitkommt.

Die Arbeit war allgegenwärtig im Leben des jüngsten der sechs Hölzl-Kinder, in einem Haushalt, in dem es laufend etwas zu erledigen gab, in der kleinen Landwirtschaft der Eltern, mit sechs Kühen und sechs Schafen auf der Weide oder im Stall, und immer noch mehr Arbeit im Pensionsbetrieb mit den beinahe zwanzig Gästebetten, in

Hitler von hinten auf dem Weg zu seiner Anhängerschaft, ca. 1934; eine seinerzeit unveröffentlichte Aufnahme des Hitler-Fotografen Heinrich Hoffmann

Ab Sommer 1936, der Einweihung des neuen »Berghofs«, empfängt Hitler nur noch Abordnungen organisierter NS-Formationen wie HJ oder BDM

dem es Zimmer zu putzen, Wäsche zu waschen oder Frühstück zu richten gab.

Das Auskommen der Hölzls auf ihrem Obersalzberger Oberwurflehen war eher bescheiden, jede der drei Erwerbsquellen, Landwirtschaft, Fremdenvermietung und Vater Josef Hölzls Anstellung als Bezirksstraßen-Aufseher, wurde gebraucht. Die Fremdenvermietung war ein willkommenes Geschäft, das neben neuen Einkünften auch neue Erfahrungen einbrachte, durch Gäste aus allen möglichen Regionen und Ständen. General Ludendorffs erste Frau war darunter – Johanna Stangassinger sagt noch nach all den Jahrzehnten wie einst *Excellenz* – oder schmucke Offiziere, die aus dem Marine-Offiziersheim Hotel »Antenberg« in das private Quartier überwechselten.

Unbestreitbar erfuhr das Fremdengeschäft seit Ende der zwanziger, Anfang der dreißiger Jahre durch Herrn Hitler und seine beständig zunehmenden Besuche einigen Aufschwung, so daß man vermuten könnte, daß der neue Herr Nachbar bei den Hölzls vom Oberwurflehen in gutem Ansehen stand. Aber das Gegenteil traf zu, und es war nach dem, was Johanna Stangassinger berichtet, ihr Vater Josef Hölzl, der die politischen Thesen und die Gefolgschaft von Nachbar Hitler strikt ablehnte. Hölzl war bekennender Katholik, und wie ernst ihm damit war, spiegelte sich in seinem Amt und Engagement als Meßner in der Kirche. Er fühlte sich nach den Angaben seiner Tochter der Bayerischen Volkspartei (BVP) verbunden, die für das katholisch-ländliche Milieu Bayerns die Partei der Wahl war. Wer der BVP nahestand, wußte um die antiklerikale Haltung der Nationalsozialisten, und diese nahmen ihrerseits die BVP als feindliche Gruppierung wahr.

Das Schauspiel, das sich vor der Haustüre des Hölzlschen Oberwurflehens seit dem Frühjahr 1933 abspielt, bringt diese feindliche Wahrnehmung auf einen neuen Stand. Hitler ist nicht mehr nur irgendein Antagonist, der sich mit dem Katholizismus und dessen politischem Arm anlegt. Die Kirchgänger am Obersalzberg machen diese Erfahrung während ihrer Gottesdienste in der Kirche »Maria Hilf« jeden Sonntagmorgen und mit ihnen ihr Priester Johannes Baumann, der die Heilige Messe zelebriert:

»Es ist besonders deprimierend für uns an den Sonntagen gewesen, wenn von Berchtesgaden herauf die Wallfahrer, wie wir sie nannten, kamen, die Hitler verehren wollten. Und wenn die kamen, und ich hatte ungefähr fünfzig Meter höher meinen gottesdienstlichen Raum, also die Kirche ›Maria Hilf‹ gehabt, wenn nun dann die kamen und riefen: ›Wir wollen unsren Führer sehn! Wir wollen unsren Führer sehn!! Wir wollen unsren Führer sehn!!!‹ – mit einer steigenden Heftigkeit, gell – und was hab ich dagegen gehabt, nicht weil's ich war, jeder andere hätte auch dasselbe gehabt: ›Tu solus sanctus! Tu solus dominus! – Du allein bist der Heilige, Du allein bist der Herr! Du allein bist der Allerhöchste!‹ – Und so standen wir ganz vorn wie in einem Graben drin, einem Schützengraben, und haben hier versucht, den Gottesgedanken der Allmacht des Sonntags, der Ruhe in Gott, festzuhalten.«[8]

In dem allsonntäglichen, lärmenden Szenario, das auf fünfzig Metern Abstand vor dem Portal zu Hitlers Haus und in der Obersalzberger Kirche »Maria Hilf« spielt, kommt die Auseinandersetzung auf den Punkt, wer hier allein der Heilige, der Herr und Allerhöchste ist – Jesus Christus oder Adolf Hitler. Die publizistische Abbildung dieses Geschehens in der Nazi-Zeit spitzt auch genau diesen Konflikt zu. Was Zeitzeugen wie Johanna Stangassinger zu berichten wissen – das Gedränge und Geschubse, die Anzeichen kollektiver Hysterie unter den Wartenden –, wird in den damaligen Schilderungen behutsam ausgeblendet. Adolf Hitlers Auftreten wird zu seiner Apotheose, aus der Autogrammstunde ein Gottesdienst, aus jedem Detail ein Sakrament. Der Politiker gerät zur mystischen Erscheinung, die ebenso mystisch wieder entrückt, eine Brotzeit zum Abendmahl, ein Händedruck zum Segen. Alles, was eine Florentine Hamm[9] schreibt über den winterlichen Besuch einer BDM-Gruppe, hat sie wahrscheinlich wirklich so empfunden; ihr *Führer* kann keinen Mundgeruch haben. Aber die Sprache dieser Autorin hat einen nicht abzustreifenden Mundgeruch: Es ist der Kitsch, der die pseudoreligiöse Verklärung offenlegt.

»Wie aber die fünfte Stunde unserer Wartezeit um ist, frieren wir nicht mehr, noch spüren wir Müdigkeit; denn es ist nur eine einzige, große, spannungsvolle Erwartung in uns. Und jetzt – jetzt – wird es wirklich geschehen! Die lauten Stimmen verstummen jäh. Es sind Lichter erschienen am dunklen Hang; die sind gerade aus dem Wald herausgeglitten. Langsam nähern sie sich. Wir stehen atemlos. Nun muß er kommen. Gerade unter uns wandern die Lichter jetzt vorüber. Wir unterscheiden schreitende Gestalten. Da bricht der Jubel los. ›Heil! Heil! Heil! Heil!‹ immer wieder in die Finsternis hinein.

Und dann ist er plötzlich bei uns am Tor. Ganz nahe bei uns, der uns tausendfach Bekannte, zum erstenmal. Es ist keine Scheu, aber auch kein lautes Wort – nur ein glückseliges Herzudrängen. Hände streben ihm entgegen über den Lattenzaun. Er sieht uns an und heißt uns willkommen mit seinem Lächeln und ergreift jede Hand. Jetzt spüre ich den warmen, festen Druck. Dicht an unserem Ohr klingt seine tiefe Stimme. Und als die kleinen Nürnbergerinnen die Frage des Führers, ob sie denn schon zu Abend gegessen hätten, verneinen, lädt er sie zu einem Imbiß im nahen Platterhof ein.

Da flüstert das älteste Mädel die Bitte über den Zaun um eine Unterschrift für ihre Gruppe zum Andenken an diesen Tag. Und der Führer macht die Tür auf, nimmt das nächststehende Mädel an den Schultern und zieht es durch das offene Tor; und wie er sich niederbeugt zu ihm und es anlacht, da nimmt er uns alle hinein in den Strom unserer Herzlichkeit.

Alle dürfen wir kommen. Dann stehen wir im Wächterhäuschen mit verhaltenem Atem und sehen, wie der Führer über den Tisch gebeugt ist und für uns Karte um Karte unterschreibt. Und es ist, als ob er jetzt an nichts anderes mehr dächte, als uns diese Freude zu machen. Dann gibt er uns die Karten, sieht jede an und reicht jeder nocheinmal die Hand. Still gehen wir hinaus. Am Tor haben sich die Mädel rasch in Reih und Glied aufgestellt, und als ihnen der Führer noch ein Lied erlaubt, stimmen sie an und singen hell und tapfer drauflos.

Der Führer hört zu und steht jetzt allein im Licht vor der Nacht – in seiner Windjacke, den Stock in der Hand. Das helle, uns vertrauteste Gesicht ist auf uns gerichtet. Da sind wir es inne: e s   i s t   d e r   F ü h r e r .

Werbung für Hitler mit einem Zitat von Heimatdichter Ganghofer aus dessen lange vor Hitler entstandenem Roman »Martinsklause«; aus der »Adolf-Hitler-Höhe«, später gelegen auf Görings Grundstück, wurde dann der »Göring-Hügel«

Er erhebt die Rechte zum Gruß – und langsam rückwärtsschreitend verschwindet er im Dunkel. (...) Und dann geht alles unter in dem e i n e n Bewußtsein: Du bist bei uns, du kennst einen jeden von uns, du hast uns lieb, du bist der Ruf zur Erfüllung unseres Daseins. (...) Dort oben sehe ich das heimatliche Haus, in dem du jetzt weilst. Die Lichter sind angezündet, die Sterne ziehen darüber auf.«[10]

Als ich Johannes Baumann 1987, fünfzig Jahre nach der Zeit auf dem Obersalzberg und ein Jahr vor seinem Tod, über die Zeit als Priester in der unmittelbaren Nähe Hitlers befrage, ist er um ausgleichende Formulierungen bemüht. Eher beiläufig scheinen in seinen Erinnerungen die Anfeindungen auf, denen er ausgesetzt war. Über Hitlers Sicherheit wachte ein ständig anwachsendes Führerschutz-Kommando, dem Baumann nicht unangenehm auffallen wollte.

»Ich mußte drei Jahre ohne Zeitung auskommen, damit ja der Verdacht, der katholische Priester hier wäre ein Vorbote, ein Spion förmlich der Hitler feindlichen Mächte, wurzellos schon von Anfang an gewesen ist. Ich hab' erstmal Zeitung und Radio gar nicht gehabt und dann wollt' ich's auch nicht mehr bestellen, weil es nur zu Reibungen geführt hätte.«[11]

Daß der pseudoreligiösen Andacht der Hitler-Touristen auch Fanatismus und Aggression beigemischt war, hat der Priester Johannes Baumann in einem etwas früher entstandenen Erfahrungsbericht erwähnt. »Ich konnte keine großen kirchlichen Aktionen starten. Das hätte einen bösen Zusammenstoß mit der Begeisterung, ja mit dem Fanatismus dieser deutschen ›Mekka-Pilger‹ gegeben. (...) Ich mußte mich täglich rasieren, seit an meiner Haustür das Deutschland ›von der Maas bis an die Memel‹ zur ›Anbetung‹ vorbeizog. Die Blicke, die mich trafen, waren nicht immer freundlich. Vielfach eine erschreckte Befremdung, daß in Führer-Nähe die alte Widersacherin, die katholische Kirche, einen Vertreter hatte. Manchmal waren die Gesichter so voller Abweisung, wie wenn vor ihren Augen der Leibhaftige aus dem alten Boden aufgefahren wäre. Damals, als der österreichische Bundeskanzler ermordet wurde, war es nicht ratsam, auf die Straße zu gehen. In den Augen der ›Mekka-Pilger‹ war ein solcher Zorn zu lesen und aus ihrem Munde eine solche Verwünschung zu hören, als ob es in diesen Opfern gläubiger Überzeugung nur Lumpen und Schwerverbrecher gäbe.«[12]

Österreichische Nationalsozialisten hatten im Juli 1934 den österreichischen Bundeskanzler und praktizierenden Katholiken Engelbert Dollfuß ermordet – und dem sterbenden Opfer den Empfang der Sterbesakramente verweigert.[13] Die Wut der Hitler-Touristen, die Johannes Baumann verspürte, muß einige Tage nach dieser Tat entbrannt sein, als Hitler die nach Deutschland geflohenen Dollfuß-Mörder aufgrund heftiger internationaler Proteste fallenließ und an die österreichischen Behörden auslieferte. In der Solidarität und dem

Spaziergänger Hitler unterwegs am Obersalzberg vor der Errichtung des Sperrbezirks

Mitleid mit politischen Mördern enthüllt sich die Kehrseite der pseudoreligiösen *Führer*-Verehrung, sie trägt den Keim des Pogroms schon in sich.

Weniger bekannt ist, daß diese aggressive Kehrseite der frommen Obersalzberg-Pilger auch schon an Ort und Stelle erst mobilisiert und dann zum Ausbruch gekommen war – im Spätsommer 1933 vor dem Gasthof »Türken«.

Die Eichengrüns (2)
Gehen, bevor die Haberer kommen

Wie aus Kindern Leute werden, ließ sich in Obersalzberg auch an den Familien mancher Sommerfrischler verfolgen. Als Arthur und Madleine Eichengrün während des Ersten Weltkrieges – oder wahrscheinlich schon kurz zuvor – in das Haus »Mitterwurf« kamen, war die Zeit der Kindergeburtstage. Ihr ältestes Kind, die Tochter Hille, war 1904 geboren worden, zwei Jahre später ihr Bruder Hans. Als Jugendliche erlebten die beiden Geschwister Mitte der zwanziger Jahre die Trennung und Scheidung ihrer Eltern, schon deshalb ein tief einschneidendes Ereignis, weil sich ihr Vater Arthur Eichengrün von Hans und Hilles Mutter Madleine einer anderen Frau wegen trennte, die alle Beteiligten nur zu gut kannten: Arthur Eichengrün ehelichte im Mai 1927 Lucie – das langjährige Kindermädchen der Familie.

Das familiengeschichtliche Privatissimum ist notwendig, um zu erklären, warum sich der jüdische Erfinder und Fabrikant Dr. Arthur Eichengrün und der antisemitische Schriftsteller und Parteiführer Adolf Hitler nur in einer sehr kurzen

Ehrendoktor-Urkunde für Arthur Eichengrün

Eine Schweizer Patentschrift für Arthur Eichengrün

Zeitspanne von etwa zwei bis drei Jahren am Obersalzberg sozusagen als Nachbarn begegnen konnten. Wenn überhaupt, dann sah Eichengrün 1923 den Wirtshaus- und Stammtischdebattierer Herrn Wolf – und er könnte ihn nach der Freilassung aus der Festungshaft 1925 als den Münchner Putschisten Hitler wiedererkannt haben.

1925 aber zeigte sich Hitler selten, er diktierte ja in Bruno Büchners Holzhütte im Wald seinem Verleger die Sottisen gegen *Versailler Schandverträge, jüdischen Marxismus und Bolschewismus* in die Schreibmaschine – Erscheinungen, hinter denen im Hitlerschen Wahnsystem nur der *niemals schaffende, immer raffende Jude* und hinter dem *das Weltjudentum* stecken – während Eichengrün wie üblich mit neuen Erfindungen und Patentanmeldungen beschäftigt war. Er befaßte sich gerade mit der Herstellung unbrennbarer Lacke auf Cellon-Grundlage, einer Feuerschutz-Imprägnierung für Holz und einem Verfahren zur Herstellung von schnell härtenden Gipsbinden für die Unfallchirurgie. Es gehört zu den sarkastischen Pointen, die der geschichtliche Zufall hervorbringt, das dieses heilsame Patent zur Schienung gebrochener Gliedmaßen vom Eidgenössischen Amt für Geistiges Eigentum am 1. Februar 1933 veröffentlicht wurde[1] – zwei Tage nach der Machtergreifung Hitlers.

Von der allseits bekannten und in der Nachbarschaft beliebten *Judenfamilie* in Hitlers direkter Nachbarschaft war, als er das Haus »Wachenfeld« bezog, vor Ort nur Madleine Eichengrün mit ihren beiden Kindern Hans und Hille übriggeblieben. Die Eichengrüns waren für die bayerischen Nachbarn *Juden*, diese kollektive Benennung war beim freundschaftlichen Stand der Beziehungen arglos und fußte natürlich nicht auf rassenpolitischen Schnüffeleien in ausgedehnten Familienstammbäumen, wie sie die Nazis nach den Nürnberger Gesetzen einführten. (Diese hätten auf der Suche nach dem jüdischen Element dann übrigens im Fall der Madleine Eichengrün, geborene Mjinssen, einer rotblonden Holländerin, eine glatte Fehlanzeige registrieren müssen und, was Arthur Eichengrün selbst anging, ein ausgeprägtes Desinteresse an der Zugehörigkeit zum Judentum festgestellt. Schon 1894 nämlich hatte Arthur Eichengrün in Berlin offiziell seinen Austritt aus dem Judentum erklärt.)

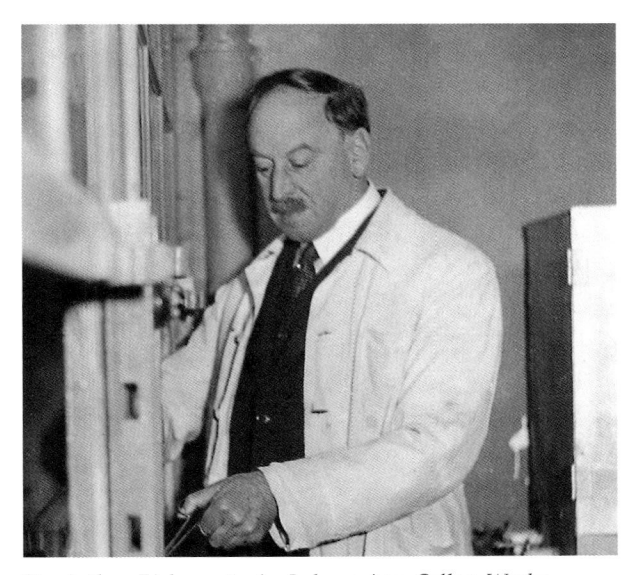

Dr. Arthur Eichengrün im Labor seiner Cellon-Werke

Hille Eichengrün, die mit ihrem technischen Interesse und einem unverkennbaren Forscherdrang sichtlich ihrem Vater nacheiferte, war in den späten zwanziger Jahren wohl der regelmäßigste Gast aus dem Kreis der Familie im Haus »Mitterwurf«. Sie interessierte sich nach dem Abitur für zwei Gebiete, die eine reine Männerdomäne waren: In Darmstadt belegte sie Maschinenbau und Architektur und brachte beide Ingenieurstudien zum Abschluß. Ende 1928 heiratete sie und kam seither mit ihrem aus Stuttgart stammenden Mann zum Obersalzberg. Sie hieß nun Hille Sigloch.

Hille Sigloch fand ich, über 91 Jahre alt, in Holland, der Heimat ihrer Mutter. Sie erinnert sich daran, daß Ende der zwanziger Jahre der Zustrom braununiformierter Nazi-Chargen zum schräg gegenüberliegenden Haus »Wachenfeld« immer mehr zunahm. Sie nannte das Haus nach Hitlers Einzug »Schokoladehaus«, eine ambivalente Namensgebung, in der die Farbe des mit dunkelverwittertem Holz verkleideten Obergeschosses von Haus »Wachenfeld« ebenso mitschwang wie die Uniformfarbe und Gesinnung der Besucher und seines Bewohners – und die Anziehungskraft, die dieses Haus nun ausübte.

Das »viele braune Volk« empfand Hille Sigloch als unangenehm, es begann, das bislang unbefangen-vertraute Gefühl von Nachbarschaft zu beeinträchtigen. Im Jahr 1930 liegt der erste anonyme Drohbrief im Kasten. »Den Juden werden wir ein Haberfeldtreiben bereiten«, steht darin. Hilles Mann Otto Sigloch ist empört, trägt den Drohbrief zur Berchtesgadener Polizei und erstattet Anzeige gegen Unbekannt. Die Ermittlungen bleiben ohne Erfolg.

Hille braucht bloß vor die Tür zu schauen und den Zustrom zu Hitlers Haus schräg gegenüber zu taxieren, um zu begreifen, daß die Zeit gegen sie arbeitet.

Im April 1932 verkauft sie das Haus im Auftrag ihrer Mutter, die wieder geheiratet hat und mit ihrem neuen Mann nach Glasgow gezogen ist. Hille fragt zunächst ihre Kinderfreundin Eva Hölzl aus dem Oberwurflehen; ihre Mutter ist bereit, den Nachbarn das Haus für einen besonders günstigen Preis zu verkaufen, doch dieser Kauf kommt nicht zustande. Das erspart den Hölzls fünf Jahre später einen weiteren bitteren Zwangsverkauf.[2]

»Damit is's heut Schluß mit 'm Haberfeldtreib'n / Auf's Jahr kemma wieda, wenn d' Zuständ so bleibn« – so hatte Dietrich Eckarts bayerisch ge-

reimte Judenhetze, das »Miesbacher Haberfeldtreiben«, geendet. Wegen der beleidigenden Verse gegen Reichspräsident Friedrich Ebert, die darin enthalten waren, sollte Eckart 1923 verhaftet und vor den Leipziger Staatsgerichtshof gestellt werden, entwich aber mit Hilfe seiner nationalsozialistischen Parteifreunde inkognito auf den Obersalzberg und zog Adolf Hitler als Besucher nach. Jetzt wird an diesem Ort aus ihrem dumpfen Schwadronieren Politik, noch bevor Hitler an der Macht ist. Im April 1932 gibt Madleine Eichengrün Haus »Mitterwurf« auf, Obersalzberg ist *judenfrei*.

Im Unterschied zu den meisten ihrer nichtjüdischen Nachbarn hört für die Eichengrüns der Zugriff ihres Ex-Nachbarn Hitler nicht auf, nachdem sie sein Panorama am Obersalzberg nicht mehr beeinträchtigen.

Das Domizil der Eichengrüns: Haus »Mitterwurf« am Obersalzberg

Der verfemte Volkskünstler
Der Bildhauer Gerhard Marcks auf dem Obersalzberg

Nach der Familie des jüdischen Wissenschaftlers und Industriellen Eichengrün kommt im April 1933 ein weiterer angesehener Sommergast so unter Druck, dass auch er den Obersalzberg von der Machtergreifung Hitlers an meidet. Dabei verband der Berliner Bildhauer Gerhard Marcks starke und positive Erinnerungen mit dem Dorf in den bayerischen Bergen, in das er acht Jahre vor Hitler zum ersten Mal gekommen war. »Ich bin dem Obersalzberg tief dankbar, denn er hat mir eigentlich zum zweiten Mal das Leben wiedergegeben. Wir haben da ein paar Jahre gesessen.«[1] Nur einmal, in dem autobiographischen Film »Gerhard Marcks. Ein Selbstporträt« ließ der Künstler anklingen, wie tief die Lebenskrise war, in der er steckte, als er Ende September 1915 das erste Mal mit seiner Frau Maria im »Unterwurflehen« am Obersalzberg eintraf.

Maria Marcks kannte das alte Bauernhaus, die Berchtesgadener Umgebung und die dörflichen Nachbarn gut. Sie war eine Tochter des Berliner Medizinalrates Dr. Carl Schmidtlein, der mit seiner Familie seit 1891 zu den frühesten regelmäßigen Sommerfrische-Besuchern am Obersalzberg zählte und schon zur Jahrhundertwende dem Bauern Amort das Unterwurflehen abgekauft hatte.[2] Hier, an dem von allem Kriegsgetümmel und politischen Streit fernen Platz, erhoffte sich Maria Marcks Heilung und Erholung für ihren von der Kriegsmaschinerie schwer versehrten und wieder ausgespuckten Mann. Fast zwei Jahre ohne Unterbrechung blieben die beiden in Obersalzberg, eine Zeit, die in Kunst und Leben des später berühmten Bildhauers einen wichtigen Einschnitt und Neuanfang bedeutet.

Deutschland ist im Krieg seit August 1914. Für den damals 25jährigen Berliner Bildhauer Gerhard Marcks war der Tag, an dem der Kaiser Wilhelm II. den Krieg erklärt, eine doppelte Zäsur. »Ich hatte mich verlobt mit Maria Schmidtlein. Unsere Hochzeit fand am 2. August 10 Uhr morgens auf dem Standesamt statt«, schrieb er in seinen Lebenserinnerungen, und »mit dem Mittagszug fuhr ich zu meinem Regiment 24 nach Neuruppin. Der Einmarsch in das überfallene Belgien, die Eroberung von Antwerpen – das war ein Vorspiel.«[3]

Der Krieg war als Erlösung versprochen worden, als reinigendes Gewitter. Aber mit ihm ist

Gerhard und Maria Marcks mit ihren Kindern Herbert und Brigitte vor dem Unterwurflehen 1922

nicht die Stunde der Ehre, des soldatischen Heldentums, eines ritterlichen Kampfes gekommen. Gerhard Marcks schildert seiner Frau in einem seiner ersten Feldpostbriefe, wie sich die Soldaten alsbald als Statisten eines Infernos wiederfinden. Er erlebt, wie die Soldaten in den vorher nicht vorstellbaren Materialschlachten zu wehr- und chancenlos ins Feld gehetztem Kanonenfutter werden, in einem Artilleriehagel aus modernsten Geschützen. »An der Yser war Krieg: 5mal innerhalb 24 Stunden wurde mein Nebenmann erschossen – nicht nur der, von der Division fielen 3/4 der Mannschaft. Bei Langemarck trampelten wir auf den Leichen der Kriegsfreiwilligen zum Angriff vor, mit denen das Feld bedeckt war.«[4] Nach vier Monaten ununterbrochenen Fronteinsatzes, die er äußerlich unverletzt und mit einem Eisernen Kreuz zweiter Klasse dekoriert übersteht, steckt sich Marcks im November bei einer Ruhrepidemie im Schützengraben an und erkrankt auch noch an schwerem Gelenkrheumatismus. Der briefliche Stoßseufzer an seine Frau: »Meine Liebe, ich weiß nicht, wie ich noch am Leben bin ...«, geschrieben aus einem der Lazarette, in denen er fast ein Jahr verbringen muß, erweist sich im Herbst 1915 auch für Maria Marcks als eine bittere Wahrheit. »Er war so krank, kam, stieg aus dem Zug in Berlin, und meine Mutter stand direkt vor ihm«, berichtet die Tochter Brigitte Marcks. »Da kam er heraus, und sie hat ihn nicht wiedererkannt. Es hat eine ganze Weile gedauert, bis sie ihn wirklich wiedererkannt hat, so hatte er sich verändert.«[5]

Die Art und Weise des künstlerischen Neubeginns ist zunächst von Gerhard Marcks' im Krieg ruinierter Gesundheit diktiert. Die Tochter Gottliebe Marcks erzählt, daß ihr Vater zu bildhauerischer Arbeit mit Werkzeugen und Materialien, die dem Künstler große Kräfte abverlangen, gar nicht in der Lage war. »Mein Vater war wirklich so am Ende, körperlich, gesundheitlich, daß er ein Jahr mehr oder weniger im Liegestuhl verbracht hat, und meine Mutter hat ihm Pflanzen gebracht, und er hat ein wunderschönes Pflanzenbuch aquarelliert.«[6] Aber der Krieg hat bei Gerhard Marcks, wie bei so vielen anderen expressionistischen Künstlern, auch innerlich den Wunsch nach einem künstlerischen Neuanfang ausgelöst, den der Kunsthistoriker Arie Hartog für Marcks so zusammenfaßt: »›Ich muß bei Null anfangen. Ich muß nicht mehr versuchen, große Akte zu modellieren, große, schöne Zeichnungen zu machen. Nein, ich muß untersuchen: Wie eigentlich ist die Natur aufgebaut?‹ – So fängt er beim Kleinsten an, ganz einfach bei den Pflanzen aus der Umgebung.«[7] Während der Krieg an den Fronten in Europa weiter wütet und viele andere Künstler ihre schockierenden Erfahrungen direkt in expressionistische Gesten und Motive umsetzen, sucht Marcks in der Abgeschiedenheit des Obersalzbergs räumlich, innerlich und in seiner Kunst den größtmöglichen Abstand zu diesem traumatischen Geschehen. Als Gerhard Marcks allmählich zu Kräften kommt, macht er sich langsam zu immer weiter ausgreifenden Erkundungsspaziergängen in die Nachbarschaft auf. Immer wieder macht er halt und zieht seinen Skizzenblock aus

Mit Bleistift und Aquarellfarbe: Gänseblümchen, 1915

Obersalzberger Landschaftsstudie aus dem Skizzenbuch des Bildhauers Gerhard Marcks: Resten, 1922

der Jackentasche. Marcks zeichnet und zeichnet, jedoch nicht ein einziges Bild vom Krieg, der ihn gezeichnet hat, er zeichnet nur in minimalistischer Strenge und Innigkeit, was er vor sich sieht, die Pflanzen, die Tiere, die Berglandschaft und die in sie geduckten Häuser. »Ich habe immer wieder Lust, mich in die Natur zu versenken«[8], an diesen im Lazarett gefaßten Vorsatz hält sich Marcks so eisern, als wolle er mit den vielen Skizzen nach der Natur das Heraufdrängen dunkler Bilder aus dem Inneren verhindern.

Marcks nutzt seine ausgiebigen Wanderungen auch, um sich die Techniken der Volkskünstler zu erschließen. Vor allem die Holzschnitzkunst ist im Berchtesgadener Land sehr verbreitet. Marcks beginnt, sich mit dem Werkstoff Holz anzufreunden, mit dem er in seiner bisherigen Laufbahn noch nicht gearbeitet hat. Zum neuen, ständigen Begleiter neben dem Skizzenbuch werden ein Schnitzmesser und ein kleines, noch nicht vollendetes Werkstück aus Holz, das er bei gelegentlichen Pausen aus der Tasche zieht, um daran weiterzuarbeiten. Zwei Jahre später, wahrscheinlich im Dezember 1917, schmückt das Ergebnis dieser Skizzen in Holz zum ersten Mal den Gabentisch der Familie: eine aus elf bemalten Holzfiguren bestehende Weihnachtskrippe. Das Christuskind in der Krippe trägt die Züge der 1916 geborenen Tochter Brigitte, einer der davor knienden Hirtenjungen die von Joseph Ebner[9] aus dem Oberwurflehen, einer der Heiligen Drei Könige die des Wirtes vom »Alpengasthof Steiner«. Nicht nur das Krippenschnitzen schaut sich Marcks bei den Berchtesgadener Künstlern ab, er beginnt, ihr Interesse und ihre Nähe zum Handwerk zu teilen, mißt und zeichnet Konstruktionsskizzen wie ein Schreiner von Bauernschränken und Stollenstühlen, deren einfache Form und praktische Funktio-

Das Göttliche in uns: Gerhard Marcks gab den Figuren seiner Weihnachtskrippe die Züge Obersalzberger Nachbarn

nalität ihm als besonders gelungen erscheinen. »Hier in Berchtesgaden hat er gesehen, wie einfach man Kunst machen kann, und hat vor allem auch eine direkte Verbindung zwischen Ästhetik und täglichem Leben gesehen«, resümiert Kunsthistoriker Arie Hartog: »Marcks kommt nach Berchtesgaden – sieht hier die Volkskunst und sagt: ›Ja! So einfach geht es. Man braucht kein großes theoretisches Programm. Man muß einfach anfangen.‹«[10]

Marcks schnitzt auch Modeln aus Lindenholz, die der Familie als Formen für Gebäck dienen[11] – und ihm als Protokoll seiner vielfältigen Gedanken. Fern des fortdauernden europäischen Kampfgetümmels schneidet er 1916 in eine Lindenholztafel: zwei Gänse, die Hälse miteinander verschlungen, einen Eber, einen Hahn, einen mahnenden Engel, eine Kirche, von der eine Himmelsleiter zur Sonne führt, einen Brezeln schwingenden Bäcker, eine Bäuerin mit einem Korb auf dem Rücken – und ein nordisches Sonnenkreuz, jenes Hakenkreuz, das vier Jahre später in umgekehrter Laufrichtung zum Symbol der völkisch-rechtsextremistischen Partei NSDAP werden wird. Es sind Puzzlestücke auf der Suche nach einem Weltbild, das Marcks wie viele Zeitgenossen in der Zeit des ersten Weltkriegs in der Lektüre nordischer Mythologie und theosophischer Schriften sucht. Aber: »Sobald das Hakenkreuz als deutliches völkisches Zeichen auftaucht – und ab Anfang der 20er Jahre geht es durch die Presse –, ist es bei Marcks nicht mehr zu finden. Dann ist es für ihn besetzt.«[12]

Gerhard Marcks schnitzt an einem Weltbild, das sich backen läßt: Model, 1915

Marcks sucht nach keiner Eingemeindung in künstlerische Schulen. Wenn er wittert, daß Kunst politisch in Dienst genommen oder gar Partei ergreifen soll, geht er auf Abstand. Die Künstlerkollegen der progressiven Moderne schätzen Marcks und werben heftig um ihn, allen voran der Architekt und Bauhaus-Begründer Walter Gropius. Dessen Aufruf im Gründungsmanifest: »Architekten, Bildhauer, Maler, wir alle müssen zum Handwerk zurück! (...) Die Schule ist Dienerin der Werkstatt, sie wird eines Tages in ihr aufgehen«[13], läßt den Einzelgänger Gerhard Marcks einmal in seinem Leben seine Abneigung gegen jede Gruppenbildung aufgeben. Unter dem

Ein geometrisches Vergnügen für den Zeichner Gerhard Marcks: Almtanz, 1928

Eindruck seiner Berchtesgadener Erfahrungen nimmt er Gropius' Angebot an, im Bauhaus Weimar 1919 als Handwerkslehrer zu beginnen. In dieser Selbstbescheidung der Kunst, so Arie Hartog, sieht Marcks ihre Zukunft. »Auf die damals beständig gestellte Frage: ›Wie fängt man neu an?‹ gab Marcks die radikale Antwort und sagte: ›So Leute, wir machen ganz einfach keine Kunst mehr. Wir schminken uns das ab. Wir machen ab jetzt nur noch Handwerk. Wir machen Spielzeug.‹ Er ließ seine Studenten erst mal einfach aus Holz Spielzeug schnitzen. Darauf gab es in Weimar einen enormen Aufruhr. Denn bis dahin wurde dort klassisch Modellzeichnen gelehrt, wurde in Marmor gearbeitet, und jetzt kamen diese Irren und ließen die Studenten nur noch Spielzeug aus Holz machen. Aber die dahinterliegende Idee war es, eine neue, zeitgemäße Form der Volkskunst zu entwickeln. Und das war ein Impuls, der ganz direkt aus Berchtesgaden kam.«[14]

Seit Hitler im Jahr 1927 das Haus »Wachenfeld« gemietet hat, hätten sich seine und Gerhard Marcks' Wege am Obersalzberg über die Jahre hinweg leicht einmal kreuzen können, vor allem in den Sommer- und Ferienwochen. Sie wohnten kaum mehr als einhundert Meter entfernt direkt einander gegenüber, diesseits und jenseits der Obersalzberger Dorfstraße. Aber die beiden Nachbarn schienen sich nicht wahrzunehmen, vielleicht sogar nicht wahrnehmen zu wollen. Das ist bei dem fast menschenscheuen Gerhard Marcks nicht überraschend. Gesellschaften und Einladungen mied er sein Leben lang. Und Hitler interessierte sich bis 1933 für Künstler und Kunst nur, soweit sie seinem persönlichen Geschmack entsprachen, den Marcks nicht bediente. Mit der Machtübernahme jedoch gerieten alle Künstler schlagartig in das Visier der nationalsozialistischen Kunstpolitik, die entweder förderte – oder verbot und vernichtete.

Gerhard Marcks war zu dieser Zeit kommissarischer Direktor der Staatlichen Kunstgewerbeschule Burg Giebichenstein bei Halle. Hierher war er 1925 von der Bauhaus-Töpferei in Dornburg bei Weimar gewechselt. Nach Giebichenstein war ihm seine Schülerin Marguerite Friedländer gefolgt, die dort die Leitung der Keramikwerkstätte übernahm.

Nur drei Monate, nachdem der Obersalzberger Nachbar Hitler zum Reichskanzler aufgestiegen ist, werden in der Kunstgewerbeschule Burg Gibichenstein Marguerite Friedländer und die Weberin Trude Jallowitz von den Nationalsozialisten entlassen, weil sie Jüdinnen sind. Gerhard Marcks, der seine Werke immer von klar deutbaren politischen Botschaften frei gehalten hat, zögert keinen Moment, als Direktor von Giebichenstein in couragierten, offenen Briefen gegen die Entlassung seiner Kolleginnen zu protestieren. An den Oberbürgermeister von Halle schreibt Marcks am 7. April 1933: »Es wird ausgestreut, die Burg sei eine marxistische oder bolschewistische Keimzelle. Wir Lehrer (und soweit mir bekannt auch die Schüler) haben uns allezeit von Politik ferngehalten. Aus der Überzeugung heraus, daß sie mit unserer Arbeit nichts zu tun hat. Es ekelt mir aber, jetzt im Moment der Konjunktur Sie unserer nationalen Gesinnung zu versichern. (Viele von uns sind im Felde gewesen.) Die Arbeit, die von den Werkstätten geleistet wurde, ist so wurzelecht und aufbauend, wie sie sich ein Hitler nicht besser wünschen könnte. Daß die Produkte nationalen und internationalen Ruf besitzen, brauche ich nicht hinzuzufügen. (...) Alle bedauern wir außerordentlich, daß eine unserer besten Kräfte, ein Mensch von vorbildlichem Charakter, die Leiterin unserer Porzellanabteilung, Frau Friedländer-Wildenhain, ihrer jüdischen Herkunft wegen geopfert wurde, bevor Sie, verehrter Herr Oberbürgermeister, Gelegenheit hatten, sie kennenzulernen. Ich bitte Sie, all dies geschriebene nicht auf meine Person zu beziehn – um deren Erhaltung auf ihrem Posten bitte ich nicht. Aber lassen Sie nicht zu, daß kurzerhand von der begehrlichen Mittelmäßigkeit ein Werk zerstört wird, das richtungsgebend in Deutschland war.«[15]

Als Reaktion auf die Solidarisierung mit seinen jüdischen Kolleginnen wurde Gerhard Marcks als Direktor von Giebichenstein sofort entlassen. Hatte er einst, im Krieg verwundet und seelisch verletzt, im Herbst 1915 am Obersalzberg einen ruhigen Fluchtort gefunden, hätte nun im April 1933 eine Rückkehr dorthin für Marcks ein unbeschreibliches Spießrutenlaufen bedeutet. Es war das Jahr der brachialen »nationalsozialistischen Revolution«. Tagtäglich stand unverblümt in der Zeitung, welche Partei verboten, welches Gewerkschaftshaus gestürmt, welche Schikanen jüdischen Bürgern auferlegt worden waren – und es war die Zeit der fanatischen Hitler-Pilger, die nicht trotz, sondern wegen dieser Politik kamen. Gottliebe Marcks berichtet, daß ihr Vater von da an den Obersalzberg mied und die Familie nie wieder dorthin begleitete.[16] Hier wollte er nicht mehr sein, umgeben von einem Publikum, das sich in zunehmender Zahl auf der Dorfstraße versammelte, lautstark Hitler huldigte, durch den Garten des Unterwurflehens trampelte und ins Gebüsch pinkelte.

Werke von Gerhard Marcks werden aus den öffentlichen Museen entfernt, zum Teil ins Ausland verkauft, zum Teil zerstört. Die lebensgroße Plastik »Die Prophetin« etwa, für die Marguerite Friedländer Modell gestanden hat, verschwindet aus dem Museum Moritzburg in Halle und wird als Buntmetall eingeschmolzen.

Die meisten Nationalsozialisten begegnen Gerhard Marcks und seiner Kunst mit zerstörerischer Wut. Es ist, als ahnten sie, daß seine berührenden Menschendarstellungen die Verlogenheit der offi-

Gerhard Marcks (1898–1981)

ziell geförderten Herrenmenschen- und Muskelprotzplastik eines Arno Breker oder Josef Thorak entlarven und der Lächerlichkeit aussetzen könnten. Aber Marcks genießt vereinzelt auch noch nach 1933 Protektion, etwa durch den Reichsminister für Wissenschaft, Erziehung und Volksbildung Bernhard Rust. Als der im Juli 1937 Gerhard Marcks in die Neue Preußische Akademie der Künste aufnehmen will, berichtet Joseph Goebbels in seinem Tagebuch die einzig verbürgte Äußerung Hitlers über seinen ehemaligen Obersalzberger Nachbarn Gerhard Marcks. Hitlers Bemerkung, die eher ein Wutausbruch ist, fällt bei einem Rundgang durch die Ausstellung »Entartete Kunst« im Juli 1937 in München: »Verfallsausstellung angeschaut. Dann kommt auch der Führer dahin. Das ist das Tollste, was ich je gesehen habe. Glatter Wahnsinn. Wir nehmen nun keine Rücksicht mehr. Auch Stücke von Prof. Marcks, den Rust in die neue preußische Akademie der Künste berufen hat. Zur Ausrichtung im Sinne des Nationalsozialismus. Der Führer ist wütend. Rust wollte seinem Zorn entfliehen, und das Gegenteil ist der Fall.«[17]

Gerhard Marcks, der in seinen frühen Jahren, inspiriert von der Volkskunst in Berchtesgaden, seinen ganz persönlichen Beitrag zur Moderne fand, wurde im Reich des *Volkskanzlers* Hitler, seines früheren Nachbarn, nur dieses eine Mal noch offiziell und öffentlich ausgestellt, nämlich 1937 in der sogenannten *Schandausstellung Entartete Kunst.*[18]

»Wer war hier zuerst?«

Die Vertreibung des »Türken«-Wirtes

»Was glauben Sie, Frau Schuster, soll ich anziehen, wenn ich heute abend vor Ihren Gästen spreche, einen Trachtenanzug oder einen normalen dunklen Anzug?«[1] – Ein Bild aus der Kindheit. Einzelne Szenen und Worte haben sich unverlierbar eingeprägt, auch wenn vieles rundherum verschwommen und nachträglich kaum mehr rekonstruierbar ist. Gertrud Schuster[2] weiß noch genau, daß Adolf Hitler die irgendwo zwischen Unsicherheit, Höflichkeit und Etikette angesiedelte Frage ihrer Mutter, der Wirtin des Gasthofes »Türken«, gestellt hat. Es ist die erste Erinnerung an diesen Mann. Das Jahr, in dem sie diese Szene an der Seite ihrer Mutter Maria Schuster miterlebte, ist für Gertrud Schuster nicht mehr exakt bestimmbar. Sie sei ein kleines Mädchen gewesen, vielleicht sechs, sieben oder acht Jahre alt, so jung jedenfalls, daß sie die abendliche Ansprache des Herrn Hitler vor den Hausgästen des Hotel-Gasthofes »Türken« nicht mitbekam.

Daß Hitler mit Dietrich Eckart während seines ersten Obersalzberg-Aufenthaltes im Frühjahr 1923 den Gasthof »Türken« besuchte, hat er selbst erwähnt.[3] Ob, wie Frau Schuster meint, der neu aufgetauchte Fremde schon in diesen Wochen zu den Hausgästen ihrer Eltern gesprochen hat, ist eher fraglich. Das selbstgewählte Inkognito, das gewahrt werden mußte, um die drohende Verhaftung Dietrich Eckarts zu verhindern, spricht dagegen. Nachdem es Hitler mit seiner öffentlichen Rede in Berchtesgaden am 1. Juli erstmals gelüftet hatte, scheint eher wahrscheinlich, daß er im Obersalzberger Gasthof »Türken« eine Art Reprise seines Auftritts im Tal gab. Doch es existiert keine sichere Quelle, die den Zeitpunkt dieses Auftritts belegt oder gar Hitlers Ausführungen dokumentiert.

Im Hotel-Gasthof »Türken« eine Ansprache zu halten, konnte schon deshalb von Interesse sein, weil dieses Haus mit seinen etwa 60 Fremdenbetten zusammen mit dem Hotel und Marine-Offiziersheim »Antenberg« und Hitlers erster Anlaufadresse »Platterhof« zu den drei großen Lokalitäten Obersalzbergs gehörte. Das Haus war relativ spät, im Jahre 1911, erbaut worden, von einem Wirtsehepaar allerdings, das schon ein Jahrzehnt lang oberhalb des Dorfes Obersalzberg das »Purtscheller«-Haus auf dem Eckerfirst unterhalb des Hohen Göll bewirtschaftet hatte – und dies auch weiter tat, als der Gasthof »Zum Türken« Hauptgeschäft und Wohnsitz der Familie geworden war. Die aus einer wohlhabenden österreichischen Familie ungarischer Abkunft stammende Gutsbesitzertochter Marie Schuster kümmerte sich um die böhmisch angehauchte Küche und organisierte den Hotelbetrieb; Karl Schuster war beständig mit An- und Ausbauten des Gasthofes beschäftigt und bot den Gästen gesellige und sportliche Abwechslungen. Er war einer der ersten Skilehrer im Berchtesgadener Land, unterhielt die Gäste am Abend in der Wirtsstube mit Zithermusik und gab dem Gasthof mit seinen selbstgeschnitzten Heiligenfiguren und der ständig vergrößerten Galerie von selbstgefertigten Möbeln und kolorierten Wappen der Berchtesgadener Fürstpropsteien ein eigenes Gepräge. Karl Schuster war über die Ar-beit im eigenen Gasthausbetrieb hinaus ein rühriger Gemeindebürger; er beteiligte sich an der Gründung der örtlichen Freiwilligen

Feuerwehr Salzberg, er schnitzte die Krippenfiguren für die Kirche »Maria am Berg« und war – vom Trachtenverein bis zum Zusammenschluß der Bergführer – in einer Vielzahl von Vereinen aktiv.

Über Karl Schusters politische Überzeugungen ist wenig auszumachen. Zeitzeugen aus der Nachbarschaft, von denen ich zuerst erfuhr, was ihm und seiner Familie im August 1933 widerfahren war, schilderten ihn als einen »alten Kämpfer«. Schuster ist jedoch erst am 1. September 1930 NSDAP-Parteimitglied Nr. 374 816 geworden.[4] Wer seine politische Biographie oder gar seine Überzeugungen über dieses dürre Faktum hinaus beschreiben will, hat es schwer: keine Reden, keine Schriften, keine demonstrativen Aktionen in der Nachbarschaft, die überliefert wären.

Die Tochter des »Türken«-Wirtes, Gertrud Schuster, zerbricht sich heute den Kopf über die Rolle, die ihr Vater Karl Schuster für Hitler am Obersalzberg gespielt hat. Sie empfindet es als ungerecht, daß Karl Schusters Verdienste um den Ort und seine Nachbarschaft bis heute ganz und gar von seiner für einige Jahre geltenden Rolle als sympathisierender Nachbar verdunkelt werden.

Sie sei als kleines Kind zu Bett geschickt und so nicht zur Zeugin jenes ersten Redeauftrittes geworden. Was sie dennoch über den Ablauf dieses Abends vermutet, ist ihre Hoffnung wider alle Wahrscheinlichkeit: Sie könne sich nicht vorstellen, daß Hitler bei der Ansprache vor den Hausgästen ihrer Eltern derart haßerfüllt und radikal agitiert habe wie in den späteren Jahren und bei seinen großen öffentlichen Auftritten. Die antisemitischen Tiraden des völkischen Agitators hätte das feine, zahlungskräftige Urlaubspublikum, das sich der Gasthof mit den Jahren erschlossen hatte und von dem er ja lebte, gewiß nicht goutiert, meint Gertrud Schuster, die sich an viele prominente Gäste erinnert: Reiche Ärzte, Journalisten und Schriftsteller zierten das Gästebuch, darunter natürlich auch Juden. Peter Rosegger war unter den Gästen und Thomas Mann mit seiner Tochter, die Sängerinnen Lilli und Lotte Lehmann und der Dirigent Wilhelm Furtwängler, und, last but not least, einige Vertreter des Hochadels wie die preußische Kronprinzessin Cecilie und Kronprinz Wilhelm.

Wer tastend und auf wenig sicherem Grund das Verhalten des Wirtes Karl Schuster dem neuen Gast und späteren Nachbarn Hitler gegenüber auszuleuchten versucht, findet dennoch einen untrüglichen Ansatzpunkt. Auch wenn nicht ermittelbar ist, wie weit sich Hitler bei seinen Tiraden des Jahres 1923 im »Türken« über die *Schmach des Versailler Vertrages* hinweg zu seinem Standardthema von der *Schuld des Weltjudentums* an der deutschen Misere tragen ließ: Karl Schuster hielt nach dieser Einführung den neuen Gast Hitler und dessen Freund Eckart nicht auf Distanz – mit aller Vorsicht, die Gastwirte bei einem solchen ausgrenzenden Verhalten an den Tag zu legen gelernt haben –, er gab ihm und seinen Leuten bereitwillig Raum. In der Wirtsstube hängte Schuster ein Bild Dietrich Eckarts auf.[5]

Das Kalkül Schusters, es sich nach Gastwirtsmanier möglichst mit niemandem zu verderben – weder mit dem neuen Agitator noch mit den alten Gästen –, ging mit Hitler und seiner Gefolgschaft nicht auf. Die Tochter des »Türken«-Wirtes, Gertrud Schuster, räumt ein, daß das Publikum des elterlichen Gasthauses erst allmählich wechselte und sich schließlich völlig veränderte. Diese Entwicklung setzte mit dem Einzug Hitlers in das unmittelbar benachbarte Haus »Wachenfeld« ein und hatte einen einfachen Grund. Ein Troß von NSDAP-Parteifunktionären und politischen Abordnungen, von Förderern und Bewunderern des benachbarten Parteiführers löste das erholungsuchende touri-

Karl Schusters Gasthof und Hotel »Zum Türken« am Obersalzberg, ca. 1929

stische Publikum der früheren Jahre ab. Der braune Troß zeigte Wirkung.[6] Zuerst blieben die jüdischen Pensionsgäste aus, dann auch das weitere Spektrum all der Gäste, die im »Türken« bäuerlich-ländliche Ruhe gesucht hatten – und gewiß nicht die teils uniformierten, gestiefelten und lärmenden Abordnungen der NSDAP vorfinden wollten, die sich in den großen Städten wie München und Berlin durch ihr militaristisches Gebaren und die erwiesene Lust zum Zuschlagen von Monat zu Monat mehr hervortaten.

Das noch nicht ausgebaute Haus »Wachenfeld« der Kommerzienratswitwe Winter bot so, wie es Hitler angemietet hatte, mit einem einzigen geräumigen Wohnraum im Erdgeschoß und einigen eher engen Schlafzimmern im ersten Stock nur Platz für wenige Besucher. Überdies ließ Hitler selbst zum Termin geladene Gäste warten, um dann gnädig Audienzen zu gewähren. Mit solchen Kleinigkeiten wurde diktatorischer Führungsstil markiert.

In der Pension und Restauration »Zum Türken« hatte einst ein gehobenes und privilegiertes Publikum private Sommerfrische genossen. Nun wurde aus dem Obersalzberger Gasthof ab Mitte der zwanziger Jahre ein Wartesaal der Geschichte. Hier fieberte die politisierende Gefolgschaft Adolf Hitlers auf Termine bei ihrem völkischen Messias. Hier war man unter sich, schimpfte gemeinsam am Wirtshaustisch bei Brotzeit und Bier über die *Weimarer Judenrepublik* und hoffte auf den *Führer*, nebenan im Haus »Wachenfeld«.

Was da über die Jahre beraten und beredet wurde, kann dem Wirt Karl Schuster nicht wirk-

Der »Türken«-Gastwirt Karl Schuster

lich zuwider gewesen sein. Sonst hätte er nicht, sieben Jahre, nachdem Herr Hitler 1923 zum ersten Mal seine Gaststube betreten hatte, 1930 die Mitgliedschaft in der NSDAP beantragt – zu einem Zeitpunkt, zu dem noch niemand aus Gründen des Opportunismus zu einem solchen Schritt Veranlassung hatte – und niemand sicher wissen konnte, daß er sich zur Partei der kommenden Macht schlug.

Noch weniger ahnte Karl Schuster, daß die braune Revolution eines Tages innerhalb der eigenen Gefolgschaft wüten würde. Zu denen, die im »Türken« auf einen Termin beim *Führer* warteten, zählten auch SA-Chef Ernst Röhm, Gregor Strasser und Hitlers erster Pressechef Ernst »Putzi« Hanfstaengl, erinnert sich Gertrud Schuster.

Die Kundschaft wechselte, aber das Geschäft im »Türken« florierte. Es wurde ein hektischer Betrieb. An die Stelle vieler wochenlang eingemieteter Dauergäste von einst traten die schnell an- und bald wieder abreisenden Hitler-Besucher. Bis 1932 waren diese Reisen in politischen Geschäften der eingeschworenen Schicht von Nazi-Aktivisten vorbehalten, die selbst in der im Aufstieg befindlichen NSDAP, in der SA oder in einer der zahllosen Gliederungen der Nazi-Partei Funktionen bekleideten.

Das Jahr 1933 brachte eine weitere, schlagartige Wende. Nach der Machtergreifung Hitlers im Januar brach im Frühjahr der Strom der *Wallfahrer* los. Die geschätzten Besucherzahlen sind ungenau – sie reichen von mehreren hundert bis fünftausend Personen täglich, aber der Ansturm jener unangemeldet anreisenden Menschenmassen reichte aus, die Wege und Straßen den Obersalzberg hinauf zu füllen, ein Ansturm, der am ersehnten Ziel, auf dem Gelände vor und um das Hitler-Haus »Wachenfeld«, in einem Geschiebe und Gedränge um einen Platz mit Aussicht endete.

Zu den begehrtesten Plätzen mit guter Aussicht auf Hitlers Haus und Grundstück zählte der Wirtsgarten des Gasthauses »Türken«, der leicht erhöht seitlich oberhalb des Hauses »Wachenfeld« gelegen war. Wirtsstube und Garten des »Türken« waren im Sommer 1933 beständig voll bis überfüllt. Zwar war das Geschäft noch nie so gut gegangen. Die Nachbarin Thekla Rasp erinnert sich aber auch an den aufkeimenden Unmut des »Türken«-Wirtes Karl Schuster über die Zustände in seinem Wirtsgarten, in dem die Gäste außer Rand und Band gerieten, wenn sich die Nachricht verbreitete, Hitler sei zu sehen:

»Alle, die da nauf kemma san, und san nacher bei ihm rein – es war ja net breit bei ihm, der Garten schmal, net – und da san's auf'd Stühl und Tisch g'stiegen und ham mit de Ferngläser alle nüber'gschaut ins Wachenfeld, des is ja klar. Und da warn immer Kriminaler unter des Publikum gemischt g'wesn. Und da hat der Schuster Karl nachher g'schrian und g'sogt: ›Ja Herrgott Sakra!‹, hat er g'sogt, ›jetzt möcht ich scho wissen, wer z'erst dog'wesn is: Wir – oder der!‹«[7]

An der Oberfläche sind die nachbarschaftlichen Beziehungen zwischen dem »Türken«-Wirt Karl Schuster und Hitler noch ungetrübt. Hitler wird in der Propaganda jetzt *Volkskanzler* genannt, sein Nachbar Karl Schuster wird bisweilen in den journalistischen Kurzberichten aus *der Wahlheimat unseres Führers* als »einer der Treuesten« belobigt. »Es sind wirklich ›gute Nachbarn‹, die an Hitlers Anwesen grenzen«, weiß ein Berichterstatter noch zu Ostern 1933 zu vermelden.[8] Der einzige Sohn des »Türken«-Wirtes, Karl Schuster-Winkelhof, Maler und Reiseschriftsteller, darf für einen Bildband Innenansichten des Hitler-Hauses skizzieren.[9]

Da fragt Hitler bei Schuster an, ob er bereit sei, ihm, dem Reichskanzler, ein Stück angrenzenden Grundes zu verkaufen. Hitler plant einen ersten Erweiterungsbau. Dem Haus soll eine Garage vorgelagert und zu ihr hin eine neue, autotaugliche Zufahrt geschaffen werden. Außerdem kann der Zaun um Hitlers Grundstück gegen die neugierigen Wallfahrer nur dann weiter vom Haus »Wachenfeld« bis hin zur Straße abgerückt werden, wenn Schuster ein Stück Wiese abtritt.

Karl Schuster ist zwar bereit, Hitler den gewünschten Grund ohne Entgelt zur Nutzung zu überlassen. Verkaufen aber will er nicht. Schusters Tochter Gertrud ist überzeugt, daß sich ihr Vater in dieser Situation Hitler zum Feind machte. »Ich will nicht verkaufen, Herr Reichskanzler, ich habe sechs Kinder hinter mir, Sie haben keine Familie, und ich weiß nicht, wie lange Ihre Sache dauert.«[10] – Dafür, daß Schuster diese seiner Familie berichteten Worte wirklich gebrauchte, spricht auch der Text der notariellen Vereinbarung, die dann getroffen wurde. Tatsächlich verkauft Schuster nicht, er überläßt seinen Grund nur »auf Ruf und Widerruf«.[11]

Für das, was einen Monat später an einem Abend im August in der Wirtsstube des »Türken« geschieht, gibt es heute keine lebenden Zeugen mehr. Gertrud Schuster kennt das Geschehen in Umrissen aus den Erzählungen ihres Vaters. Ihre Erinnerungen decken sich weitgehend mit den Schilderungen, die sich in einem ausführlichen Zeitungsartikel aus dem Jahr 1952 finden.[12] Die ehemaligen Nachbarinnen Thekla Rasp und Johanna Stangassinger schildern die Ereignisse ähnlich. Auch sie erfuhren, was in der Wirtsstube geschehen war, aus zweiter Hand, als sich an den folgenden Tagen die Nachrichten darüber wie ein Lauffeuer in der Nachbarschaft verbreiteten. Ich habe diese Quellen zusammengefügt. Ich halte es für präziser, ein unvollständiges Puzzle zu präsentieren, das dafür nur Stücke enthält, deren Konturen durch gleichlautende Schilderungen fest umrissen sind:

Karl Schuster kommt spätabends von Berchtesgaden nach Hause. Die Gaststube ist voller SA-, SS- und RSD-Leute, die lautstark zechen und ihre Kampflieder absingen.

Einer der angetrunkenen SS-Leute zieht seine Waffe. Er zielt auf das Kruzifix im Herrgottswinkel. Hier wolle er in Zukunft ein Hitlerbild sehen, soll der Betrunkene bemerkt haben.

Karl Schuster will seine Gäste loswerden. Er gibt die Anweisung, kein Bier mehr auszuschenken. Schuster gerät mit den Gästen in Streit, die weitertrinken wollen. In diesem Streit entfahren ihm die Sätze, die zu seinem Verhängnis werden: »Gibt es denn hier gar nichts mehr als Schwarze und Braune? Man lebt hier wie im Zuchthaus.« Die SA- und SS-Leute verlassen unter Drohungen das Lokal. Unter ihnen sind Mitglieder des RSD, der für die Bewachung Hitlers zuständigen Wach-

Aus diesen Reihen kamen die Boykottposten vor dem Gasthof »Zum Türken«: Hitler begrüßt die Berchtesgadener SA während des Wahlkampfes 1932

mannschaft. Einige RSDler versehen Wachdienst in Uniform, andere mischen sich als Spitzel in Zivil unter die Obersalzberg-Besucher. Schon seit einiger Zeit gibt es Probleme, die RSDler in Hitlers Nähe unterzubringen. Manche wohnen in den umliegenden Häusern, wie zum Beispiel bei den Hölzls im Oberwurflehen gegenüber vom »Türken«-Wirt. Jedoch nicht mehr lange, denn sie haben ein besseres Quartier im Auge.

Hitler ist seit den ersten Augusttagen am Obersalzberg. Am 6. August redet er drei Stunden vor seinen Reichs- und Gauleitern, konferiert in den folgenden Tagen mit Reichsministern und dem Reichsbankpräsidenten, zeigt sich immer wieder den Wallfahrern.[13]

Am Vormittag des 18. August treffen in Haus »Wachenfeld« wiederum hochrangige Gäste zu Besprechungen ein, Staatsminister Esser und die Nummer zwei in der Nazi-Hierarchie, der preußische Ministerpräsident Hermann Göring. Es ist nicht auszuschließen, daß die beiden Besucher bei ihrer Ankunft in Hitlers Haus im Vorbeigehen Zeugen einer spektakulären Aktion wurden. An diesem letzten Tag von Hitlers Obersalzberg-Aufenthalt beginnt die NSDAP-Ortsgruppe Berchtesgaden vor Hitlers Nachbarhaus, dem Gasthof »Türken«, eine Boykottaktion. Sie spielt sich unmittelbar neben der Einfahrt zu Hitlers Haus ab, und sie ist nach Bekunden Martin Bormanns auf Hitlers Weisung geschehen. »Wegen der gehässigen Redensarten des Schuster ließ der Führer diesem Patron das Mitgliedsbuch abnehmen und Schilder aufstellen.«[14]

Wenn das der Führer gewußt hätte ... So beginnen die Geschichten vom langlebigen, noch heute im Berchtesgadener Land anzutreffenden Glauben vom eigentlich gutherzigen *Führer*, ohne dessen Wissen die ihn umgebenden Finsterlinge die Gemeinheiten und Verbrechen des Nationalsozialismus begingen. ... *wäre das nicht passiert.* Wäre es nicht?

Zumindest hätte Hitler blind und taub sein müssen, wenn ihm diese Aktion vor dem wenige Meter entfernten Nachbarhaus entgangen wäre. Außerdem ist unwahrscheinlich, daß die NSDAP-Ortsgruppe Berchtesgaden ohne die Einwilligung des höchsten NSDAP-Führers und Reichskanzlers Adolf Hitler während seiner Anwesenheit den nächsten Nachbarn und Parteigenossen, »den guten Nachbarn Schuster«, kujonieren und um seine wirtschaftliche Existenz bringen kann.

Am Morgen dieses 18. August erlebt Gertrud Schuster den Auftritt des SS-Mannes Wolfgang Irlinger – eines Berchtesgadeners. »Plötzlich kam der Irlinger mit noch einem SS-Mann, kam ins Büro, ohne den Gruß zu erwidern, und hat sofort gefordert, daß mein Vater das Parteiabzeichen abgibt. ›Von heut' an ist es aus, jetzt gibt's nichts mehr‹, hat er gesagt, hat diese Plakate auseinandergefaltet und hat gesagt, die Gäste müßten jetzt sofort ausziehen.

Noch am Vormittag sind die Boykottplakate aufgehängt worden, alle Gäste und das Personal mußten aus dem Haus, und die Familie ist im Haus eingesperrt worden.«[15]

Draußen vor dem Gasthof tauchten wie jeden Tag die *Hitler-Pilger* auf, die aus dem Berchtesgadener Tal hochgewandert waren. Diesmal haben sie, auch ohne Blick auf Hitler, Stoff zum Gaffen. An den Eingängen zum Gasthof »Türken« sind große Plakate angeschlagen, daneben stehen breitbeinig uniformierte Posten der NSDAP. Der Text des Boykottplakates ist geschickt auf die begeisterten Hitler-Besucher zugeschnitten:

»Nationalsozialisten! Deutsche!

Der Inhaber des Gasthauses ›Türken‹ Karl Schuster hat in diesen Tagen seine feindliche Gesinnung gegen das neue Deutschland offen bekundet durch die Worte:

›Man sieht hier oben nur noch Schwarze und Braune, man ist wie im Zuchthaus. Das hat es vor dem Umsturz nicht gegeben. Unter diesen Umständen lebt man besser in Frankreich usw. Jetzt haben wir wieder die Saupreußen hier etc.‹

Nationalsozialisten, kein Deutscher betritt mehr dieses Lokal!

Wir fordern Euch auf, diesem Gasthaus fern zu bleiben. Die Beleidigung ist umso niederträchtiger, als der Inhaber heute sein Hauptgeschäft durch uns Nationalsozialisten gemacht hat.

Ortsgruppe Berchtesgaden der NSDAP, 18. 8. 1933«[16]

Jetzt bekommen die Schusters zu spüren, wie verschwistert die devote Huldigungsbereitschaft für Hitler und der Haß auf alle von ihm erklärten Feinde sind. Aus den Wallfahrern wird im Handumdrehen eine aggressive Meute. »Wir durften nicht aus dem Haus raus, und es durfte uns niemand besuchen. Es hat sich auch keiner getraut. Und wir haben uns auch nicht rausgetraut, denn wenn wir rausgingen, sind wir mit Steinen beworfen und angespuckt worden, so daß wir höchstens schnell durch den Hinterausgang rauswischten, um irgendwo etwas zu holen. Die uns bedrohten, waren nicht die Nachbarn, das waren die Leute, die auf den Hitler gewartet haben und die da gestanden sind und gerufen haben: ›Wir wollen uns'ren Führer seh'n!‹ – Zu der Zeit war ja die Straße schon voll bis zu unserem Garten rauf, so etwa fünf- bis sechshundert Personen. Die konnten das nicht fassen, wie jemand, der das Glück hat, neben dem Führer zu wohnen, daß der sagt, daß ihm das nicht paßt, daß hier soviel Uniformen sind und daß das alles sich geändert hat.«[17]

Zwei Tage später führt die Bayerische Politische Polizei vor, was in der zynischen Begriffswelt des Neuen Systems »Schutzhaft« heißt. Als Karl Schuster abgeholt wird, eröffnet man ihm zur Begründung, man könne in seinem Haus nicht mehr für seine Sicherheit garantieren. Die Nachbarstochter Johanna Stangassinger wurde von der anderen Seite der Straße aus Augenzeugin der Verhaftung.

»Es war gerade ein Uhr mittags. Ich war vorm Haus, und da seh' ich, wie ein großer Panzerwagen, ein gepanzerter Mercedes, vorfährt. Da stiegen vier bis sechs Kripobeamte aus – ich kannt' sie alle beim Namen, weil sie ja zum Teil in unserem Haus gewohnt haben, haben die Türen aufgerissen und den Karl Schuster rausgezerrt, rein ins Auto, und dann schrie seine Frau: ›Karle, was ist denn los!‹ – Ich hör' das heut noch in meine Ohren! – Und dann hat sie sich vor das Auto hingeschmissen, und sie lag da, und dann hat's einer einfach brutal weggezerrt, und dann sind sie weggefahren.«[18]

Schuster wird etwa zwei Wochen lang im Berchtesgadener Gefängnis inhaftiert. Zu Hause steht der Betrieb still und schreibt rote Zahlen, denn der Boykott wird konsequent fortgesetzt. Galten die Schusters in der gleichgeschalteten Presse noch kurz zuvor als »Hitlers gute Nachbarn«, versucht die Familie in den Wochen des Boykotts und der Inhaftierung des Vaters vergeblich, Nachbar Hitler zu erreichen. Er ist nicht zu sprechen, lassen so prominente Kontaktpersonen wie Rudolf Heß wissen, die die Schusters kennen und einschalten.

Nur eine Intervention hat Erfolg. SA-Chef Ernst Röhm bewirkt Karl Schusters Freilassung aus der Schutzhaft im Berchtesgadener Gefängnis. Schuster muß sich jedoch zunächst einige Zeit am Chiemsee verstecken. Erst Anfang Oktober kehrt er vorübergehend an den Obersalzberg zurück.

Der Gasthausbetrieb ruht. Kaufinteressenten, die sich bei den Schusters melden, erfahren bei den Behörden, daß für das Haus »Türken« keine Gasthof-Konzession mehr erteilt werden wird.

Die Plakate hängen weiterhin vor den drei Eingängen, die Boykottposten lassen niemanden herein. Wobei die Worte der Nachbarin Thekla Rasp das Klima des Boykotts genauer beschreiben: »Das ist nicht zugesperrt worden, sondern: boykottiert. Also: Es kann reingehn, wer mag. Aber –

Das Boykottplakat, das die Berchtesgadener Ortsgruppe der NSDAP am 18. August 1933 vor dem Gasthof »Zum Türken« anschlug

wer geht schon rein. Einer ist noch reingegangen, aber der ist auch gestorben. Das ist auch ein später Enteigneter, der Hölzl Simon. Aber sonst hat sich niemand reingetraut. Denn – wer traut sich schon?«[19]

Noch ein weiterer Besucher traut sich dennoch. Am 3. Oktober war der neue katholische Kurat der Kirche »Maria Hilf« mit dem Postbus auf dem Obersalzberg in seiner neuen Pfarrei angekommen. Die Busstation war wenige Meter vom »Türken« entfernt, und mit das erste, was der neue Priester Johannes Baumann gleich beim Aussteigen neben der Menge der *Hitler-Wallfahrer* zu sehen bekam, waren die Boykottposten und -plakate vor dem ausgestorben wirkenden Gasthof. Einige Tage später macht sich Baumann auf den Weg, um sich bei den Mitgliedern seines kleinen Kirchensprengels vorzustellen. In seinem Priesterornat passiert er die Boykottposten. Niemand hält ihn auf. In der Wirtsstube trifft Johannes Baumann Karl Schuster, der gerade erst aus der Schutzhaft entlassen worden ist.

»Dann geh' ich durch die zwei Türen hindurch, und da seh' ich in der ganzen Einsamkeit eines gemiedenen Menschen den Schuster-Wirt selber, dem, wie der Kölner sagen tät, die Spucke wegbleibt. – ›Ja, ja, ja – Was tun sie hier!‹ – Sag ich: ›Herr Schuster, ich bin der katholische Seelsorger und mache heute meinen Rundgang in die Pfarrei, in die kleine, die ich zu verwalten habe. Und deswegen wollte ich Ihnen Grüßgott sagen. Sonst hätt ich nichts.‹ – ›Ja‹, sagt er, stammelt er ein bißchen, ›freut mich, daß Sie kommen, aber ich kann es gar nicht fassen, daß Sie durch die Boykottsperre hindurchgekommen sind.‹ – Na ja, als Priester ist man ja doch noch ein bißchen transzendent für all diese Schwierigkeiten. Und ich hab' ihm versprochen: ›Herr Schuster, ich werde in den nächsten Tagen in das Haus Wachenfeld, das Hitlerhaus kommen, um hier meinen Antrittsbesuch zu machen, und dann hoffe ich, daß ich ein gutes Wort, ein dafürsprechendes einlegen kann für Sie.‹«[20]

Pfarrer Baumann hielt Wort. Im Haus »Wachenfeld« wurde er von Hitlers Halbschwester Angela Raubal empfangen. Sie war – bis 1935 – die Herrin im Haus, solange ihr Bruder abwesend war. Baumann erinnert sich, wie sich Raubals Miene verfinsterte und das anfänglich freundliche, unverbindliche Gespräch in dem Moment kippte, in dem er die Sprache auf den »Türken«-Wirt und dessen Familie brachte. Baumann erinnert sich noch sechzig Jahre später an die schneidende Antwort Angela Raubals: »Herr Kurat! Hat man je von der katholischen Kirche erfahren, daß sie über die Angehörigen der eingesperrten Parteigenossen in Österreich, daß man hier eine Fürsprach' eingelegt hat, wie es heute hier geschehen ist? Nein!«[21]

Anstatt vermittelnd einzugreifen, alarmierte Hitlers Halbschwester noch während des Boykotts des »Türken« Martin Bormann.

Bormann war damals Stabsleiter beim »Stellvertreter des Führers« Rudolf Heß. Sein unaufhaltsamer Aufstieg zum mächtigsten und unentbehrlichen Sekretär an Hitlers Seite begann gerade erst – und die prompte Erledigung aller Wünsche Hitlers am Obersalzberg half ihm, diese Position zu erobern. Es ist die Position des ersten Dieners eines charismatischen Führers, eines intelligenten Dieners, der in seiner Machtfülle mit dem Herrscher nahezu gleichziehen kann, weil er nie danach trachtet, ihn zu stürzen. Der erste Diener sucht statt dessen die perfekte Symbiose. Er weiß, daß ihm fehlt, worüber sein Meister verfügt: Charisma. Der erste Diener aber sorgt dafür, daß er alles bereitstellt, was dem Herrscher fehlt, und alles beseitigt, was ihn stört. Dazu vollbringt er Wunder an Einfühlung. Er ist am Ziel, wenn er die Wünsche seines Gebieters von dessen Augen und Lippen liest, noch bevor der sie ausspricht.

Eine begehrter Aussichtspunkt: Karl und Maria Schuster (außen) mit zweien ihrer Töchter im Wirtsgarten des Gasthofes »Zum Türken« mit Blick auf Hitlers Haus »Wachenfeld«

So kann es dem ersten Diener gelingen, das Auge, das Ohr und der Arm des Diktators zu werden. Der erste Diener wird immer unentbehrlicher, weil er für einen nach unten gesenkten Daumen des Tyrannen für ihn die Guillotine bedient, das Blut aufwischt und all die Schwerarbeit der Gewalt verrichtet. Martin Bormann verkörpert eben jene Mischung aus Devotion und Gewalt, und es gibt kaum einen Text von ihm, der nicht diese Stimmung atmet. Dies gilt auch für jenen Brief, in dem er seine Rolle bei der Vertreibung des »Türken«-Wirtes Karl Schuster schildert, ein Brief, der die Melodie vorgibt für alles weitere, was sich am Obersalzberg ereignen wird.

»Eines Tages besuchte mich nun im Braunen Haus Frau Hammitzsch, die Schwester des Führers – oder wie sie vor ihrer Wiederverheiratung hiess, Frau Raubal und sagte mir, das Verhalten des Gastwirts Schuster werde unerträglich. Wenn Frau Raubal diese Verhältnisse ihrem Bruder schildern würde, dann würde ihr Bruder vielleicht gar nicht mehr zum Obersalzberg gehen. Ich erwiderte Frau Raubal, man müsse dem Führer doch diese einzige Stätte seiner Ruhe und Erholung erhalten. Ich bäte Frau Raubal, ihrem Bruder, der in den nächsten Tagen kommen sollte, nichts zu sagen, sondern ich würde sofort zum Obersalzberg fahren und versuchen, bei sofortigem Abzug des Besitzers den Gasthof ›Zum Türken‹ zu kaufen. Gesagt, getan! Ich ließ mir augenblicklich den Sachverständigen einer Treuhandgesellschaft kommen und fuhr mit ihm noch am gleichen Tag zur Verhandlung mit dem Gastwirt Schuster zum Obersalzberg. Eine widerwärtige, stundenlange Verhandlung begann! Auf Einzelheiten dieser Verhandlung mit dem ebenso unsympathischen wie geschäftstüchtigen Ehepaar will ich gar nicht eingehen! (...) Um den dortigen Abzug des Schusters zu erreichen, zahlte ich RM 150 000. Als der Führer zum Berg kam, brauchte er sich jedenfalls nicht mehr über dies undankbare Pack zu ärgern.«[22]

Im November wurde der Verkauf des »Türken« an Bormann verbrieft.[23] Der Familie blieben acht Tage, um das Haus zu verlassen. Angestellte einer Treuhandgesellschaft und SS-Posten wachten beim Packen der Koffer darüber, daß die Schusters nur ihre Kleidung und persönliche Unterlagen einpackten.

Möbel und Inventar jeder Art mußten zurückgelassen werden, sogar die Aussteuerwäsche für die unverheirateten Töchter, ferner alles Geschirr und Besteck. »Wir hatten weder Gabel noch Messer, als wir abziehen mußten. Und dann wurde das Haus für die Nachbarn freigegeben. Die durften sich holen, was sie brauchten.«[24]

Den Schusters wurde verboten, sich in den Landkreisen Berchtesgaden und Bad Reichenhall niederzulassen. Alle volljährigen Mitglieder der Familie hatten sich per Unterschrift zu verpflichten, über ihre Herkunft als Nachbarn Hitlers ebenso Stillschweigen zu bewahren wie über ihre Vertreibung vom Obersalzberg. Sich an diese Auflage zu halten, brachte der Familie, wo immer sie hinkam, zwangsläufig den Argwohn neuer Nachbarn ein, nach dem Motto: Wer über seine Herkunft schweigt, hat wohl etwas zu verbergen. Prompt wurde Karl Schuster ein zweites Mal für einige Wochen inhaftiert, weil er die Verpflichtung, über seine Herkunft zu schweigen, gebrochen hatte.

Schusters kamen zunächst in einem Hotel in Traunstein unter. Dann fanden sie einen Landgasthof in Arlaching am Chiemsee, den sie günstig erwerben konnten.

Während sich die Schusters beeilten, um ihr neues Lokal bald zu eröffnen, rückten in den ehemaligen Gasthof »Zum Türken« am Obersalzberg die Bauarbeiter ein. Aus dem Hotel wurde eine kleine Kaserne für Hitlers Leibwächtertruppe, das Quartier und Wachlokal des Reichssicherheitsdienstes (RSD).

Über den Boykott des Gasthofes »Zum Türken«, die Inhaftierung Karl Schusters, den Zwangsverkauf und den überstürzten Abzug der alteingesessenen Wirtsfamilie Schuster wurde in der Presse nicht berichtet. Doch die Geschichte verbreitete sich von Mund zu Mund und lieferte monatelang Gesprächsstoff im Berchtesgadener Land. Was da diskutiert wurde, war wohl für Nationalsozialisten am Ort nicht gerade schmeichelhaft. Anders

Drohung mit dem KZ gegen jedermann, der im Berchtesgadener Land den Zwangsverkauf der Obersalzberger Wirtsfamilie Schuster noch zur Sprache bringt; Ausriß Berchtesgadener Anzeiger, Januar 1934

Hotel und Gasthof »Zum Türken« heute, das einzige aus dem NS-Besitz rückerstattete Anwesen am Obersalzberg; in der NS-Zeit Quartier des Reichssicherheitsdienstes, heute nutzen die Nachkommen einer Tochter von Karl Schuster den Zugang zum ehemaligen »Berghof-Bunker« als touristische Geldquelle

ist kaum zu erklären, warum die NSDAP-Ortsgruppe Berchtesgaden Ende Januar 1934, beinahe ein halbes Jahr nach den Ereignissen, in einem ungewöhnlichen Zeitungsinserat im »Berchtesgadener Anzeiger« auf ihre Art den Schluß der Debatte forderte:

»Bekanntmachung.

In letzter Zeit werden hier und in der Umgebung über die Angelegenheit ›Karl Schuster zum Türken‹ unwahre Behauptungen und Gerüchte verbreitet, die völlig aus der Luft gegriffen sind. Der Fall Schuster ist abgeschlossen. Wir warnen die Verbreiter derartiger Gerüchte und müßten solche Personen als staatsfeindlich bezeichnen, sodaß diese Schädlinge ins Konzentrationslager nach Dachau verbracht werden müßten.

Der politische Leiter der Ortsgruppe Berchtesgaden Brehm«[25]

Die Drohung mit KZ-Haft in Dachau gegenüber jedermann, der das Schicksal der Schusters zur Sprache bringt, steht wie selbstverständlich im Anzeigenteil neben der Werbung für Ueberkinger Sprudel, Togal-Schmerztabletten und Zinsser-Knoblauchsaft. Gegen Kopfschmerz: Tabletten, gegen aufmüpfige Worte: KZ.

Neben der Drohgebärde der NSDAP werben einige Obersalzberger Häuser um gefällige Beachtung: Hotel »Antenberg« preist seine Gesellschaftsräume und die Aussicht an, Dr. Richard Seitz hat eine neue Sprechstunde im Kindersanatorium, Wirt Bruno Büchner und Frau laden zum Faschings-Hausball in die Pension »Moritz«, der Alpengasthof »Steiner« kündigt die Versammlung der Freiwilligen Feuerwehr an.

Als bliebe das immer so.

Karl Schuster erfährt nicht mehr, daß diese Nachbarn bald genau wie er und seine Familie vom Obersalzberg vertrieben werden. Seine Tochter Gertrud erlebt ihren Vater nach der Vertreibung als einen gebrochenen Mann, voller Selbstvorwürfe, seine Familie ins Unglück gestürzt zu haben. Er stirbt 58jährig am 10. September 1934 an einem Herzanfall.

Hitlers Geld
Vermögensbildung in Führerhand

Im Jahr 1932 sah Hitler die Zeit gekommen, das bislang gemietete Haus »Wachenfeld« zu kaufen. Sein Interesse hatte er der Eigentümerin schon seit langem avisiert. Er fuhr nach Buxtehude, und es gelang ihm, die bisher noch zögerliche Kommerzienratswitwe Margarete Winter zum Verkauf zu überreden. Die über 80jährige Dame achtete bei ihrem notariell beurkundeten Kaufangebot an »Herrn Regierungsrat Adolf Hitler, München«[1] vom 17. September 1932 jedoch peinlich genau darauf, sich gegen eventuelle Schwankungen der deutschen Währung klug abzusichern. Die Kaufsumme von 40 000 Goldmark wurde in Relation zum Feingoldpreis und zu international stabilen Währungen wie Dollar und Schweizer Franken zum Zeitpunkt des Verkaufsangebotes festgelegt.[2] Nicht ganz ein Jahr später, Ende Juni 1933, hat Hitler das Haus erworben und wird ins Grundbuch eingetragen. Genau zu diesem Zeitpunkt will er sein Grundstück um einen Teil der benachbarten Parzelle ergänzen, die Karl Schuster gehört – ein Konflikt, der kurz darauf mit der Vertreibung des »Türken«-Wirtes und seiner Familie endet.

Wie konnte sich der schriftstellernde Führer der NSDAP ohne festen Beruf und elterliches Vermögen den Kauf des Hauses »Wachenfeld« am Obersalzberg leisten?

Zur Stilisierung des Bildes vom bedürfnislosen *Volkskanzler* gehörte die Verschleierung der Vermögensverhältnisse Hitlers. Sie setzte allerdings nicht erst nach der Machtergreifung ein, als es ein leichtes war, mit Hilfe einer zensierten und gleichgeschalteten Presse die kritische Durchleuchtung des Privatmannes und Politikers Hitler und seiner Geschäfte zu verhindern. Die NSDAP gab sich seit ihrer *Kampfzeit* als die Partei der Arbeiter und Kleinbürger, der durch den Versailler Vertrag Entrechteten, Deklassierten und Enteigneten. Hitler wußte wohl, daß er als Führer dieser Partei in der Öffentlichkeit nicht den Eindruck eines wohlhabenden Mannes mit aufwendiger Lebensführung erwecken durfte. Es ist ihm mit Geschick gelungen, das Bild, das seine relativ bescheidene persönliche Lebensführung bis etwa zum Jahr 1928 erweckte, auch dann noch nach außen aufrechtzuerhalten, als ihm ab 1929 aus verschiedenen Quellen immer gewaltigere Summen zuflossen, die er nach Gutdünken auch für private Zwecke einsetzte.

Seine schriftstellerischen Einkünfte aus dem in zwei Bänden 1925 und 1927 veröffentlichten Buch »Mein Kampf« waren bis zum Jahr 1930 eher bescheiden. Nur im Erscheinungsjahr 1925 war das Publikum erkennbar neugierig auf die Bekenntnisse des Münchner November-Putschisten des Jahres 1923, der durch die Berichterstattung über den Hochverratsprozeß gegen ihn ein über die Grenzen Münchens hinaus bekannter Politiker geworden war. Danach sank die Auflage für eine Weile, stieg dann aber seit 1930 spürbar an und erreichte 1933 Millionenhöhe.[3] In der Steuererklärung des Jahres 1933 beziffert Hitler die Einkünfte des Jahres bereits auf stolze 1 232 335 Reichsmark.[4] Hierbei ist Hitlers Gehalt als Reichskanzler von 60 000 RM noch nicht mitgerechnet, auf das er zunächst verzichten wollte, das er dann aber doch annahm.

Versteuert hat Hitler in den Jahren, über die Unterlagen erhalten sind, fast ausschließlich seine

Das Haus »Wachenfeld« im ursprünglichen Bauzustand ohne Anbauten, so wie es der Kommerzienrat Otto Winter 1916 erbaute und wie Hitler es 1927 mietete

Buchtantiemen. Ab 1935 war er von jeder Steuerzahlung befreit. Eine weitere Einkommensquelle waren Artikel für die nationalsozialistische Presse, für die er ebenso wie für Interviews und Beiträge in der Auslandspresse hohe Honorare forderte.[5] Ab 1929 erhielt Hitler von dem Industriellen Fritz Thyssen nach dessen Aussagen erhebliche finanzielle Zuwendungen. So konnte er in München aus seinem möblierten Zimmer in der Thierschstraße in eine geräumige 9-Zimmer-Wohnung am eleganten Prinzregentenplatz 16 übersiedeln, leistete sich eine Haushälterin für die Wohnung, mit Rudolf Heß einen Privatsekretär mit 300 Mark Monatsgehalt sowie einen weiteren Assistenten und einen Chauffeur mit je 200 Mark Gehalt.[6]

Die Einkünfte aus den Buchtantiemen Hitlers erhöhten sich, als »Mein Kampf« ab 1939[7] jedem neuvermählten Paar auf dem Standesamt geschenkt wurde. Die Kosten dafür hatten die Gemeinden zu tragen. Ab 1937, im großen Umfang schließlich ab 1941, kassierte Hitler noch aus einer weiteren, unerläßlich sprudelnden Quelle: Die deutsche Reichspost zahlte Tantiemen für jede Briefmarke, auf der Hitler abgebildet war. Die durchaus nicht nur altruistische Idee, diese Finanzquelle zu erschließen, hatte Hitlers favorisierter Fotograf Heinrich Hoffmann aufgebracht, der von Berufs wegen um das Recht am eigenen Bild wußte – und der ebenfalls abkassierte, weil von ihm die fotografische Vorlage für Hitlers Briefmarkenporträt stammte.

Mit den genannten Einnahmen kam Hitler zu bürgerlichem Wohlstand, konnte beginnen, Kunst zu sammeln, und gewiß auch den Kauf des Hauses »Wachenfeld« zur Jahreswende 1932/33 bestreiten. Die nur schwer zu schätzenden Millionensummen aber, die in den kommenden Jahren am Obersalzberg verbaut werden, stammen aus der vitalsten Finanzquelle, die Hitler für sich erschließen konnte, aus der »Adolf-Hitler-Spende der deutschen Wirtschaft«. Sie war 1933 auf Anregung des Stahlindustriellen Gustav Krupp von Bohlen und Halbach vom »Reichsverband der deutschen Industrie« und der »Vereinigung der deutschen Arbeitgeberverbände« einige Monate nach Hitlers Machtergreifung beschlossen worden. Jedes Vierteljahr überwiesen die Arbeitgeber eine nach ihren Lohnausgaben bemessene Summe. Für die Öffentlichkeit wurde der Stellver-

Titelseite von Adolf Hitlers »Mein Kampf«, 1925

treter des *Führers* Rudolf Heß als Spendenverwalter eingesetzt, de facto aber übernahm diese Aufgabe dessen allgegenwärtiger Stabsleiter Martin Bormann, und zwar im Sommer 1933 – zur selben Zeit, zu der er mit der Vertreibung der Familie Schuster die Regelung der Verhältnisse am Obersalzberg erstmals in seine Hände nahm.

Am 17. August 1933 – einen Tag vor der Boykottaktion gegen den »Türken«-Wirt Karl Schuster und schon einen Tag vor einer dienstlichen Besprechung mit Hitler – reist Ministerpräsident Hermann Göring in privater Mission nach Obersalzberg. Er besichtigt ein Grundstück.[8] Es liegt von Hitlers Haus »Wachenfeld« aus gesehen jenseits der Straße auf einem Hügel und verfügt über einen ausgezeichneten Talblick. Das Grundstück gefällt dem Herrn Ministerpräsidenten. Hier kann er sich lebhaft seine, eine seiner ländlichen Villen vorstellen. Hermann Göring liebt es, beschenkt zu werden, und so wird auch diese Angelegenheit schnellstens zu seiner Zufriedenheit geregelt, unentgeltlich für den Herrn Ministerpräsidenten. Das 1 000 Quadratmeter große Grundstück ist im Besitz der Bayerischen Staatsforstverwaltung, aber nicht mehr lange. »Da die Staatsforstverwaltung nichts verschenken darf, erfolgt die Schenkung durch die bayerische Staatsregierung«, fand der Berchtesgadener Heimatforscher Hellmut Schöner heraus.[9]

Gemessen an seiner feudalistischen Prachtentfaltung auf dem Landsitz »Carinhall« in der Schorfheide nördlich von Berlin, hielt Hermann Göring sich am Obersalzberg auffallend zurück. Der Tegernseer Architekt Alois Degano entwarf für ihn im Oktober 1933 ein einstöckiges Landhaus mit umlaufendem Balkon und Holzverkleidung. Es entsprach mit seinen Giebelverzierungen und dem mit Steinen beschwerten Schindeldach dem ortsüblichen alpenländischen Baustil und hätte so, wie es in den folgenden Monaten errichtet wurde, ohne weiteres in Görings Wohnzimmer in

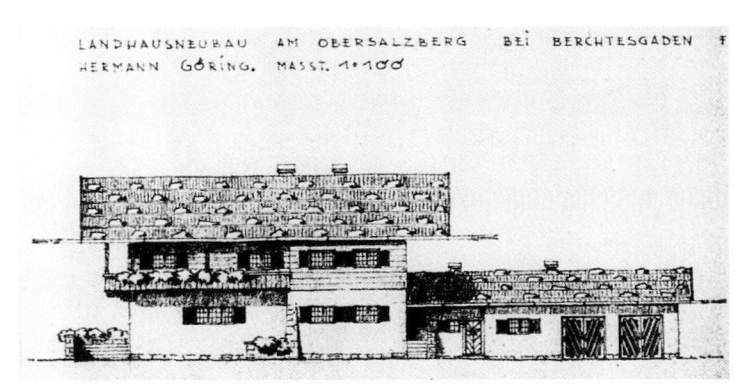

Haus Hermann Görings auf dem Obersalzberg, Juni 1938 (oben); Plandetail des Göring-Hauses von Architekt Alois Degano (unten)

»Carinhall« hineingestellt werden können – die dortige »Große Halle« maß 150 mal 50 Meter Grundfläche.

Die Baukosten von Görings Obersalzberger Landhaus sind unbekannt. Sie dürften jedoch nur einen Bruchteil jener 15 Millionen Reichsmark betragen haben, die zeitgleich der Bau von »Carinhall« verschlang, Kosten, die insgesamt von der preußischen Regierung und dem Reichsluftfahrtministerium getragen wurden.[10] Es wäre nach der von seinen Biographen übereinstimmend geschilderten und vielfältig belegbaren Raffgier Görings eher untypisch, wenn er den Bau des Obersalzberger Hauses aus eigener Tasche beglichen hätte.

Fundament- und Treppenreste des Göring-Hauses

Für Görings Zurückhaltung beim Bau des Obersalzberger Domizils gibt es freilich einen zwingenden Grund. Der Obersalzberg ist Hitlers Entdeckung, ist sein Territorium, *des Führers Wahlheimat,* und avanciert seit der Jahreswende 1932/1933 zum *Wallfahrtsort* – Münchens Gauleiter Wagner spricht gar vom *heiligen Berg aller Deutschen.*

Hitler, die unbestrittene Nummer eins in der NS-Hierarchie, haust hier nach wie vor in dem vergleichsweise kleinen Haus »Wachenfeld«; Göring ist nicht so dumm, das periodisch immer wieder gespannte Verhältnis zu Hitler mit einem bombastischen Repräsentationsbau am Obersalzberg zu belasten, der das benachbarte Haus des *Führers* architektonisch und optisch in den Schatten gestellt hätte. Und doch kommt Görings Entscheidung, sich in der Nachbarschaft Hitlers anzusiedeln, eine wichtige, für das alte Dorf Obersalzberg fatale Bedeutung zu. Nach der Nummer eins in der Machthierarchie des neuen *Dritten Reiches* schlägt nun auch die unbestrittene Nummer zwei am Berg Wurzeln, mit allen Konsequenzen, das heißt mit dem Troß an Menschen und Material, den solch eine Ansiedelung nach sich zieht: Adjutanten, Bewacher, Fahrer, Verbindungsoffiziere, Hausbedienstete, Leibdiener, Fernmeldespezialisten und so weiter. Hierfür taugt das enge Bergdorf Obersalzberg nicht. Es ist im Weg. Es muß verschwinden.

Gleichschaltung
Politik, Freizeit und Verbrechen (1)

Rückblende. Obersalzberg, Juli 1926.

Tagebuchschreiber Joseph Goebbels notiert: »Gestern abend tanzten die Bauernburschen Schuhplattler. Ein prächtiger Schlag. Braungebrannt, keck, stolz, aufrecht; schon etwas romantisch-italienischer Einschlag. Und wie tanzen diese Menschen! Eine Lust zuzuschauen. Man kann sich gar nicht satt daran sehen. Das Herz geht auf dabei! Die schöne schwarze Dame bleibt spröde, und ich bin ein dummer, sturköpfiger Esel. Laufe dahinter her wie ein Schuljunge. Der Eros meldet sich, sobald ich eine Pause im Rasen mache.«[1]

Goebbels pausiert im Juli 1926 das erste Mal in Obersalzberg und findet seinen Meister.

Noch ist Hitler selbst hier oben Sommergast, wohnt in Hotels und Pensionen, hat sich aber schon für Obersalzberg als Rückzugsraum und Politiklabor entschieden. Gelegentlich lädt er Gäste hierher, um sie zu seinen Vertrauten zu machen. Man ist vom *Führer* auserwählt, schon diese Auszeichnung schmückt, wie man in Goebbels' Tagebuch nachlesen kann. »Am Mittwoch kommt Hitler für eine ganze Woche, und dann steigen wir zusammen für 8 Tage oben nach Obersalzberg hinauf. Wie freue ich mich darauf.«[2]

Hitler ist zu dieser Zeit in den Fraktionskämpfen der NSDAP auf der Suche nach einem unbedingt ergebenen Gefolgsmann, den er im Norden Deutschlands gegen den überaus einflußreichen Rivalen Gregor Strasser in Stellung bringen kann.

Strasser ist die Galionsfigur des linken Nationalsozialismus, und zur Jahreswende 1925/26 polarisieren sich die Parteiflügel in einem ebenso heiklen wie plakativen Streit: Es geht um die Frage, ob die deutschen Fürstenhäuser enteignet und ihr 1918 beschlagnahmtes Vermögen vom Staat einbehalten werden – oder an die Fürstenfamilien zurückerstattet werden soll. Der Strasser-Flügel fordert die entschädigungslose Enteignung der Fürsten, Hitler tritt für die Rückgabe des Fürstenbesitzes ein. Er hat dafür zwei Motive. »Damals erhielt er nämlich monatlich 1500 Mark (d.h. drei Viertel seines Einkommens) von der geschiedenen Herzogin von Sachsen-Anhalt«, bemerkt dazu Hitler-Biograph Allan Bullock[3] nicht ohne Süffisanz. Jedoch dürfte als ebenso wichtiger politischer Beweggrund anzusehen sein, daß Hitler sich als Verteidiger von Privateigentum und Recht profilieren und vom Ruch des Putschismus befreien will. Im Februar 1926 kann er auf einer Führertagung der Partei in Bamberg die Beschlußlage der Partei zu seinen Gunsten wenden, die NSDAP läßt die Forderung nach Enteignung der Fürstenhäuser fallen.

Aber Hitler braucht einen Mann seines Vertrauens, der nach der Bamberger Tagung in den nördlichen Parteibezirken gegen Strasser antritt. Er findet seinen Kandidaten ausgerechnet in einem ehemaligen Anhänger Strassers, in dem 28jährigen Paul Joseph Goebbels, der noch im November 1925 gefordert hatte, »daß der kleine Bourgeois Adolf Hitler aus der Nationalsozialistischen Partei ausgestoßen wird«.[4] Hitler ist es durch seinen Auftritt in Bamberg gelungen, Goebbels für sich einzunehmen, und so lädt er ihn für Juli zu einem mehrtägigen Aufenthalt auf den Obersalzberg ein.

Man kann diese Fotos in vielen Obersalzberg-Bildbänden entdecken: Hitler und Goebbels in hellen, lässigen Anzügen. Spaziergänge. In späteren Jahren werden Autogramme ausgefertigt. Teestundenchic. Bürgerliche Entspanntheit. Hier bin ich Mensch, hier kann ich's sein. Worüber spricht man? Goebbels' Tagebucheintragungen geben uns den Ton zu den Bildern.

»Den Morgen zum Hochlenzer hinaus. Der Chef spricht über Rassefragen. Man kann das so nicht wiedergeben. Man muß dabeigesessen haben. Er ist ein Genie. Das selbstverständlich schaffende Instrument eines göttlichen Schicksals. Ich stehe vor ihm erschüttert. So ist er: wie ein Kind, lieb, gut, barmherzig. Wie eine Katze, listig, klug und gewandt, wie ein Löwe, brüllend, groß und gigantisch. Ein Kerl, ein Mann. Vom Staate spricht er. Nachmittags von der Gewinnung des Staates und dem Sinn der politischen Revolution. Gedanken, wie ich sie wohl schon dachte, aber noch nicht sprach. Nach dem Abendessen sitzen wir noch lange im Garten des Marineheims, und er predigt den neuen Staat und wie wir ihn erkämpfen. Wie Prophetie klingt das. Droben am Himmel formt sich eine weiße Wolke zum Hakenkreuz. Ein flimmerndes Licht steht am Himmel, das kein Stern sein kann. Ein Zeichen des Schicksals? Weit in der Ferne flimmert Salzburg. Ich bin etwas wie glücklich. Dieses Leben ist schon wert, gelebt zu werden. ›Mein Kopf wird nicht in den Sand rollen, bis meine Mission erfüllt ist.‹ Das war sein letztes Wort. So ist er! Ja, so ist er!«

Hitler schwört in diesen Julitagen des Jahres 1926 Goebbels auf dessen künftige Aufgabe ein. Er wird wenige Wochen später den Demagogen aus Elberfeld zum Gauleiter der NSDAP in Berlin ernennen. Das *rote Berlin* für die Rechtsextremisten zu erobern, ist eine schwierige Aufgabe, doch seinen Tagebucheintragungen zufolge wankt Goebbels wie in Trance wieder ins Tal. »Leb wohl, mein Obersalzberg! Diese Tage waren mir Richtung und Weg! Aus tiefer Bedrängnis leuchtet mir ein Stern! Ihm fühle ich mich bis zuletzt verbunden. Nun ist mir der letzte Zweifel geschwunden. Deutschland wird leben! Heil Hitler!«[5]

Bei dem Versuch, heute die historische und politische Aura des Ortes Obersalzberg im Nationalsozialismus einzuschätzen, sehe ich mich alsbald eingekeilt zwischen gegenläufigen Reflexen von einst und jetzt. Die grotesken Inszenierungen der Nazi-Zeit sind nach dem Krieg bis heute von massiver Verdrängung abgelöst worden. War hier mal was?

Goebbels also halluziniert schon 1926 Wolken überm Berchtesgadener Tal, die sich zu Hakenkreuzen formen. Aus den Halluzinationen wird Propaganda werden. 1932 wirbt die NSDAP mit einem Bronzeabzeichen für den »Großdeutschen Tag in Berchtesgaden«, auf dem die Sonne in Form eines Hakenkreuzes über der Bergsilhouette des Watzmanns erstrahlt.

Der Fremdenverkehrsverband dagegen, der heute den Ferienort Berchtesgaden propagiert, erwähnt die historische Rolle Obersalzbergs im Nationalsozialismus in seinen Broschüren überhaupt nicht. Er setzt ganz auf zeitlos schöne Aussicht.

Das Hakenkreuz erstrahlt über dem Berchtesgadener Land: Nazi-Propaganda-Plakette für die Teilnehmer am »Großdeutschen Tag« der NSDAP 1932 in Berchtesgaden

Gewiß, Hitler saß nicht am Obersalzberg im Haus »Wachenfeld« wie die Priesterin Phythia im delphischen Orakel über einer dampfenden Erdspalte, durch die er Ideen wie Rassenwahn, Weltkrieg und Völkermord an den Juden hier, und eben nur hier gleichsam inhalierte. Die Vorstellung der politischen Schuld eines Ortes, einer Landschaft ist widersinnig. Ohne den moralisierenden Touch jedoch wird die Fragestellung interessant. Welche spezielle *Funktion* kommt einem Ort wie Obersalzberg in Hitlers Herrschaft zu? Was geschah dort – und welches Bild wurde nach außen gespiegelt?

Motiv aus einem Zigarettenalbum der NS-Zeit; Unterschrift: »Sommergäste haben stundenlang auf den Führer gewartet«

Schon in den ersten Monaten nach der Machtergreifung kommt Hitler immer wieder zum Obersalzberg. Wer geglaubt hatte, der neue Kanzler werde von seiner Bestallung an nur noch von der preußisch-wilhelminischen Metropole Berlin aus regieren, sieht sich getäuscht. Hitler behält seine Gewohnheiten bei, die er sich als Parteiführer der NSDAP zugelegt hat. Diese Gewohnheiten gründen in seinem Verständnis von Politik, und sie lassen sich von 1923 an immer wieder beobachten. Wie am Beispiel von Goebbels illustriert, neigte Hitler dazu, in den Fraktions- und Flügelkämpfen der NSDAP das Zentrum der Auseinandersetzungen – damals München – zu meiden und sich in sein Obersalzberger Refugium zurückzuziehen. Für die Rolle des integrierenden Parteivorsitzenden stand er nicht zur Verfügung – in der Rolle des Reichskanzlers perfektionierte er den Stil autoritärer Herrschaft.

Bereits am 13. Juli 1933 war die NSDAP die einzig legal noch existierende Partei in Deutschland, waren das Verbot und die gewaltsame Zerschlagung aller demokratischen Parteien und der Gewerkschaften nach der Machtergreifung durchgesetzt. Doch Hitler entledigte sich nicht des pluralistischen Mehrparteiensystems der Weimarer Demokratie, um sich der parlamentarischen Kontrolle der von ihm selbst geschaffenen Einheitspartei NSDAP zu stellen.

Er war auf Alleinherrschaft aus und erreichte sie am 23. März 1933 durch die Vollmachten des Ermächtigungsgesetzes. Politische Willensbildung fand nicht mehr von unten nach oben statt, in einem wie auch immer gearteten System von parlamentarischer Repräsentanz des Wählerwillens. Hitler brauchte die gewachsene politische Infrastruktur des alten Systems nicht mehr, ja er wollte sie hinter sich lassen. Jede parlamentarische Demokratie schafft sich Institutionen und informelle Zusammenschlüsse, Parteizentralen, Fraktionsgeschäftsstellen, politische Clubs, Lobbyistentreffs, die wie ein kompliziert verästeltes System kommunizierender Röhren eine politische Metropole wie Berlin durchziehen und einen schnellen Informationsaustausch und Dialog aller am politischen Prozeß Beteiligten ermöglichen. Das Ziel ist die Kontrolle gewählter Machthaber, die sich zu legitimieren haben, und wenn sie dies nicht können, abgewählt und durch andere ersetzt werden.

Dies sei in Erinnerung gerufen, weil der Ausbau von Hitlers Privatwohnsitz im Haus »Wachenfeld« in Obersalzberg zum zweiten Regierungssitz des Reichskanzlers ganz anderen Überlegungen folgt.

Besucherrummel vor dem Haus Hitlers, Postkarte aus dem Jahr 1933

Der Alleinherrscher braucht einen perfekt organisierten, auf ihn zulaufenden Nachrichtenstrom, klare Befehlsverhältnisse in alle Staats- und Parteigliederungen hinein – und nimmt sich das ausschließliche Recht, selbst zu entscheiden, ob und wen er anhört und wen nicht. Schon im Frieden ähnelt die Funktion von Hitlers Haus »Wachenfeld«, das 1935 in einer aufwendigen Aktion zum »Berghof« umgebaut wird, eher einem militärischen Hauptquartier als dem Sommersitz eines zivilen Politikers.

Den Endpunkt dieser Entwicklung markiert im Oktober 1938 ein Rundschreiben des unter anderen Funktionen zum »Leiter der Verwaltung Obersalzberg« aufgerückten Martin Bormann an alle Reichs- und Gauleiter der NSDAP und, über den Chef der Reichskanzlei, an sämtliche Reichsminister und Reichsstatthalter, das all diese ranghohen Politiker zu Befehlsempfängern degradiert, die am Obersalzberg nur Weisungen entgegenzunehmen haben, und dies nur, wenn sie zuvor vom *Führer* dazu aufgefordert worden sind.

»Betrifft: Besuche beim Führer und Reichskanzler in Obersalzberg. In den letzten Monaten haben wiederholt führende Persönlichkeiten des Staates und der Partei den Führer und Reichskanzler in Obersalzberg ohne vorherige Anmeldung aufgesucht. Da der Führer in erster Linie im Berghof Aufenthalt nimmt, um dort ungestört arbeiten zu können, hat er den Wunsch ausgesprochen, daß von Besuchen jeder Art im Hause Berghof Abstand genommen wird, sofern nicht eine besondere, von ihm festgelegte Einladung vorliegt.«[6]

Als Bormann diesen Erlaß herumschickt, ist aus dem Wochenendhaus »Wachenfeld« längst der klobige Regierungspalast »Berghof« geworden, das Dorf ringsherum abgerissen, das Gelände umzäunt und scharf bewacht.

Exzessiver Führerkult und die Exzesse der nationalsozialistischen Politik stehen am Obersalzberg in einem rekonstruierbaren Zusammenhang. Besonders aufschlußreich für diese Beziehung sind die Jahre vor der hermetischen Abriegelung des Geländes, von 1932 bis 1934. Es ist die Zeit der »namenlosen Begeisterung«, wie sie der einstige HJ-Fähnleinführer und spätere Widerstandskämpfer Hans Scholl nannte.[7] Millionen Deutsche erleben den Nationalsozialismus als utopische Verheißung, das *Haus am Berg*, dem sich Hunderttausende bis zur Umzäunung – nie weiter – nähern, als prophetischen Ort, als heiligen Bezirk. Was die *Wallfahrer* erleben, wird in den Medien in

Motiv aus einem Zigarettenalbum der NS-Zeit; Unterschrift: »In den Bergen ... Hier traf der Führer große Entscheidungen«

Aus dem Hoffmann-Fotoband »Der Führer in seinen Bergen«; Bildunterschrift dort: »Tausende besuchen den Führer, er gibt ihnen Glaube und Stärke«

wohlbedachter Inszenierung zurückgespiegelt und verstärkt. Den entscheidenden Beitrag hierzu liefert Hitlers Parteifotograf Heinrich Hoffmann. Seine Bilder enthalten Chiffren, die jeder lesen kann. Ihre neue Qualität wird aus heutiger Perspektive leicht übersehen. Führende Politiker waren in der Weimarer Zeit immer distanzierte Respektspersonen gewesen, sie wurden in der Öffentlichkeit als Funktionsträger vorgestellt, keinesfalls als Privatpersonen. Galionsfiguren bürgerlicher Parteien lag die Zurschaustellung ihres privaten Milieus, erst recht plebejische Posen mit dem Wahlvolk fern. Die Exponenten der linken Parteien verhielten sich kaum anders.

Heinrich Hoffmann aber präsentiert Hitler anders, als Privatmann, als einen Politiker zum Anfassen, »jenseits der offiziellen Anlässe und großen Machtrituale«, wie Rudolf Herz in seiner Studie »Hoffmann und Hitler« schreibt.[8] »Nicht von ungefähr spielte dabei die Parteisymbolik der NSDAP keine große Rolle und beschränkte sich auf wenige Hakenkreuzarmbinden und Ansteckzeichen. Soweit Hitler nicht allein zu sehen war, was vergleichsweise selten der Fall war, wurde er als der große ›Kommunikator‹ vorgestellt, fortwährend von Menschen umgeben, Mitarbeitern und Freunden, Vertretern der politischen Eliten, vor allem aber der namenlosen ›Volksgenossen‹ aller Altersgruppen. Im engen Körperkontakt mit diesen begeisterten Anhängern schien der Führer gut aufgehoben, getragen von einer Welle der Sympathie und in keiner Weise durch irgendwen gefährdet.«[9]

Zu Recht erwähnt Rudolf Herz, was Hoffmann alles ausblendete und auszublenden hatte: alle sichtbaren Sicherheitsmaßnahmen nämlich, Absperrungen und die bewaffneten Männer des Begleitkommandos ebenso wie den durchaus tabuisierten wirklichen Privatbereich Hitlers, in dem sich die Geliebte und spätere Ehefrau Eva Braun jahrelang tummelte, ohne daß von ihr auch nur ein einziges Bild in der Öffentlichkeit erschien.

Bis zum Zaun des Hauses »Wachenfeld« drängt das Volk. Innerhalb des Bezirkes, der nur Vertrauten zugänglich ist, geht es nicht heilig, sondern handfest zu. Das Gedränge am Zaun hat eine merkwürdige, osmotische Wirkung. Hitler und seine Vertrauten fühlen sich in ihren Plänen bestätigt und bekräftigt, später: in ihren Entschlüssen legitimiert. Doch was sie besprechen und beschließen, dringt in dieser direkten Form nicht zurück nach draußen, nicht zu den verzückten Jublern am Zaun. (Man stelle sich vor, die Unterredungen Hitlers in den jetzt anschließenden *Szenen* wären draußen am Zaun zu hören gewesen, belauscht von Mikrofonen, übertragen von Lautsprechern. Immer wieder hat mich bei der Recherche die Frage bewegt, wie dann die Reaktionen der Jubler draußen ausgefallen wären. Besinnung? Skepsis? Abscheu? Noch mehr Jubel?)

Szenen.
August 1932. Die Nationalsozialisten sehen sich nach den Reichstagswahlen am 31. Juli an der Schwelle zur Macht. Sie sind stärkste Partei gewor-

den. Hitler fordert in einem Gespräch mit Reichswehrminister Kurt von Schleicher kurz nach den Wahlen das Amt des Reichskanzlers. Dann fährt er zurück auf den Obersalzberg, wo er sich weiter von den Strapazen des Wahlkampfes erholen will. Im Kreise der Vertrauten werden jetzt Kabinettspläne gewälzt. Goebbels hält in seinem Tagebuch fest, was ebenfalls klar und deutlich ausgesprochen wird: daß es nach der Machtergreifung der Nationalsozialisten nie wieder einen Machtwechsel geben wird. »7. August 1932. Auf dem Obersalzberg bei Hitler. Wunderbarer Sonnenschein. Gute Laune. Warum auch nicht? (...) Wenn der Reichstag das Ermächtigungsgesetz ablehnt, wird er nach Hause geschickt. Hindenburg will mit einem nationalen Kabinett sterben. Wir werden die Macht niemals wieder aufgeben, man muß uns als Leichen heraustragen. Das wird eine ganze Lösung. Die kostet zwar Blut, aber sie klärt und reinigt. Ganze Arbeit.«[10]

März 1933. Hitler hat am 30. Januar sein Ziel erreicht, Kanzler zu werden. Einen Tag nach dem Reichstagsbrand am 28. Februar erwirkte seine Regierung beim Reichspräsidenten Hindenburg die »Verordnung zum Schutz von Volk und Staat«, mit der alle bürgerlichen Freiheiten der Weimarer Verfassung außer Kraft gesetzt werden. Mit der Verabschiedung des »Ermächtigungsgesetzes« am 23. März mit den Stimmen der NSDAP und aller anderen Parteien mit Ausnahme der SPD ist das Ende der Weimarer Demokratie besiegelt; das Parlament stimmt seiner eigenen Abschaffung zu.[11] Hitler ist nun im Besitz nicht mehr kontrollierbarer, diktatorischer Macht. Jetzt können die Nationalsozialisten nach Willkür und Belieben mit ihren Feinden abrechnen. Das fatale Presseecho im Ausland auf das Ermächtigungsgesetz versetzt Hitler in Wut. Er bemüht daraufhin wieder einmal seine Wahnidee vom ominösen *Weltjudentum*. Es sollte angeblich hinter den kritischen Bewertungen der ausländischen Beobachter stecken, die nicht mehr und nicht weniger als das Ende eines demokratisch verfaßten Staates konstatierten. Hitler reist kurz nach der Reichstagssitzung auf den Obersalzberg und beordert Goebbels wenig später zu sich. Der ist seit zehn Tagen Propagandaminister und notiert in seinem Tagebuch: »Er (Hitler) hat sich oben in der Einsamkeit der Berge die ganze Situation reiflich überlegt und ist nun zum Entschluß gekommen. Wir werden gegen die Auslandshetze nur ankommen, wenn wir ihre Urheber oder doch wenigstens Nutznießer, nämlich die in Deutschland lebenden Juden, die bisher unbehelligt blieben, zu packen bekommen. Wir müssen also zu einem groß angelegten Boykott aller jüdischen Geschäfte in Deutschland schreiten. Vielleicht werden sich dann die ausländischen Juden eines Besseren besinnen, wenn es ihren Rassegenossen an den Kragen geht. (...) Jetzt ist der Kurs klar. Der Führer steht wie ein Stern über uns.«[12]

Hitler und Goebbels formulieren auf dem Obersalzberg einen »Aufruf an alle Parteiorganisationen der NSDAP zum Boykott gegen die Juden«.[13] Einer weitschweifigen Begründung voller unbewiesener Anschuldigungen gegen die Juden im In- und Ausland, denen die Schuld für die Massenarbeitslosigkeit und die wirtschaftliche Not Deutschlands angelastet wird, folgen darin konkrete Anweisungen im Kommandoton über die reichsweite und gleichzeitige Boykottaktion gegen jüdische Geschäfte, Anwälte, Ärzte, usw. Der fanatische Judenhasser und fränkische Gauleiter Julius Streicher wird zum Leiter der Aktion ernannt. Hitler, von Amts wegen als Reichskanzler zur Wahrnehmung der Rechte aller Deutschen verpflichtet, findet nichts daran, als Parteiführer die organisierte Diskriminierung der jüdischen Deutschen zu befehlen. Als der Erlaß ausgearbeitet ist, unterrichtet Hitler die Unterführer der Partei in zwei geheimen Ansprachen, in Obersalz-

Plakat zum reichsweiten »Judenboykott« am 1. April 1933, der am Obersalzberg in Hitlers Haus geplant und vorbereitet wurde

berg und in München. Dann fährt er nach Berlin zurück.

Am 1. April 1933 um 10 Uhr beziehen im gesamten Reich SA- und NSDAP-Mitglieder Posten vor jüdischen Geschäften, schlagen Boykottplakate an und hindern Kunden, diese Geschäfte zu betreten.

Kaum vorstellbar, daß die Ortsgruppe der NSDAP in Berchtesgaden an dieser zentralen Aktion nicht teilgenommen hat. Als es fünf Monate später am Obersalzberg einmal nicht gegen die Juden, sondern gegen einen lästig gewordenen Parteigenossen und Nachbarn geht, gegen den benachbarten »Türken«-Wirt Karl Schuster, haben die Parteigenossen schon Übung im Boykottieren.

April 1933. Schon wieder ist der unermüdliche Tagebuchschreiber Joseph Goebbels am Obersalzberg und vermerkt nebenbei mit Befriedigung die anspornende Kulisse für das Gespräch mit seinem Chef. »Während wir in dem einsamen Sommerhäuschen auf dem Obersalzberg überlegen und beratschlagen, steht draußen in Massen unentwegt das Volk. In immer wiederholten Sprechchören ruft die Menge nach dem Führer, bis er schließlich heruntergeht und Hunderten die Hand gibt. Man kann sich nicht satt sehen an dieser reinen und kindlichen Begeisterung, die das Volk für Hitler empfindet.«[14] Bei den Gesprächen von Goebbels und Hitler geht es um Volksmassen, die den Nationalsozialisten nicht so gewogen sind und die nun ihrer Organisationen beraubt werden sollen: die Gewerkschaften. »Den 1. Mai werden wir zu einer grandiosen Demonstration des deutschen Volkswillens gestalten. Am 2. Mai werden dann die Gewerkschaftshäuser besetzt. Gleichschaltung auch auf diesem Gebiet. Es wird vielleicht ein paar Tage Krach geben, aber dann gehören sie uns. Man darf hier keine Rücksicht mehr kennen. Wir tun dem Arbeiter nur einen Dienst, wenn wir ihn von der parasitären Führung befreien, die ihm bisher nur das Leben sauer gemacht hat. Sind die Gewerkschaften in unserer Hand, dann werden sich auch die anderen Parteien und Organisationen nicht mehr lange halten können. Jedenfalls ist der Entschluß gestern auf dem Obersalzberg gefaßt worden. Ein Zurück gibt es nicht mehr. Man muß den Dingen nur ihren Lauf lassen. In einem Jahr wird ganz Deutschland in unserer Hand sein.«[15]

Frühsommer 1934. Überraschend und spät wie so oft läutet eines Abends in München das Telefon bei Ernst Hanfstaengl. Hitler ist am Apparat. Er lädt seinen Auslandspressechef und zeitweiligen Vertrauten mit dessen Familie spontan auf einen Kurzurlaub ins Haus »Wachenfeld« in Obersalzberg ein.¹⁶ Hanfstaengl selbst ist zwar verhindert, seine Frau Helen und sein Sohn Egon lassen sich noch in der Nacht abholen und mit Hitlers Autokolonne nach Obersalzberg chauffieren. Der 13jährige Egon genießt den ungewöhnlichen Ferienaufenthalt bei Hitler, der für ihn von Kindesbeinen an »Onkel Dolf« ist, stöbert im Karl-May-lastigen Bücherregal seines Gastgebers, vertreibt sich die Zeit bei den von der *Kampfzeit* schwadronierenden SSlern der Leibwache und fungiert von Zeit zu Zeit als Vermittler zwischen den wartenden Bewunderern am Zaun und deren heißersehntem *Führer*:

Hitler mit Goebbels und Reichspressechef Dietrich am Ofen seines Hauses »Wachenfeld«

Hermann Göring auf der Terrasse von Hitlers Haus »Wachenfeld«

»Hitler schien seinen Bewunderern aus dem Weg zu gehen, blieb im Haus oder in den Ecken seines Grundstücks, wo sie ihn nicht sehen konnten. Früher oder später riefen mich die Pilger an den Zaun und fragten, wie ich denn zu diesem privilegierten Aufenthalt gekommen sei, und ob der Führer denn herauskommen werde. Einige von ihnen waren schon jahrelang treue Nazis, ein anderer hatte im SA-Sturm des legendären Horst Wessel gedient. – Natürlich genoß ich es, drinnen zu stehen und meine Wichtigkeit denen, die draußen standen, vorzuführen; auch fand ich, daß ihre geduldige Verehrung nicht unbelohnt bleiben sollte. Ich ging also in das Haus, um Hitler zu holen, der sich mit einem Buch ins Wohnzimmer zurückgezogen hatte. Um ihn zu überreden, verwendete ich eine altertümliche und übersteigerte Redeweise, angelehnt an Gustav Schalks Helden in seinen ›Sagen der Germanen‹: ›Herr Hitler, die Schar der Getreuen harret ihrer vor dem Tore!‹ – Das tat seine Wirkung. Er lachte herzlich und folgte mir nach draußen zu dem niedrigen hölzernen Gartentor aus Zaunlatten, schüttelte Hände, unterhielt sich kurz mit einigen der alten Kämpfer. Sie fielen beinahe in Ohnmacht; und nachdem sich Hitler unter erneuten Heilrufen zurückzog, dankten sie mir überschwenglich. Eine Frau ging auf die Knie. Sie schob ihre Hand durch die Zaunlatten und las einige Kieselsteine auf, auf denen der Führer eben noch gestanden hatte. Sie steckte sie in ein Säckchen und drückte es ekstatisch an ihren Busen. Ihr Gesicht glänzte genau wie die Gesichter der gefolterten Märtyrer auf barocken Heiligenbildern. Ich nahm das mit Erstaunen und einer milden Mißbilligung wahr.«¹⁷

Jene Szenen, die sich am Gartenzaun des Hauses »Wachenfeld« abspielen, lassen sich als Lektionen über den Zusammenhang von Verzückung, blinder Gläubigkeit – und Schuld verstehen. Es erscheint mir billig und eindimensional, wenn die Verführten sich einzig auf die Kraft eines charismatischen Verführers herausreden. Er nämlich erneuert seine Kraft aus den Huldigungen der Verführten, und diese können den Gedanken nicht mehr denken, ihrem von ihnen selbst erhobenen Gott in den Arm zu fallen, so wie das Egon Hanfstaengl in seiner Ferienwoche am Obersalzberg erlebt hat:

»Göring war beinahe ständig da. Er und Hitler gingen meist die schmalen Platten- oder Kieswege im Garten auf und ab und unterhielten sich dabei vertraulich. Immerzu gingen sie den gleichen Weg. Wenn man auf der Terrasse vor dem Haus saß, konnte man Teile der Unterhaltung verstehen, wenn sie vorbeikamen. Meist sprach Göring, er berichtete anscheinend über Angelegenheiten Preußens, und sagte plötzlich: ›... ich habe soeben zwanzig Todesurteile unterzeichnet ...‹, was so ziemlich der einzige Satz war, an den ich mich sicher erinnere. Meine Mutter hörte ihn auch und wir waren bestürzt darüber und über den selbstzufriedenen und fröhlichen Ton in Görings Stimme. – Aber bezeichnenderweise hatten wir nicht den Eindruck, daß an all dem irgendetwas ganz grundsätzlich falsch war, wir dachten: Es wird schon seine Richtigkeit haben ..., nach dem Motto: Man kriegt kein Omelett gebacken, ohne Eier zu zerschlagen.«[18]

Hitler mit Rudolf Heß auf der Terrasse von Haus »Wachenfeld«

Ein Dorf wird ausradiert
Die Vertreibung der Bewohner

Vom Flüchtling zum Nachbarn, vom Nachbarn zum *Volkskanzler* – diese drei Wandlungen macht Hitler in den ersten zehn Jahren seiner Anwesenheit am Obersalzberg durch. Schon im Jahr der Machtergreifung aber zeigt die Vertreibung des »Türken«-Wirtes Karl Schuster und seiner Familie an, daß am Obersalzberg wie in ganz Deutschland eine Gewaltherrschaft angebrochen ist, in der das Recht des einzelnen Bürgers nichts mehr gilt.

Auch die anderen Obersalzberger Nachbarn, die bislang noch im Umkreis Hitlers leben, werden das bald am eigenen Leib erfahren.

Als Bormann in einem Brief an den NSDAP-Funktionär Friedrich Wolffhardt seine Rolle auf dem Obersalzberg schildert, beschreibt er als seine erste Aktion die Vertreibung des »Türken«-Wirtes Karl Schuster – und zieht dann ein folgenreiches Resümee:

»Zum ersten Mal war mir klargeworden, wie notwendig es war, dem Führer auf dem Obersalzberg weitere Ruhe und Erholung zu sichern. Abgesehen davon mußten die Verhältnisse auf dem Obersalzberg auch der Sicherheit des Führers wegen unbedingt geregelt werden. Dicht unterhalb des Hauses ›Wachenfeld‹ führte die öffentliche Straße vorbei, an der Westseite ebenfalls ganz nahe ein Fussweg zu dem jetzigen Gästehaus, das damals dem Arnold'schen Pensionsverein in Dresden gehörte und weiter zum Platterhof. An der Südseite des Hauses ›Wachenfeld‹ führte ein Kuhweg, von dem Fremde unablässig die Rückseite des Hauses beobachteten, vorbei. Nach wiederholten, immer dringlicheren Bitten erlaubte mir endlich der Führer die Regelung dieser untragbaren Verhältnisse und nun – 1935 – fing ich an, Stück um Stück, Lehen um Lehen, zu kaufen.«[1]

Das Gebiet soll großräumig arrondiert, innerhalb des geschlagenen Kreises soll Tabula rasa gemacht werden: Obersalzberg soll noch aus einem Haus bestehen, dem Haus Hitlers, dem alle weitere Bebauung dienend zugeordnet ist. Nur die Existenz einiger benachbarter Nazi-Prominentenvillen ist geduldet.

Wer kaufen will, braucht auch geneigte Verkäufer. Dabei liegt es auf der Hand, daß die meisten Obersalzberger Nachbarn jetzt weniger Anlaß denn je sehen, Haus und Grund am Obersalzberg aufzugeben. Was immer die einzelnen Anwohner vom Hitler-Tourismus halten mögen: Er ist ein Geschäft, an dem sie teilhaben. Niemandem geht es in den Jahren nach 1933 wirtschaftlich schlechter als zuvor, vielen jedoch besser. Die Grundstücks- und Immobilienwerte steigen. Es ist logisch, daß nur durch außergewöhnlich hohe Preisangebote jene Privateigentümer, die eigentlich noch bleiben wollen, zum Verkauf bewegt werden können: Die Motive, bleiben zu wollen, sind unterschiedlich und lassen sich nicht in jedem Fall einfach in Geld umsetzen: Sie reichen von einer guten Geschäftslage, die man in Mark und Pfennig ausdrücken kann, bis zur Anhänglichkeit an die traditionelle Heimat der eigenen Familie, die sich kaum in bare Münze umrechnen läßt. Bormann ist verärgert, anfangs von Hitler zur Einhaltung normaler Geschäftspraktiken angehalten zu sein: »Da der Führer mir jede Zwangsmaßnahme gegen die Besitzer verboten hatte, mußte ich leider unerhört hohe Preise zahlen; durch den Fremdenverkehr, den des Führers

Erzwungener Auszug aus der Heimat: Eine Obersalzberger Familie packt ihre Möbel und Habseligkeiten auf einen LKW

Anwesenheit zum Obersalzberg gezogen hatte, verdienten die Bauern sehr gut, während sie vor 1933 fast durchweg stark verschuldet waren; sie verlangten daher unerhörte Preise für die Aufgabe ihrer kleinen Goldgruben.«[2]

Bormann, der sich anschickt, den Obersalzberg für Hitler mit den Millionenbeträgen der »Adolf-Hitler-Spende der Industrie« umzupflügen, kann nicht ertragen, daß die Grundstücksbesitzer am Obersalzberg selbstverständlich ihre Marktchancen zu nutzen versuchen. Mindestens für die Einheimischen gilt: Sie müssen ihre bisherige Existenz aufgeben; sie besitzen nichts anderes; sie müssen danach trachten, sich durch den Verkauf die Chance zu einem neuen Start zu eröffnen.

Bis heute hält sich im Berchtesgadener Land die Meinung, viele Einheimische hätten durch die Grundaufkäufe der Nazis am Obersalzberg das Geschäft ihres Lebens gemacht. Dies trifft jedoch nur für die Obersalzberger zu, die sich zu Beginn der umfangreichen Erwerbungen Bormanns zum Verkauf entschlossen. Die Folgen dieser ersten Verkäufe umriß kurz und treffend der frühere Kurat der Obersalzberger Kirche, Johannes Baumann, in einem 1951 an den Bayerischen Landtag gerichteten Schreiben: »Tatsache ist, daß die Partei ungewöhnlich hohe Preise bezahlte für die ersten aufgekauften Anwesen. Die Folge dieses hohen Preisangebotes war jedoch im gesamten Berchtesgadener Land ein sofortiges Ansteigen aller Hauswerte, so daß die Obersalzberger in der 1. Verkaufsserie zwar ein sehr hohes Verkaufsangebot erhielten, aber ebenso hohe Preise für die Wiederansiedelung zu zahlen hatten. Diese Tatsache darf aus Gründen der Gerechtigkeit nicht verschwiegen werden. Die meisten Obersalzberger haben auch finanziell nichts dazugewonnen.«[3]

Während der Bauarbeiten an Hitlers »Berghof« und dann schließlich, im Sommer 1936, nach dessen Fertigstellung wird der Druck auf die Obersalzberger stärker, die trotz der Kaufangebote noch in der Nachbarschaft des Hitler-Anwesens geblieben sind.

Alte Loyalitäten spielen dabei keine Rolle, jedenfalls nicht für Hitler, Bormann und dessen Leute am Obersalzberg. Es nutzt Bruno Büchner nichts, daß er 1923 Dietrich Eckart versteckte und nach der Festungshaft Hitler seine Holzhütte im Wald überließ. Auch die Nilpferdpeitsche, die Büchners Frau Elisabeth damals dem noch reichlich unbekannten Hitler schenkte, macht die Usurpatoren des Obersalzbergs, die im Auftrag Hitlers handeln, nicht geneigter. Bruno Büchner war noch im Mai 1932 in die NSDAP eingetreten,[4] im ovalen Korrespondenzstempel des »Platterhof«-Hotels führt er das Hakenkreuz wie ein Markenzeichen, im hoteleigenen Briefpapier preist er den »Platterhof« als »Lieblingsaufenthalt des Führers« an. Er wendet sich an Hermann Esser, seinen ehemaligen Hotelgast aus Hitlers und Eckarts Troß, der jetzt bayerischer Wirtschaftsminister ist, beschwert sich über die nach der Machtergreifung zunehmenden Straßensperrungen in der Zeit von Hitlers Anwesenheit, die ihn und seine Hotelgäste behindern. »Ich habe Jahre lang schwer zu kämpfen gehabt und durch meine parteiliche Einstellung besonders zu leiden gehabt, und nun, nachdem wir zu einem Erfolg gekommen sind, wird uns das Geschäft durch Personen erschwert, die vor zwei Jahren noch gegen die Partei sich öffentlich bekannt hatten«,[5] klagt er in einem Brief, der erkennen läßt: Büchner meint, mit Hitlers Zeit am Obersalzberg sei auch seine Zeit angebrochen. Da täuscht er sich.

Das dem Hitler-Haus nächstliegende Hotel »Türken« ist nach der Vertreibung der Wirtsfamilie zum Quartier der Leibwache Hitlers umfunktioniert worden, der Gastbetrieb existiert nicht mehr. Bormann sucht eine repräsentative Bleibe für Hitlers Gäste, die in eigener Regie betrieben werden soll; er will den »Platterhof« kaufen.

Für Bormann führt die Verhandlungen vor Ort ein Mann, der sich alle Mühe gibt, in seiner Skrupellosigkeit seinem Auftraggeber in nichts nachzustehen. Er heißt Gotthard Färber, ist Amtsleiter der Münchner NSDAP-Zentrale und in dieser Funktion Leiter der Häuser- und Grundstücksverwaltung der Partei. Färber, am 26. 5. 1930 in die Partei eingetreten, Mitglieds-Nr. 306 004, ist das Paradebeispiel eines Nazi-Profiteurs. Neben seiner hochdotierten Tätigkeit für die Partei – er steht mit 5 000 RM monatlich in der Gehaltsliste[6] – kann er außerhalb seines Parteijobs, aber immer mit der Autorität eines hochrangigen NSDAP-Funktionärs eigenen Geschäften nachgehen. Sein privates Maklerbüro ist im Münchner Stadtadreßbuch von 1937 auf jeder Seite in der Kopfzeile annonciert.

Elisabeth Büchner erlebte Färbers Auftritt so:

»Eines Tages erschien Färber in anmaßender und bedrohlicher Haltung in der Küche. (...) Er nahm, soweit ich mich erinnere, nicht einmal die Mütze ab, behielt seine große Zigarre im Mund, die ihn jedoch nicht am Reden hindern konnte.

Er sagte: ›Wollen Sie nun verkaufen oder wollen Sie nicht verkaufen!‹

Mein Ehemann antwortete: ›Das kommt überhaupt nicht in Frage!‹

Darauf rief Färber, indem er die Zigarre aus dem Mund nahm, wütend aus: ›Na ja, wir werden dann schon Mittel und Wege finden, euch dahin zu bringen.‹ Dann verließ er grußlos die Küche, indem er die Türe zuschlug.

Einige Zeit, etwa 4 Wochen später, ist Färber nochmals in ähnlicher Haltung zu uns in die Küche gekommen. (...) Ich weiß nur noch, ganz deutlich, daß Färber mit Enteignung gedroht hat und gesagt hat, wir müßten in den nächsten Tagen ins Büro zu Bormann kommen. (...)

Mein Mann versuchte, wenn er schon verkaufen mußte, Bormann den von ihm errechneten Preis von 500 000,– RM nahezulegen. Bormann lehnte jedoch schroff ab und sagte: ›Wir werden Ihnen einen Preis nennen.‹

Damit waren wir entlassen.«[7]

Ein paar Wochen später schließen SS-Leute das Hotel, die Gäste müssen ausziehen, Wasser und Strom werden gesperrt, um den »Platterhof« wird ein Zaun gezogen. Im Mai 1936 wird Büchner – wahrscheinlich auf Betreiben Bormanns oder Görings[8] – durch eine einstweilige Verfügung des stellvertretenden Gauleiters Nippold die Mitgliedschaft in der NSDAP entzogen. Die Büchners sind zermürbt und verkaufen im Juli 1936. Über den Verkaufsvertrag, den sie am Ende unterschreiben müssen, können sie nicht verhandeln, der Preis ist bereits eingesetzt. Sie erlösen ziemlich genau die Hälfte des erhofften Kaufpreises: 260 000,– RM.[9]

Die Geschichte von Hitlers erstem Obersalzberger Sympathisanten Bruno Büchner wäre eigentlich mit dessen unfreiwilligem Abgang im Sommer 1936 beendet, gäbe es da nicht noch eines jener gar nicht mehr zur Sache gehörigen Nachspiele, die oft mehr Einblick geben in die Köpfe der Beteiligten als die Schilderung des puren Vorfalls selbst. Büchner hat durch die Willkür seines zur Macht gekommenen ehemaligen Gastes und dessen Helfershelfer in der NSDAP nach Intrigen und Repressalien seinen Besitz aufgeben müssen, vom Glauben an seinen *Führer* aber ist er dadurch nicht

Er preßte im Auftrag Hitlers und Bormanns den Obersalzbergern ihren Besitz ab: Gotthard Färber, Haus- und Grundstücksverwalter in den Diensten der NSDAP, außerdem privater Immobilienmakler in München

abzubringen. Er kämpft vor dem Parteigericht der NSDAP gegen seinen Ausschluß aus der Partei, denn »es ist uns wegen der ganzen Angelegenheit kaum möglich, wieder eine Existenz zu finden, sofern mir nicht die Mitgliedschaft zurückgegeben wird, als zweitklasiger Mensch will ich nicht angesehen werden, ich müßte dann die Bitte vorlegen, mich wieder ins Ausland gehen zu lassen, ich werde im Auslande gewiß für meinen Führer sehr viel tun können, denn trotz aller Vorkommnisse kann man uns den Glauben an unseren Führer nicht nehmen.«[10] Das schreibt Büchner an den ihm aus der *Kampfzeit* ebenfalls gut bekannten Stellvertreter des Führers Rudolf Heß, der eine Beschleunigung des Parteigerichtsverfahrens bewirken und dafür sorgen soll, daß Büchner ein wichtiges Beweisstück für das Verfahren, das Gästebuch des »Platterhofes« mit den vielen dankbaren Einträgen und Widmungen der NSDAP-Prominenz, zurückerstattet bekommt. Nein, Büchner wird nicht zu einem »Menschen zweiter Klasse«; das Parteigericht rehabilitiert ihn und setzt ihn wieder in seine NSDAP-Mitgliedschaft ein. Wenig später, im Oktober 1938, beantragt Büchner, der am eigenen Leib erfahren hat, was ein Zwangsverkauf bedeutet, von seiner Parteigliederung ein Leumundszeugnis als politisch zuverlässiger Nationalsozialist: »Beurteilung wird aus folgenden Gründen benötigt: Übernahme eines jüdischen Geschäftes in Wien«.[11]

Wahrscheinlich ist aus dieser Beteiligung Büchners an einer Arisierung nichts geworden; die Episode aber zeigt auf ernüchternde Weise, wie wenig Mitleidensfähigkeit für andere Menschen aus eigenem Leid entsteht, wenn eine Ideologie wie der Nationalsozialismus den Blick auf diese Menschen versperrt.

Bei der Errichtung seines *Führersperrbezirkes* räumt Hitler seine frühen, ortsansässigen Sympathisanten, z. B. Karl Schuster, Bruno und Elisabeth

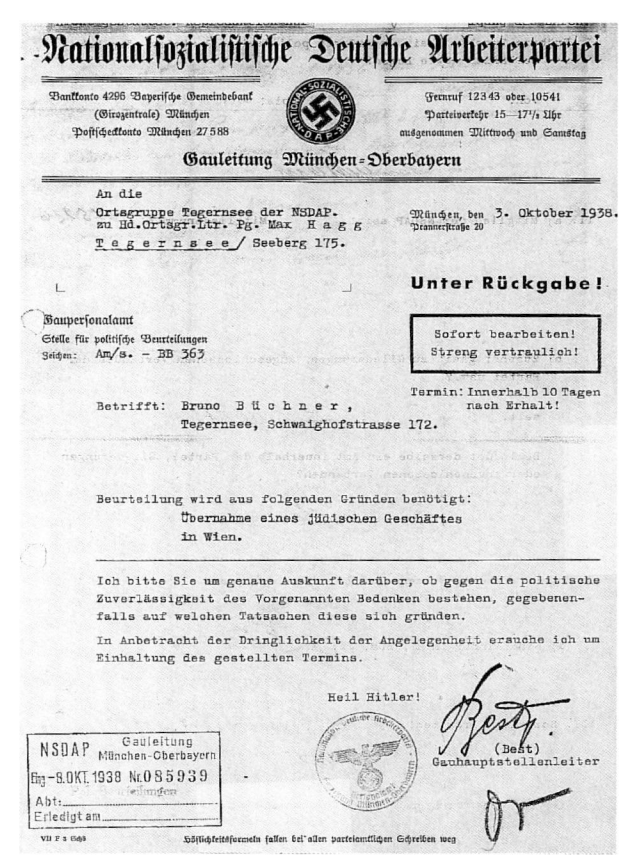

Der ehemalige Obersalzberger Bruno Büchner beantragt bei der NSDAP eine Bescheinigung über seine »politische Unbedenklichkeit«

Büchner, mit derselben Rücksichtslosigkeit aus dem Weg wie jeden anderen Obersalzberger, der nicht freiwillig weichen will. Anders verfährt er – immerhin ansatzweise – nur ein einziges Mal, im Fall einer Familie, die zu seinen ersten Sympathisanten und Geldgebern aus dem städtischen Bürgertum gehört hatte: Das »Bechsteinhaus«, ursprünglich das Wohnhaus des Kunstmalers Karl Gussow und später der Wagner-Sängerin Milka Ternina, wurde im Februar 1927 von der Familie des Klavierfabrikanten Edwin Bechstein erworben, dessen Frau Helene zu den ersten Förde-

Das »Bechstein«-Haus, Hitler verwendete es nach dem Aufkauf als Gästehaus

rern Hitlers in der Münchner Gesellschaft gezählt hatte.[12] Das schon im November 1935 von Bormann für Hitler erworbene Haus ist wohl auch nicht unter Zwang verkauft worden. Welche Unterschiede in der Behandlung der ehemaligen Obersalzberger schließlich gemacht wurden, zeigt ein fragmentarisch erhaltener Briefwechsel zwischen der Parteikanzlei der NSDAP und dem Reichsfinanzministerium. Dort fragt Bormanns persönlicher Referent v. Hummel im Juni 1943 bei Ministerialrat Dr. Gündel nach einem »Landhaus für Frau Bechstein«. Dr. Gündels Aktennotiz über diese Nachfrage lautet: »Berlin, 19. Mai 1943. Dr. v. Hummel teilt mit: Frau Bechstein hat ihr in Berchtesgaden gelegenes Haus dem Führer für den Obersalzberg als Gästehaus zur Verfügung gestellt. Der Führer hat Frau Bechstein versprochen, ihr ein entsprechendes Haus in einer anderen Gegend zu verschaffen. Frau Bechstein wünscht ein Haus mit etwa fünf bis sechs Zimmern und Zentralheizung in der näheren Umgebung von Berlin oder am Starnberger See oder am Tegernsee. Reichsleiter Bormann fragt an, ob ein solches Haus aus Judenvermögen zur Verfügung gestellt werden kann. Er würde – zur Vermeidung von Berufungen – die Führerweisung schriftlich mitteilen, sobald ein Haus gefunden sei. Ich habe MinRat Maedel gebeten, entsprechende Vorschläge zu machen.«[13] Im Juni 1943 übersendet Ministerialrat Gündel dann tatsächlich eine Liste Berliner Objekte und teilt mit, daß er den bayerischen Finanzpräsidenten um eine entsprechende Liste gebeten habe. Ob dieser Vorgang zum Abschluß kam, war nicht zu ermitteln.

Im Herbst 1936 spitzt sich der Konflikt um die letzten Anwesen der alten Gemeinde Obersalzberg zu. Bormann hat eine Liste aufgestellt, auf der alle Grundstücksbesitzer verzeichnet sind, die bisher einem Verkauf noch nicht zugestimmt haben – oder die bislang überhaupt noch nicht gefragt worden sind. Bormann ist jetzt fest entschlossen, die Preise zu drosseln oder zu diktieren. Eine Möglichkeit aber haben Hitler und er dabei nicht vorgesehen: daß es Obersalzberger gibt, die überhaupt nicht verkaufen wollen.

Am 18. Oktober 1936 läßt Bormann seinem Grundstücksaufkäufer Färber zwei Briefentwürfe zukommen.

»An die Besitzer, an die wir wegen Ankauf noch nicht herangetreten sind, wollen wir folgendes Schreiben richten:
›An ...
Verschiedener Gründe halber wird der Ankauf Ihres Besitzes notwendig. Zwecks mündlicher Verhandlungen werde ich mich am ... bei Ihnen einfinden.‹
An die Grundstücksbesitzer, mit denen wir am

Thekla Rasp wuchs am Obersalzberg auf, ihrem Vater Johann Kurz gehörte der Alpengasthof »Steiner«

16.10.1936 verhandelten, wollen wir folgendes Schreiben richten:

›An ...

Ich beziehe mich auf die am 16.10.1936 mit Ihnen geführte Unterhaltung, in welcher ich Ihnen mitteilte, verschiedener Gründe halber würde der Ankauf Ihres Grundbesitzes notwendig.

In Anbetracht der besonderen Umstände ist mein Auftraggeber bereit, Ihnen einen angemessenen Preis für Ihr Grundstück zu bezahlen. Der von Ihnen bei unserer Unterhaltung genannte Preis von RM ... kommt, wie ich Ihnen im Auftrage mitteile, selbstverständlich gar nicht in Frage und ist im übrigen mit Ihren seitherigen der Steuerbehörde gemachten Angaben nicht in Einklang zu bringen.

Sollten Sie an Ihrer Forderung festhalten, so sieht sich mein Auftraggeber genötigt, das Enteignungsverfahren einzuleiten. Er hat mich jedoch ersucht, mit Ihnen vorher noch einmal wegen einer gütlichen Regelung zu verhandeln.«[14]

Die Preisvorstellungen der Obersalzberger Haus- und Grundeigentümer werden in diesem Formular pauschal abgelehnt, alle weiteren Verhandlungen stehen bereits unter der Drohung eines Enteignungsverfahrens. Trotzdem weigert sich zunächst eine ganze Reihe von Obersalzbergern, die gestellten Bedingungen zu akzeptieren. Gotthard Färber berichtet Bormann von diesem Widerstand. Um ihn zu brechen, befiehlt Bormann allen Mitgliedern des Reichssicherheitsdienstes und der SS, die Widerspenstigen zu boykottieren: »Mein Sachbearbeiter Färber hat in diesen Tagen mit den verschiedenen Anliegern am Obersalzberg wegen Ankaufs ihrer Grundstücke verhandelt. Dabei haben der Wirt vom ›Hintereck‹, Herr Peter Kurz, der Zimmerermeister Johann Hölzl und der Ladeninhaber Walch so unverschämte Forderungen gestellt, daß ein Ankauf nicht in Frage kommt, sondern daß Enteignung erwogen werden muß.

In Anbetracht der Verhältnisse bitte ich Sie, zu veranlassen, daß ab sofort seitens der SS und des Sicherheits-Kommandos weder bei Walch noch bei Hölzl gekauft wird und daß der Besuch des Lokals ›Hintereck‹ verboten wird.«[15]

Zwei Tage vor Weihnachten macht Bormann seinem Beauftragten Färber noch einmal unmißverständlich klar, daß sich die Obersalzberger den gestellten Bedingungen unterwerfen müssen: »Wie ich Ihnen bereits fernmündlich mitteilte, sind die Forderungen des Hilfsstraßenwärters Hölzl, des Zimmerermeisters Hölzl und der übrigen Obersalzberger rundweg abzulehnen: Wir denken nicht daran, noch einmal derart unsinnige Phantasiepreise zu zahlen.«[16]

Als neue Schikane hat sich Bormann, mittlerweile im Besitz des meisten umliegenden Geländes, die Abriegelung der Zufahrtsstraßen zu den wenigen noch nicht verkauften Anliegen einfallen lassen.

Gotthard Färber, der die Bedingungen Bormanns in den Verhandlungen mit den einzelnen Besitzern umsetzt, verhält sich nicht wie ein Vermittler, sondern als brutaler Vollstrecker.

Bei Familie Kurz, den Besitzern des Alpengasthofs »Steiner«, klingelt Anfang Januar 1937 das Telefon. Noch im Sommer 1936 war der ganze Gasthof – er lag am Hang unterhalb des »Berghofs« – mit erheblichem Aufwand modernisiert worden. Die Familie hatte die Zustimmung der Behörden für die nötigen Umbauten als Zeichen dafür gewertet, daß sich Hitler mit den bisherigen Grundstücksaufkäufen zufriedengegeben hätte. Doch dieser Eindruck trog. Die Wirtstochter Thekla Rasp wurde Ohrenzeugin des Telefonates, das ihre Mutter mit Gotthard Färber führte:

Der Alpengasthof »Steiner« nach 1933, neben der Treppe zum Wirtsgarten Atelier und Verkaufsraum des Kunstmalers und Fotografen Michael Lochner; links der Alpengasthof »Steiner« in den Tagen des Abrisses, Februar/März 1937

»Kaum war der letzte Pinselstrich der Renovierung getan, da hat der Färber also angerufen. Meine Mutter war am Telefon. Und dann hat er gesagt: ›Also, Sie werden ja wissen, warum wir anrufen. Sie müssen auch weg‹. – Und da war natürlich meine Mutter sehr geschockt. Dann hat er gesagt, sie muß einen Preis nennen. Wir haben bis dahin ja überhaupt keine Ahnung gehabt, daß

Die »Baumgartmühle«, das Elternhaus des Kunstmalers und Fotografen Michael Lochner

wir wegmüssen, und nie mit dem Vater was besprochen. Und so hat die Mutter dem Färber gesagt: Unter 200 000 Mark nie. Dann hat er gesagt: ›Was! Ich laß Sie ja gleich nach Dachau bringen!‹ und hat eingehängt. Dann mußte der Vater in den ›Platterhof‹ kommen, und da muß der Notar droben gewesen sein. Da waren mein Vater und mein Bruder, meine Mutter war nicht dabei, und da wurde ihm verkündet: 120 000 Mark kriegt er. – Jedenfalls hat mein Vater zu Weinen angefangen, und nachher hat er g'sagt: ›Ja, dann können wir zum Betteln gehn.‹ – Und dann hat der Färber gesagt: ›Dann schreiben Sie halt 20 000 Mark mehr.‹ Dann haben wir 140 000 Mark kriegt. Das war alles. Und dann haben wir die ganzen Schulden gehabt, und dann haben wir schon wegmüssen.

Ende Februar, da hätten wir halt wegmüssen, da ham's uns aber schon vorher das Dach weggerissen gehabt. Und meine Mutter hat der Schlag getroffen, und sie ist von 1937 bis 1943 gelähmt gelegen und hat drei Personen gebraucht – und hat 1943 erst sterben können. Also, das war unser Abgang dann.«[17]

Drei Tage später klingelt das Telefon bei der Familie von Michael Lochner, die neben dem Alpengasthof »Steiner« ihr Haus hat. Dieses Gespräch hat Michael Lochner miterlebt:

»Der Bormann hat anrufen lassen, es möchte jemand auf die Straße kommen. Da hat meine Mutter gesagt: Um was es sich handelt? – Da hat er gesagt: ›Also, es handelt sich um den Hausverkauf.‹ – Und meine Mutter hat gesagt: ›Herr

Bormann, wir haben das Haus nicht auf der Straße gekauft, und wir werden es auch nicht auf der Straße verkaufen.‹ – Da hat er mich, hat er uns hinaufbeordert. Ich bin raufgegangen zum Färber und hab' dann die Sache mit dem Herrn Färber ausgemacht. Der hat mich dann angebrüllt und hat gesagt: ›Was wollen Sie denn für die Bretterhütte da!‹ – Und ich hab' gesagt: ›Herr Färber, das ist keine Bretterhütte. Da hat meine Mutter 13 Kinder geboren. Und wir sind alle reell und redlich groß geworden.‹ – Er war da gar nicht mehr sehr zugänglich. Er hat mir 48 000 Mark genehmigt, und dann wurde das ein paar Tage später verbrieft.

Da mußten wir sofort aus dem Haus raus. Da wurde uns schon das Dach abgebrochen, und wir lebten aber noch drin. Im Februar sind wir dann ausgezogen, mitten im Winter.«[18]

Mittelbar betroffen war von der letzten Verkaufs- und Räumungswelle auch der ehemalige Besitzer des Baumgartlehens Georg Lochner. Ihm hatte Carl v. Linde seinen Besitz zwar abgekauft, ihn aber mit seiner Familie als Pächter auf dem alten

Der 90jährige Michael Lochner im Jahr 1987 mit seinem Gemälde der »Baumgartmühle« auf dem völlig überwucherten Grundstück, auf dem bis 1937 sein Elternhaus stand

Das Oberwurflehen, Elternhaus von Johanna Stangassinger, der Tochter des Bauern und Straßenwärters Josef Hölzl, genannt Emerer

Bauerngrund belassen. Als Carl v. Lindes Sohn Richard auf Drängen Bormanns das Baumgartlehen verkauft, wird dem alten Bauern ein Räumungstermin gesetzt. Georg Lochner hofft darauf, sich mit einem brieflichen Appell an Hitler Gehör zu verschaffen.

»Obersalzberg, 20.11.36
Mein Führer!
Ein Obersalzberger kommt heute mit Schmerzen, bitterlich zu Ihnen.
24 Jahre hindurch war ich bei Herrn Geheimrat Dr. von Linde Pächter seines Antenberghof, und 16 Jahre Pächter seines Baumgartlehens. In dem Pachtvertrag war mir eine zweijährige Kündigungszeit zugestanden worden. Durch den nun erfolgten Verkauf des Baumgarthofs ist der Pachtvertrag wohl hinfällig geworden.
Für mich bedeutet aber die Notwendigkeit, bis Februar nächsten Jahr das Haus und Stallgebäude räumen zu müssen, eine sehr schwere wirtschaftliche Belastung.
Es dürfte sehr schwer sein, bis zu diesem Zeitpunkt eine neue bäuerliche Existenz gefunden zu haben. Damit muß ich mit der Möglichkeit rechnen, daß ich mein Vieh und Futter und landwirtschaftliche Geräte als obdachlos absetzen muß, und damit wohl ein gutes Drittel meiner ohnehin kärglichen Existenz einbüße. Ich danke freundlich für das mir zugesicherte Kündigungsentgelt von 1500 M, möchte aber heute die ehrerbietige Bitte an Sie stellen, wenigstens bis zum 1. April bleiben zu dürfen.
Ich bin schon 62 Jahre alt, sind unserer 6 Köpfe, die Obdach brauchen, die Räumung mitten im Winter, wo oft Schneeverhältnisse sehr ungünstig sind und dazu mit größter Mühe nicht einmal eine Wohnung finden.
Für jedes Entgegenkommen dankt Ihnen, mein Führer, herzlichst
Georg Lochner«[19]

Georg Lochner hat seinen Appell an die Berliner »Kanzlei des Führers der NSDAP« geschickt; die leitet das Schreiben an die Gauleitung München-Oberbayern weiter. Von dort wird es an die Kreisleitung Berchtesgaden »zur selbständigen Erledigung« zurückgereicht. Ohne Erfolg. Auch Georg Lochner muß sein Bauernanwesen mitten im Winter räumen.

Am hartnäckigsten weigert sich der Besitzer des Oberwurflehens, Josef Hölzl, seinen Besitz zu verkaufen. Am 21. Oktober 1936 hatte ihm Gotthard Färber geschrieben: »Wir bieten 120 000 RM für Ihren Besitz, wenn Sie ihn innerhalb von fünf Tagen verkaufen. Sollten Sie, was ich kaum annehmen kann, dieses Angebot ablehnen, so habe ich den Auftrag, mir weitere Schritte gegen Sie vorzubehalten.«[20] – Als Hölzl das Verkaufsultimatum verstreichen läßt, sorgt Bormann dafür, daß Hölzl seinen Arbeitsplatz als Distriktstraßenwärter beim Straßen- und Flußbauamt Traunstein verliert.[21] Im Januar 1937 wird Hölzls jüngste Tochter Johanna Stangassinger zur Zeugin eines

Die ehemalige Obersalzbergerin Johanna Stangassinger lebt heute in Oberau, neben ihr ein Bild ihres 1937 abgerissenen Elternhauses

überraschenden persönlichen Besuches von Martin Bormann im Haus ihrer Eltern:

»Meinen Vater und meine Mutter wollten sie ins KZ bringen. Der Bormann, der war bei uns im Haus, und dann hat er gesagt: ›Herr Hölzl, Sie brauchen das Haus nicht zu verkaufen, aber dann kriegen Sie gar nichts, und Sie kommen ins KZ.‹ – Das hab ich wortwörtlich in der Stube drinnen gehört, wie das der Bormann gesagt hat.«[22] Bormann hat diesmal auch persönliche Gründe, eine Familie so schnell wie möglich von ihrem Besitz zu vertreiben. Soeben hat er Mitte Januar den gesamten benachbarten Besitz von Dr. Seitz, das ehemalige Kindersanatorium und das Wohnhaus des Arztes, erwerben können. Nun will er den Grund der Hölzls hinzu, um seinen Besitz abzurunden. Unmittelbar nach Bormanns Besuch folgt ein weiterer Drohbrief Färbers:

»Im Nachgang auf die verschiedenen Besprechungen in der Verkaufsangelegenheit teile ich Ihnen Namens und im Auftrag von Herrn Reichsleiter Bormann mit, daß für Ihren Besitz nicht

105

mehr wie RM 1.– für den qm bezahlt wird. Sollten Sie mir wider Erwarten bis kommenden Samstag-Mittag 12 Uhr keine zustimmende Mitteilung über den Verkauf zukommen lassen, so teile ich Ihnen auftragsgemäss mit, daß das Enteignungsverfahren durchgeführt werden muß.«[23] Schließlich erscheint am frühen Morgen des 25. Januar 1937 Gotthard Färber mit zwei Beamten des Reichssicherheitsdienstes im Oberwurflehen.[24] Johanna Stangassinger erlebt, wie nach einem erregten Wortwechsel Färber den Beamten befiehlt, ihren Vater sofort zum Notar nach Berchtesgaden zu bringen.

»Durch die Gestapo ist mein Vater zum Notar geführt worden und mußte da unterschreiben, daß er es hergibt. Wir haben für den Quadratmeter eine Mark bekommen, für's Haus und für den Wald keinen Pfennig. – Also, circa 60 000 Mark haben wir gekriegt für das ganze Grundstück. Davon mußten wir ja auch ans Finanzamt noch einen Haufen abliefern – diese Wertzuwachssteuer –, und dann hat er hier in der Oberau dieses kleine Häusl gekauft. Wir Geschwister kriegten ein kleines Erbe, und dann war nichts mehr da, kein Pfennig Geld. Also, so war diese Enteignung.«[25]

Hölzls hatten innerhalb von fünf Tagen Haus und Hof zu räumen, andernfalls wären ihnen 5 000 RM Strafe vom Kaufpreis abgezogen worden.[26] Bei ihrem Auszug stellten sie ihr Vieh in mehreren benachbarten Bauernhöfen ein – sie hatten keinen Hof gefunden und mußten ihre bäuerliche Existenz aufgeben.

Zwei Wochen vor dem Wegzug der Familie Hölzl hatten die Obersalzberger Mitte Januar das Zentrum ihres kleinen Ortes verloren: die Kapelle »Maria Hilf«. Die Schikanen für die Gottesdienstbesucher hatten damit begonnen, daß der Zugang zur Kirche mehr und mehr erschwert wurde. Bormann ließ nämlich den wachsenden Grundbesitz der NSDAP umgehend einzäunen. Innerhalb dieses ständig erweiterten Gebietes befanden sich die noch nicht verkauften Anwesen wie Inseln, so auch die Kapelle »Maria Hilf«. Das abgezäunte NSDAP-Gebiet wurde abgesperrt, bewacht und durfte schon Ende 1936 nur noch mit Sonderausweisen betreten werden. Dann ging es Schlag auf Schlag. Mal wurden den übriggebliebenen Obersalzbergern die dafür notwendigen Passierscheine willkürlich vorenthalten, mal wieder genehmigt, dann, so erinnert sich der Priester Johannes Baumann, die gesamte Kapelle gesperrt.

»Wir waren auf einmal schlagartig die Fremden geworden, die keine Berechtigung mehr haben. Das war das Verletzende. Am Freitag, da kam vom Dekanalamt Berchtesgaden die Weisung: Soeben erhalte ich aus der Kanzlei von Reichsleiter Bormann die Nachricht, daß die Zugänge zur katholischen Kirche ›Maria Hilf‹ endgültig gesperrt sind. Und damit war ein tödlicher Schlag versetzt worden unserem kleinen Kapellchen, denn: Wir

Ein bereits geräumtes Obersalzberger Haus kurz vor dem endgültigen Abriß

konnten ja nicht mehr zur Haustüre vom Herrgott hin, denn es war ja alles abgesperrt!

Am Freitagnachmittag mußte der Meßner das ganze Gebiet, das zu uns am Obersalzberg gehörte, Haustür für Haustür abklopfen und mußte sagen: ›Leut, kommts, wir müssen gehen! Wir haben nurmehr zwei Tage Zeit zum Packen, und dann müssen wir verschwunden sein!‹ – Das kam wie ein Sturm über uns.

Tragisch, tragisch. – Und dann war's eben so, daß der Dienstag kam, daß wir dann uns vom Obersalzberg verabschieden mußten – sehr schmerzlich für uns, wenn man bedenkt, daß zum Beispiel wie im Hause meines Meßners, des Josef Hölzl, drei, vier Jahrhunderte gleichen Geschlechtes gewesen sind. Da haben sich die Toten, möchte ich sagen, mit ihrem Anspruch noch auf die Tagesordnung gesetzt.

Aber es nützte nichts, es nützte nichts mehr. – Wir sind dann mittags rum, wir hatten vollgepackt gehabt wie halt ein Armenhäusler, der auszieht. Das Allerheiligste hatten wir schon nach Berchtesgaden gebracht, und so war der Auszug dann wirklich eine denkwürdige Armut sondergleichen.«[27]

Als Bormann einige Jahre später Bilanz zieht, kehrt der Despot seine einfühlsame Seite hervor und offenbart, wem sie gilt: »Um die von mir gewünschte Gestaltung des Obersalzberg durchführen zu können, mußte ich alle alten Häuser am Obersalzberg abbrechen lassen; insgesamt waren es wohl über fünfzig. Die Abbrüche wurden mit

Um die Obersalzberger Familien im Eiltempo aus ihren Häusern zu vertreiben, ließ Martin Bormann die Dächer abreißen, während die Häuser noch bewohnt waren

möglichster Beschleunigung durchgeführt, um dem Führer den hässlichen Anblick der Abbrüche zu ersparen.«[28]

Es ist völlig unmöglich, daß Hitler die Zerstörung Obersalzbergs entgangen ist. Der Mann, dem in architektonischen Dingen ein fotografisches Gedächtnis nachgesagt wurde, hat sich um die Jahreswende 1936/37 lange genug am Obersalzberg aufgehalten,[29] sein Weg ins Tal führte ihn an vielen Häusern vorbei, die in diesen Wochen niedergebrannt und abgebrochen wurden. Und Hitler hatte, für einen Moment, mit einem jungen Obersalzberger zu tun, der – wie er meinte – seine Chance nutzte, den Nachbarn Hitler persönlich um eine kulante Behandlung als Nachbar zu bitten.

Architekt in eigener Sache
Der Bau von Hitlers »Berghof«

Hitler auf der Terrasse des »Berghofs« mit Architekturmodellen für die Umgestaltung von Linz an der Donau

»Ich bin am 20. April 1889 zu Braunau a. Inn als Sohn des dortigen Postoffizials Alois Hitler geboren. Meine gesamte Schulbildung umfasst 5 Klassen Volksschule und 4 Klassen Unterrealschule. Ziel meiner Jugend war, Baumeister zu werden und ich glaube auch nicht, daß, wenn die Politik nicht gefaßt hätte, ich mich einem anderen Beruf jemals zugewandt hätte.«[1]

Hitler ist den Deutschen mit dem Scheitern seiner ursprünglichen Berufswünsche, Kunstmaler oder Baumeister zu werden, als Politiker nicht erspart geblieben. Leider blieb uns der Politiker Hitler[2] auch als Architekt nicht erspart, jedoch zerbrach sein Reich, bevor die meisten seiner schon projektierten städtebaulichen Größenwahnphantasien umgesetzt werden konnten. Er, der seinem

Freund und Fotografen Heinrich Hoffmann gegenüber von sich als Architekt des *Dritten Reiches*[3] sprach, zeichnete tatsächlich auch Baupläne. Gewöhnlich träumte er von schnurgeraden, kilometerlangen, vielspurigen Achsenstraßen, die sich in erster Linie für Aufmärsche zu eignen hatten; für sie war er bereit, Schneisen durch das gewachsene Weichbild alter Städte schlagen zu lassen, wie etwa in München, das dann unter anderem mit einer domartigen Kuppelhalle für den neuen Hauptbahnhof und einem alle Gebäude der Stadt überragenden »Denkmal der Bewegung« beglückt worden wäre. Einer seiner Baupläne aber wurde realisiert. »Im Sommer 1935 hatte Hitler eine Erweiterung seines bescheidenen Berghauses zum repräsentativen ›Berghof‹ beschlossen«, erinnert sich Albert Speer in seiner Autobiographie, und von Speer, dem Architekten der Neuen Reichskanzlei und der Mammutbauten auf dem Nürnberger Reichsparteitagsgelände, entlieh Hitler das Arbeitsgerät. »Die Pläne zum Berghof wurden von Hitler nicht nur skizziert. Er ließ sich vielmehr von mir Reißbrett, Reißschiene und anderes Gerät geben, um Grundriß, Ansichten und Schnitte seines Baues maßstäblich selbst aufzuzeichnen; jede fremde Hilfe lehnte er dabei

Der »Berghof« nach dem Umbau, der im Sommer 1936 abgeschlossen wurde

Architekturskizze Hitlers für den Giebel des »Berghofs«

ab. Nur zwei andere Entwürfe zeichnete Hitler noch mit der Sorgfalt, die er für sein Obersalzberger Haus aufwandte: die neue Reichskriegsflagge und seinen eigenen Stander als Staatsoberhaupt.«[4]

Die Entwürfe und die Baupläne des »Berghofs« sind im Staatsarchiv und im Hauptstaatsarchiv München erhalten geblieben.[5] Wenn Albert Speers Angaben zutreffen, so ist bei den Planzeichnungen des »Berghofs« ausnahmsweise einmal nicht einer der ungezählten Hitler-Fälscher aufgetreten – man denke an Konrad Kujau und seine »Hitler-Tagebücher« –, sondern Hitler als Fälscher. Denn bei sämtlichen vorhandenen Planunterlagen zeichnet Blatt für Blatt der Tegernseer Architekt Alois Degano verantwortlich, mit Stempel, Adresse und Unterschrift unter der Rubrik: »Der Architekt und verantwortliche Bauleiter«. Es bleiben zwei Möglichkeiten: Entweder hat Degano den Strohmann für den Amateurarchitekten Hitler gespielt, um die Pläne als das Werk eines Facharchitekten bei der Baubehörde einreichen zu können.

Bergschloß statt »Berghof«: Ein nicht realisierter Entwurf von Hand des Architekten Alois Degano sah einen weiteren Anbau des »Berghofs« vor, der im Parterre eine Wandelhalle und einen Speisesaal, im ersten Stock eine riesige Privatbibliothek für Hitler beherbergen sollte

Diese Version entbehrte nicht einer gewissen Komik, denn so, wie Hitler dem in Kunstfragen völlig unbedarften Fotografen-Freund Heinrich Hoffmann den Titel eines Professors der Bildenden Künste verlieh und ihm die gesamte Vorauswahl der Großen Deutschen Kunstausstellung überließ, hätte er sich selbst zum Architekturprofessor ernennen können.

Wahrscheinlicher ist, daß Hitler Vorskizzen zeichnete, nach denen Degano die schließlich beim Bau verwendeten Pläne fertigte. Eine solche Skizze hat Speer in seinen »Erinnerungen« abgebildet.[6] Sie unterscheidet sich deutlich von den letzten Endes verwendeten Bauplänen, weist aber schon die Proportionen und Hauptmerkmale des später realisierten Baus auf: das die talseitige Giebelwand beherrschende neun Meter breite und beinahe vier Meter hohe Fenster, den vorspringenden steinernen Balkon im ersten Stock, eine schmalere Loggia im zweiten Stock unter dem Dach.

Plankontrolle: Der Fingerzeig des »Führers«

Der Neubau mit 17 Metern Giebelbreite und 37 Metern Länge wurde direkt neben das gerade 9 Meter breite und 13 Meter lange alte Haus »Wachenfeld« gesetzt, das nun optisch als kleiner Anbau des Haupthauses erschien und kaum ins Auge fiel, dies um so weniger, als auf der anderen

Seite des Haupthauses, ganz an den Berghang zurückgesetzt, ein 33 Meter langer Flügel mit Speisesaal und Küchenräumen angebaut wurde.

Eine noch klobigere Architektur scheint die schwierige Hanglage des Geländes verhindert zu haben. Schon geplant und gezeichnet war ein zweiter, an der talwärtigen Giebelseite angesetzter zweistöckiger Flügelbau, in dessen Erdgeschoß eine lange Vorhalle und darüber eine 61 000 Bände fassende Privatbibliothek für Hitler hätte eingerichtet werden sollen. Mit dem eingefügten spitzgiebligen Turm als Abschluß des Flügelbaus hätte das gesamte Ensemble vom Tal aus wie eine bizarre Mischung aus überdimensioniertem Landhaus und neoklassizistischer Burg angemutet.

In der realisierten Fassung des »Berghofes« macht vor allem das Erdgeschoß den Funktionswandel des Baus sichtbar. Das Erdgeschoß, eine einzige, riesige Halle von etwa 285 Quadratmetern Grundfläche, knüpft an die Dimensionen der herrschaftlichen Repräsentationsbauten des *Dritten Reiches* an und negiert den Charakter des Gebäudes als Privatwohnsitz, der am ehesten noch im alten Teil des Hauses gewahrt blieb. Der Archi-

Das alte Haus »Wachenfeld« wurde zum Anbau; das gewaltige Haupthaus des neuen »Berghofs« entstand auf der noch freien Fläche rechts neben dem alten Haus (oben)
Der neue »Berghof« im Rohbau 1936 (unten)

Hitler während des »Berghof«-Umbaus in der späteren »Großen Halle« mit dem versenkbaren Panoramafenster, im Hintergrund die kleinen Fensteröffnungen zum Projektorraum für die abendlichen Filmvorführungen

tekt Albert Speer hat in seinen »Erinnerungen« für das unkoordinierte Nebeneinander der Räumlichkeiten nur einige Zeilen beißenden Spottes übrig. »Das alte Haus blieb im neuen erhalten. Da beide Wohnräume durch eine große Öffnung verbunden wurden, entstand ein Grundriß, der für den Empfang offizieller Besucher höchst unpraktisch war. Ihre Begleitung mußte sich mit einem

Für Hitlers Staatsgeschäfte und sein abendliches Pantoffelkino: Die große Halle des »Berghofs«

Rustikale Restbestände: Das Kaminzimmer im alten »Wachenfeld«-Teil des »Berghofs«

unfreundlichen Eingangsraum begnügen, der gleichzeitig die Verbindung zu Toiletten, Treppenhaus und großem Eßzimmer herstellte. Bei solchen Besprechungen wurden seine privaten Gäste in den oberen Stock verbannt; da aber die Treppe in den Eingangsraum zu Hitlers Wohnhalle mündete, mußte man mit einem Vorkommando klären lassen, ob man den Raum passieren und das Haus zu einem Spaziergang verlassen konnte. Ein für seine Ausmaße berühmtes, versenkbares Fenster in der Wohnhalle war Hitlers Stolz; es gab den Blick auf den Untersberg, auf Berchtesgaden und Salzburg frei. Unterhalb dieses Fensters hatte Hitlers Eingebung die Garage für seinen Wagen placiert; bei ungünstigem Wind drang intensiver Benzingeruch in die Halle. Es war ein Grundriß, der in jedem Seminar einer technischen Hoch-

Was durch das versenkbare Panoramafenster in die »Große Halle« drang: Das Untersberg-Massiv und massiver Benzingestank

schule abgelehnt worden wäre. Andererseits waren es gerade diese Mängel, die dem Berghof eine stark persönliche Note gaben: es war noch immer der primitive Betrieb des ehemaligen Wochenendhauses, nur ins Überdimensionale gesteigert.«[7]

Noch ein weiteres Accessoire bestimmte Hitlers »Berghof« zum staatlichen Repräsentationsbau. Der Anfahrtsweg für die Kraftfahrzeuge endete am Hang etwas unterhalb des Hauses. Von hier aus führte eine breite Freitreppe zu einer Terrasse vor dem Eingang, der sich an der Seite des Hauses befand. Die Treppe erwies sich als variabel bespielbares Bühnenbild, um die unterschiedlichsten Grade diplomatischer Achtung vor den erwarteten Gästen auszudrücken: manche wurden den ganzen Weg hoch begleitet, andere hatten den Weg zu dem oben wartenden Hitler alleine zu gehen.

Hitlers Arbeitszimmer im ersten Stock des »Berghofs«

Letzte Ruinenreste des »Berghofs« überdauerten: die rechts neben dem Haupthaus gelegene Garage, deren Dach als Terrasse diente. Sie hatten die Sprengung des Hitler-Hauses im Jahr 1952 überdauert und wurden im Oktober 1995 abgetragen

Im ersten Stockwerk des Gebäudes gab es nur einen Raum, der für offizielle dienstliche Belange genutzt wurde, Hitlers Arbeitszimmer. Alle anderen Räume waren für private Gäste und die Dienerschaft vorgesehen. An der Schnittstelle privater und öffentlicher Existenz des Diktators kam den Zimmerfluchten des »Berghofs« noch eine weitere wichtige politische Funktion zu. Innerhalb des riesigen Hauses, das in einem zunehmend hermetisch abgeriegelten *Führersperrgebiet* stand, war der Mythos des zölibatären Führers auch dann noch aufrechtzuerhalten, als er mit

Garage und Terrasse im intakten Zustand, deutlich vergleichbar die Fenster

Kein Weg, kein Hinweis, doch alle fanden hin: Touristen vor den Ruinenresten des »Berghofs« (1994)

dem realen Privatleben Hitlers nicht mehr übereinstimmte. Hier war es Hitler möglich, streng abgeschirmt von der Öffentlichkeit mit seiner Geliebten Eva Braun zusammenzuleben, nach außen aber weiterhin das Charisma von Selbstlosigkeit und Verzicht aufrechtzuerhalten, demzufolge er keiner Frau aus Fleisch und Blut, sondern nur der *Braut Deutschland* hingegeben sei.

Vor dem riesigen Fenster mit Blick auf den Untersberg ein sechs Meter langer Tisch und ein voluminöser Globus. Der Tisch wird bald als Unterlage für Militärkarten gebraucht werden, und auf dem Globus ist eines Tages ein Feldzugs-Etappenziel markiert. Hitler hat am Ural eine Linie gezogen.

Im Juli 1936 ist der »Berghof« fertiggestellt. Wurde im Bauernstubenidyll des Hauses »Wachenfeld« die totale Machtergreifung in Deutschland geplant, geht es jetzt um noch größere, um imperiale Ziele.

KZ für einen Widerspenstigen

Johann Brandners langer Weg nach Hause

Petition der Familie Brandner an Martin Bormann

Zu den archivalischen Fundstellen über die Geschichte des Obersalzbergs im *Dritten Reich* gehören die Akten der Parteikanzlei der NSDAP. Ihr beigeordnet war die Verwaltung Obersalzberg. Diese war vor Ort im ehemaligen Gästehaus »Hoher Göll« untergebracht – einer früheren Dependance der Pension »Moritz«. Die SS hat bei Kriegsende diese Akten zu vernichten versucht, was jedoch nur teilweise gelang. So sind bruchstückweise interessante Einblicke in das alltägliche bürokratische Geschehen möglich, Einblicke, die ebensooft abrupt abreißen, weil eine vollständige Überlieferung fehlt.

Ich finde Bauabrechnungen, Materialanforderungen für diverse Bauprojekte, einige Notarverträge. Auch die von Hitler und Bormann betriebenen Zwangsenteignungen endeten mit der Unterschrift unter einen ganz gewöhnlichen Notarvertrag. Stutzig werde ich bei einem handschriftlich abgefaßten Brief, den eine Familie Brandner am 29. April 1939 an Reichsleiter Martin Bormann gesandt hat. Im allerhöflichsten Ton bitten die Eltern und Geschwister des Fotografen Johann Brandner um dessen Freilassung nach über zwei Jahren KZ-Haft in Dachau.

»Berchtesgaden den 29. April 1939.
An Herrn Reichsleiter Bormann.
Entschuldigen Sie, wenn wir mit einem großen Ersuchen an Sie herantreten. Heute am Hochzeitstage einer Schwester des nun über zwei Jahre im Lager Dachau weilenden Johann Brandner, Fotograf von Salzberg, möchte hiermit der unterzeichnete Vater und die Geschwister herzlichst um seine Entlassung bitten.
Wir bürgen dafür, mit allen Kräften mitzuhelfen, aus unserem Sohn und Bruder einen brauchbaren deutschen Menschen zu machen.
Heil Hitler!«[1]

Mit der Kopie des Bittbriefes in der Hand halte ich Nachfrage bei den ehemaligen Obersalzbergern. Es stellt sich heraus, daß auch Johann Brandners Schicksal mit der Zerstörung des Ortes Obersalzberg verknüpft ist. Die Hölzl-Tochter Johanna Stangassinger kann sich an den ehemaligen Nachbarn erinnern:

»Der Brandner – wir ham g'sagt: Brandner Hansl – hatte am Salzberg oben ein Fotogeschäft: Souvenirs vom Obersalzberg und Bilder. Dann hat er so Blumenbilder fotografiert: Enzian, Edelweiß, Almrausch – hat's vergrößert und hat's dann – da war er ja ein Genie – und hat's verkauft. Bilder verkauft und so Zeug verkauft, nicht. Hat er so a kloans Labor gehabt oder Entwicklungszimmer – wie man da sagt, und wollte dann für die Ablösung 60 000 Mark haben, also 20 000 Mark für das Zimmer, das hat er sich selber alles hergerichtet, 20 000 Mark für die ganzen Fotoapparate und das Labor und alles, und 20 000 Mark für sein Zimmer, wo er noch gewohnt hat. Und dann war das den braunen Herrn zuviel. Und in der Nacht wurde er dann von der Gestapo abgeholt und nach Dachau gebracht.«[2]

Die Größenordnung der von Brandner geforderten Summen ist unsicher, aber es läßt sich genauer ermitteln, wie er seine Forderung vorbrachte. In der Reihe der Familienmitglieder, die den Freilassungsappell für ihren Verwandten Johann Brandner unterschrieben haben, entdeckt Johanna Stangassinger zwei noch lebende Schwestern des Johann Brandner, die ich kurze Zeit später ausfindig machen kann. Als ich gemeinsam mit Christoph Püschner Elise Kurz aufsuche, hat sie gerade Besuch von ihrer Schwester Gertraud Koller.

Auf der Hochzeit von Elise Kurz hat ihr Vater den Brief an Bormann verfaßt und zur Unterschrift herumgereicht. Die beiden Schwestern erinnern sich – an ihren Bruder und daran, was ihm geschah.

»Lustig, frech, direkt«: Der Fotograf Johann Brandner

Elise Kurz: »Des war a ganz a griabiger Kerl, also lustig und alles ... Der hat sich ein Geschäft aufgebaut, und hat natürlich ... Wie alt war er denn da? – Er war noch jung, 21 Jahre! Viel Schulden gehabt, und dann hat er bloß ... – Ich glaub',

Erst KZ-Häftling, dann Soldat: Johann Brandner

1500 Mark wollten's ihm bloß geben. Und das war ihm zu wenig. Und dann hat er an den Hitler einen Brief geschrieben, und den hat er ihm eigenhändig – an der Straße, die sind da runtergefahren, da hat er ihm den Brief gegeben. Und dann haben die anderen gesagt, daß der Hitler gesagt hat: ›Dem Mann muß geholfen werden.‹

Dann sind sie noch in der Nacht gekommen und haben ihn geholt. Ich hab' geschlafen. Und da ist er dann da runtergekommen. Da denk' ich mir: Was ist denn da unten los? – Ja, da holen's meinen Bruder. Aber ich geh' jetzt auch net runter, wer weiß, was da los ist, zum Schluß packen's mich auch noch mit. Und von da ham's ihn dann gleich nach Dachau gebracht.«

Gertraud Koller: »Des wissen wir heut noch nicht warum! Den richtigen Punkt! – Wir vermuten nur: von dem Brief aus.«

Elise Kurz: »Der war nicht frech. Der war ein ganz ein netter Mensch.«[3]

Der Foto-Kiosk von Johann Brandner war nicht weit vom Alpengasthof »Steiner«. Daher kann sich auch Thekla Rasp an den Brandner Hansl erinnern. Thekla Rasp wurde im Gasthof Zeugin halb ernst-, halb spaßhafter Reibereien zwischen Brandner und Mitgliedern der Wachmannschaften Hitlers, die ihn als Posten um Hitlers immer weitläufiger eingezäuntes Sperrgebiet an einem kurzen Nachhauseweg hinderten:

»Der Brandner Hansl war ein ganz ein lustiger Kerl, und hat bei uns gegessen, und gleich nebenan beim Rappold hat er seine Werkstätte gehabt, oder sein Atelier, wie sagt man? – Und er saß dort mit den SSlern – weil, 40 von den Leibstandartlern, die ham ja bei uns gegessen und gefrühstückt, und auch die Kriminaler, bis ihr Quartier oben beim ehemaligen Gasthof ›Türken‹ fertig war. – Und da ist der Brandner Hansl mit denen immer kreuzlustig gewesen. Und dann – der hätt' vielleicht so zehn Minuten heim gehabt, in seine Heimat, wo er aufgewachsen ist, und da war aber schon das Postenhäusl, das war da beim Bechstein, also vis-à-vis von unserem Restaurationsgarten. Und da hat er ein Gesuch gemacht, daß er da durchgehen darf, und er durfte aber nicht. Ich glaub', ich weiß gar nicht, wie viele Kilometer er rundummanum hätt' gehen müssen – und da hat er dann halt geschimpft.«[4]

Gertraud Koller, die jüngere der noch lebenden Schwestern Johann Brandners, erinnert sich, daß ihr Bruder seinen Ärger über den schikanös langen Heimweg auf recht originelle Art und Weise ausdrückte: »Der hat doch immer ... – Ich kann ja des Lied nimmer singen, was er gesungen hat.«

Johann Brandners Schwestern Gertraud Koller und Elise Kurz mit der Todesanzeige ihres Bruders, der in den letzten Kriegstagen fiel

Sie verstummt und beginnt nach einer kurzen Pause doch zu singen: »Nach Hause, nach Hause, nach Hause geh' ich nicht ... Nach Hause kann ich nicht, weil ein hohes Gitter davor steht.« Er hat sich davon trotzdem nicht beeindrucken lassen, wirft Elise Kurz ein: »Er ist zwar schon einmal übergestiegen. Und da haben sie ihn auch erwischt.« Schwester Gertraud nickt. Ihr Bruder, meint sie, habe nicht in diese Zeit gepaßt. »Er ist halt einer gewesen, ein Netter, aber: offenherzig. – Das hat ihm mein Mann auch g'sagt: Der hat sich zuviel getraut. Der Hansl war zu offenherzig, denn man hat da auf dieser Zeit, seinerzeit ruhig und falsch sein müssen – wenn man nicht ein Hitler war.«[5]

In der Häftlingskartei des Archivs der Gedenkstätte des KZ Dachau ist Johann Brandner mit der Häftlings-Nummer 11 734 vermerkt. Er wurde am 11. März 1937 zugewiesen und am 12. Mai 1939, nach zwei Jahren und zwei Monaten Haft, wieder entlassen.[6] Die Petition der Familie scheint also binnen zwei Wochen geholfen zu haben. Johann Brandner kommt zurück nach Berchtesgaden, seine Verwandten tun sich jedoch schwer, von ihm Genaueres über seine Erlebnisse in der Haft zu erfahren.

Elise Kurz: »Er war schon verändert. Der hat fast keine Zähne mehr gehabt. Und er hat sich auch fast nichts zu sagen getraut.«

Gertraud Koller: »Er hat gesagt: ›Die Wände

haben Ohren!‹ Dann hat er sich nichts sagen getraut.«

Elise Kurz: »Er hat schon was gesagt. Daß sie ihn richtig 'droschen ham, nicht.«

Gertraud Koller: »Wissen Sie, was das ist, 'droschen?«

Elise Kurz: »Gehaut. – Ja. Er hat ja nicht viel gesagt, weil er immer Angst gehabt hat, es könnte ihn jemand hören. – Ich war damals in der Wohnung, und da hab' ich gesagt: ›Du kannst hier ruhig sprechen, also Dich hört da niemand. Die Tür ist zugeschlossen, und diese auch. Also infolgedessen hört Dich da niemand.‹ Aber er hat sich da wenig zu sagen getraut. Und dann hat er sich jeden Tag, ich weiß nicht wie lange, in der Polizei stellen müssen.«

Elise Kurz kramt eine Todesanzeige ihres Bruders Johann Brandner hervor. Mit 21 hatte er seinen Foto-Kiosk eröffnet. Ein Jahr später, mit 22 Jahren, wurde er ins KZ Dachau gesperrt. Als 24jähriger kam er frei. Von 1939 bis 1941 arbeitete er beim Elektrizitätswerk in Berchtesgaden. Dann mußte er in den Krieg ziehen. Er war jetzt 26. Nach vier Jahren, gerade 30 Jahre alt, fiel Johann Brandner, wenige Wochen vor Kriegsende im Januar 1945. *Für Führer, Volk und Vaterland.*

Architektur im Höhenkoller
Großbaustelle und »Kehlsteinhaus«

Touristen auf dem Gipfel des Kehlsteins, im Hintergrund das »Kehlsteinhaus«

Anfang 1937 hatte Martin Bormann die meisten Flächen für das geplante *Führersperrgebiet* zusammengekauft, waren die letzten Bewohner des alten Dorfes Obersalzberg aus ihren Häusern vertrieben, ihre Anwesen – bis auf wenige Ausnahmen – abgerissen und niedergebrannt.

Die erste Zerstörung Obersalzbergs war abgeschlossen, das alte Dorf existierte nicht mehr.

Mit der langsam über Generationen und vor allem seit Mitte des 19. Jahrhunderts gewachsenen Gemeinde, ihren Bauten, Bewohnern und Besuchern zerbrach ein architektonisches, wirtschaftliches und soziales Gefüge, das sich in die karge Berglandschaft eingefügt hatte.

Der Bau von Hitlers »Berghof« war der Auftakt einer Bauwelle, die sich um diese Erfordernisse nicht scherte. Aus den einstigen Almwiesen des höchstgelegenen Obersalzberger Bauernhofes

Appell auf dem Innenhof der SS-Kaserne (oben);
Bau der SS-Kaserne 1937

»Bodenlehen«, an deren Grenze zur Straße am Hintereck noch vier malerische kleine Wohnhäuser gestanden hatten, wurde ein SS-Kasernengelände. Auf der planierten Fläche entstanden vier Gebäude von etwa einhundert Metern Seitenlänge im Karree: ein Mannschaftsgebäude für eine 300köpfige Wachkompanie, eine Turnhalle, ein Wirtschaftsgebäude und eine Großgarage für den Wagenpark der Kaserne und der Nazi-Größen. Der Kasernenhof selbst war unterkellert und mit einem unterirdischen Schießstand versehen – die SSler sollten schießen lernen, ohne daß die Schüsse in Hitlers Ohren gellten. Irgendwer hatte sich eingebildet, daß auch im Hanggelände des Obersalzbergs, möglichst nahe bei Hitlers »Berghof«, solch eine Kaserne mit 100 mal 100 Meter großem Exerzierplatz gänzlich unverzichtbar sei. Also wurde dieses Ensemble an der einzigen scheinbar geeigneten Stelle in den Plan des Geländes eingezirkelt. Beim Bau stellte sich jedoch heraus, daß die eng an den ansteigenden Hang projektierte Großgarage auf schwierig abzusicherndem Grund geplant war, auf einer bis zu zehn Meter mächtigen Schicht aus tonhaltigem Tegel, auf den sich kein Fundament gründen ließ. Metertief mußte dieses im feuchten Zustand zähe und im trockenen Zustand zementharte Material bis auf den Fels abgetragen, der an die Baugrube grenzende Hang mit mächtigen Betonarmierungen vor einem Erdrutsch bewahrt werden. Max Hartmann, einer der beteiligten Ingenieure, beschreibt in seinem detaillierten Bericht über die von 1936 bis 1945 laufenden Bauarbeiten den Widersinn dieses Projektes: »Wer glaubt, die Planung sei unter diesen Umständen unwirtschaftlich, ja indiskutabel gewesen, hat vollkommen recht. Bormann aber setzte sich darüber hinweg. Gegen seine Anordnungen gab es keine Widerrede. Geld spielte keine Rolle.«[1]

Martin Bormanns »Gutshof«, 1938

Blumen und Gemüse für Hitler: das Gewächshaus

Diese Feststellung Hartmanns könnte als Überschrift über den meisten der ambitionierten Bauprojekte am Obersalzberg stehen.

Am 16. Februar 1937 notiert Bormann in seinem Kalender: »Der Führer genehmigt die Baupläne des neuen Gutshofes.«[2] Eben erst waren 18 alteingesessene landwirtschaftliche Anwesen vom Obersalzberg verdrängt worden, da begann Bormann, der in seiner Jugend als Gutsinspektor in Parchim gearbeitet hatte und laut Eintrag in seinem Paß Landwirt war, auf dem Obersalzberg mit dem Bau eines Gutshofes. Er träumte davon, diesen Hof Hitler als Musterbetrieb und Modell für Bauernhöfe in den demnächst deutsch kolonialisierten Eroberungsgebieten vorführen zu können. Die Dimension und Anlage des Gutshofes sprach jedoch jeder betriebswirtschaftlichen Überlegung hohn. Die 80 Kühe und 100 Schweine waren aus den kargen Bodenerträgen der zum Betrieb gehörigen Flächen nicht zu ernähren, Futtermittel mußten zugekauft werden, die Produktion des Mustergutes ließ sich insgesamt – die Investitionskosten für den Bau noch gar nicht gerechnet – nur durch kräftige Zuschüsse aufrechterhalten.[3] Dies galt auch für weitere, zum Gutshof gehörige Betriebsteile, so zum Beispiel für ein Gewächshaus und ein extra errichtetes Bienenhaus. Das 110 Meter lange und 26 Meter breite Gewächshaus entstand, an den Hang gelehnt, am Rande des Grundstücks, auf dem zuvor das Kindersanatorium und die Kirche »Maria Hilf« gestanden hatten. Das Gewächshaus war erbaut worden, um Gemüse für den Vegetarier Hitler und Blumen für den »Berghof« zu liefern; aus dem Bienenhaus sollte Original Obersalzberger Honig fließen. Bormanns Selbstversorgungs- und Schlaraffenlandphantasien wurden am Obersalzberg in eine Landschaft hineingebaut, der für diese Projekte die notwendigen natürlichen und klimatischen Voraussetzungen völlig fehlten.

Erster Zwischenruf. *Bormann ist an allem schuld!* Emsig, unermüdlich, rastlos, cholerisch. Servil nach oben, brutal nach unten. Häufig werden Psychogramme Martin Bormanns bemüht, um widersinnige Entscheidungen und Entwicklungen am Obersalzberg zu erklären. »Auf seinem Rundweg, auf dem ihm ein Architekt der Bauleitung begleiten mußte, kam er auch zu dem Postenhäuschen. Und jetzt erfolgte einer seiner gefürchteten Wutausbrüche. Wie ein Irrer schlug er mit hochrotem Kopf mit seiner Reitpeitsche auf die Mauern des Postenhäuschens ein. Unter ständigem Zuschlagen ging er um das Häuschen herum und schrie den Architekten an, es müsse über das Wochenende verschwinden und am Montag müsse mit dem Bau auf der anderen Seite der Straße begonnen werden«, erinnert sich Max Hartmann an eine typische Szene.[4] Tatsächlich wird ein Postenhaus abgerissen, dessen Bau circa 3 000 Reichsmark gekostet hatte – und auf der anderen Straßenseite ein neues in den Hang hineingebaut, wozu für das Fundament ein 20 Meter tiefer Schacht in den abrutschgefährdeten Lehmboden getrieben werden muß. Die Baukosten erhöhen sich auf 100 000 RM.

»Er neigte zu Zornesausbrüchen und war in solchen Zuständen jedem vernünftigen Rate unzugänglich. Er traf in seiner Wut oft sehr harte Entscheidungen, nahm sie aber auch nicht zurück, wenn er wieder ruhiger geworden war«, erinnert sich Josef Geiß;[5] auch er war seinerzeit wie Max Hartmann Angestellter einer Baufirma auf dem Obersalzberg. Es gibt eine Unzahl ähnlicher Schilderungen.

Die Dämonisierung der Person schiebt allerdings das politische Umfeld, in dem sie handelte, aus dem Gesichtsfeld. Zwar spricht alles dafür, daß Bormann sich tatsächlich so verhalten hat. Er konnte aber nur so handeln und seinen so oft beschriebenen miesen Charakter ungestört entfalten, weil die Befehls- und Herrschaftsverhältnisse seine Despotie ermöglichten. Rechtsstaatliche und subsidiäre Kontrollmechanismen existierten nicht, die unter anderem dazu geschaffen sind, persönlicher Rabiatheit, fachlicher Inkompetenz oder wirtschaftlicher Verschwendung einzelner einen Riegel vorzuschieben. Sie wurden von der Mehrheit der Deutschen mit der vielgescholtenen Weimarer Verfassung zugunsten des Nationalsozialismus über Bord geworfen. Typen wie Bormann gibt es immer, die Frage ist, ob gesellschaftliche Strukturen ihrer Entfaltung Grenzen setzen oder sie, wie der Nationalsozialismus, begünstigen. Mag sein, daß sich mit Bormann durchaus ein sadistischer Individualcharakter offenbart hat. Wichtiger scheint mir, daß mit ihm der autoritäre, nationalsozialistische Staat sein ordentliches, normales Gesicht gezeigt hat.

Natürlich verschaffte sich auch Martin Bormann, der nach Hitler einflußreichste Mann am Obersalzberg, ein privates Wohnhaus in privilegierter Lage. Es wurde im Jahr 1937 fertiggestellt. Bormann hatte sich die Privatvilla des Kinderarztes Dr. Seitz einverleibt, die einige Meter abseits des abgerissenen Kindersanatoriums auf einem Hügel stand, genau gegenüber dem ehemaligen Hotel »Türken« auf der anderen Straßenseite. Für die Wahl des Platzes war wohl entscheidend, daß er von hier aus mit einem Blick aus dem Fenster die Anfahrtsstraße zu Hitlers »Berghof« bis hin zur Empfangstreppe überblicken konnte. Auch dieses Haus wurde, wie alle Obersalzberger Bauten, aus dem Spenden- und »Reptilien«-Fonds bezahlt, den Bormann für Hitler verwaltete. Die umfangreichen »NSDAP-Bauakten« im Bayerischen Hauptstaatsarchiv mit Ordnern voller Handwerkerverträge und Rechnungen belegen, daß jedes noch so eindeutig für den privaten, familiären Gebrauch bestimmte Möbelstück und Inventar zur Angelegenheit der Partei erklärt wurde. Ob Herr Bormann für sein Privathaus einen »Mundeisbereiter« für 1 350 Reichsmark benötigte, mit dem 20 kg Eiswürfel auf einmal erzeugt werden konnten, 50 Meter Velourstoff oder Anfang 1945 eine größere Lieferung von Schnaps- und Sektgläsern aus dem *Protektorat*,[6] all diese Güter dienten – sollten Rohstoffe kontingentiert gewesen sein – natürlich der Fertigstellung der »kriegswichtigen Bauten des Führers«,[7] waren »vordringlich« zu beschaffen und aus Parteimitteln zu bezahlen. Reichsleiter Martin Bormann bestimmte selbst darüber, welche Bauten und Aufträge »kriegswichtig« waren. Wie die Akten zeigen, erklärte er ohne jeden Skrupel den Privatbedarf der gesamten am Obersalzberg residierenden Clique für »kriegswichtig«, ob es sich um Sitzkissen für seinen *Führer*, Einbauschränke in Herrn Rüstungsminister Albert Speers Privathaus oder Vorhangstoff für Gardinen im eigenen Haus handelte.

Schließlich ist noch von zwei weiteren Bauten zu berichten, die Ende 1936 konzipiert und 1937 in Angriff genommen wurden. Sie erlangten auf sehr unterschiedliche Weise für die künftigen Geschehnisse am Obersalzberg Bedeutung.

Da ist zum einen das »Teehaus« Hitlers am Mooslahner Kopf, ein vergleichsweise kleiner und bescheidener Pavillon an einem günstigen

Aussichtspunkt Richtung Salzburg, nur wenige hundert Meter Spazierweg und etwas unterhalb des »Berghofs« gelegen. Der kurze Spaziergang zum Mooslahner Teepavillon löste nach der Fertigstellung des »Berghofs« Hitlers ausgedehnte Wanderungen zum Gasthof »Vorderbrandt« ab; der Pavillon lag innerhalb des *Führersperrgebietes*, das Hitler nun kaum mehr verließ, ein Grund mehr dafür, daß jeder spontane und zufällige Kontakt mit den verbliebenen, einst angeblich so geschätzten Obersalzbergern zum Erliegen kam.

Äußerst aufwendig war dagegen der Bau des »Kehlsteinhauses«, das auf dem Gipfel des 1834 Meter hohen Berges oberhalb des Obersalzberges errichtet wurde. Dieses teuerste Einzelprojekt in der Baugeschichte des Obersalzbergs war zugleich das sinnloseste – mindestens dann, wenn man es an dem Nutzen für die Zwecke bemißt, die sich die Erbauer Hitler und Bormann vorgestellt hatten: Weder als Repräsentationsbau für Staatsempfänge noch als Privat-Redoute Hitlers hat es je eine bedeutende Rolle gespielt. Aber davon später.

Am 23.11.1936 kritzelt der in Vermerken eher wortkarge Bormann in sein kleines Notizbuch wieder einmal einen ganzen Satz. »Der Führer trifft die notwendigen Entscheidungen über die Schießstättbrücke und über die Straßen zur Kehl-Alm und zur Ahorn-Alm.«[8] Dem Satz kommt einige Bedeutung zu, widerlegt er doch die gesprächsweise in Berchtesgaden und in der Literatur über den Obersalzberg meist vertretene These, der Bau der Kehlsteinstraße und des »Kehlsteinhauses« sei eine einsame Entscheidung Bormanns gewesen, der dieses Bauprojekt als Überraschungsgeschenk zu Hitlers 1939 anstehendem 50. Geburtstag betrieben habe – ohne dessen Billigung, ja ohne sein Wissen.

Alles im Blick: Aussicht von Bormanns Privatvilla auf den »Berghof«

Zweiter Zwischenruf. *Davon hat der Führer nichts gewußt!* Der Satz klebt wie ein mythisches Kaubonbon in vielen Berchtesgadener Mündern; er begegnete mir bei meinen Recherchen immer und immer wieder, manchmal in der noch abenteuerlicheren und spekulativen Form: *Wenn das der Führer gewußt hätte ...*, als Einleitung zu der hoffnungsvollen Unterstellung, Hitler selbst hätte so manche inhumane oder verschwenderische Entscheidung nicht getroffen; weit schlimmer als er selbst seien seine Paladine gewesen, insbesondere Martin Bormann. Selbst einige Opfer der Obersalzberger Heimatvertreibung wollen von der Vorstellung nicht ablassen, Hitler persönlich hätte eingegriffen, ihren Fall anders entschieden, *wenn der Führer das gewußt hätte*. Mit einer gewissen Hartnäckigkeit betont etwa Gertrud Schuster, die Tochter des zuerst vertriebenen »Türken«-Wirtes Schuster, sie glaube einfach nicht, daß Hitler an jenem Vormittag des 18. August 1933 auf dem Obersalzberg gewesen sei, als ihr Gasthof von Boykottposten der Berchtesgadener NSDAP zwangsweise geschlossen wurde. »Das war doch der Irlinger von der Berchtesgadener Ortsgruppe«, so versucht sie die Verantwortung von

Sprengarbeiten für einen Tunnel der Kehlstein-Straße

Nachbar Hitler fernzuhalten, der nachweislich ganz nah war, dreißig Meter nebenan in seinem Haus »Wachenfeld«, tagelang schon, und der sich als Parteiführer und Reichskanzler in seiner unmittelbaren Nähe eine eigenmächtige und so symbolträchtige Aktion einer kleinen Ortsgruppe gegen seinen Willen wahrlich nicht hätte bieten lassen. *Wenn das der Führer gewußt hätte ...* – diese trotzige Projektion lauterer Absichten in die Figur Hitlers ist der letzte Triumph des Führerkults über die Fakten. Der Satz *davon hat der Führer nichts gewußt* speist sich wohl auch aus der Scham der Getäuschten, der ehemals Begeisterten; an diesem Satz festzuhalten, läßt die Möglichkeit offen, sich im *Führer* doch nicht so fundamental getäuscht zu haben. Freilich hat die Theorie vom *Führer, der davon nichts gewußt hat*, Folgen: wer so denkt, neigt dazu, die Rolle untergebener Bösewichte gewaltig aufzuwerten, ja, sie werden in einem weiteren Schritt als die eigentlich Schuldigen georten, sie sind es, die den *Führer, der davon nichts gewußt hat*, unwissend gehalten haben, ihn von dem, was er hätte wissen müssen, in böswilliger Absicht abgeschirmt haben. Das Bild des *Führers* bleibt rein, der subalterne Diener steigt zum Dämon auf. Womit sich der Kreis wieder schließt: Diese Rolle des Dämons verkörpert in der Erinnerung vieler alter Berchtesgadener und Obersalzberger niemand so perfekt wie Martin Bormann, besonders durch seine ständige Anwesenheit und Antreiberei bei der Zerstörung des alten Dorfes und dem Aufbau des *Führersperrgebietes*. Allein, die historischen Fakten stehen gegen diese simplen Klischees, wie sich etwa an der Legende vom angeblich ohne Wissen Hitlers betriebenen Kehlstein-Bauprojekt belegen läßt.

Ein Unfall mit tödlichen Folgen: beim Bau der Kehlsteinstraße abgestürzter LKW

Nachdem Hitler schon im November 1936 die ersten Pläne genehmigt hatte, wurde im Frühjahr 1937 mit den Bauarbeiten begonnen. Vom Obersalzberg aus wurde eine 6,3 Kilometer lange Hochgebirgsstraße bis kurz unter den Gipfel des 800 Meter höher gelegenen Kehlsteins angelegt. Ihr Bau stellte die Planer, Ingenieure und zeitweilig 3500 Arbeiter vor größte Probleme. Bevor mit den eigentlichen Arbeiten begonnen werden konnte, mußten Werkzeuge, Maschinen und Baumaterialien durch Trägerkolonnen den Berg hinaufgebracht werden. Da der tägliche Weg vom Tal hinauf für die Arbeiter viel zu zeitraubend gewesen wäre, wurden auf verschiedenen Höhenabschnitten Barackenlager errichtet, außerdem eine Materialseilbahn bis kurz unter den Berggipfel. Allein im obersten Barackenlager hausten auf 1640 Meter Höhe, nur 200 Meter unterhalb des Kehlstein-Gipfels, etwa 800 Arbeiter.

Dem steilen Berg mußte mit einer Unzahl von Sprengungen, mit schwierigen Tunnelbauten, mit der Aufschüttung und Befestigung von Fahrbahnen, mit Hangverbauungen und Brückenkonstruktionen diese Straße in die Flanke geschnitten werden. War der Auftrag allein schon wegen des riesigen Aufwandes fragwürdig, so lag gleichzeitig ein unvorstellbarer Zeitdruck auf dem Projekt, das spätestens nach zwei Jahren, im April 1939, abgeschlossen sein sollte. Bormann meldete immer neue Wünsche an, setzte aber zugleich der Bauleitung und den beteiligten Firmen ständig engere Termine und bestand schließlich auf der Fertigstellung im Sommer 1938. Die Terminvorgabe bedeutete, daß in einer Hochgebirgsregion, für die sich vernünftigerweise gut ausgerüstete Bergsteiger sorgfältig das geeignete Wetter für einen Aufstieg aussuchen, rund um das Jahr eine Großbaustelle in Betrieb gehalten werden mußte – auch mitten im Winter. Die Arbeiter hatten unter erschwerten Bedingungen anzutreten: Kälte, Schnee, Eis und Lawinengefahr wurden in

Arbeiter beim Bau der Kehlsteinstraße

Kauf genommen und erschwerten die ohnehin riskante Arbeit unter Hochgebirgsbedingungen. Zudem war die Arbeit mitten im Winter teuer und unproduktiv. Stundenlang mußten die Arbeiter meterhohen Schnee räumen, um zu den eigentlichen Baustellen vorzustoßen, die dann erst aufgetaut werden mußten.

Das eingeschossige, nur teilweise unterkellerte Haus auf dem Gipfel entwarf der Münchner Ar-

Das »Kehlsteinhaus« 1938 (oben); Parkplatz und Eingang des Tunnels zum Kehlstein-Lift (unten)

chitekturprofessor Roderich Fick. Der Grundriß sah neben einigen Funktionsräumen wie Küche und dem offenbar unverzichtbaren Wachzimmer vier Räume vor: ein – nie benutztes – Arbeitszimmer für Hitler, einen Speisesaal, die nach Südwesten gelegene »Scharitz-Stube« und – als architektonischen Mittelpunkt – die große, achteckige »Gesellschaftshalle«, von deren Fenstern aus man einen ungehinderten Rundblick in das gesamte Berchtesgadener Tal hatte.

Um das sowieso äußerst enge Gipfelplateau des Berges nicht vollständig zu zerstören, wurde die Kehlsteinstraße nicht bis vor das Haus geführt, sondern nur bis zu einem Parkplatz unterhalb des Gipfels. Von dort wurde zunächst ein 126 Meter langer Tunnel waagerecht in den Berg getrieben, der exakt lotrecht unter dem Haus am Gipfel endete.

Vom Gipfel aus wurde ein 131 Meter tiefer Schacht bis zum Ende des Stichtunnels ausgebrochen. Der Stichtunnel mußte aufwendig isoliert, beheizt und wie die gesamte Außenfassade des »Kehlsteinhauses« mit Naturstein, teils Granit, teils Marmor, verkleidet werden. In den Schacht wurde ein geräumiger Aufzug eingebaut, der bis zu fünfzehn Personen Platz bot. Es wird immer wieder kolportiert, der Aufzugskorb sei deshalb allseitig mit verspiegeltem Messingblech verkleidet worden, weil Hitler zur Klaustrophobie neigte und durch den die Raumwirkung vergrößernden Spiegeleffekt vor seiner Platzangst bewahrt werden sollte[9] (eine aparte Fürsorge für den *Führer* eines Regimes, das später Millionen angebliche *Untermenschen* wie Ölsardinen in Viehwagen gepfercht und tagelang eingeschlossen über Tausende von Kilometern durch ganz Europa transportierte).

Das »Kehlsteinhaus« erhielt eine komplett unabhängige, eigene Energieversorgung. Unweit des Eingangstunnels, der zum Fahrstuhl führte, wurde eine weitere Kaverne in den Berg getrieben, in der ein Schiffsdieselmotor und ein davon angetriebener Generator installiert wurden.

Der Berchtesgadener Autor Florian M. Beierl hat die Baugeschichte der Kehlsteinstraße und des »Kehlsteinhauses« von technischer Seite aus detailliert rekonstruiert, seine Schilderungen stützen sich vor allem auf die Angaben und nachgelassenen Dokumente des ehemaligen staatlichen Bauleiters Hans Haupner.[10] Beierl hat aufgrund erhaltener Kostenrechnungen und vorsichtiger Schätzungen die Gesamtkosten des Kehlsteinprojektes auf 29,6 Millionen RM beziffert,[11] was einer heutigen Bausumme von circa 144 Millionen DM entspricht.

Dieser jede vernünftige Dimension sprengende Aufwand für ein Tee- und Gästehaus Hitlers hat einen gegen Kriegsende durchaus erwünschten, ja sogar von Goebbels' Propagandaministerium noch geschürten Nebeneffekt hervorgebracht: »Während er [Goebbels] im Januar 1945 der eigenen Presse verbot, zu den Gerüchten über die Alpenfestung Stellung zu nehmen, rief er einen Stab in seinem Ministerium ins Leben, der die Aufgabe erhielt, ›erfundene Angaben über die deutschen Alpenfestungspläne auf allen möglichen Wegen zur Kenntnis des Feindes zu bringen‹.«[12] Die so genährten Spekulationen der alliierten Kriegsgegner Deutschlands um eine im Berg verborgene Festungsanlage schimmern zum Beispiel noch im »Target information sheet« durch, der Zielbeschreibung für die Bomberpiloten, die das amerikanische Kriegsministerium im Herbst 1944 erarbeitete und der britischen Royal Airforce für den Angriff auf das »Kehlsteinhaus« überließ. Was sich tatsächlich in dem Haus befand, haben die Aufklärungs- und Geheimdienstspezialisten eigentlich genau herausgefunden: »Es enthält Küche, Aufenthaltsräume, usw.«, nur konnten sie nicht fassen, daß der Kehlstein über zwei Jahre lang in eine Großbaustelle mit Tausenden von Arbeitern verwandelt worden war, um ein schmuk-

Kehlstein-Tourismus heute: Die letzten 130 Meter zum »Kehlsteinhaus« im messingbeschlagenen Lift (oben). Ein Touristenführer sammelt seine Gruppe auf dem Kehlstein-Parkplatz vor dem Eingang zum Lift (Mitte). Am Busparkplatz Hintereck am Obersalzberg beginnt die Auffahrt zum »Kehlsteinhaus« (unten)

Historische Aussichten, historische Einsichten: Souvenirhandel am »Kehlsteinhaus«

kes, aber banales Teehaus auf dessen Gipfel zu errichten. Sie nahmen an, nicht alles herausgefunden zu haben, und hielten vorsichtshalber mehr für möglich: »Ziel A, manchmal auch als ›Teehaus‹ bezeichnet, wurde von Hitler als Aussichtspunkt und Haus für den Empfang von Gästen erbaut. Es wurde festgestellt, daß es von außen nicht erreicht werden kann und es wird vermutet, daß ein beträchtlicher Teil des Gebäudes unter dem Berggipfel verborgen ist.«

Fehlanzeige. Welch bombastische Namen auch gewählt wurden, »Eagles Nest« oder »Adlerhorst«, hinter dem 30-Millionen-Reichsmark-Projekt steckte kein wundersam ausgehecktes militärisches Geheimnis, nur das Geheimnis einer politisch, sozial, finanziell und fachlich ungebremsten Bauwut eines Tyrannen und seiner rechten Hand.

Nicht der Berg war hohl, eher der Mythos der in ihm errichteten *Alpenfestung*.

Die Eichengrüns (3)
Bilanz einer Entrechtung

»Damit ist's heut Schluß mit'm Haberfeldtreib'n / Auf's Jahr kemma wieda, wenn d' Zuständ so bleibn.« – Die Folgen von Dietrich Eckarts auf bayerisch gereimter Judenhetze hatten Hitlers Nachbarn, die Familie Eichengrün, am Obersalzberg mit brieflichen Drohungen schon im Jahr 1930 zu spüren bekommen. Im Jahr 1932 verkauften sie Haus »Mitterwurf«. Der ständige braune Aufmarsch direkt vor der Haustür, der Hitlers Haus »Wachenfeld« galt, hatte der einzigen jüdischen Familie in der näheren Umgebung ihre Bewegungsfreiheit genommen. Die vertrauensvolle Nachbarschaft war zerstört worden, noch bevor Nachbar Hitler an den Schalthebeln der vollen politischen und wirtschaftlichen Macht saß. Die Eichengrüns, die am Obersalzberg heimisch geworden waren, verschwanden, um diesem Nachbarn Hitler aus dem Weg zu gehen. Das gelang ihnen nicht; es erwies sich vielmehr immer aufs neue, daß Nachbar Hitler sie nicht losließ. Insofern gehört die folgende Geschichte hierher, mag sie nun auch an ganz anderen Schauplätzen spielen: in der Schweiz, in Österreich, Berlin, München und im KZ Theresienstadt.

Im Dezember 1942 diktiert Dr. Dr. Arthur Eichengrün ein zwölfseitiges Dokument, es sind die »Erläuterungen zu meinem Testament«. Arthur Eichengrün will sich den Mitgliedern seiner weitläufigen Familie, seinen Kindern und Enkeln aus erster und zweiter Ehe erklären. Er hat sein ursprüngliches Testament geändert und damit die unangenehme Aufgabe, seinen Erben zu erklären, daß es kaum mehr etwas zu erben gibt.

Der einst erfolgsgewohnte 75jährige Erfinder und Fabrikant muß eine Bilanz ziehen, deren Negativposten er nicht verschuldet hat. Zwar hatte er die von ihm gegründeten Cellon-Werke durch die ökonomischen Erschütterungen der Inflation von 1923 und der Weltwirtschaftskrise von 1929 gebracht, sogar, wie er mehrfach mit Stolz betont, ohne Entlassungen in der Belegschaft. Die politisch-rassistischen Diskriminierungen der Nationalsozialisten aber zerstören seine unternehmerische Existenz aus einem einzigen Grund: Eichengrün ist Jude. Ihm selbst, der 1894 seinen Austritt aus dem Judentum erklärt hatte, war diese Identität nie wichtig vorgekommen. Ende 1942, in den Erläuterungen zu seinem Testament, muß Eichengrün verbittert einräumen, daß er die Gefahr, die ihm durch die Nazis erwachsen ist, bei weitem unterschätzt hat.

»Ich hätte viel besser daran getan, als von mir im Frühjahr 1933 verlangt wurde, daß ich die Cellon-Werke liquidieren und sie arischen Interessenten überlassen sollte, diesem Verlangen nachzukommen und auszuscheiden. Dann hätte ich mich nur meinen Erfindungen widmen und das erworbene Geld behalten können. Ich hatte mich aber an die Idee geklammert, die Cellon-Werke wieder hochzubringen und sie zu einem Familienbesitz zu gestalten. Der Kampf hierfür war vergeblich, ich bin unterlegen und habe mein Vermögen wie vorstehend detailliert angegeben, größtenteils verloren. Es war nicht meine Schuld, die Verhältnisse waren stärker als ich und es ist mir nicht gelungen, die Zukunft meiner Erben sicherzustellen.«[1]

Nicht ganz ein Jahr, nachdem die Eichengrüns das Haus »Mitterwurf« in trauter Nähe von Haus »Wachenfeld« im April 1932 aufgegeben hatten, begannen nach der rasanten Machtergreifung der Nazis die Schikanen gegen Eichengrün und seine Cellon-Werke mit dem im März 1933 am Obersalzberg von Goebbels und Hitler ausgeheckten *Judenboykott*. Damals schon zwang der »Kampfbund für den gewerblichen Mittelstand« Eichengrün, die Leitung der Fabrik an einen Treuhänder abzugeben.[2] Eichengrün nahm einen *arischen* Teilhaber in die Firma auf. Dieser, ein Großgrundbesitzer, verstand zwar nichts von der Führung eines chemischen Betriebes, aber er wußte sich eine Option auf den Kauf der gesamten Fabrik zu sichern. Eichengrün blieb vorerst Eigentümer und investierte bis 1937 bei anhaltend schlechter Geschäftslage Lizenzeinnahmen aus Patenten und erhebliche Beträge aus seinem Vermögen, um die Cellon-Werke im Familienbesitz zu erhalten.

Auch nach den Nürnberger Rassegesetzen, die 1935 erlassen wurden und die Diskriminierung der Juden in Öffentlichkeit und Berufsleben erheblich verschärften, gab Eichengrün die Hoffnung nicht auf. Seine nichtjüdische dritte Frau Lucia hielt zu ihm, er gehörte daher zur Gruppe der *privilegierten Volljuden*, die, solange ihre Partner lebten, einen gewissen Schutz vor der Deportation ins KZ genossen.

Im Jahr 1937, dem Jahr, in dem am Obersalzberg im ausgehenden Winter das Haus »Mitterwurf« wie auch das benachbarte »Oberwurflehen« niedergerissen und abgebrannt werden, um der Erweiterung von Bormanns Garten Platz zu machen, bekommt Arthur Eichengrün in Berlin den Druck zu spüren, den die von den Nazis weitgehend gleichgeschaltete Wirtschaft auf unerwünschte Wettbewerber ausüben kann. Plötzlich erklärt der mit Abstand größte Kunde der Cellon-Werke, die Deutsche Reichsbahn, »daß sie weitere Bestellungen nicht mehr machen würde, wenn ich nicht innerhalb von drei Monaten aus der Firma gänzlich ausgeschieden wäre«.[3] So wird die *Arisierung* erzwungen; Eichengrün muß den von ihm seit 1908 aufgebauten und geführten Betrieb nach drei Jahrzehnten endgültig aufgeben. Der bisherige *arische* Firmen-Teilhaber kommt als alleiniger Besitzer der Cellon-Werke nicht in Frage. Er zeigt am Kauf kein Interesse, läßt sich aber die einst mit seinem Anteil erworbene Kaufoption von Eichengrün nur für teures Geld wieder abhandeln, als der in seiner verzweifelten Suche nach einem Käufer für den gesamten Betrieb die Firma Wiernik & Co. findet. Der ausgebootete Firmengründer wird jedoch nicht in den Genuß des Verkaufserlöses kommen.

Schon am 26. April 1938 hatte Göring eine Verordnung erlassen, nach der Juden ihre sämtlichen Vermögenswerte detailliert anzugeben hatten, darunter auch Sammlungen, Kunstschätze, Schmuck und – im Falle des Erfinders Eichengrün wichtig – auch Geldforderungen, die er aufgrund seiner zahlreichen Patente zu erwarten hatte. Hermann Göring hält sich mit scharfmacherischen

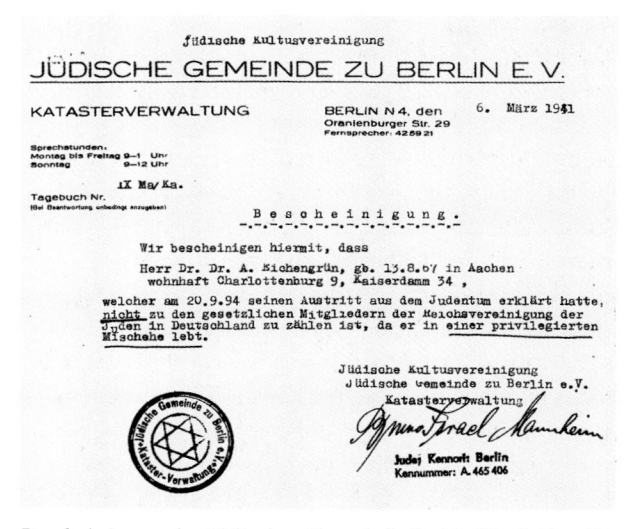

Bescheinigung der Jüdischen Gemeinde Berlin für Arthur Eichengrün vom 6. März 1941: Der »privilegierte Volljude« ist schon 1894 aus der jüdischen Religionsgemeinschaft ausgetreten

Dr. Arthur Eichengrün und seine dritte Frau Lucia, genannt »Lutz« Eichengrün

Reden über die Juden in der Öffentlichkeit im Vergleich zu Hitler und Goebbels zurück, sein Judenhaß ist dafür kalt, berechnend und in seinem wohlverstandenen wirtschaftlichen Interesse überaus effektiv.[4] Göring und der Finanzminister des Reiches erlassen die »Verordnung zur Ausschaltung der Juden aus dem deutschen Wirtschaftsleben«; Göring ist es, der nach der wilden Pogromnacht der Nazis gegen jüdische Bürger, ihre Wohnungen, Geschäfte und Synagogen vom 8. auf den 9. November 1938 mit legalisierter Erpressung den deutschen Juden weit mehr Eigentum raubt, als sie in jener Nacht durch die Plünderungen und Zerstörungen verloren hatten. Das stenographische Protokoll einer Besprechung im Reichsluftfahrtministerium vom 12. November hält eine Unterredung von SD-Chef Reinhard Heydrich, Joseph Goebbels und Hermann Göring fest, die das wahre Gemüt des jovial auftretenden Reichsfeldmarschalls offenlegt.

»Göring: Wie viele Synagogen sind tatsächlich niedergebrannt?

Heydrich: Es sind im ganzen 191 Synagogen durch Brand zerstört, 76 Synagogen demoliert, 7 500 zerstörte Geschäfte im Reich ...

Goebbels: Da muß der Jude den Schaden bezahlen ...

Heydrich: Sachschaden, Inventar- und Warenschaden schätzen wir auf mehrere hundert Millionen ...

Göring: Mir wär lieber gewesen, ihr hättet 200 Juden erschlagen und nicht solche Werte vernichtet.

Heydrich: 35 Tote sind es.

Göring: Ich werde den Wortlaut wählen, daß die deutschen Juden in ihrer Gesamtheit als Strafe für die ruchlosen Verbrechen usw. usw. eine Kontribution von einer Milliarde auferlegt bekommen. Das wird hinhauen.«[5]

Der gleiche Vorwand, den Goebbels für das befohlene und zentral gesteuerte reichsweite Judenpogrom angeführt hatte, das tödliche Pistolenattentat des jungen deutschen Juden Herschel Grynspan auf den deutschen Gesandtschaftsrat Ernst Eduard vom Rath am 7. November 1938 in Paris, erscheint dann auch in dem von Göring unterzeichneten *Gesetz über die Judenvermögensabgabe* als Rechtfertigung: Für die Mordtat eines einzelnen werden alle etwa 500 000 deutschen Juden verantwortlich gemacht und zur Kasse gebeten. »Die feindliche Haltung des Judentums gegenüber dem deutschen Volk und Reich, die auch vor feigen Mordtaten nicht zurückschreckt, erfordert entschiedene Abwehr und harte Sühne. Ich bestimme daher aufgrund der Verordnung zur Durchführung des Vierjahresplanes vom 18. Oktober 1936 das Folgende: Den Juden deutscher Staatsangehörigkeit wird die Zahlung einer Kontribution von einer Milliarde Reichsmark an das Deutsche Reich auferlegt. (...) Berlin, den 12. November 1938. Der Beauftragte für den Vierjahresplan. Göring.«[6]

Göring geht es um Geld. Der Mann, der beständig seinen Privatbesitz ungeniert aus staatlichen Mitteln vergrößert – man denke nur an »Carinhall« und sein per Schenkung vom Freistaat Bayern erlangtes Grundstück auf dem Obersalzberg –, bedient sich nun für die Auffüllung der Staatskasse skrupellos bei der ausgegrenzten und bedrohten Minderheit der jüdischen Deutschen. Die *Judenvermögensabgabe* wird zunächst auf 20%, dann auf 25% der im April 1938 registrierten Vermögenswerte festgelegt.

Arthur Eichengrün muß von Dezember 1938 bis Januar 1940, binnen eines einzigen Jahres, 96 000 Reichsmark *Judenvermögensabgabe* an das Finanzamt zahlen. Sie ist aufgrund der Vermögensschätzung vom April 1938 berechnet. Unmittelbar nach dem Novemberpogrom übereignet Eichengrün daher auf den Rat von Freunden seiner nichtjüdischen Frau Lucia den gesamten restlichen Besitz per Schenkungsurkunde, um bei zukünftigen Bewertungen für eventuelle weitere Raubzüge Görings keine Angriffsfläche mehr zu bieten. Trotzdem muß er, noch auf Basis der alten Vermögensschätzung, im Januar 1940 27 000 Reichsmark *Auswandererabgabe* zahlen. Im Oktober 1940 wird

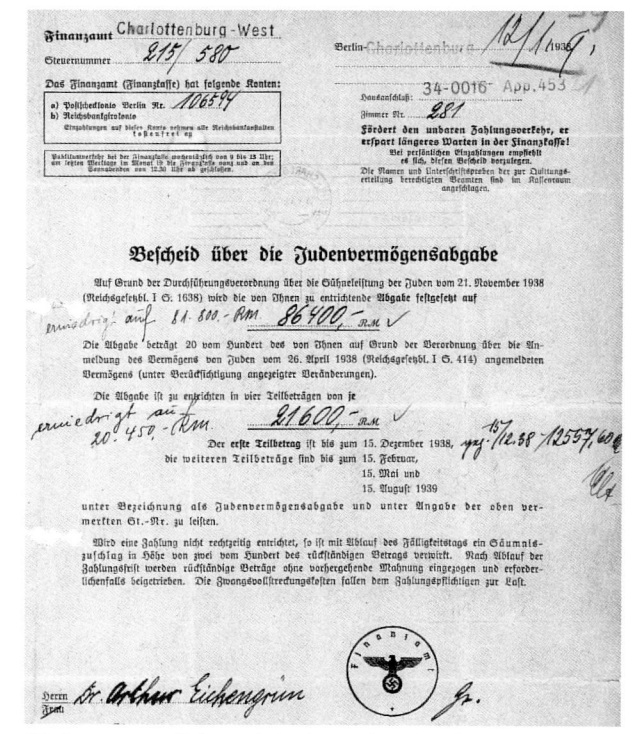

Görings gesetzlich sanktionierte Ausplünderung der deutschen Juden: Dr. Eichengrüns »Bescheid über die Judenvermögensabgabe«

Arthur Eichengrün im Alter von 70 Jahren, aufgenommen im »Fotoatelier Frensdorf, Berlin-Charlottenburg, Adolf Hitler-Platz 4«

er erneut um 81 400 Reichsmark geschröpft; die neue Schikane gegen die Juden hat auch diesmal Gesetzesform und heißt *Reichsfluchtsteuer*. Für seine Erben resümiert Eichengrün Ende 1942 lakonisch: »Ich habe auf diese Weise rund 220 000 Reichsmark an den Staat abgeliefert resp. verpfändet, ein Verlust, der ausschließlich auf meine Rasse-Eigenschaft zurückzuführen ist.«

An Auswanderung scheint Arthur Eichengrün trotz all dieser Schikanen nie gedacht zu haben, nicht ein einziges Mal erwähnt er in seinen hinterlassenen Schriftstücken diese Möglichkeit, von der seine Tochter Hille gleich nach Abschluß ihres Architektur- und Maschinenbaustudiums in Darmstadt 1934 Gebrauch machte. Sie verließ Deutschland über die Schweiz, machte Station in Österreich, von wo aus sie noch vor dem *Anschluß* erneut in die Schweiz floh. Mit einem zugleich sympathischen, naiven und kämpferischen Trotz weigert sich Arthur Eichengrün, die Entrechtung, die er aufgrund seiner jüdischen Abkunft erleidet, hinzunehmen. Er tüftelt nach wie vor an immer neuen Patenten, er lebt auf Kosten des ständig schrumpfenden übrigen Vermögens seinen gewohnten Lebensstil, als könne und werde sich der Nationalsozialismus über Nacht wie ein böser Spuk verziehen. Lucia und Arthur Eichengrün versuchen 1939 vergeblich, nach dem Zwangsverkauf der Cellon-Werke von Berlin nach München zu übersiedeln. Sie residieren etwa ein Jahr lang bis ins Jahr 1940 an nobler Adresse im Münchner Regina-Palast-Hotel. Anneliese von Mettenheim, eine Nichte Eichengrüns, erinnert sich noch heute an die bizarre Situation, in der sie ihre Verwandten im Hotel antraf. Unten im Foyer hatte es gerade einen großen Bahnhof für einen prominenten Gast des Hauses gegeben, Joseph Goebbels war zu Besuch, der Mann, der für seine Wochenschauen und seine umfangreiche Kinoproduktion wie etwa den Propagandafilm »Der ewige Jude« regen Gebrauch von einer der bahnbrechenden Erfindungen Eichengrüns machte, dem Cellit.

Oben in der Suite empfing Dr. Dr. Arthur Eichengrün, der Erfinder des unbrennbaren Kinofilms auf Cellitbasis, wie in alten Tagen seine Gäste, der Foxterrier streifte durchs Zimmer, man ging mit Gemahlin und der jungen Dame aus der Verwandtschaft fein essen und in die Oper.

Zwei Jahre später entdeckt ein eifrige Beamter, der Präsident des Reichspatentgerichts und Nationalsozialist namens Klauer, durch genaues Aktenstudium ein unentschuldbares Vergehen Eichengrüns. Auf einer Patentanmeldung hat Arthur Eichengrün im Oktober 1942 nicht mit dem seit Januar 1939 obligatorischen zusätzlichen

Vornamen *Israel* unterschrieben, den alle männlichen Juden verwenden müssen. Klauer bezichtigt Eichengrün, den Inhaber von über sechzig zum Teil bedeutenden Patenten, in einem seitenlangen Denunziationsschreiben an den Generalstaatsanwalt, er habe sich als *Arier* ausgegeben und sich dadurch Erfinderehren verschaffen wollen. Daraufhin beginnen die Mühlen der Justiz langsam, aber im Endeffekt unerbittlich zu mahlen. Im November 1943 wird Eichengrün verhaftet und vier Monate lang eingesperrt. In der Haft erleidet der mittlerweile 76jährige zuckerkranke Mann einen lebensgefährlichen Zuckerschock. Ein Arzt auf der Polizeikrankenstation kann ihn gerade noch retten. Ein Brief an die Gestapo, den er vom Krankenbett aus seiner Frau diktiert, um die Freilassung zu erwirken, wird ihm zum endgültigen Verhängnis: Frau Eichengrün schreibt den Brief auf einige Blätter des alten Firmen-Briefpapiers, und auch darauf fehlt – selbstverständlich – der vorgeschriebene Beiname *Israel*. Der erneute Lapsus fällt diesmal den Gestapo-Beamten auf, die nun ihrerseits Eichengrün anzeigen.

Kurz nach seiner vorübergehenden Freilassung aus der Gestapo-Haft wird Dr. Arthur Eichengrün ohne Vorankündigung in seiner Wohnung abgeholt und ins KZ Theresienstadt transportiert. Dort bleibt er bis zur Befreiung des KZs im April 1945 inhaftiert. Er überlebt trotz seiner Krankheit und des hohen Alters.

Eichengrün hatte während seiner Haft auch eine Begegnung mit dem damaligen Kommandanten des KZs Theresienstadt, Hauptsturmführer Rahm, die vom vollendeten Organisationsgeschick der Göringschen Ausplünderungspolitik gegenüber den Juden zeugt. Der Herr Kommandant ließ bei dieser Gelegenheit den Häftling Arthur *Israel* Eichengrün wissen, daß nunmehr die bislang nur vorsorglich von Eichengrün bezahlte *Reichsfluchtsteuer* vom Finanzamt endgültig einkassiert worden sei. Bislang waren lediglich Wertpapiere Eichengrüns in Höhe des zu entrichtenden Betrages auf einem Sperrkonto deponiert worden – für den Fall einer Auswanderung. Nun aber habe der Jude Eichengrün durch seinen Abtransport nach Theresienstadt unbestreitbar das Reichsgebiet verlassen, und für diesen Fall von Illoyalität dem Deutschen Reich gegenüber war die Strafsteuer schließlich erfunden worden.

Die Universität Erlangen erneuert 50 Jahre nach seiner Promotion 1946 Eichengrüns Doktordiplom

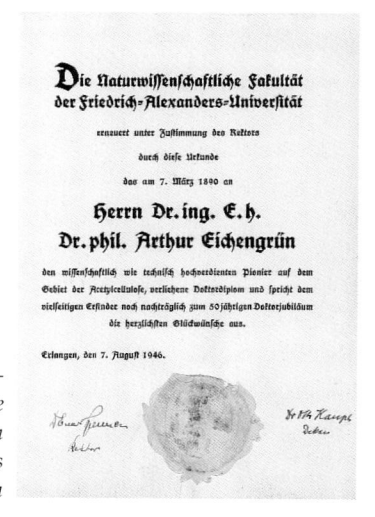

Dr. Dr. h.c. Arthur Eichengrün nach Krieg und KZ-Haft in Theresienstadt

Gipfeltreffen
Politik, Freizeit und Verbrechen (2)

Im Juli 1936 reist Joseph Goebbels wieder einmal zum Obersalzberg, wie immer auf Einladung Hitlers. In seinem Tagebuch notiert er:

»Mittags Obersalzberg. Der Führer empfängt uns mit großer Freude auf der Treppe. Und zeigt uns das ganze neue Haus mit unseren Zimmern. Es ist herrlich geworden. Gemütliche Fremdenzimmer. Eine wunderbare Halle. Das ganze ein einzigartiger Herrensitz auf dem Berge. Hier kann man ausruhen. Der Führer ist ganz glücklich. Hier ist er zu Hause.«[1]

Fast auf den Tag genau zehn Jahre zuvor hatte Hitler den damals noch recht unbekannten Demagogen aus Elberfeld das erste Mal auf den Obersalzberg gebeten, erfolgreich auf seine Seite in den innerparteilichen Kämpfen in der NSDAP gezogen und ihn auf seine zukünftige Rolle als Berliner Gauleiter eingeschworen. Die Gespräche zwischen Hitler und Goebbels fanden 1926 noch im Restaurationsgarten des Marine-Offiziersheimes Hotel »Antenberg« statt, im Gemenge der Kurgäste und Sommerfrischler, unter die sich die beiden Parteiideologen als räsonierende Privatpersonen gemischt hatten. Das Marineheim ist einen Monat vor der Einweihung des »Berghofs« von Bormann gekauft und dem *Führersperrgebiet* zugeschlagen worden. Das einst so schmucke Hotel wartet wie die neben ihm stehende Villa des Hotel-Erbauers Carl von Linde auf den Abriß.

Jetzt lädt der Reichskanzler seinen Minister für »Volksaufklärung und Propaganda« in einen neu errichteten staatlichen Repräsentationsbau. Der »Berghof« hat mit dem Umbau des einst vornehmlich privaten Refugiums »Wachenfeld« in einen zweiten Regierungssitz auch Hitlers Alltag

Sommergäste auf der Terrasse von Hitlers »Berghof«: Albert Speer, Kurt Hanke, Eva Braun und Joseph Goebbels

am Obersalzberg nachhaltig verändert. Politik, Privatsphäre und öffentliche Präsenz des *Führers* werden neu arrangiert.

Am 8. Juli verzeichnet Bormanns Notizbuch die »Einweihung des Berghofs«.[2] Mitten im Hochsommer marschieren die Berchtesgadener Weihnachtsschützen zu einem Böllersalut auf, das neue Haus wird in den nächsten Tagen von geladenen Gästen – wie eben der Familie Goebbels – inspiziert und bewundert. Die *Wallfahrer* bleiben großräumig ausgesperrt, sie werden etwa eine Woche lang an den Postenhäusern zum mittlerweile komplett eingezäunten *Führersperrgebiet* zurückgewiesen, eine Regelung, die zukünftig dann angewandt wird, wenn Staatsbesuche anstehen, und

Reviergrenzen: Hitler, Eva Braun und ihr Foxterrier »Stasi« vor einem Kaninchenstall auf der Terrasse des »Berghofs«

Reviergrenzen: Das untere Wachtor vor dem »Führersperrgebiet«, das nur Personen mit Sonderausweisen passieren durften, die von Bormanns »Verwaltung Obersalzberg« ausgestellt waren

dies ist immer häufiger der Fall. Ein »Erster Vorbeimarsch am neuen Haus«[3] wird am 13. Juli gestattet, wobei die vorbeiziehenden Besucher ihre Erwartungen auf den leibhaftig in aller Nähe erscheinenden *Führer* drosseln müssen, weil der, anstatt sich zum Defilee an die Grundstückseinfahrt zu begeben, es ab jetzt gelegentlich vorzieht, lediglich auf dem Balkon des »Berghofs« zu erscheinen und aus der Ferne zu grüßen.

Hatte bis 1935 Hitlers Halbschwester im alten Haus »Wachenfeld« anfänglich allein, später von Hausgehilfen unterstützt, ihre österreichischen Mehlspeisen aufgetischt und das Regiment geführt, nimmt nun eine Art staatliches Gästehaus mit einer professionellen Dienerschar die Arbeit auf; die staatliche Sphäre hält in der privaten Einzug. Angela Raubals Rolle übernimmt Hitlers Geliebte Eva Braun. Sie wohnt zumeist im »Berghof«,[4] ist befugt, in häuslichen Fragen Entscheidungen zu treffen, dem Personal Anweisungen zu geben und wird gelegentlich, aber nur in internen Briefwechseln oder Aufzeichnungen, als »Hausdame« bezeichnet. Für die deutsche Öffentlichkeit aber hat sie nicht zu existieren, selbst innerhalb des Alltages im »Berghof« ist ihr ein enger Rahmen vorgegeben. Es ist ihr nicht erlaubt, sich bei Staatsempfängen oder offiziellen Regierungsterminen zu zeigen, berichtet etwa Albert Speer in seinen Erinnerungen. »Bei den Besuchen seiner alten Parteimitarbeiter durfte Eva Braun anwesend sein. Sie wurde verbannt, sobald andere Würdenträger des Reiches, etwa Reichsminister, zur Tafel erschienen. Selbst wenn Göring mit seiner Frau kam, mußte Eva Braun in ihrem Zimmer bleiben. Hitler hielt sie offenbar nur in Grenzen gesellschaftsfähig. Ich leistete ihr in ihrem Exil, einem Zimmer neben dem Schlafraum Hitlers, manchmal Gesellschaft. Sie war so verschüchtert, daß sie es nicht wagte, zu einem Spaziergang das Haus zu verlassen: ›Ich könnte den Görings auf dem Gang begegnen.‹ Überhaupt nahm Hitler wenig Rücksicht auf ihre Anwesenheit. Ganz ungeniert sagte er in ihrer Gegenwart über seine Einstellung zur Frau: ›Sehr intelligente Menschen sollen sich eine primitive und dumme Frau nehmen. Sehen Sie, wenn ich nun noch eine Frau hätte, die mir in die Arbeit reinredet! In meiner freien Zeit will ich meine Ruh' haben ...‹«[5]

Nicht eines der ungezählten, in Obersalzberg entstandenen Eva-Braun-Fotos des allgegenwärtigen Hitler-Bild-Monopolisten Heinrich Hoffmann durfte damals gedruckt werden. Dafür:

Hitlers Teehaus am Mooslander Kopf, gelegen innerhalb des »Führersperrgebiets«

Hitler streichelt Kinder, Hitler schmust mit Schäferhund Blondi. Daß er auch mit Freundin Eva Braun schäkert, wie es in den nach dem Krieg jahrzehntelang am Obersalzberg verkauften Broschüren[6] zu sehen ist, war während des *Dritten Reiches* in den massenhaft verkauften Fotobänden von Heinrich Hoffmann kein Thema.[7]

Ein Jahr nach der »Berghof«-Einweihung sind alle noch übrigen Obersalzberger Häuser – bis auf wenige Ausnahmen – zerstört, dem Erdboden gleichgemacht und dieser neu mit Gras bepflanzt. Im August 1937 wird dafür innerhalb des *Führersperrgebietes* – einige hundert Meter unterhalb des »Berghofs« – das »Teehaus« am Mooslander Kopf fertig. Der runde Pavillon in exponierter Lage und mit einem guten Ausblick auf Salzburg wurde, anders als das in dieser Beziehung weit unwichtigere »Kehlsteinhaus«, ein fester Ankerpunkt während der Aufenthalte Hitlers in Obersalzberg.

Hitlers Wunschlandschaft ist nun perfekt: Seine Villa mit freiem Blick auf die Alpen und fast keine Häuser mehr in der Umgebung, die er als störend empfindet. Der Alltag auf dem »Berghof« wird jedoch in ihr bald zu einem beklemmenden, entleerten Ritual. »Schon der immergleiche Tagesablauf war ermüdend, der immer gleiche Kreis um Hitler ... langweilend«, schickt Speer der detaillierten Schilderung in seinen Erinnerungen voraus, die den täglichen Reigen wohl am genauesten wiedergibt.

»Hitler erschien meist spät, gegen elf Uhr in den unteren Räumen, arbeitete dann die Presseinformationen durch, nahm einige Berichte Bormanns entgegen und traf erste Entscheidungen. Seinen eigentlichen Tagesablauf leitete ein ausgedehntes Mittagsessen ein. Die Gäste versammelten sich im Vorraum. Hitler wählte seine Tischdame, während Bormann etwa ab 1938 das Privileg hatte, regelmäßig die links von Hitler sitzende Eva Braun zu Tisch zu führen, was seine beherrschende Stellung am Hof eindeutig demonstrierte. (...) An der langen Tafel saßen etwa zwanzig Personen, aber die Länge des Tisches ließ kein Gespräch aufkommen. In der Mitte nahm Hitler mit dem Blick auf das Fenster Platz; er unterhielt sich mit seinem Gegenüber, den er täglich neu bestimmte, oder mit seinen Tischdamen.

Die »Teegesellschaft« flaniert: Speer, Bormann, Hitler

Nicht lange nach dem Essen formierte sich der Zug zum Teehaus. Die Breite des Weges ließ nur jeweils zwei Personen Platz, so daß der Zug einer Prozession ähnlich sah. Voran gingen in einigem

Abstand zwei Sicherheitsbeamte, dann kam Hitler mit einem Gesprächspartner, dahinter in bunter Reihenfolge die Tischgesellschaft, gefolgt von weiterem Wachpersonal. Hitlers zwei Schäferhunde streunten im Gelände herum und mißachteten seine Befehle, die einzigen Oppositionellen bei Hofe.

Das Teehaus war an einem von Hitler bevorzugten Aussichtsplatz über dem Berchtesgadener Tal erbaut. Die Gesellschaft würdigte mit immer den gleichen Ausdrücken das Panorama. Hitler stimmte mit immer wieder ähnlichen Worten zu. (...) Hier, an der Kaffeetafel, verlor sich Hitler besonders gern in endlose Selbstgespräche, deren Themen der Gesellschaft meist bekannt waren und denen sie daher mit gespielter Aufmerksamkeit folgte. Gelegentlich schlief selbst Hitler über seinen Monologen ein, die Gesellschaft unterhielt sich dann im Flüsterton weiter und hoffte, daß er rechtzeitig zum Abendessen wieder aufwachte. Man war unter sich.

Nach ungefähr zwei Stunden ging die Teerunde, im allgemeinen gegen sechs, zu Ende. Hitler erhob sich dann, und der Pilgerzug begab sich zu dem zwanzig Minuten entfernten Halteplatz der Wagenkolonne. Nach der Rückkehr zum Berghof pflegte Hitler sich sofort in seine oberen Räume zu begeben, während der Troß sich auflöste.«[8]

In diesen Rückzugsphasen des »Berghof«-Alltags fielen politische Entscheidungen. »Außerdem wurde es nun üblich, daß Gesetze und Verordnungen auch von Berchtesgaden erlassen wurden, als sei dieser Ort ebenfalls amtlicher Sitz der deutschen Reichsregierung«,[9] bemerkt Max Domarus angesichts der steigenden Zahl dort unterzeichneter Regierungsdokumente, bei denen es sich keineswegs nur um die Absegnung irgendwelcher minder wichtigen Verwaltungsakte handelte. So unterschrieb Hitler zum Beispiel während des ersten Aufenthaltes im neuen »Berghof« am 24. August 1936 einen kurzen, sechszeiligen »Erlaß über die Ausdehnung der aktiven Dienstpflicht auf zwei Jahre«,[10] mit dem auf einen Schlag die Wehrdienstzeit verdoppelt wurde. Zu diesem gravierenden Schritt hatte es im Vorfeld keine öffentliche Debatte gegeben, und Hitler hielt es auch nicht für nötig, seine Entscheidung etwa durch eine Rundfunkrede zu begründen und zu rechtfertigen, wie er dies etwa bei der Einführung der allgemeinen Wehrpflicht im März 1935 getan hatte.

Im Fehlen technischer und logistischer Voraussetzungen vor Ort war seine mangelnde Kommunikation nicht begründet, denn diese wurden beständig perfektioniert. Schon im Januar 1935 hatte Hitler unmittelbar nach der Verkündung des Ergebnisses der »Saar-Abstimmung« vom Postamt Berchtesgaden aus eine Rundfunkrede absetzen können. Zwei Jahre später, am 18. Januar 1937, fand in Berchtesgaden-Stangaß das Richtfest für die noch im selben Jahr fertiggestellte Außenstelle der Reichskanzlei statt, »da der Führer immer im Dienst ist, ob werktags, feiertags oder im Urlaub«,[11] wie der Staatssekretär und Chef der Reichskanzlei Karl Lammers bei der Richtfeier zum besten gab. Hier fehlte es nicht an Nachrichten und Kommunikationssträngen, die von der Metropole Berlin nach Berchtesgaden und zum Obersalzberg führten. Modernste Technik wurde installiert, die die tümelnde Rede vom *Rückzug des Führers in die Bergeinsamkeit* ad absurdum führte.

Im solchermaßen vernetzten »Berghof« arbeitete Hitler am Obersalzberg seine politischen und militärischen Pläne aus, die später ein weit größeres Gewicht erlangten als die Besuchdiplomatie, die nun einsetzte und propagandistisch durch Wochenschaubilder und Fotoreportagen ins Rampenlicht gerückt wurde. »Das aktuelle Hitlerbild in der Illustriertenpresse wandelte sich«, bemerkt Rudolf Herz in seiner Studie über »Hoffmann und Hitler« und fährt fort: »Hitlers fotografische Darstellung als allgegenwärtiger, im engsten Kontakt mit den Massen stehender Volksliebling, dieses Jubelbild war bereits im Jahr zuvor schwächer geworden. Bildberichte über den Obersalzberg galten nun kaummehr der Begegnung von ›Führer‹ und ›Volksgenossen‹, sondern Hitlers diplomatischen Verhandlungen oder Empfängen hoher Staatsgäste.«[12]

Die neue Linie der Propaganda zielt darauf, Hitler den Deutschen als international anerkannten Staatsmann vorzuführen. Von den etwa zwanzig Besuchen prominenter ausländischer Gäste, die zwischen 1936 und dem Kriegsbeginn im September 1939 in Obersalzberg stattfinden, eignen sich nicht alle gleichermaßen für diesen Zweck.[13] Öffentlich ins Bild gerückt werden deshalb vor allem Besucher wie der ehemalige britische Premierminister David Lloyd George, der am 4. September 1936 am »Berghof« vorfährt. Lloyd George, der zu den Siegern des Ersten Weltkrieges gehört, läßt sich bei dieser Gelegenheit vor Hitlers Karren spannen. Ausgerechnet der ehemalige Kriegspremier der Briten redet der unseligen Dolchstoßlegende der deutschen Rechten und Rechtsextremisten das Wort. Die Alliierten, so zitiert Hitler Lloyd George nach dessen Besuch, hätten 1918 kurz vor einem Waffenstillstandsangebot an die Deutschen gestanden, nur durch die deutsche Novemberrevolution und die darauf erfolgte Kapitulation sei es zur kompletten Niederlage Deutschlands gekommen.

Hitler empfängt am Obersalzberg vorzugsweise Sympathisanten seiner Politik, Vertreter verbündeter Mächte oder – zum Beispiel im Falle Englands – profilierte Einzelpersonen, meist ohne Regierungsämter, durch deren Vermittlung er vage Bündnishoffnungen befördern möchte. Solch ein schlagzeilenträchtiges Ereignis ist im Oktober 1937 der Besuch des ehemaligen britischen Königs Eduard VIII., der nach nur einem Jahr auf

Staatsbesuch: Der britische Ex-Premier David Lloyd George am 4. September 1936 auf der Treppe des »Berghofs«

Staatsbesuch: Der abgedankte britische König Eduard VIII. und seine Frau Wally Simpson mit Gastgeber Hitler, 22. Oktober 1937

dem Thron im Dezember 1936 wegen seiner Heirat mit der bürgerlichen Amerikanerin Wally Simpson abdanken mußte. Der einzige Besuch eines hochkarätigen Politikers mit Einfluß und kontroverser Meinung, den Hitler je auf dem Obersalzberg empfangen hat, ging nicht auf seine Initiative als Gastgeber zurück, sondern auf die Anregung des Gastes: Großbritanniens Premierminister Arthur Neville Chamberlain sucht am

Der britische Premierminister Neville Chamberlain sucht Hitler am 15. September 1938 im Vorfeld des »Münchner Abkommens« im »Berghof« auf

15. September 1938 im Vorfeld des »Münchner Abkommens« nach einer Verhandlungslösung im sich anbahnenden Konflikt Deutschlands mit der Tschechoslowakei, durch den Großbritannien als Schutzmacht der Tschechen und Slowaken gefordert ist. Chamberlain ist stur. Er kann gegenüber Hitler durchsetzen, daß nicht in der großen Halle des »Berghofs« vor großem Gefolge verhandelt wird, ein Arrangement, das Hitler bevorzugt, weil es seiner Neigung entgegenkommt, vor Publikum zu dozieren. Die Gespräche werden daraufhin im Arbeitszimmer Hitlers im kleinen Kreis geführt. Chamberlain erweist sich als ein für Hitler unerwartet zäher Verhandlungspartner, was sich auch bei der Fortsetzung der Gespräche in Bad Godesberg zeigt, ein Umstand, der allerdings wenig später durch das Ergebnis des »Münchner Abkommens« überdeckt wird, denn darin geben die Westmächte England und Frankreich zu Lasten der Tschechoslowakei nach. Als Folge dieser Appeasement-Politik wird die Tschechoslowakei gezwungen, im Oktober 1938 das Sudetenland an das Deutsche Reich abzutreten; wenige Monate später, im Frühjahr 1939, zerschlägt und annektiert die deutsche Wehrmacht dann auch noch die Rest-Tschechoslowakei.

Was Hitler auf diplomatische Spielregeln gab, wenn er es auf dem Obersalzberg mit machtpolitisch unterlegenen Verhandlungspartnern zu tun hatte, erfuhr im Februar 1938 der österreichische Bundeskanzler Kurt Schuschnigg. Hitler arbeitete auf den *Anschluß* Österreichs hin, den Schuschnigg durch Hinhaltetaktik zu verhindern suchte. Als er in Angst vor einer drohenden Militärintervention der Deutschen am 12. Februar 1938 auf Einladung Hitlers im »Berghof« erschien, hatte der bereits seine Vorbereitungen getroffen. »Ich habe beim Besuch Schuschniggs meine beiden am brutalsten aussehenden Generäle im Vorzimmer paradieren lassen«,[14] mit diesen Worten hat Hitler später gegenüber Generalfeldmarschall Eberhard Milch seine Einschüchterungstaktik eingestanden, er brüllte, er rannte hin und wieder aus dem Saal zu den draußen wartenden, finster blickenden

Gutes Wetter, drinnen und draußen, beim Besuch Verbündeter: Spaniens Außenminister Serano Sunner und der italienische Außenministers Graf Ciano bei Hitler

Eine politische Marionette bei ihrem »Führer«: Der Führer der »Sudetendeutschen Volkspartei« Konrad Henlein, 2. September 1938

Militärs, er drohte offen mit militärischer Gewalt. Schuschnigg sah keine andere Möglichkeit, als Hitlers Forderungen nachzugeben, er hob das Verbot der nationalsozialistischen Organisationen in Österreich auf und berief zwei nationalsozialistische Minister in sein Kabinett. Gleichwohl unterläuft Schuschnigg wenige Wochen später Hitlers *Anschluß*-Absichten, als er eine Volksabstimmung ansetzt, in der sich die Österreicher »für ein freies und deutsches, unabhängiges und soziales, für ein christliches und einiges Österreich« entscheiden sollen. Daraufhin setzt Hitler – auf Umwegen – seinen Anschlußplan in Kraft. Zunächst wird unter der Drohung, sonst erfolge der Einmarsch der deutschen Truppen, der österreichische Nationalsozialist Seyß-Inquart, der bislang Innenminister unter Schuschnigg war, zum Kanzler berufen. Dann wird dieser veranlaßt, die deutschen Truppen mit einem telegraphischen Hilfeersuchen selbst zum Einmarsch in Österreich aufzufordern, was dann am Morgen des 12. März 1938 auch tatsächlich geschieht.

In klassischen staatsmännischen Verhandlungen wurde am Obersalzberg kaum etwas bewegt; die wenigen Beispiele zeigen, daß der *Führer* der deutschen Nation mit dem internationalen diplomatischen Parkett nicht viel anzufangen wußte und auch nichts anfangen wollte.

Die entscheidenden Weichenstellungen bereitet er in relativ einsamen Klausuraufenthalten im »Berghof« vor, in deren Verlauf umfangreiche strategische und militärische Pläne mit ominösen Decknamen entworfen werden: Die Weisung für den »Fall Grün« beispielsweise formuliert Hitler schon im Mai 1938. Sie ist nichts anderes als das Szenario für die militärische Einnahme der Tschechoslowakei und wird von Hitler am 10. August – ebenfalls im »Berghof« – der dort einbestellten Generalität unterbreitet. Anfang April 1939 entwirft Hitler über die Ostertage im »Berghof« eine »Weisung an die Wehrmacht«, in der unter dem Stichwort »Fall Weiß« schon erste exakte Festlegungen für den Überfall auf Polen getroffen werden. Bereits in diesem Papier ist bestimmt, daß der Krieg gegen Polen ohne Kriegserklärung begonnen werden soll; genauso geschah es dann am 1. September 1939. Bei einem weiteren Aufenthalt in Obersalzberg im Juni ergänzt und detailliert Hitler die Weisungen für den »Fall Weiß«.

Im August 1939 treibt er die Vorbereitung des Krieges gegen Polen einen weiteren wichtigen Schritt voran: vom »Berghof« aus telegrafiert er nach Moskau und bietet Stalin am 20. August den sofortigen Abschluß eines Nichtangriffspaktes an. Schon einen Tag darauf gibt Stalin in einem Antworttelegramm grünes Licht und ist damit einverstanden, den deutschen Außenminister zwei Tage später in Moskau zu empfangen. Ribbentropp macht sich am 22. August mit einer von Hitler unterzeichneten Generalvollmacht von Obersalzberg aus auf den Weg. Er erhält auf Hitlers Wunsch einen Begleiter ohne jedes diplomatische oder politische Mandat: den Fotografen-Freund Heinrich Hoffmann, der gehalten ist, Stalin und seine Marotten aufs genaueste zu beobachten und darüber Bericht zu erstatten. Für den selben Tag bestellt Hitler die Oberbefehlshaber der Wehrmachtstruppenteile zu sich auf den »Berghof« und stimmt die zögernden Generäle in der Pose des Einpeitschers auf den bevorstehenden Krieg ein. Die erhaltenen stenographischen Aufzeichnungen seiner Rede belegen, daß das durchs riesige Fenster schimmernde Bergpanorama jedenfalls keine besänftigende Wirkung auf Hitler gehabt hat. »Vernichtung Polens im Vordergrund. Ziel Beseitigung der lebendigen Kräfte, nicht die Erreichung einer bestimmten Linie. Auch wenn im Westen Krieg ausbricht, bleibt Vernichtung Polens im Vordergrund. Mit Rücksicht auf Jahreszeit schnelle Entscheidung. Ich werde propagandistischen Anlaß zur Auslösung des Krieges geben, gleichgültig, ob glaubhaft. Der Sieger wird später nicht danach gefragt, ob er die Wahrheit gesagt hat oder nicht. Bei Beginn und Führung des Krieges kommt es nicht auf das Recht an, sondern auf den Sieg.

Herz verschließen gegen Mitleid. Brutales Vorgehen. 80 Millionen Menschen müssen ihr Recht bekommen. Ihre Existenz muß gesichert werden. Der Stärkere hat das Recht. Größte Härte. (...) Restlose Zertrümmerung Polens ist das militärische Ziel. Schnelligkeit ist die Hauptsache. Verfolgung bis zur völligen Vernichtung.«[15]

Auf die Nachricht der Agenturen vom bevorstehenden Abschluß des deutsch-sowjetischen Nichtangriffspaktes reagiert der britische Premierminister Chamberlain blitzschnell. Während Hitler in Obersalzberg auf seine Generäle einredet, diktiert Chamberlain einen Brief an ihn, der Hitlers Behauptung gegenüber den Militärs Lügen straft, England werde bei einem Überfall auf Polen aufgrund der Schwäche seiner Rüstung die vertraglichen Verpflichtungen gegenüber Polen nicht erfüllen und es nicht wagen, in den Krieg einzutreten. Noch am Abend des 22. August sucht der britische Botschafter Henderson auf Weisung

Kriegspläne gegen Rußland, ausgebreitet auf dem sechs Meter langen Tisch vor dem Fenster in der großen Halle des »Berghofs«: Hitler mit (von links) Alfred Jodl, Chef des Wehrmachtsführungsstabes; Franz Halder, Generalstabschef des Heeres; Rudolf Schmundt, Wehrmachtsadjutant Hitlers; Wilhelm Keitel, Chef des Oberkommandos der Wehrmacht, und Feldmarschall Walther von Brauchitsch; 31. Juli 1940

aus London dringlichst um einen Empfang bei Hitler nach. Der zieht auf diese Anfrage im Außenministerium nervös Erkundigungen ein, ob er dem Botschafter den Empfang ohne Gesichtsverlust und Verletzung der diplomatischen Etikette verweigern könne. Er könne dies nicht tun, erklärt ihm Außenstaatssekretär von Weizsäcker, so daß Henderson im Flugzeug von Berlin herbeieilt und Hitler schon am Nachmittag des 23. August im »Berghof« Chamberlains warnenden Brief aushändigt. »Nötigenfalls ist Seiner Majestät Regierung entschlossen und bereit, alle ihr zur Verfügung stehenden Kräfte unverzüglich einzusetzen, und es ist unmöglich, das Ende einmal begonnener Feindseligkeiten abzusehen«, liest Hitler darin schwarz auf weiß das Gegenteil dessen nach, was er vor einigen Stunden am gleichen Ort in der Halle des »Berghofs« seinen Generälen gegenüber behauptet hat. Der eindringliche Brief und die lange Unterredung mit Henderson bringen Hitler nicht zur Besinnung. Das bestätigt auch seine schriftliche Antwort an Chamberlain, die er bei einem zweiten, abschließenden Treffen dem britischen Botschafter übergibt. »Sie teilen mir,

Auftritt: Außenminister Joachim von Ribbentropp

Excellenz, im Namen der Britischen Regierung mit, daß Sie in jedem solchen Fall des Einschreitens Deutschlands gezwungen sein werden, Polen Beistand zu leisten. Ich nehme diese Ihre Erklärung zur Kenntnis. (...) Ihre Versicherung, daß Sie in einem solchen Fall an einen langen Krieg glauben, teile ich ebenfalls.«[16] Was Hitler will, kommt kaum je deutlicher zum Ausdruck als in diesen Augusttagen des Jahres 1939: Er wird über die unabsehbaren Gefahren und Konsequenzen seines Handelns ins Bild gesetzt; es werden ihm – ähnlich wie vor dem »Münchner Abkommen« – diplomatische Alternativen angeboten; Hitler jedoch will den Krieg.

Noch in der Nacht auf den 24. August meldet sich Ribbentropp telefonisch aus Moskau. Der Nichtangriffspakt mit der Sowjetunion ist unterzeichnet. Was nicht in den Zeitungen stehen wird: Im geheimen Zusatzprotokoll ist die Teilung Polens vereinbart. Acht Tage später, am 1. September, stürzt sich Hitlers Armee auf ihren Teil der Beute.

Die Wochen und Tage vor der Auslösung des Zweiten Weltkrieges beschreiben eine Ausnahmesituation, die über mehrere Tage hinweg das eingefahrene Alltagsritual auf dem »Berghof« aus dem Takt bringen. In ereignislosen Zeiten folgte dem ruhigen Vormittag, dem Mittagessen, der anschließenden Teestunde im Pavillon am Mooslander Kopf und Hitlers nachmittäglichen Arbeitsstunden eine gesellige Runde mit Sekretärinnen, Adjutanten, privaten Freunden und Hausgästen, die mit dem gemeinsamen Abendessen begann.

Albert Speer: »Danach begab sich Hitler in die Wohnhalle, wiederum gefolgt von der noch immer gleichen Gesellschaft. Die Halle war vom Atelier Troost zwar sparsam, aber mit übergroßen Möbeln eingerichtet: einem Schrank mit über drei Metern Höhe und fünf Metern Länge für Ehrenbürgerbriefe und Schallplatten; einer Glasvitrine von klassischer Monumentalität; einem mächtigen Uhrengehäuse, das von einem bronzenen Adler gekrönt war, der es zu behüten schien. Vor dem großen Schaufenster stand ein sechs Meter langer Tisch, auf dem Hitler Dokumente zu unterschreiben und später Lagekarten zu studieren pflegte. Es gab zwei rotbezogene Sitzgruppen: die eine, im rückwärtigen Teil des Raumes, war durch drei Treppenstufen abgesetzt und um einen Kamin gruppiert; die andere, in der Nähe des Fensters, umgab einen runden Tisch mit einer Glasplatte zum Schutz der furnierten Holzplatte. Hinter der Sitzgruppe befand sich die Filmvorführkabine, deren Öffnungen durch einen Gobelin verborgen waren; an der gegenüberliegenden Wand stand eine mächtige Kommode, in die die Lautsprecher eingebaut waren und auf der eine mächtige Büste Richard Wagners von Arno Breker stand. Und über ihr hing ebenfalls ein Gobelin, der die Filmleinwand verdeckte. (...)

Wir setzten uns auf Sofa oder Sessel einer der Sitzgruppen; die zwei Gobelins wurden hochgezogen, und mit den auch in Berlin üblichen abendfüllenden Spielfilmen begann der zweite Teil des Abends. Anschließend versammelte man sich um den riesigen Kamin, etwa sechs oder acht Personen auf einem überlangen, unbequem tiefen Sofa wie auf einer Stange aufgereiht, während Hitler, wiederum flankiert von Eva Braun und einer der Frauen in bequemen Sesseln Platz genommen hatte. Die Runde war infolge der ungünstigen Möblierung so auseinandergezogen, daß ein gemeinsames Gespräch nicht aufkommen konnte. Jeder unterhielt sich gedämpft mit seinem Nachbarn. Hitler sprach leise Belangloses mit den beiden Frauen an seiner Seite, oder tuschelte mit Eva Braun, manchmal hielt er ihre Hand. Oft aber schwieg er vor sich hin oder starrte brütend in das Kaminfeuer; die Gäste verstummten, um ihn nicht in bedeutenden Gedanken zu stören.«[17]

Die Tage im »Berghof« zerfallen in zwei strikt getrennte Sphären, die sich, auch personell, wenig berühren, ja sogar unter Kontaktverbot stehen. Auf der einen Seite ist da das Umfeld des Staatspolitikers, Parteiführers und Kriegsherrn Hitler mit Konferenzen und Lagebesprechungen. Schrift-

Abgang: Hitlers Verbündeter, Italiens »Duce« Benito Mussolini, reist ab

Partyzeit auf dem »Berghof«, von der das Volk nichts wissen durfte: Eva Braun (3. v. l.) richtete am 3. Juni 1944 die Hochzeit ihrer Schwester Gretl mit Hermann Fegelein (2. v. l.) aus

stücke werden unterzeichnet, Befehle ausgeteilt. Hier wird Klartext gesprochen, es fallen folgenreiche Entscheidungen.

Auf der anderen Seite arrangiert Hitlers Geliebte Eva Braun einen Kreis privater Bekannter und enger Mitarbeiter Hitlers ohne politisches Mandat, zu dem zum Beispiel Evas Schwestern Ilse und Gretel, der Fotograf Heinrich Hoffmann, dessen später mit Reichsjugendführer Baldur von Schirach verheiratete Tochter Henriette, die Sekretärinnen und zuweilen auch die Dienerschaft des »Berghofs« zählen. Für einen Hauch Boheme werden immer wieder neue Gäste eingeladen. Ensemblemitglieder des Münchner Gärtnerplatztheaters, bekannte Sportler wie Max Schmeling oder systemkonforme Künstler wie der Monumentalbildhauer Thorak sind darunter, Filmsternchen und andere Berühmtheiten aus dem Reich jener UFA-Filme und Wochenschauen, die man vom allabendlichen flimmernden Heimkino kennt. Dann verwandelt sich die große Halle des »Berghofs«, der Ort der Staatsakte, ausstaffiert mit Werken der repräsentativen Hochkultur, in das erste Pantoffelkino Deutschlands. Die kostbaren Gobelinteppiche werden eingerollt. Jetzt erweist sich, was sie wirklich sind: Dekoration und Schonbezug für die weiße Kinoleinwand.

Nur Hitler selbst gehört beiden Sphären an. Nur er nimmt sich das Recht, das belanglose Geplauder der privaten Runde mit politisierenden Monologen zu durchbrechen, die dann widerspruchslos verklingen.

Vormittags Invasionspläne, abends Operettenfilme – kein Angriffsplan, der nicht hier, in des *Führers Bergeinsamkeit*, Konturen angenommen hätte. Im Juli 1940 – eine Verständigung mit England zu Hitlers Bedingungen war soeben abgelehnt worden – grübelt er mit seinen Generälen über eine Landungsaktion auf den britischen Inseln nach und fixiert einen neuen Entschluß: »Im Zuge dieser Auseinandersetzung muß Rußland erledigt werden. Frühjahr 1941. Je schneller wir Rußland zerschlagen, um so besser. Operation hat nur Sinn, wenn wir Staat in einem Zug schwer zerschlagen. Gewisser Raumgewinn allein genügt nicht. Stillstehen im Winter bedenklich. Daher besser warten, aber bestimmter Entschluß, Ruß-

Hitler verläßt das Gästehaus

Die Ruine des Gästehauses

land zu erledigen.«¹⁸ Im Januar 1941 treibt Hitler diese Überlegungen vor seiner im »Berghof« versammelten Wehrmachtsführung weiter. Der letzte Feldzugsplan Hitlers, der hier, mit dem beständigen Panoramablick auf den Untersberg, entwickelt wird, bekommt den bezeichnenden Namen »Unternehmen Barbarossa«. So heißt der Angriffsplan gegen die Sowjetunion, der am 21. Juni 1941 in Kraft gesetzt wird.

Der Untersberg ist einer der mythischen Berge, in deren Innerem angeblich Kaiser Barbarossa ausharren soll, bis die Zeit seines Reiches gekommen ist. Sollte Hitler gemeint haben, die Zeit dieses sagenhaften Reiches sei bereits gekommen und werde sich mit der Niederwerfung Rußlands erfüllen, so täuscht er sich. Der Krieg im Osten wird kein Blitzkrieg, und Hitler ist gezwungen, seinen komfortablen Befehlsstand »Berghof« gegen unwirtliche, verbunkerte Führerhauptquartiere im Osten einzutauschen. Auch gibt es nach Kriegsbeginn nur noch Vasallen, aber keine erwähnenswerten Staatsbesucher mehr, die zum Obersalzberg kommen. Deutschland liegt mit der Welt im Krieg.

Die Barbarossa-Sage erfüllt sich mit der Kriegswende von 1943 am Obersalzberg auf ganz andere Weise, als sich das Hitler ausgemalt hatte. Erneut wird das Gebiet zur Großbaustelle. Jetzt wird das Bergesinnere ausgehöhlt. Die Parallele zu Barbarossa besteht gleichwohl: Hitler muß sich verkriechen, denn sein Reich geht zu Ende.

Bunker und Bomben
Hitler schützen, Hitler töten

Die »Theaterhalle« neben dem Arbeiterlager am Antenberg

Im Laufe des Jahres 1938 waren bis hin zum »Kehlsteinhaus« alle Bauten abgeschlossen, die zur exklusiven Verwendung der am Berg residierenden NS-Führer Hitler, Göring und Bormann bestimmt waren. Trotzdem ist das Obersalzberg-Gebiet bis zum Kriegsende eine Großbaustelle geblieben.

Zum einen hielt vor allem Bormann daran fest, den Wohnsitz Hitlers bei aller Abschirmung als massentouristisch nutzbare *Führer*-Kultstätte zu erhalten und dafür nach Zerstörung der alten Gaststätten, Pensionen und Geschäfte neue Voraussetzungen zu schaffen. Zum anderen beflügelte der so nicht erwartete Kriegsverlauf das Sicherheitsdenken der Sperrgebietsbewohner; die Zeit der Luftschutzbunker und Kavernen brach an, an die bei den doch sonst so aufwendigen Bauten bisher niemand gedacht hatte.

Es ist erstaunlich, mit welchem Eifer der quasi religiöse Hitler-Verehrungstourismus befördert wurde, vom kleinen Detail am Grundstücksrand des »Berghofs« angefangen bis zur Planung der ganzen Berchtesgadener Region. Stets zur Stelle, vermerkt im heißen Juni 1937 Martin Bormann in seinem Notizbuch: »Der hochsommerlichen Hitze wegen wünscht sich der Führer (Sonntag) zum täglichen Vorbeimarsch einen Baum; Baum in München bestellt.«[1] Vier Tage später wird eine aus München herbeigekarrte Linde, ein ausgewachsener Baum mit mächtigem Ballen, an genau der Stelle eingepflanzt, an der Hitler Aufstellung nimmt, wenn die nunmehr nach genauem Stundenplan und Voranmeldung ins Sperrgebiet vorgelassenen HJ- und BDM-Gruppen an Hitler vorbeiparadieren.

Da nicht alle Jugend-Formationen in Obersalzberg antreten können, wird die filmische Inszenierung eines »Musterbesuches« geplant, wie das an *Führer*-Adjutant Brückner gesandte Konzept der Firma Arnold & Richter vom 12.8.1937 zeigt:

»Drehbuchentwurf für den Film ›Besuch beim Führer auf dem Obersalzberg‹.

1. Eine Gruppe Jungvolkpimpfe marschiert mit Fahrtgepäck und Wimpel auf der Landstraße unweit des Obersalzberges.

2. An einem Almbrunnen vor einem Gehöft halt! Die Affen werden abgelegt, der Wimpel wird zur Seite gestellt.

3. Ein Junge legt unter Teilnahme der anderen ein Segelflugmodell auffallend vorsichtig nieder.

4. Am Brunnen waschen die Jungen eifrig Gesicht und Hände. (Staub wird von den Schuhen gewischt, die Ärmel werden hochgekrempelt,

Kleider und Koppelzeug geordnet, einige kämmen sich gegenseitig die wirren Haare glatt).

5. Die Gruppe (Wimpelträger voran) auf dem Weg zum Haus Wachenfeld.

6. Am Tore zum Garten des Führers: viele Menschen stehen und blicken hinauf (Mutter mit Kindern usw.). Unsere Jungvolkpimpfe kommen nah an das Tor heran. Einige von den Leuten sprechen mit der SS-Wache. Auch die Jungen drängen sich dazu. Eine Frau gibt dem Posten einen Blumenstrauß, eine Magd einen Korb mit Obst usw. Die Pimpfe zeigen ihr Flugzeug herauf und geben es der Wache hin, ein SS-Mann geht mit den Sachen ins Haus.

7. Der SS-Mann kommt zurück und spricht mit dem Jungzugführer. Alle Jungen, auch andere Leute, drängen neugierig gespannt herzu.

8. Großaufnahme von den Jungen: strahlende Gesichter!

9. Das Tor wird geöffnet. Die Pimpfe mit ihrem Wimpel folgen dem SS-Mann durch den Garten hinauf auf die Terrasse.

10. Sie stellen sich hier auf und blicken erwartungsvoll auf die Tür, die von innen geöffnet wird. Der Führer tritt plötzlich heraus, gefolgt von einem Adjutanten, der das Segelflugzeug trägt, und geht auf die Pimpfe zu, schüttelt jedem herzlich die Hand.

11. Der Führer setzt sich mit den Jungen an einen der Tische. Er läßt sich von den Jungen das Modell erklären, hört freundlich zu und betrachtet aufmerksam das Geschenk, klopft einigen Jungen lobend auf die Schulter.

12. Kaffee und Kuchen werden aufgetragen. Herzliche Szene: Der Führer mit den Jungen beim Kaffee. (Der Führer sichtlich erfreut über den frischen Appetit der Pimpfe usw.).

13. Adjutant bringt Aktenstück: der Führer liest, spricht mit dem Überbringer, unterschreibt.

14. Der Führer zeigt den Pimpfen von der Veranda aus die Landschaft.

Nur noch organisierter Besuch von NS-Formationen wird in das Sperrgebiet zu Hitler vorgelassen

15. Ein Mitarbeiter erscheint, Gespräch zwischen den beiden, die Jungen stehen achtungsvoll beiseite.

16. Der Führer tritt noch einmal zu den Jungen zurück, gibt ihnen die Hand, er will sich verabschieden, winkt aber noch einem SS-Mann in der Nähe zu, der mit einem Bild vom Führer erscheint, das der Führer den Jungen schenkt. Oder: die Jungen erhalten das Autogramm des Führers.

17. Wenn möglich: der Führer tritt mit seinen Mitarbeitern ins Haus, wir sehen ihn in sein Zimmer gehen, er setzt sich an den Arbeitstisch, der Adjutant und andere Herren erscheinen zur Beratung.

18. Die Jungen marschieren durchs Tor hinaus, freudige Gesichter auch bei den wartenden Leuten.

19. Frischer Abmarsch zu Tal. Einige Leute und Kinder folgen der kleinen Schar.«[2]

Hitlers ins Tal schweifender Blick wird zur Richtschnur der architektonischen Entwicklung – auf Sichtweite und bis in das Berchtesgadener Tal hinunter. Ein paar der alten Obersalzberger Häuser

Heinrich Hoffmans Bild vom »guten Nachbarn Rasp« wurde mit dieser Erläuterung auch noch dann publiziert, als Rasp durch Schikanen vom Obersalzberg bereits vertrieben worden war

Das Freidinglehen von Rasp, das Bormann in drei Tagen dem Erdboden gleichmachen ließ

waren Anfang 1937 nach dem Aufkauf durch Bormann nicht abgerissen worden. Das ehemalige Wohnhaus des Kunstmalers Waltenberger bekam Albert Speer mit seiner Familie als Wohnhaus zur Verfügung gestellt. Alle Renovierungsarbeiten zahlte die NSDAP, und ebenso wurde mit der ehemaligen »Villa Bechstein« verfahren.[3] Sie diente als Quartier für hohe Besucher Hitlers; die prominentesten Gäste, die dort später wohnten, waren Benito Mussolini und Familie Goebbels.

Es war in diesem Sommer 1937 gerade die Zeit der launigen Entscheidungen und flinken Federstriche. Eben hatte Hitler verfügt, daß ein geplantes neues Hotel am Antenberg nicht gebaut werden sollte, denn es hätte an diesem exponierten, sonnenbeschienenen Platz dem »Berghof« wohl die Schau gestohlen. Auf dem Kehlstein wurde zu dieser Zeit der Grundriß für das dort geplante Haus festgelegt.

In der Nachbarschaft des von Grund auf renovierten »Bechsteinhauses« stand noch ein altes Bauernhaus, das Freidinglehen. Hitler persönlich hatte schon im August 1935 das Anwesen gekauft, das zu gleichen Teilen zwei Besitzern gehörte. Im Kaufvertrag hatte er damals den beiden Verkäufern für namentlich benannte Mitglieder der Familien ein Wohnrecht auf Lebenszeit eingeräumt.[4] Einer dieser auf Lebenszeit Wohnberechtigten war der Austragslandwirt Josef Rasp, der *gute Nachbar Rasp*. So waren die Fotos des alten Mannes untertitelt, in denen er Heinrich Hoffmann jahrelang als willkommene Staffage bei der fotografischen Inszenierung seines Hitler-Bildes diente. Die Fotografien des greisen 78jährigen, der sich vertrauensvoll zum Handschlag vor Hitler verbeugt, entstanden wahrscheinlich 1935. Sie suggerierten das herzliche Verhältnis Hitlers zu seinen Obersalzberger Nachbarn in Hoffmanns Bildbänden noch bis in die vierziger Jahre hinein.[5] Dabei wurden der *gute Nachbar Rasp* und die Familie von Bomhardt im Sommer 1937 unter Bruch des Vertrages aus dem Freidinglehen herausgedrängt. Der *gute Nachbar Rasp* starb bald darauf in Schönau am Königsee.[6]

Die Familie von Bomhardt versuchte vergeblich, auf das vertraglich zugestandene Wohnrecht zu pochen. Bormann vertrieb die Familie mit einer Reihe von Schikanen, vor allem mit der Sperrung des Zuganges zu dem mittlerweile in Insellage mitten im *Führersperrgebiet* gelegenen Haus. Nachdem die Familie von Bomhardt damit alleine nicht mürbe zu machen war, bediente sich Bormann einer dreisten Rechtsbeugung: Er ließ das alte, aber intakte Haus für baufällig und einsturzgefährdet erklären. In einer eidesstattlichen Erklärung hat Carl-Victor von Bomhardt später die Umstände der Zwangsräumung geschildert. »Von meinem Vater wurde das vertraglich festgelegte Wohnrecht geltend gemacht, trotzdem mußten wir innerhalb von 24 Stunden das Haus räumen. Ich entsinne mich noch sehr genau, daß mein Vater sehr erregt nach diesem Telefonat mit Herrn Bormann war, da er nicht wußte, wie er den Umzug so schnell bewerkstelligen sollte, und keine Bleibe für das Inventar hatte. Am folgenden Tag begann meine Mutter mit der Vorbereitung des Abtransportes. Nach ca. zwei Stunden kam ein SS-Kommando mit zwei LKW angefahren, auf denen sich ca. 20 italienische Arbeiter befanden, die die Möbel verladen sollten. Bei den Fahrzeugen handelte es sich um solche, die für die dortigen Straßenarbeiten benutzt wurden und die deshalb sehr verschmutzt waren. Die Arbeiter machten kurzen Prozeß mit unseren Möbeln, schlugen sämtliche Fenster ein und warfen die Sachen hinaus. Wertvolles Geschirr und andere Einrichtungsgegenstände gingen dabei zu Bruch. Die Italiener verstanden kein Deutsch. Die SS-Posten schenkten den Protesten meiner Mutter kein Gehör. Der Umzug ging in solcher Eile vonstatten, und die Möbel wurden in der Oberau vor der Gaststätte Hafner in derselben Weise wieder abgeladen. Mein Vater holte meine Mutter, die völlig zusammengebrochen war, aus dem ausgeräumten Freidinglehen wieder ab. Bei dieser Gelegenheit sahen wir das Haus zum letzten Mal.«[7]

Das nunmehr leere Freidinglehen war jeden Tag in Hitlers Blickfeld. Er sah es, wenn er vom »Berghof« aus geradewegs ins Tal schaute, und auch seine Gäste kamen auf dem Weg zum »Teehaus« am Mooslander Kopf fast täglich in der Nähe vorbei. So vertraute Hitler seinem dienstbaren Geist Bormann an, daß ihn das Freidinglehen nunmehr störe:[8] »Eines Abends fragte er (Hitler) mich, in welcher Zeit ich das Freidinglehen beseitigen könne; nach kurzer Überlegung erwiderte ich, daß ich drei Tage, genauer gesagt drei Tage und drei Nächte dafür benötigen würde. Der Führer antwortete, in drei Tagen käme Aga Khan; wenn ich tatsächlich fertig würde, solle mit dem Abbruch sofort begonnen werden. (...) Am Abend des dritten Tages war trotz aller Schwierigkeiten das Ziel erreicht: wo vormals der Bauernhof gestanden hatte, war grüner Rasen.«[9]

Nicht nur Bormann begegnete Hitler in dieser Haltung sklavischer Devotion, in der ein Wink oder eine noch so beiläufige Bekundung des *Führerwillens* genügte, um Entscheidungen zu treffen, über die es keine Diskussion gab. »Der Ort Berchtesgaden gehört heute zu den besuchtesten im ganzen Reich und es ist selbstverständlich, daß Berchtesgaden und damit auch der Obersalzberg *die* Wallfahrtsorte des deutschen Volkes sein und bleiben werden«, schreibt Anfang 1938 Bormann an Robert Ley, den Führer der »Deutschen Arbeitsfront«, der für die Urlaubsorte zuständigen Organisation »Kraft durch Freude« – dem er deutlich macht, daß er im höchsten Auftrag handelt: »Der Führer selbst nimmt an den Berchtesgadener Verhältnissen größten Anteil und alle wesentlichen Maßnahmen im Kreise Berchtesgaden werden ihm zur Entscheidung unterbreitet.«[10] Hitler will von Ley die Gelder für eine Verschönerungskur des Urlaubsortes Berchtesgaden nach seiner Fasson, denn er geht davon aus, daß das Gros der künftigen Touristen im NS-Staat die »KdF«-Urlauber sein werden. Ley pariert, einen Monat darauf empfängt seine KdF-Geschäftsführung in Berlin den NSDAP-Kreisleiter und den Bürgermeister Berchtesgadens. Formal betrachtet sind die beiden die führenden Politiker in der Region, faktisch aber sind sie zu besseren Postboten degradiert. Was sie in Berlin vortragen, hat ihnen

Das Hotel »Platterhof«, bis 1995 Hotel »General Walker«, das im Jahr 2000 abgerissen wurde

Hitler im »Berghof« diktiert, wobei sich nicht ermitteln läßt, ob sie die gigantomanischen Planungen skeptisch beurteilten oder, was weit wahrscheinlicher ist, mit Feuereifer als große Aufwertung Berchtesgadens billigten:

»Der Wunsch des Führers ist es, in Berchtesgaden ein großes Parteiforum zu schaffen. Dieses soll bestehen aus einem Kreishaus, einer Schule für die Hitler-Jugend, einer Festhalle, etwa 6–8000 Personen fassend, großen Sportanlagen, welche in etwa die Größe der olympischen Sportanlagen in Berlin erhalten sollen, verschiedenen Sporthallen und außerdem einem überdachten Schwimmbad, einem KdF-Hotel mit rund 1000 Betten, einem Krankenhaus, innerhalb der Stadt gelegen. Die Skizzen zu dem Plan wurden vom Führer selbst entworfen anläßlich einer Besprechung im Beisein des Kreisleiters Pg. Kammerer sowie des Bürgermeisters Pg. Sandrock und des Architekten Pg. Esenger. Das hierfür ausersehene Gelände steht fest und wurde ebenfalls vom Führer selbst vorgeschlagen.«[11] Auf diese Planungen hin sind in Berchtesgaden (glücklicherweise) mangels *Endsieg* nur zwei der nicht gigantomanischen Projekte zur Ausführung gekommen. Gebaut wurden das »Dietrich Eckart-Krankenhaus« und das Hotel »Berchtesgadener Hof«, das von einer Betriebsgesellschaft der NSDAP errichtet wurde.[12]

So wie in Berchtesgaden wurde auch auf dem Obersalzberg im unmittelbaren Umkreis des *Führersperrgebietes* unablässig weitergebaut. 1938 fiel auch jenes Gebäude der Spitzhacke zum Opfer, durch das der Obersalzberg überhaupt erst als touristisches Sehnsuchtsziel erschlossen worden war: die alte, von Mauritia Mayer 1870 errichtete Pension »Moritz«, die später von Bruno Büchner in »Platterhof« umbenannt worden war. An der gleichen Stelle entstand ab 1940 der von Roderich Fick entworfene neue »Platterhof«, ein auf 150 Räume mit 300 Betten veranschlagtes Großhotel. In der Propaganda wurde in der Zeit der Bauarbeiten von einem »Volkshotel« gesprochen,[13] konzipiert für die Hitler-*Wallfahrer*, das mit Geldern der »Deutschen Arbeitsfront« finanziert und in ihrer Regie geführt werden sollte – mit moderaten Essens- und Übernachtungspreisen. Tatsächlich gebaut wurde ein Luxushotel mit teurer Ausstattung, das nach seiner Fertigstellung im Jahr 1940 hauptsächlich zahlungskräftige Besucher, Partei- und sonstige Prominenz beherbergte. Ab 1943 diente der »Platterhof« teilweise als Lazarett.

Es dauerte ungewöhnlich lange, bis die Auswirkungen des Krieges in Obersalzberg spürbar wurden. Zum einen konnte Bormann – wie etwa beim neuen »Platterhof« – jedem erwünschten Bauvorhaben den Stempel »kriegswichtig« verleihen, wovon er ausgiebig Gebrauch machte.[14] Materialengpässe, die anderswo viele Bauprojekte erschwerten, gab es am Obersalzberg somit nicht. Ein besonders eindringliches Beispiel berichtet Max Hartmann:[15] Das an den Berghang vor dem Hintereck gebaute Gewächshaus mit über 1000 Quadratmetern Glasfläche zersplitterte im Sommer 1943 bei einem heftigem Gewitter mit verheerendem Hagelschlag in unzählige Scherben. Schon ein Jahr zuvor hatte die Bombardierung deutscher Städte begonnen; Glas war zu einem kostbaren Rohstoff geworden und konnte keineswegs überall wieder ersetzt werden. Bormann jedoch ordnete nicht nur den Wiederaufbau des zu Bruch gegangenen Gewächshauses an, er ließ es in zwei Stufen noch größer als zuvor neu errichten – und natürlich komplett verglasen.

Die Absurdität dieses Projekts wird am gleichzeitigen Beginn der letzten großen Bauoffensive auf dem Obersalzberg deutlich, denn im Sommer 1943 wird in höchster Eile mit dem Bau unterirdischer Stollen begonnen. Alle Gebäude, auch Hitlers »Berghof«, waren ursprünglich ohne jeden Luftschutzraum errichtet worden. Ebensowenig gab es eine intakte Flakabwehr gegen feindliche Fliegerverbände. Es ist wenig wahrscheinlich, daß Hitler und alle anderen an der Planung Beteiligten dies nur vergessen hatten – sie fühlten sich jahrelang ganz einfach sicher. Mit dem Beginn des Bunkerbaus räumten die Obersalzberger Bauherren im Sommer 1943 plötzlich de facto ein, daß der Bombenkrieg der Alliierten über kurz oder lang auch Hitlers quasi heiligen Bezirk erreichen könne.

»An alle Männer der SS und Polizei auf dem Obersalzberg« kabelt der SS-Reichsführer Heinrich Himmler am 18. Juli 1943 einen Befehl in

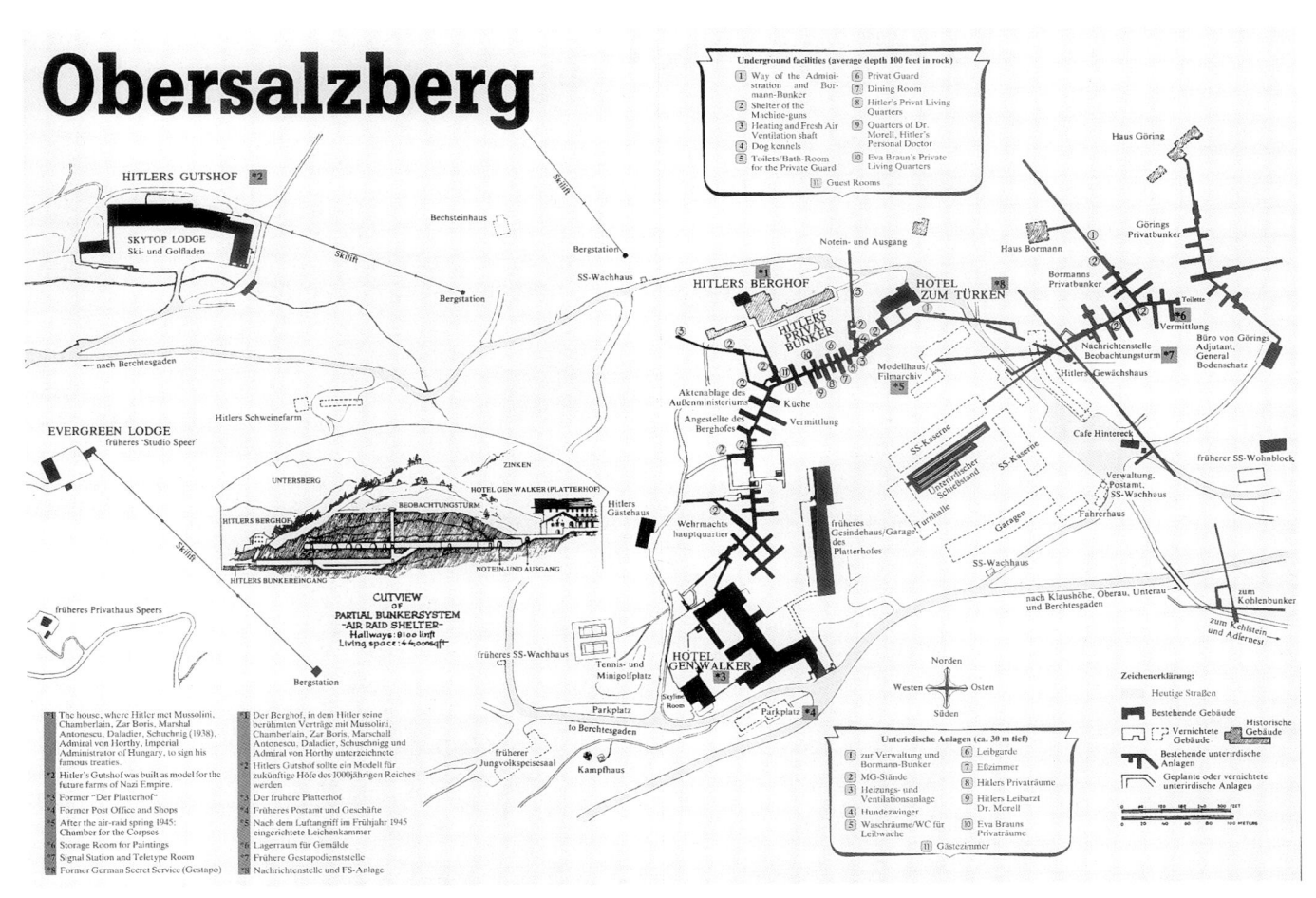

Planskizze der unterirdischen Bunkeranlagen am Obersalzberg, wie sie heute den Besuchern angeboten wird

Funktionstüchtige Telefonanlage in Hitlers Bunker, wie sie Lee Miller 1945 vorfand

Bunkertouristen nach Kriegsende

Ausgeräumte Bunkerkaverne mit einem aufgebrochenen Panzerschrank, 1945

Sachen Bunkerbau, der schon ein wenig nach panischer *Endsieg*-Rhetorik klingt. »Ich erwarte, daß jeder von Euch mit seiner ganzen Kraft unter Hintansetzung jedes persönlichen Vergnügens und Darangabe seiner Freizeit in Gemeinschaftsarbeit die Luftschutzstollen auf dem Obersalzberg zusammen mit den Fachleuten und unserer Stollenbaukompanie errichtet. Es ist für uns SS-Männer eine freudige Ehrenpflicht, daß wir auf dem Obersalzberg die Luftschutzräume erstellen dürfen.«[16]

Die weitaus meisten Arbeiter aber waren nicht Himmlers SS-Männer, die ihre *freudige Ehrenpflicht* zu erfüllen hatten. Mittlerweile waren wegen der verschärften Kriegslage sehr viele deutsche Arbeitskräfte als Soldaten zum Militär eingezogen worden. Immer mehr Fremdarbeiter hielten auf den Baustellen in Obersalzberg Einzug und ersetzten die Deutschen. Josef Geiß schätzt den Anteil der Deutschen auf den Baustellen zu dieser

Zeit auf gerade noch 30 Prozent. »Das waren die unbedingt notwendigen Schlüsselkräfte, wie Ingenieure, Architekten, Meister, Maschinenführer und Baufachhandwerker. Als Hilfsarbeiter blieben nur noch ältere oder wehrdienstunfähige Leute. Sämtliche ausgefallenen Arbeiter wurden durch Tschechen und Italiener ersetzt.«[17]

Der große Anteil von Fremdarbeitern, der sich mit dem Kriegsverlauf stetig erhöhte, war keine Besonderheit, die die Arbeitssituation in Obersalzberg und dem Berchtesgadener Land von anderen Gebieten des Reiches abhob. Im Sommer des vorletzten Kriegsjahres war, wie der Historiker Ulrich Herbert errechnet hat, jeder 4. Arbeitsplatz in Deutschland mit einem Ausländer besetzt. »Im August 1944 waren im Gebiet des Großdeutschen Reiches 7 615 970 ausländische Arbeitskräfte als beschäftigt gemeldet; davon 1,9 Millionen Kriegsgefangene und 5,7 Millionen zivile Arbeitskräfte; darunter 25 000 Belgier, 1,3 Millionen Franzosen, 590 000 Italiener, 1,7 Millionen Polen, 2,8 Millionen Sowjets.«[18]

Die Arbeit an den unterirdischen Stollen stand unter hohem Zeitdruck. Bis Weihnachten 1943 sollte ein erster Bauabschnitt des Bunkersystems unter Hitlers »Berghof« fertig werden. »Nach beispiellosem Hetzen wurde der Termin eingehalten. Je Meter stand ein Maurer, der die Bögen einwölbte. Zwischen den Beinen der Maurer krochen die Hilfsarbeiter auf allen Vieren und schafften Mörtel und Steine herbei. In drangvoller Enge arbeiteten dazwischen Schreiner, Isolierer, Elektroarbeiter, Telefonverleger und Installateure. So wurden in acht Wochen ca. 130 Meter Stollengänge mit anliegenden Kavernen fertiggestellt, angefangen von der ersten Betonmischung bis zum polierten Parkettfußboden, einschließlich Vertäfelung und Möblierung.«[19]

Hitlers persönlicher Beitrag zur Planung seiner unterirdischen Welt bestand in einer schnell hingeworfenen Planskizze für den Eingangsbereich

Amerikanische Touristinnen vor einem Plan der Bunker im ehemaligen »General-Walker-Hotel« (oben); Besucher in den Bunkeranlagen unter dem Hotel »Zum Türken«, dem ehemaligen Quartier der Hitler-Leibwache des Reichssicherheitsdienstes: 2,50 Euro Eintritt, Fotografierverbot und keinerlei aufschlußreiche Information für den Besucher (unten)

der Bunker und wurde umgehend realisiert.[20] Ihre Umsetzung ist noch heute in den zugänglichen Teilen des Stollensystems zu besichtigen. Jeder Eingang führte geradewegs auf eine massive Betonmauer, in der schmale Schießscharten für einen dahinter gelegenen Wachraum angebracht waren. Die in den geraden Verlauf der Gänge gebauten Maschinengewehrstände hatten einen

157

Ein amerikanischer Tour-Guide beim Diavortrag für GIs und ihre Familien in den Bunkeranlagen unter dem »General-Walker-Hotel« (oben); Bunkerführungen für amerikanische Soldaten versuchen im bescheidenen Rahmen, historische Informationen über den Obersalzberg in der Nazi-Zeit zu vermitteln (unten)

doppelten Zweck zu erfüllen: Zum einen sollten von dort aus feindliche Eindringlinge zurückgeschlagen werden können. Zum anderen war der Betonblock des Maschinengewehrstandes als Reflexionsfläche gedacht. An ihr, so die Überlegung, würden die Druckwellen von Bombenexplosionen am Bunkereingang zurückgeworfen und gelangten nicht mit voller Wucht in die dahintergelegenen Gänge und Kavernen.

Hinter dem martialischen Eingangsbereich erstreckte sich, auf das Luftschutzformat der Kavernenräume mit ihren tonnenförmigen Decken gestutzt, die gleiche neoklassizistisch-spießige Wohnzimmerlandschaft wie im »Berghof«: Wieder war jedes Möbelstück der »Luftschutz Sonderbau Massnahme Obersalzberg« nach maßstabsgerechten Zeichnungen individuell gefertigt worden, der »Rundtisch im Gäste-Wohnraum Ausführung Nußbaum mattiert«, das dreisitzige Sofa mit tonnenförmigen Seitenkissen, die dreitürige Kommode, der tieflehnige Sessel – alles im bevorzugten klobig-kastenartigen Stil des Ateliers Gerdy Troost,[21] der Witwe des von Hitler favorisierten Architekten Paul-Ludwig Troost, die schon für die oberirdische Möblierung des »Berghofs« verantwortlich gezeichnet hatte. Eva Braun bestand auf einem ordentlich gekachelten Bad, dem Küchenpersonal stand eine unterirdische Küche zur Verfügung nebst mehr als wohlgefüllten Speisekammern. Außerdem gab es genügend Depotplatz für Kunstschätze, Bilder, Bücher, Schallplatten und dergleichen Kostbarkeiten mehr. Zu guter Letzt war für Schäferhund »Blondi« ein unterirdischer Zwinger vorgesehen.

Nach dem »Berghof« wurde der Hügel, auf dem die Häuser Bormanns und Görings standen, mit einem ähnlich umfänglichen Kavernensystem durchzogen, das mit einem langen unterirdischen Gang über eine direkte Verbindung zu Hitlers Bunker verfügte. Was Hitler und Bormann recht war, war Göring billig. Nur wußte Bormann in seiner offenkundigen Animosität zu Göring zu verhindern, daß dessen unterirdische Zimmerfluchten auch mit seinem benachbarten Tunnelsystem (und somit dem Hitlers) verbunden wurden.

Bis Kriegsende wurden 2775 laufende Meter Stollen mit insgesamt 79 davon abzweigenden Kavernenräumen in den Fels gesprengt.[22] Weit mehr als ein Drittel dieser unterirdischen Siedlung war zur persönlichen Verwendung Hitlers, Görings und Bormanns, ihrer Familien und persönlichen Dienerschar errichtet worden. In den restlichen ineinander übergehenden Stollen und Kavernen verfügten die Mannschaften der SS-Kaserne über eigene Räume, ebenso das Hotel »Platterhof« für seine Angestellten und Gäste. In der Nachbarschaft des Bormann-Stollens wurde ein unterirdisches Luftlage-Zentrum untergebracht, von dem aus die Flakabwehr befehligt werden sollte. Hier gab es auch Luftschutzräume für die zahlreichen Zivilangestellten am Obersalzberg.

All die kolossalen in den Fels gebauten Aufwendungen für den Schutz und die Sicherheit des *Führers* werden sich als überflüssig erweisen. Hitler wird die unterirdische Luftschutzwohnung im Stollensystem unterhalb des »Berghofs« nie benutzen. Er hält sich im Juli 1944 zum letzten Mal in seinem Haus am Obersalzberg auf. Es sind Tage, in denen zugleich ein letztes Mal deutlich wird, daß es zu wenige entschlossene Hitler-Gegner gab, am Ende keinen einzigen, der seine relative Schutzlosigkeit und Verwundbarkeit auf dem Obersalzberg als willkommene Gelegenheit für den Versuch zum Tyrannenmord genutzt hätte.

Nach allen bis heute bekannten Quellen hat sich nur ein einziger Attentäter in den Jahren des *Dritten Reiches* jene sprichwörtliche Nähe des *Führers* zu seinem Volk zu Nutze zu machen versucht, die es nur am Obersalzberg gab und die Hitlers Leibwächter immerzu als Risikofaktor fürchteten. In diesen täglichen Zug der *Wallfahrer*, die an Hitler vorbeizogen, wollte sich im Oktober 1938 der 22jährige Theologiestudent Maurice Bavaud mischen und Hitler töten. Das Motiv des strenggläubigen Katholiken aus Neuchâtel in der Schweiz kennen wir nur aus der Anklageschrift des Volksgerichtshofes. »Nach den Beweggründen seiner Tat gefragt, hat der Angeklagte in der Hauptver-

Der erfolglose Attentäter Maurice Bavaud (zweite Reihe Mitte), der Hitler am Obersalzberg töten wollte

handlung angegeben, nach dem, was er in fast der gesamten schweizerischen Presse gelesen und was er weiter von aus Deutschland emigrierten Angehörigen von katholischen Orden erzählt bekommen habe, halte er die Persönlichkeit des deutschen Führers und Reichskanzlers für eine Gefahr für die Menschheit, vor allem auch für die Schweiz, deren Unabhängigkeit er bedrohe. Vor allem aber seien kirchliche Gründe für seine Tat bestimmend gewesen, denn in Deutschland würden die katholischen Organisationen unterdrückt,

Hitler bei einer Vorführung neuer Uniformen; der erste Soldat (rechts) soll eine Bombe bei sich gehabt haben, die angeblich nicht gezündet wurde, weil Göring und Himmler nicht anwesend waren

und er habe daher geglaubt, mit seiner geplanten Tat der Menschheit und der gesamten Christenheit einen Dienst zu erweisen.«[23] – Maurice Bavaud handelte ebenso entschlossen wie dilettantisch. Mit Waffen kannte er sich nicht aus, die Pistole vom Typ Schmeisser, Kaliber 6,35 Millimeter, die er erwarb, um Hitler niederzustrecken, war für ein Attentat zu schwach und denkbar ungeeignet; die Hoffnung, nach seinem Pistolenattentat aus nächster Nähe davonzukommen, konnte er sich nicht machen.

Bavaud war über Berlin nach Berchtesgaden gereist, als er erfuhr, daß sich Hitler im »Berghof« aufhalte, hatte sich am 25. Oktober im Hotel »Stiftskeller« eingemietet, hatte Schießübungen mit scharfer Munition im Wald veranstaltet und Hitler tagelang aufgelauert – ohne Erfolg. Die Zeiten ungehinderter Pilgerzüge bis vor das Haus »Wachenfeld« waren sowieso vorbei, die Torwachen zum *Führersperrgebiet* ließen nur noch angemeldete Besuchergruppen verschiedenster NS-Organisationen passieren. Vorübergehend reiste Bavaud ab und versuchte sein Glück beim traditionellen Marsch zur Feldherrnhalle am 9. November in München. Doch der Tribünenplatz, den er mit einigem Geschick erwerben konnte, bot ihm kein geeignetes Schußfeld, um Hitler treffen zu können. Noch einmal kehrte Bavaud nach Berchtesgaden zurück, gab sich als Kurier eines französischen Politikers aus, der Hitler einen persönlichen Brief zu übergeben habe – und scheiterte schon deshalb, weil dieser mittlerweile nach Berlin abgereist war. Der Attentäter, der nie zum Schuß kam, geriet der Polizei und schließlich dem Volksgerichtshof nur zufällig in die Fänge, weil er nach dem Verbrauch all seiner Geldmittel bei Augsburg ohne gültige Fahrkarte aus dem Zug geholt und verhaftet wurde.

Das Gericht nimmt den Vorsatz für die Tat und entscheidet am 18. Dezember 1939 dementsprechend. »Der Angeklagte hat es unternommen, dem deutschen Volk seinen Retter zu nehmen, jenen Mann, dem 80 Millionen deutscher Herzen in unendlicher Liebe, Verehrung und Dankbarkeit entgegenschlagen und dessen Stärke und feste Führung ihm heute mehr denn je nötig ist, und dies alles ohne die entfernteste auch nur moralische Berechtigung, lediglich in seinem religiös-politischen Fanatismus. Einem solchen Gangstertum des politischen Katholizismus nur mit der höchsten Strafe, der Todesstrafe zu begegnen, erschien dem Senat als eine Selbstverständlichkeit.«[24] Bavauds Hinrichtung wird quälende eininhalb Jahre hinausgezögert, um eine mögliche Verschwörung hinter dem Einzeltäter aufzudecken. Am 14. Mai 1941 wird er in Berlin-Plötzensee enthauptet.

Der militärische Dilettant Maurice Bavaud mit seiner eisernen Entschlossenheit, Hitler zu töten, blamiert gleichwohl die Profis der militärischen Widerstandsbewegung um Hitler. Sie verfügen über Waffen und Sprengstoff, haben häufig Zugang zu Hitler und kennen sich im Handwerk des Tötens weidlich aus. Aber den Kairos, den historisch richtigen Augenblick, versäumen sie immer wieder, mal wegen des Eides, den sie auf Hitler geschworen haben, mal wegen grundsätzlicher ethischer oder religiöser Skrupel, ob man einen Mörder wie Hitler (und daß er einer ist, wissen die Offiziere 1944 nur zu genau) seinerseits ermorden darf, mal wegen des kuriosen Bedenkens, die Ermordung Hitlers sei nur dann sinnvoll, wenn im gleichen Moment auch Himmler und Göring getötet werden könnten. Aus diesem Grund soll Generalmajor Helmut Stieff die im Tornister eines Soldaten versteckte Bombe nicht gezündet haben, als dieser am 7. Juli 1944 auf dem Hof der Obersalzberger SS-Kaserne vor Hitler eine neue Uniform präsentierte: Himmler und Göring waren nicht zugegen. Sie fehlten auch, als Claus Graf Schenk von Stauffenberg am 6. und am 11. Juli 1944 im »Berghof« zu Lagebesprechungen mit Hitler über die Aktivierung des Heimatheeres erschien und in seiner Aktentasche bereits die Sprengladung mit sich führte, die er neun Tage später im Hauptquartier »Wolfsschanze« im ostpreußischen Rastenburg zur Explosion bringen sollte.

Amerikanische GIs bei einer Führung durch das unterirdische Bunkersystem

Fronarbeit für die Herrenrasse
Ausländer am Obersalzberg

Während Hitlers unterirdische, mit allem Komfort ausgebaute, möblierte und beheizbare Zimmerflucht mit Räumen für die persönliche Dienerschaft, Depots und Telefonzentrale 745 Quadratmeter einnahm, hatten die etwa eintausend Bewohner des Arbeiterlagers Antenberg sich mit 385 Quadratmetern Luftschutzraum in unausgekleideten, roh aus dem Felsen gebrochenen Stollen und Kavernen zu begnügen.

Von dieser Karikatur eines Luftschutzbunkers und den Wohnquartieren der Arbeiter ist in den Obersalzberg-Bildbänden keine Rede.[1] Um so häufiger wird die große Theaterhalle am Antenbergfeld ins Bild gerückt, eine riesige, 2 000 Personen fassende Holzkonstruktion, errichtet auf noch heute sichtbaren Betonfundamenten. Immer wieder wird kolportiert, daß es dort allabendlich für alle Obersalzberger Arbeiter – gleich welcher Nationalität – bei freiem Eintritt die neuesten Kinofilme und Wochenschauen zu sehen gegeben habe. Was da in der Behandlung der Fremdarbeiter nach Brot und Spielen klingt, verdient jedoch eine genauere Betrachtung, vor allem was das Brot und andere Grundrechte und -bedürfnisse angeht.

Die oberirdischen Arbeiterquartiere bestanden aus Baracken, in denen in Gemeinschaftsschlafräumen bis zu 18 Personen untergebracht waren.[2] Manche dieser Barackenlager waren, wie beim Kehlsteinbau, temporäre Einrichtungen in der Nähe bestimmter Bauprojekte und wurden mit deren Fertigstellung sofort wieder aufgelöst. Andere, wie das Lager Ludwigshöhe und das Lager Antenberg, wurden zu festen Institutionen.

Präzise Auskünfte über die Arbeits- und Lebensbedingungen der zeitweise bis zu 6 000 Handwerker und Arbeiter am Obersalzberg sind schwer zu gewinnen. Dafür gibt es zwei Ursachen.

Die Rechtsstellung der Arbeiter und ihre Entlohnung waren nicht einheitlich, sie schwankten über die Jahre hin gewaltig. Vor Kriegsbeginn dominierten deutsche Arbeitskräfte, die laut Angaben einiger Zeitzeugen nach Tarif entlohnt und darüber hinaus mit einer »Obersalzberg-Zulage« von 50 Pfennig täglich geködert wurden.[3] An anderer Stelle wird von kompliziert aufgeschlüsselten Vergünstigungen wie Trennungszulagen und Gefahrenzuschlägen am Obersalzberg berichtet.[4] Gleiches soll für die vor Kriegsbeginn für den Bau der Kehlsteinstraße und des »Kehlsteinhauses« angeworbenen ausländischen Facharbeiter gegolten haben, so etwa für die aus Italien stammenden Steinmaurer und die österreichischen Tunnelbauspezialisten.

Mit dem Krieg begann der *Reichseinsatz von Fremdarbeitern* – die je nach ihrer Herkunft und Nationalität, aber auch nach dem Zeitpunkt ihres

Bauarbeiter rücken an

Ruinenreste des Fremd- und Zwangsarbeiterlagers Antenberg

Einsatzes sehr verschieden behandelt worden sind. Hieraus resultiert eine große Unübersichtlichkeit, pauschale Aussagen verbieten sich. »Die Behandlung der Arbeiter war sehr unterschiedlich, erklärbar aus der Zusammensetzung«, bemerkt auch der einst bei der Verwaltung der am Obersalzberg beauftragten Baufirmen kriegsdienstverpflichtete Josef Geiß und beschreibt das abgestufte System von Sanktionen und Strafen. »Es gab für Zuwiderhandlungen, die in der Regel aus Urlaubsüberschreitungen oder ›Blau-Machen‹ bestanden, Geldstrafen bis zur Höhe eines Wochenlohnes, Versetzung in eine niedrigere Lohnstufe und Entzug von Essens- oder Raucherkarte. Was das für einen Arbeiter in der lebensmittelrationierten Kriegszeit bedeutete, braucht nicht näher erläutert zu werden. Wo außerdem eine Art passiver Widerstand auftrat, wurde dieser mit strengeren Zurechtweisungen geahndet. Es gab Razzien in den Barackenlagern durch die SS, und die Arrestbunker füllten sich. Daß es dabei zu Unmenschlichkeiten kam, beweist die Tatsache, daß sich am Ende des Krieges ein Gefängnisverwalter erschoß, weil er befürchtete, wegen seiner Taten zur Rechenschaft gezogen zu werden.«[5]

Zur Unübersichtlichkeit der Situation gesellt sich aber auch Verdrängung. Die meisten Zeitzeugen äußern sich, wenn überhaupt, zum Thema Fremdarbeiter nur vage. Selbst unter den ehemaligen Obersalzbergern fand ich nur wenige, die so deutliche Worte fanden wie Johanna Stangassinger, die Tochter des Oberwurf-Bauern Josef Hölzl. Seit dem Zwangsverkauf des Hofes im Februar 1938 lebte sie mit ihrer Familie in der zwei Kilometer von Obersalzberg entfernten Ortschaft Oberau. Auch hier befand sich, ein Stück vom Ortsrand entfernt, eines der zahlreichen Barackenlager, aus dem die Arbeiter täglich zu ihren Baustellen marschierten. »Bei Eis und bei 20 Grad Kälte mußten's am Kehlstein oben schneefrei machen und weiterbauen, Tag und Nacht. Da waren die Tschechen und die Polen, die haben bei uns hier in Oberau gebettelt um ein Stückel Brot und um Fußlappen. Die haben nur so Holzschuhe gehabt, und da mußten sie ihre Füße mit Lappen einwickeln. Und da haben sie geklopft, ganz ängstlich, daß es ja niemand hört. Und da war die SS-Mannschaft, und die sind mit den Gummiknüppeln hinterher und haben geschaut, daß arbeiten ham müssen.«

Aktenkundige Hungerrevolten von Fremdarbeitern stützen die Beobachtungen von Johanna Stangassinger. Eigentlich sollten die in Barackenlagern untergebrachten ausländischen Arbeiter nach den Sätzen für Normalverbraucher auf Sammelbezugsscheine verköstigt werden. Aber diese Versorgung stockte immer wieder. »In einem Werk im oberbayerischen Landkreis Laufen traten am 29.5.1941 zwölf Fläminnen wegen Brotmangels in Streik – und wurden deshalb ins Gefängnis gesteckt«, berichtet Johannes Großmann, der sich mit der Situation der Fremd- und Zwangsarbeiter in Bayern von 1939 bis 1945 befaßt hat, aus einem Nachbarlandkreis Berchtesgadens.[6] Großmann bestätigt auch, daß die Fremdarbeiter oftmals völlig unzureichend mit Schuhwerk und Kleidung versorgt waren.[7]

Nach einiger Suche stieß ich auf die ehemalige Köchin eines der Obersalzberger Arbeiterlager. Nach anfänglichem Widerstreben schilderte sie Einzelheiten aus dem Lageralltag: »Sie sind halt a bisserl strenger behandelt worden, die Italiener ... – Vom Lager aus ist mehr Disziplin verlangt worden. Wenn einer mal was angestellt hat, daß z.B. mit Licht was manipuliert worden ist oder so – ist durchgegriffen worden. Überhaupt ging es viel strenger zu, gerade bei den Tschechen, muß ich schon sagen. Die haben halt einen deutschen Schachtmeister gehabt, nicht. Und es war halt die Kriminalpolizei droben, und die haben ihre Ausweise gehabt, je nach Herkunft, je nach Farbe dann. Es war auch mal ein deutscher Lagerführer, der war ein ganz ein richtiger grober Mensch. Der hat die gleich windelweich gedroschen, wenn die nicht pariert haben.«[8] Die Lagerköchin wußte auch vom Selbstmord eines Fremdarbeiters zu berichten, der sich in einer der Baracken erhängt hat.

Die besonderen Vorzüge der Obersalzberger Verhältnisse werden beim Vergleich mit ähnlich umfangreichen und ebenfalls für kriegswichtig erklärten Bauprojekten sichtbar, die im gleichen Zeitraum unter dem massenhaften Einsatz von Zwangsarbeitern vorangetrieben wurden. Ein Beispiel: Im Herbst 1943 wird zur gleichen Zeit wie in Obersalzberg im Harz mit einem riesigen Stollenbau-Projekt begonnen, der Errichtung einer unterirdischen Fabrik, in der die Raketenwaffe A4 (V-2) produziert werden soll. Am Fuße des Kohnsteins, in unmittelbarer Nähe zu den großen, schon bestehenden Fahrstollen, wird ein Konzentrationslager gebaut. Es ist scharf bewacht, verfügt über den obligatorischen Appellplatz und ist mit einem elektrisch geladenen Zaun umgeben. Hierher werden KZ-Häftlinge verschiedener Nationalitäten aus anderen Lagern wie Buchenwald oder Mauthausen zu einem Arbeitseinsatz deportiert, den man nur als »Vernichtung durch Arbeit« charakterisieren kann. »Beim Ausbau der unterirdischen KZ-Fabrik kamen zwischen Oktober 1943 und März 1944 2 882 Häftlinge ums Leben, 3 000 weitere wurden wegen Arbeitsunfähigkeit auf Transport in die Vernichtungslager Majdanek und Bergen-Belsen geschickt«,[9] resümieren Volkhard Bode und Gerhard Kaiser nur einen einzigen kurzen Bauabschnitt bei der Errichtung der Raketenfabrik Mittelbau-Dora. Die erbarmungslose Ausbeutung der Arbeitskräfte wird – mit einer weiterhin hohen Todesrate – bei der Raketenmontage in der fertigen Fabrik fortgesetzt. Albert Speer, 1943 Rüstungsminister, beschrieb während einer Aussage vor Gericht im Jahr 1969 seine Wahrnehmungen beim damaligen Besuch von Mittelbau-Dora. Im zusammenfassenden Gerichtsbericht heißt es: »Die außerordentlich hohe Sterblichkeit, für die ›schlechte Ernährung‹ und ›ungenügende Unterkunft‹ angegeben wurden, empfindet er als ›störend‹, weil ›produktionshemmend‹. Da ›ein vordringliches Interesse daran‹

bestehe, daß die Arbeitskräfte ›vom Fachpersonal angelernt an den Maschinen ihre Arbeit verrichten‹ und nicht dauernd ersetzt werden sollen, sieht er in der hohen Sterblichkeit ›eine Gefährdung des Projektes‹.«[10]

Im Laufe der Obersalzberger Bauarbeiten sind nur drei Arbeitsunfälle bekanntgeworden, bei denen sieben Arbeiter ums Leben kamen, alle übrigens beim Bau der Kehlsteinstraße und des »Kehlsteinhauses«.[11] Im *Führersperrgebiet* war das »vordringliche Interesse« ja vor allem die perfekte Ausstattung des privilegierten Wohn- und Herrschaftsbereiches Hitlers und seiner einflußreichsten Gefolgsleute, die Errichtung eines heiligen Bezirkes. An erster Stelle sollte effizient, schnell und nach den Wünschen der nationalsozialistischen Führungsclique perfekt gearbeitet werden. Dieses Ziel – und somit die Arbeitsproduktivität und -willigkeit der Fremdarbeiter – hatte bei allen Überlegungen Priorität. »Gerade auf unseren Baustellen im Führergebiet sollte alles vermieden werden, was Unzufriedenheiten auslösen muß, zumal die Arbeitskameraden durchwegs 10–12 Stunden und mehr täglich schwer arbeiten müssen«, begründet 1942 die Firmenleitung der Hoch- und Tiefbau-Firmengemeinschaft Holzmann, Held & Francke ihren Protest gegen eine knappere Tabakzuteilung für eines ihrer Berchtesgadener Arbeitslager. Dort wohnen zum Zeitpunkt der Beschwerde 367 Tschechen und 168 Italiener, denen, wie berichtet wird, zuvor bereits die Eierration einmal, die Fleischration zweimal gekürzt worden war. Daraufhin wird die Deutsche Arbeitsfront (DAF) aktiv, untersucht die täglichen Mahlzeiten, die 1942 im Lager Riemerfeld verabreicht werden, und äußert Verständnis für die Mißstimmung: »5 Uhr früh: Kaffee, 1 Stück trockenes Brot / 10 Uhr: 1 Stück Brot mit Marmelade / Mittag: Suppe, Gulasch (ca. 20–30 gr. Fleisch) mit Kartoffeln / Abends: Gewärmtes Gulasch von Mittag – manchmal nichts.«[12]

Nicht nur die – oftmals unterschrittenen – Lebensmittelrationen und der in rassistischer Hierarchie von den Deutschen über die »Westarbeiter« bis zu den »Ostarbeitern« absteigende Lohn ist durch eine Flut von Erlassen genauestens geregelt.[13] Die Herren des Sklavenstaates halten sich für große Realisten. Genauso, wie sie die Fremd- und Zwangsarbeiter mit dem Ziel optimaler Arbeitsleistung und Ausbeutung am liebsten knapp oberhalb der Hungergrenze halten, sorgen sie sich um die erwünschte Kanalisierung des Sexuallebens der *fremdvölkischen Arbeitskräfte*. »Streng vertraulich« begründen die Obersalzberger Herren Hitler und Bormann in einem nicht zur Veröffentlichung bestimmten Rundschreiben an alle Reichsleiter, Gauleiter und Verbändeführer, warum der nationalsozialistische Staat zum Bordellbetreiber werden muß, um seine *arische Herrenrasse* zu erhalten: »Die in immer stärkerem Maße notwendig werdende Hereinnahme fremdvölkischer Arbeitskräfte führt zu einer Gefährdung des deutschen Blutes. Verbote und Strafandrohungen sind nur bedingt wirksam, können auch aus politischen Gründen nicht in allen Fällen ausgesprochen werden. Der Führer hat daher angeordnet, daß für alle fremdvölkischen Arbeiter möglichst an allen

Barackenlager für Fremd- und Zwangsarbeiter

Orten, an denen sie in größerer Zahl eingesetzt werden, eigene Bordelle zu errichten sind.«[14] Was damit gemeint ist, spricht Heinrich Himmler noch ein wenig deutlicher aus: »Wenn ich die Bordelle nicht einrichte, gehen diese Millionen Ausländer auf die deutschen Frauen und Mädchen los.«[15]

So wird der Nazi-Staat zum fleißigen Zuhälter. Die dann am Rande des *Führersperrgebietes* in einem abgelegenen Teil der Ortschaft Unterau errichtete »B-Baracke« für die Obersalzberger Fremdarbeiter ist ein Standardmodell, wie es auch an anderen Standorten errichtet worden ist.[16] »Die Deutsche Arbeitsfront hat zum Zwecke der Errichtung und Verwaltung von Bordellbaracken die Gründung einer Häuser- und Barackenbau G.m.b.H., Berlin-Charlottenburg 2, Fasanenstraße 16, (Fernruf 92 59 55) veranlaßt«, teilt wenig später der Reichsarbeitsminister in einem »Schnellrundbrief« mit. Darin redet er den Herren Präsidenten der Landesarbeitsämter und den Leitern aller Arbeitsämter im Reichsgebiet ordentlich ins Gewissen, den moralischen Auftrag des Bordellbaus nach Kräften zu fördern. »Ich bitte daher«, beschwört er seine Beamten, »die Betriebsführer mit Nachdruck darauf hinzuweisen, daß die Schaffung von Bordellen auch aus biologischen Gründen eine unausweichliche Pflicht ist.«[17]

Bei der Erfüllung dieser Pflicht gibt es weitere offizielle Helfer. Die Staatliche Kriminalpolizei, Kriminalpolizeileitstelle München, betätigt sich als fürsorgliche Mädchenhändlerin. Sie sucht die Frauen für den Bordellbetrieb aus, bringt sie nach Berchtesgaden und übergibt sie dem dortigen Bordellverwalter. Der wird bei dieser Gelegenheit verpflichtet, für die Prostituierten Sperrkonten bei der örtlichen Sparkasse einzurichten, auf die die Mädchen wöchentlich 14 Reichsmark einzuzahlen haben. »Aus diesem Sparbetrag werden die Kosten eines etwaigen Heimurlaubs, einer Heilbehandlung oder mutwilligen Sachbeschädigung usw. bestritten.«[18] Diese Konten und den gesamten Bordellbetrieb kontrolliert der Landrat von Berchtesgaden, der den Bordellverwalter bestellt und ihm Auflagen erteilt. Schön unauffällig soll der Betrieb abgewickelt werden, Werbeschilder dürfen nicht gezeigt und keine Flaggen gehißt werden, und im schönsten Bürokratendeutsch heißt es: »In der Bordellbaracke dürfen nur die von der Kriminalpolizeileitstelle München eingewiesenen fremdvölkischen Prostituierten die Unzucht ausüben. Der Besuch der B.-Baracke ist allen fremdvölkischen Arbeitern gestattet, hingegen Deutschen verboten.«[19] Über jede der Prostituierten existiert in den Akten des Berchtesgadener Landratsamtes ein Karteiblatt mit spärlichen Angaben zur Person, Fingerabdrücken und Polizeifotos. Sie kamen aus Polen, der Ukraine und Frankreich. Sonst gibt es kaum einen Hinweis auf die Vorgeschichte der mal ernst, mal teilnahmslos

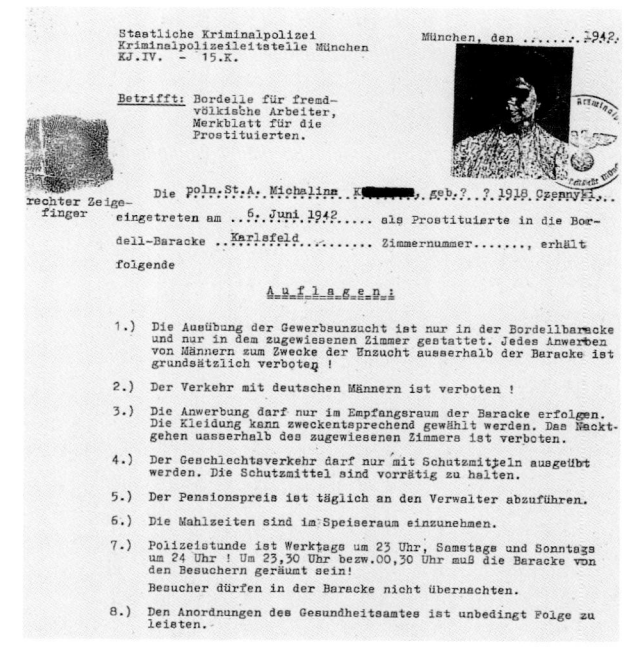

Die Kriminalpolizei München als Zuhälter: Merkblatt für Zwangsprostituierte, 1942

dreinblickenden jungen Frauen auf den Bildern im Stil einer Fahndungskartei.

Nach wie vor sollen die erwünschten ausländischen Arbeitskräfte wie zu Beginn des *Reichseinsatzes* »freiwillig« vom Sicherheitsdienst (SD) oder dem Reichskriminalpolizeiamt (RKPA) angeworben werden. »Dort jedoch, wo der Appell der Freiwilligkeit nicht ausreicht, müssen unter allen Umständen Dienstverpflichtungen und Aushebungen vorgenommen werden«,[20] heißt es in der schon im Mai 1942 novellierten Anordnung zur Anwerbung ausländischer Arbeiter und Arbeiterinnen. Die Regelung deutet an, daß das Freiwilligkeitsprinzip nur noch auf dem Papier steht, nachdem die Abneigung, dem Ruf zum *Reichseinsatz* zu folgen, beständig angewachsen war. Vor diesem Hintergrund gibt die Geschichte einer »Widersetzlichen« Anlaß zum Nachdenken, auch wenn sie aus der Sicht und in der Sprache der Kriminalpolizeileitstelle München geschildert ist. Die Polin Maria K., im Juni 1942 zunächst in ein Bordell in München Karlsfeld, dann ins Berchtesgadener Fremdarbeiterbordell eingewiesen, erregt den Unmut der beamteten Bordellbetreiber. »Obwohl sie sich freiwillig nach Deutschland in eine Bordell-Baracke für fremdvölkische Arbeiter gemeldet hatte, zeigte sie schon während der Reise von Lemberg nach München ein äußerst ablehnendes und widersetzliches Verhalten. Wiederholt machte sie den Versuch, aus dem fahrenden Zug zu springen. In Karlsfeld hatte sie über alles und jedes etwas auszusetzen und brachte dies vor ihren polnischen Kolleginnen unverhohlen zum Ausdruck, so daß auch diese von ihrem Gebaren angesteckt wurden. Erst energische Zurechtweisungen brachten sie wieder zur Vernunft. Da sie sich im allgemeinen nach derartigen energischen Ermahnungen wieder ruhig verhielt, wurde bisher von strengeren Maßnahmen Abstand genommen. Gelegentlich einer Kontrolle des Sachbearbeiters der KPLSt. München wurde nun festgestellt, daß sich die K. auch in Berchtesgaden widersetzlich zeigt. Sie wird von dem Verwalterehepaar L. als ein hysterisches Frauenzimmer bezeichnet, das zu bestimmten Zeiten ihren verrückten Tag habe und dann nicht nur zu ernsten Rügen Anlaß gebe, sondern auch noch die zwei anderen Prostituierten rebellisch mache.«[21] Erneut wird Maria K. »zurechtgewiesen«, eine Woche später wird ihr der »Aufenthalt im Reichsgebiet mit sofortiger Wirkung verboten«. Die Begründung lautet, »sie ist nicht gewillt sich in die ordentliche Arbeit zu fügen und hetzt weitere Insassen zur Arbeitsunlust, bzw. zu Widersetzlichkeiten auf«. Die Kapriolen, die hier die deutsche Zucht und Ordnung schlägt, sind erstaunlich und seien hier noch einmal in den Sprachhülsen der zuständigen Bürokraten erklärt. Die »ordentliche Arbeit« ist, laut »Merkblatt für die Prostituierten«, »die Ausübung der Gewerbsunzucht«. Sich dem Verkauf des eigenen Körpers für circa drei bis fünf Reichsmark zu verweigern und auch noch andere zu solcher »Arbeitsunlust« anzustiften, das geht zu weit. So wird Maria K. »nach München verbracht und abgeliefert« zur »Weiterverschubung nach Lemberg«.

Systematische Vernichtung durch Arbeit – dies Schicksal von Millionen KZ-Häftlingen bleibt den Fremdarbeitern am Obersalzberg erspart. Nüchtern betrachtet dürfte sie davor auch die Nähe von nur wenigen Gehminuten zum *Führer* und seinen wichtigsten Paladinen bewahrt haben, die Funktion des gesamten Geländes als Aushängeschild des nationalsozialistischen Deutschlands. So leben die Fremdarbeiter am Obersalzberg, einer konzeptionellen Zentrale des Nazi-Terrors, lediglich in einem perfektionierten System der Apartheid ohne dessen blutigste Gewaltexzesse, die mit aufsteigender Brutalität an den Rändern des Reiches organisiert werden. Am Obersalzberg, im Herzen des Orkans, herrscht relative Stille.

Operation Foxley
Wie die Briten Hitler töten wollten

So wie Hitler mit seinen Militärs im Juli 1940 auf dem »Berghof« über einem Invasionsplan für England gebrütet und sich dazu mit der Topographie der britischen Inseln beschäftigt hatte, saßen britische Offiziere vier Jahre später zusammen, um ein 122seitiges Dossier über den Obersalzberg zu erarbeiten. Das Kriegsende war mit der geglückten Landung der US-Streitkräfte an der Küste der Normandie am 6. Juni 1944 greifbar nahe gerückt. Doch die Briten sammelten die Luftaufnahmen, Kartenzeichnungen, Hauspläne und Fotografien nicht zur Vorbereitung einer regulären letzten Feldschlacht gegen Hitlers *Alpenfestung*. Das als »top secret« eingestufte Dossier für die »Operation Foxley«[1] wurde nämlich nicht von den Planungsstäben der regulären Land- und Luftstreitkräfte erstellt. Die Autoren waren Agenten der geheimnisumwitterten Special Operations Executive (SOE, dem Planungsstab für Sondereinsätze).[2] Diese Einheit des britischen Geheimdienstes war für Propaganda, Sabotage und Kommandounternehmen hinter den Linien, mitten im feindlich beherrschten Gebiet, zuständig. Mit der »Operation Foxley« hatte die SOE die heikelste Aktion in seiner gesamten Geschichte anvertraut bekommen: die Tötung Adolf Hitlers. In technisch kühlen Worten hieß das:

»1. Ziel: Die Eliminierung Hitlers und sonstiger hochrangiger Nazis oder von Mitgliedern der Entourage des Führers, die zum Zeitpunkt des Angriffs anwesend sein könnten.

2. Mittel: Scharfschützengewehr, PIAT-Geschütz mit Aufschlagzünder oder Bazooka, HE- und Splitter-Granaten; Entgleisung und Zerstörung des Führerzuges durch Sprengstoff; geheime Mittel.

3. Operationsgebiet: Die jüngsten Informationen über Hitler und seinen Aufenthalt engen das Areal für unsere Anstrengungen auf zwei Schauplätze für unsere Aktion ein: das Gebiet von Berchtesgaden und den Führerzug.«[3]

Die erste Seite des als »top secret« eingestuften Dossiers »Operation Foxley«

168

Diktatoren haben Angst um ihr Leben und entwickeln ein enormes Schutzbedürfnis. Das hatte am Obersalzberg dazu geführt, daß rund um Hitlers Haus die Nachbaranwesen geschleift und die Bewohner vertrieben worden waren, daß ein *Führersperrgebiet* entstanden war mit Zäunen und Patrouillen. Der Diktator, der zu Beginn seines Aufstiegs noch als charismatischer Volkstribun galt, stets bereit zum Bad in der Menge, zog sich immer mehr zurück, machte sich unsichtbar.

Der Argwohn und die Angst gingen auch auf die Erfahrung mit dem um Haaresbreite erfolgreichen Attentat zurück, das der Schreiner Georg Elser zu Beginn des Krieges gewagt hatte. Elser, ein Einzelgänger ohne Helfer und Informanten aus dem Dunstkreis der Macht, wußte, daß Hitler jedes Jahr vor den *alten Kämpfern* eine Rede hielt, immer in München, immer am 8. November, immer am Ort des an diesem Tag im Jahr 1923 im »Bürgerbräukeller« begonnenen Putsches, der am Tag darauf im Kugelhagel der Landespolizei an der Feldherrnhalle gescheitert war. Elser kundschaftete den Festsaal des »Bürgerbräukellers« aus, machte den Platz ausfindig, an dem Hitler sprechen sollte, und faßte den Plan, eine Bombe in einer tragenden Säule gleich neben dem Rednerpult zu plazieren. In einem Steinbruch nahe seiner württembergischen Heimatstadt Königsbronn entwendete er den Sprengstoff und mietete sich im August 1939 ein Zimmer in München. Allabendlich ließ er sich von nun an im »Bürgerbräukeller« einschließen, bohrte und meißelte in wochenlanger Arbeit den Hohlraum für seine Bombe in die Säule, deren Holzverkleidung er in eine Tür umgebaut hatte. Tagsüber konstruierte er zwei komplizierte, langlaufende Uhrwerke zu einem doppelt gesicherten Zeitzündermechanismus um. Bereits drei Tage vor der Kundgebung baute er die fertige Bombe ein und machte sie scharf, rechtzeitig genug, um nicht von eventuellen Sicherheitskontrollen oder durch die Sperrung des Saales kurz vor der Veranstaltung gehindert zu werden. Georg Elser stellte den Zündmechanismus auf den 8. November um 21.20 Uhr, und genau zu diesem Zeitpunkt erschütterte eine gewaltige Detonation den Festsaal, zerfetzte die Säule und brachte die Saaldecke über der Rednertribüne zum Einsturz. Sieben der *alten Kämpfer* und eine Kellnerin wurden getötet, 63 Personen verletzt, 16 davon schwer. Auch Hitler wäre unweigerlich von der Saaldecke zermalmt worden, die unmittelbar auf das Rednerpult heruntergebrochen war. In den Jahren zuvor hatte Hitler stets um 20.30 Uhr zu sprechen begonnen und nie vor 22 Uhr geendet. Doch am 8. November 1939 trat er bereits um 20 Uhr ans Rednerpult, beendete nach nur einer guten Stunde um 21.07 Uhr seine Ansprache und verließ sofort die Versammlung, um sich zum Münchner Bahnhof chauffieren zu lassen. Er wurde am nächsten Morgen dringend in Berlin erwartet, konnte jedoch seine Rückreise wegen schlechten Wetters nicht wie geplant im Flugzeug antreten. Daher war eilig auf eine Rückreise mit der Bahn umdisponiert worden. Hitler mußte um 21.31 Uhr am Hauptbahnhof sein, um den von der Reichsbahn eingesetzten Sonderzug zu erreichen.[4]

Elsers Scheitern und Hitlers Rettung umgibt eine tragische Ironie. Den *Führer* ließen die Ereignisse aufs neue an seine von der *Vorsehung* zugewiesene Rolle glauben. Der einsame Attentäter jedoch verfehlte sein Ziel, weil Hitler genau das mit verbrecherischer Energie betrieb, was dieser politisch so weitblickende Schreiner Georg Elser schon lange vorausgesehen und im Herbst 1938 zu seinem Attentatsplan gebracht hatte: »Die seit 1933 in der Arbeiterschaft von mir beobachtete Unzufriedenheit und der von mir seit Herbst 1938 vermutete unvermeidliche Krieg beschäftigten stets meine Gedankengänge. (…) Ich stellte allein Betrachtungen an, wie man die Verhältnisse der Arbeiter bessern und einen Krieg vermeiden könnte. (...) Die von mir angestellten Betrachtungen zeitigten das Ergebnis, daß die Verhältnisse in Deutschland nur durch die Beseitigung der augenblicklichen Führung geändert werden könnten.«[5] Noch während Elsers Vorbereitungen hatte Hitler am 1. September 1939 den Krieg tatsächlich entfesselt. Am Abend des 8. November kehrte er deshalb so dringend nach Berlin zurück, weil in der Hauptstadt am Morgen des 9. November der zuvor verschobene weitere Vormarsch- und Angriffsplan für die Westfront beschlossen werden sollte.[6] »Ich wollte ja auch durch meine Tat ein noch größeres Blutvergießen verhindern«,[7] hatte Elser in seiner Vernehmung bekannt. Gerade weil Hitler eben jene von Elser befürchtete Eskalation des Krieges wichtiger war als das nostalgische Ritual vor der vertrockneten *Blutfahne*, entging er der Bombe Elsers – um gerade 13 Minuten.

Georg Elsers Attentat hatte indirekte Auswirkungen auf alle Überlegungen der Briten, ob und wie man Hitler töten solle. Sie wußten um die erhöhten Sicherheitsmaßnahmen und wollten nicht noch einmal in eine Falle tappen wie am 9. November 1939, am Tag nach dem Anschlag im »Bürgerbräukeller«.

Elser wurde am Abend des 8. November, etwa eine halbe Stunde vor der Explosion seiner Bombe in München, von einem Zollbeamten verhaftet, als er in Konstanz am Bodensee versuchte, sich in die Schweiz abzusetzen. Er trug Aufzeichnungen und Gegenstände bei sich, die ihn verdächtig machten, mit dem wenig später gemeldeten Bombenanschlag in München in Verbindung zu stehen: eine Postkarte des »Bürgerbräukellers« und einen Teil eines Aufschlagzünders. Elser wurde zur Gestapo in München überstellt.

Als die Ermittler über den Tathergang und die Täter noch im dunkeln tappten, hatte Propagandaminister Goebbels schon die Leitlinie für die Berichterstattung in den Zeitungen gegeben. Das Attentat sollte mit Hintermännern des britischen Geheimdienstes in Verbindung gebracht werden. Goebbels bekam dafür überraschend gute Karten in die Hände gespielt. Denn ausgerechnet am 9. November 1939, am Tag nach dem Anschlag im »Bürgerbräukeller«, gelang einem Spezialkommando des deutschen Geheimdienstes SD[8] ein spektakulärer Schlag gegen den britischen Geheimdienst Secret Intelligence Service (SIS). Der britische Historiker Mark Seaman sieht in diesem sogenannten »Venlo incident« eine Schlappe mit traumatischen Folgen: »In einer Reihe von Verhandlungen [mit SIS-Agenten] hatten sich SD-Sicherheitsoffiziere als Angehörige einer Widerstandsgruppe innerhalb des deutschen Militärs ausgegeben, die Hitler zu stürzen versuche. Es steht außer Frage, daß die Entscheidungsträger in London in ihrer Ahnungslosigkeit sehr interessiert daran waren, diese vielversprechenden Kontakte weiter zu entwickeln, aber der Anschlag [Elsers] auf Hitler bescherte ihnen ein gewaltsames Ende. Himmler befahl eine sofortige Reaktion auf die Bombe. Damit wollte er vom offenkundigen Versagen der SS ablenken, Hitler umfassenden Schutz zu bieten. Am Tag nach den Ereignissen in München wurden zwei SIS-Offiziere zur deutsch-holländischen Grenze bei Venlo gelockt, wo sie von einem Überfallkommando des SD entführt wurden.«[9]

Und so wurden die entführten SIS-Agenten, Captain Sigismund Payne Best und Major Richard Stevens, wenige Tage später im »Völkischen Beobachter« gemeinsam mit Georg Elser präsentiert: »Mit tiefer Genugtuung erfährt das deutsche Volk: Der Attentäter gefasst. Täter: Georg Elser – Auftraggeber: Britischer Geheimdienst.«[10] Schon zum Zeitpunkt dieser Presseveröffentlichung war klar: Best und Stevens hatten keinerlei Verbindung zu Elsers Tat. Der SD hatte dafür nicht den kleinsten Beweis. Auch hatten die Ermittler von Gestapo und Reichssicherheitshauptamt durch Elsers detailliertes Geständnis und ihre eigenen Ermittlungen bereits Klarheit darüber gewonnen, daß dieser Attentäter tatsächlich allein und ohne Hintermänner gehandelt hatte.[11]

Aber die Darstellung des Attentäters Elser als Werkzeug des britischen Geheimdienstes paßte bestens in die Stimmungsmache gegen den aktuell wichtigsten Kriegsgegner. Der Historiker Mark Seaman legt dar, daß der katastrophale »Venlo incident« auf britischer Seite dazu führte, sich künftig bei einem Attentat auf Hitler auf eigene Kräfte verlassen zu wollen. »Die Gefangennahme der britischen Agenten fügte nicht nur den Operationen des SIS in Westeuropa einen schweren Schlag zu, sondern die ganze Affäre machte Whitehall zutiefst mißtrauisch, wenn in Zukunft Deutsche vorgaben, gegen Hitler eingestellt zu sein.«[12] Tatsächlich ließen sich die Briten bis zum Ende des Krieges auf die Avancen und Hilfeersuchen deutscher Widerstandskreise nicht ein. Der SOE-Planungsstab mußte also fortan nach Gelegenheiten und Orten Ausschau halten, die für mögliche Operationen eigener, ins Land geschleuster Agenten geeignet waren – und wo man Hitler mit Sicherheit antreffen würde.

Mit der kriegsbedingten Absage des »Parteitags des Friedens« im Jahr 1939 war die Ära der Nürnberger Reichsparteitage vorbei, ein Forum, auf dem Hitler regelmäßig öffentlich aufgetreten war. Die rituellen Hitler-Reden im »Bürgerbräukeller« gab es nach Elsers Attentat auch nicht mehr. Blieb also nur noch Hitlers Wohnsitz in Obersalzberg, ein überschaubares Gelände, in dem die Zielperson ausgekundschaftet werden mußte. Dies war mittlerweile sehr erschwert worden, denn die Zeitgenossen erfuhren seit etwa 1936 kaum mehr etwas über Hitlers Alltag und Lebensführung. Seit der Errichtung des *Führersperrbezirks* war es vorbei mit der Tuchfühlung zum *Führer,* mit dem Augenschein, den ein jeder *Volksgenosse* bis etwa Ende 1935 als *Wallfahrer* von Hitlers Besitz hatte nehmen können. Es gab keinerlei konkrete Angaben mehr, wann sich Hitler in Obersalzberg aufhielt und wie sein Tagesablauf dort aussah.

Um so spektakulärer wirkt die Fülle von Material und Informationen im Foxley-Dossier. 70 von 122 Seiten beschreiben detailliert die Verhältnisse vor Ort. Im ersten Abschnitt werden Topographie und Klima, die Lage und Funktion der Gebäude sowie der Aussichts- und Beobachtungspunkte, die Annäherung aus dem Umland an das Sperrgebiet und mögliche Verstecke für Kommandomitglieder geschildert. Ein zweiter Abschnitt ist den Sicherheitsvorkehrungen für das Sperrgebiet gewidmet. Hier werden die verschiedenen Bewachungseinheiten vorgestellt, die Routen, die Zei-

Elsers Einzeltat wurde von der NS-Propaganda als britische Geheimdienstaktion dargestellt, Völkischer Beobachter 22.11.1939

ten sowie die Bewaffnung der Patrouillen aufgelistet und Empfehlungen gegeben, wie die Zaunanlage zu überwinden sei. Besonders in diesem Abschnitt wird klar, daß die SOE auch in den Besitz brisanter Informationen eines kenntnisreichen Insiders gelangt war. Dieser wird zwar nie namentlich genannt, aber seine Detailkenntnisse sprechen dafür, daß er selbst zum Wachpersonal des Obersalzberg gehörte. Deutlichster Hinweis ist eine beschriftete Fotografie im Foxley-Dossier, die den Empfang von König Boris I. von Bulgarien am 3. April 1943 zeigt.[13] Boris I. schreitet mit Hitler eine Ehrenformation der SS-Wachkompanie Obersalzberg ab. Der Autor des Foxley-Dossiers hat die Männer in der ersten Reihe der Ehrenformation mit Dienstgrad und Namen angegeben. Der Posten am Anfang der Reihe, der mit präsentiertem Gewehr und aufgepflanztem Bajonett direkt vor dem Treppenabsatz steht und talwärts schaut, ist als »P/W Informant« bezeichnet. Mehrfach wird im Dossier darauf hingewiesen, daß die internen Informationen die Verhältnisse nur bis zum Mai 1944 spiegeln, was vermuten läßt, daß der Wachkompaniesoldat im Sommer 1944 an der Westfront in Gefangenschaft geraten ist.[14]

Der Insider hatte offenbar Zutritt zu den Gebäuden, von deren Außenansicht und Grundriß es im Foxley-Dossier mehr als zwanzig Planzeichnungen gibt. Dabei fällt auf, daß die Zeichnungen der Wachunterkünfte, etwa des Reichssicherheitsdienstes (RSD) im ehemaligen Hotel »Zum Türken«, der SS-Kaserne und anderer Wachunterkünfte deutlich detaillierter sind als die der Wohngebäude, etwa von Hitlers »Berghof«, Görings oder Speers Privathäusern. Zu ihnen scheint der Informant nur begrenzten Zutritt gehabt zu haben,

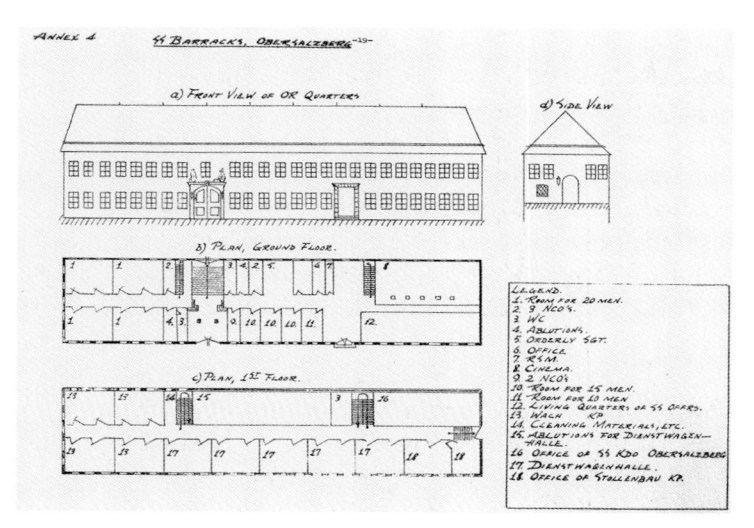

Plan der SS-Kaserne im geheimen Foxley-Dossier

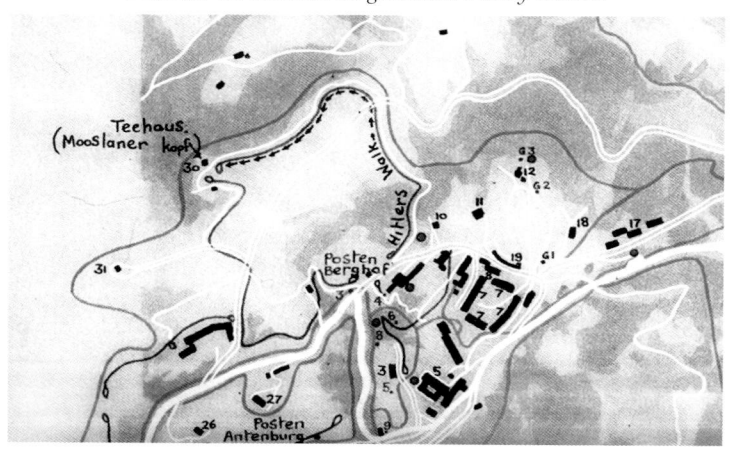

Karte für die britischen Agenten mit Hitlers Wanderweg zu seinem Teehaus, wo das Attentat stattfinden sollte

Ein kriegsgefangener Soldat aus dem SS-Wachbataillon (Bildmitte) lieferte Insider-Wissen

von Bormanns Haus beispielsweise ist kein Plan vorhanden.

Daß der Hauptinformant für das Foxley-Dossier eher aus dem Kreis der Wacheinheiten als aus der persönlichen Dienerschar Hitlers stammt, wird auch an den vergleichsweise vagen Kenntnissen und offenen Fragen im Abschnitt »Personalities on the Obersalzberg« deutlich. Dort sind 25 Kurzbeschreibungen und Charakteristiken einer Reihe wichtiger Bewohner, Funktionäre und häufiger Besucher auf dem Obersalzberg versammelt. Das Spektrum reicht von Hitler und einigen wichtigen Mitgliedern der NS-Führung wie Bormann, Himmler, Göring, Speer und Ribbentropp bis zur Umgebung des *Führers*, den persönlichen Adjutanten, Dienern und Sekretärinnen. Eva Braun wird als »Hitlers Sekretärin« vorgestellt: »Alter etwa 24, brünett, attraktiv und unkonventionell in ihrer Kleidung, manchmal trägt sie bayerische Lederhosen. Spaziert außerhalb der Dienstzeit mit zwei schwarzen Hunden umher, meist in der Begleitung von Fräulein Silberhorn, Telefonistin im Gästehaus. RSD-Männer sind immer im Hintergrund, wenn sie ausgeht. Unnahbar, kein Make-up. (Hitler duldet scheinbar den Gebrauch von Kosmetik nicht.) Sie lebte bis 1942 hier. Die Beziehung zu Hitler scheint jetzt platonischer Natur zu sein.«[15] Das eine Wort »jetzt« offenbart gleich zweierlei Gerüchte: Eva Brauns Rolle als Geliebte Hitlers in der Tarnung einer »Sekretärin« – und daß diese Rolle 1944 beendet gewesen sei. Unklar bleibt, wie weit der Informant lediglich am Obersalzberg kursierende Gerüchte kolportiert oder aufgrund von Beobachtungen seine eigenen Spekulationen zum besten gegeben hat.

So perfekt die Sicherheitsmaßnahmen für Hitler ausgespäht waren, so lückenhaft sind eingestandenermaßen die Erkenntnisse der SOE über die persönliche und gesundheitliche Verfassung der wichtigsten, der Zielperson: »Fotografien von Hitler, der jetzt 55 Jahre alt ist, zeigen häufig solche Unterschiede in seinem Erscheinungsbild, daß man versucht ist, die weitverbreitete Auffassung zu teilen, er habe ein oder mehrere Doubles. So ist er den Berichten von Offizieren zufolge, die ihn 1943 im Führerhauptquartier besucht haben, ein Herr mit guter Gesundheit, ruhigem und gefasstem Auftreten. Dem stehen die Bekundungen von Offizieren entgegen, die jetzt dort arbeiten und bestätigen, der Führer sehe um 10 Jahre gealtert aus.«[16]

Die Foxley-Autoren konnten die Frage nicht klären, ob es für öffentliche Auftritte Hitler-Doubles gab.[17] Sie umgingen dieses Problem, indem sie einen Angriff auf Hitler in seinem abgeschirmten Privatbereich planten, der während seines täglichen Spaziergangs vom »Berghof« zum Teepavillon am Mooslander Kopf geführt werden sollte. Dort war mit dem Einsatz eines Doubles nicht zu rechnen.

Der »Vorschlag für den Ablauf der Aktion« enthielt neben dem Angriff im Sperrgebiet einen weiteren Attentatsplan, einen Überfall auf Hitlers Wagenkolonne auf dem Weg zwischen Schloß Kleßheim und Obersalzberg. »In keinem Fall wäre die Aktion einfach oder gefahrlos, besonders im Fall Mooslander Kopf, weil wir hier nicht nur mit dem Drahtzaun zu rechnen haben, sondern auch mit SS-Wachen und Kontrollen, außerdem der RSD-Patrouille mit Wachhund.« Das Kommando sollte in Gebirgsjägeruniformen gekleidet sein, die damals viele der Soldaten aus dem im »Platterhof« untergebrachten Lazarett trugen. Und so sollte der Showdown für den *Führer* aussehen: »Annäherung: Vom Larosbach aus durch den Wald zum Drahtzaun nahe der Stelle, an der der befestigte Weg Hitlers Spazierweg kreuzt. Der oder die Agenten (es sollten zwei Scharfschützen eingesetzt werden) sollten etwa zwischen diesem Punkt und dem Teehaus nicht vor 10 Uhr in Position gehen, um die mit Wachhund patrouillierende

RSD-Streife passieren zu lassen. Die eingenommene Position sollte 100–200 yard (90–180 Meter) von der Spazierroute entfernt sein. Waffen und Ausrüstung: Mauser Scharfschützengewehr, Zielfernrohr (in einer Tasche getragen, geladen mit Explosivgeschossen); Drahtschere (um Löcher in den Zaun zu schneiden), H.E.-Granaten in einem Tornister zur Eigensicherung und für den Rückzug.«[18]

Diesem Angriffsszenario kam besonders entgegen, daß Hitler nach den Angaben des SOE-Informanten seit etwa 1940 seinen Spaziergang vom Nachmittag auf den späten Vormittag verlegt hatte und seither alleine unterwegs war, ohne die obligatorische Begleitung seines Schattens Martin Bormann und seines Adjutanten Julius Schaub, denen nicht selten eine Traube von bis zu zwölf Personen gefolgt war. »Der Spaziergang dauert etwa 15 bis 20 Minuten. Bei normaler Schrittgeschwindigkeit. Es gibt eine SS-Wache an Ausgangspunkt und Ziel und eine Patrouille (eine Person), die die Strecke abgeht. Hitler kann es nicht ausstehen, wenn er sich beobachtet fühlt, und wenn er einen SS-Mann sieht, der ihm folgt, dann schreit er ihn an: ›Wenn Sie Angst haben, dann bewachen Sie sich selbst!‹ In der Folge wurden die Wachen angewiesen, ihn im Auge zu behalten, aber sich selbst im Hintergrund zu halten.«[19]

Für den Fall, daß die Scharfschützen Hitler verfehlten und es ihm gelänge, im »Teehaus« am Mooslander Kopf Zuflucht zu nehmen, sollte das Kommando nach Möglichkeit nicht den Rückzug antreten und die Deckung verlassen, sondern auf den Überraschungseffekt eines weiteren Angriffs setzen. Der sollte mit der PIAT-Gun, einer Art Panzerfaust, oder einer amerikanischen Bazooka geführt werden, wenn Hitler von seiner Wagenkolonne am »Teehaus« abgeholt werde.

Die Planer der »Operation Foxley« schlugen als Alternative zur Operation innerhalb des *Führersperrgebiets* einen ähnlichen Überfall auf Hitlers Wagenkolonne auf der Fahrt zwischen Schloß Kleßheim und Obersalzberg vor. Den genauen Ort für diesen Angriff, der auf Hitlers geschlossenen Wagen mit panzerbrechenden Waffen geführt werden sollte, hätte die Kommandoeinheit allerdings erst noch auszukundschaften. Ebenso sei die Alternative zu prüfen, Hitler auf die gleiche Weise beim Umsteigen im Bahnhof Salzburg vom *Führerzug* in seine Autokolonne zu treffen.

Auch zur äußerst heimtückischen biologischchemischen Kriegsführung versteigen sich die Foxley-Planer: Sie schlugen die Vergiftung des

Vorlage für die Uniformschneider des britischen Geheimdienstes

gesamten Trinkwasservorrates des *Führerzuges* mit einem farb- und geschmacklosen Gift vor, das den ominösen Codenamen »I« trug. »I« entfalte seine tödliche Wirkung mit einer Verzögerung von sechs Tagen, schon beim Auftauchen der ersten Symptome sei es für jedes erdenkliche Gegengift zu spät.[20]

Sämtliche im »Operation Foxley«-Dossier vorgeschlagene Aktionen sind dem »ungentelmanlike warfare« zuzurechnen, einer nicht ritterlichen Kriegsführung. Es gab lediglich eine Ausnahme: die Landung eines Fallschirmspringerkommandos in der Deckung eines Bombenangriffs kurz nach einer aktuell gemeldeten Ankunft Hitlers am Obersalzberg. Um ihn im Zuge einer solchen Aktion zu töten, hätte sich das Kommando ein Gefecht mit den am Berg vorhandenen Sicherheitskräften und SS-Einheiten liefern müssen. Diese Planung erfüllte noch am ehesten die Regeln des Kriegsrechts. Sie war zugleich aber mit den größten Risiken für die Angreifer und der unsichersten Aussicht auf Erfolg behaftet – und wurde folglich nur kurz skizziert und als wenig wahrscheinliche Option abgetan.

Keiner der im »Operation Foxley«-Dossier überlegten und teils bis ins Detail ausgearbeiteten Attentatspläne ist bis Kriegsende je zur Ausführung gekommen. Es gibt dafür verschiedene, aufschlußreiche Gründe. Von Anfang an wurde innerhalb der britischen Administration, vor allem aber auch innerhalb der Special Operations Executive, über die Chancen und die Sinnhaftigkeit einer Ermordung Hitlers gestritten. In den von den Deutschen besetzten europäischen Ländern konnte Winston Churchills Anweisung an die SOE, »Europa unter Feuer zu setzen«,[21] alle Formen von Sabotage und Terror bis hin zu gezielten Mordaktionen mit einschließen. Die SOE unterstützte schließlich autonome Widerstandsbewegungen in den mit Großbritannien verbündeten Staaten, die von den Deutschen überfallen und besetzt worden waren. Das Attentat auf den SS-Obergruppenführer und Reichsprotektor von Böhmen und Mähren, Reinhard Heydrich, in Prag war hier der Präzendenzfall. Der Plan dazu stammte von Angehörigen des tschechoslowakischen Widerstandes im englischen Exil, die die Briten über den Präsidenten der Exilregierung Beneš um Hilfe und logistische Unterstützung gebeten hatten.[22] Die SOE schulte daraufhin zwei Tschechoslowaken in Ausbildungscamps in Schottland und Hertfordshire und stellte die Bewaffnung zur Verfügung. Die Royal Airforce setzte die späteren Attentäter mit Fallschirmen über ihrer Heimat ab. Ein halbes Jahr später, am 4. Juni 1942, paßten die Angreifer Heydrichs Wagen an einer Stelle ab, an der der Chauffeur wegen einer engen Kurve die Fahrt deutlich verlangsamen mußte, und verletzten Heydrich mit einer in den offenen Wagen geworfenen Granate tödlich.

Die Foxley-Pläne sahen vor, Hitler direkt im eigenen Land anzugreifen und zu töten. Sowohl innerhalb Churchills Administration in Whitehall als auch innerhalb der SOE gab es darüber kontroverse Debatten: Inwieweit ist es völkerrechtlich legitim, das Staatsoberhaupt einer verfeindeten Nation auf dessen eigenem Territorium zu attackieren? Dürfen die ausschließlich von außen kommenden britischen Kräfte diesen Angriff führen, wenn es hierfür in Deutschland selbst keinen logistischen, geschweige denn legitimatorischen Rückhalt gibt?[23] Abgesehen von solchen Erwägungen, war einzuschätzen, welche militärischen und politischen Folgen Hitlers Ermordung für die Haltung der deutschen Bevölkerung und für die Strategie der deutschen Kriegsführung haben würde.

Im Winter 1941 hatte sich die sowjetische Militärführung an den alliierten Bündnispartner Großbritannien gewandt, da die Rote Armee Hitler bei einem Besuch an der Ostfront mit einem überraschenden Bombenangriff töten wollte. Um Hitlers konkreten Aufenthalt zu erfahren, bat man die Briten um die Weitergabe von Informationen aus dem abgehörten deutschen Funkverkehr. Premierminister Churchill stimmte zu, und die Sowjets erfuhren am 11. November von einem unmittelbar bevorstehenden Besuch Hitlers in Orscha in Weißrußland. Der Angriff kam jedoch nicht zustande, weil Hitler gar nicht erst nach Orscha gereist war.[24] Dieser Anschlag hätte den Oberbefehlshaber der deutschen Truppen als Kombattanten an der Front und im eroberten Land eines Kriegsgegners getroffen – und hätte zu diesem Zeitpunkt zweifelsohne einen entscheidenden Einfluß auf den Fortgang des Krieges gehabt.

Die Entscheidung, die »Operation Foxley« durchzuführen, fiel erst am 28. Juni 1944 in einer Sitzung der leitenden SOE-Offiziere. Ausschlaggebend dürfte gewesen sein, daß der neu zur SOE gestoßene Vizemarschall der Luftwaffe A. P. Ritchie den Chef der SOE, General Colin Gubbins, für den Foxley-Plan gewinnen konnte. Ritchie setzte sich mit dem Argument durch, die Person Hitlers übe einen »mystischen Bann« auf das deutsche Volk aus, der das Land trotz der desolaten Lage noch zusammenhalte: »Obwohl die höheren Offiziere in der deutschen Wehrmacht mittlerweile eingesehen haben, daß sie militärisch geschlagen sind, und obwohl die weit überwiegende Mehrheit der Bevölkerung äußerst kriegsmüde ist und mehr als die dunkle Ahnung hat,

General Colin Gubbins, Chef der »Special Operations Executive« (Mitte), der für britische Operationen hinter den feindlichen Linien verantwortlich war

daß die militärische Situation so gut wie aussichtslos ist, bewahren sie sich doch noch ihren Glauben oder versuchen wenigstens sich einzureden, daß noch Hoffnung besteht. Dieser Glaube, so unlogisch er auch ist, speist sich einzig und allein aus ihrem Glauben an Hitlers Genius. Entfernt Hitler, und es wird nichts davon übrig bleiben.«[25] Dieser Einschätzung folgte die Mehrheit der SOE-Stabsoffiziere, obwohl sich der maßgebliche Deutschland-Experte innerhalb der »Section X«, der für Deutschland zuständigen SOE-Abteilung, leidenschaftlich gegen den Plan wandte. Colonel Richard H. Thornley argumentierte genau umgekehrt zu Vizeadmiral Ritchie. Seiner Begründung ist anzumerken, daß er die politischen Umbrüche in Deutschland seit dem Ende des Ersten Weltkrieges und den Aufstieg der rechten und völkischen Kräfte in der Weimarer Republik sorgfältig studiert hatte. Der Hitler-Mythos werde mit Hitlers Ermordung erst heraufbeschworen, fürchtete Thornley und warnte davor, mit der Ermordung Hitlers ein zweites Mal einer Dolchstoßlegende Vorschub zu leisten. »Hitler aus dem Verkehr zu ziehen zu einem Zeitpunkt, an dem er und seine Fanatiker dazu auffordern, jede Straße und jedes Haus auf deutschem Boden zu verteidigen, würde ihm mit an Sicherheit grenzender Wahrscheinlichkeit den Status eines Heiligen verleihen und den Mythos entstehen lassen, daß Deutschland gerettet worden wäre, wenn er noch lebte. Wenn, was in meinen Augen unvermeidlich ist, die Mordaktion zu ihrem Ursprung bei den Alliierten zurückverfolgt werde, seien schwerwiegende Rückschläge wahrscheinlich. Es wäre verheerend, wenn die Welt zu der Auffassung käme, daß die Alliierten sich solcher Methoden unterhalb der Gürtellinie bedient hätten, weil sie andernfalls nicht in der Lage gewesen wären, die deutsche Militärstreitmacht zu besiegen. Das ideale Ende Hitlers wäre aus unserer Sicht gegeben, wenn seine Macht stetig verfiele und er sich der Lächerlichkeit preisgebe.«[26] Wegen seiner Deutschkenntnisse und seines Expertenwissens blieb Thornley trotzdem in die Erarbeitung der »Operation Foxley« eingebunden, wobei er jedoch bei jeder sich bietenden Gelegenheit seine Bedenken wiederholte. So schrieb er am 9. Oktober 1944 in einem ausführlichen Memorandum an SOE-Chef Colin Gubbins: »8. Wenn die Ermordung angestrebt wird, möchte ich an meiner ursprünglichen Absicht festhalten, daß es so aussehen muß, als sei dafür die deutsche Wehrmacht verantwortlich.

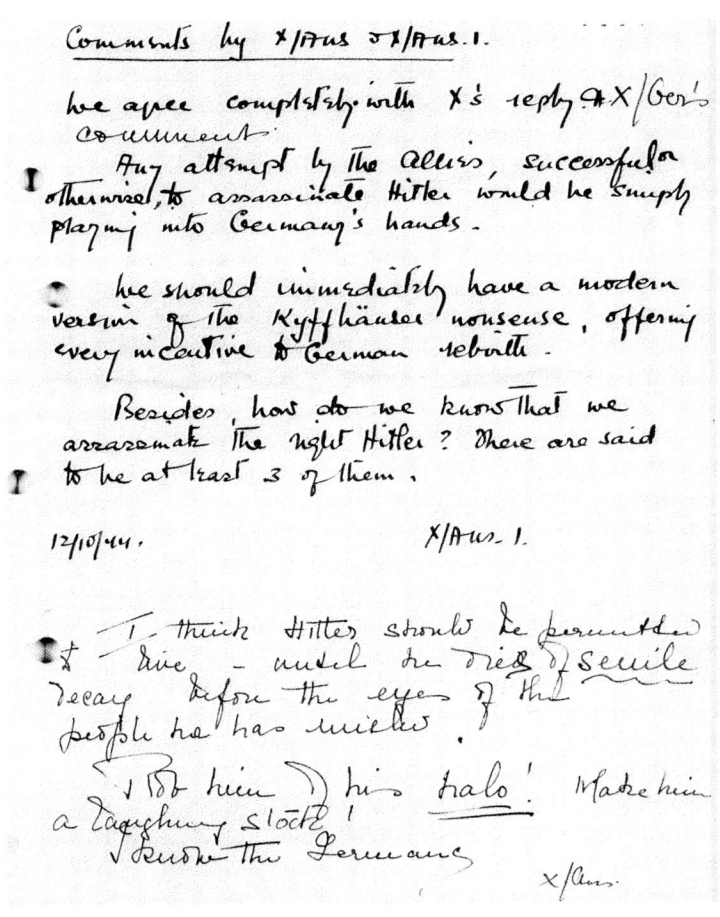

Die SOE-Agentin Miss E. B. Graham-Stamper warnte: Jeder Versuch der Alliierten, Hitler zu ermorden, spielt den Deutschen in die Hände.

9. Die Schwierigkeiten dieser Aktion sind offensichtlich, und beim besten Willen glaube ich nicht, daß sie erfolgreich abgeschlossen werden kann, ohne auf die Alliierten zurückgeführt zu werden. 10. Angesichts dessen wäre es nicht im Sinne unserer alliierten Sache, wenn das SOE die Ermordung Hitlers anstrebte.«[27]

Kurioserweise ist die Foxley-Planung bis zum Kriegsende weiter vorangetrieben worden, obwohl Thornleys kritische Sicht der Dinge frühzeitig auch Winston Churchill zu Ohren gekommen war und in seinem Beraterkreis sogar geteilt wurde. General Sir Hastings Ismay, Stabschef des Premierministers, schrieb nach einer Unterredung mit Colin Gubbins ein Memorandum an Churchill. Darin legte er das in der SOE erörterte Pro und Contra einer Tötung Hitlers in lakonischer Kürze dar: »Die Chiefs of Staff waren einmütig der Auffassung, daß vom strikt militärischen Gesichtspunkt betrachtet, es in Anbetracht seiner groben Fehler, die er gemacht hat, eher ein Vorteil bedeutet, wenn Hitler die deutsche Strategie weiterhin kontrolliert, und daß andererseits, von einer umfassenderen Perspektive aus gilt: je früher er aus dem Weg ist, desto besser.«[28] Captain Thornley wurde im Oktober 1944 noch deutlicher: »Als Stratege hat Hitler den britischen Kriegsanstrengungen bestmöglich assistiert. Sein Wert für uns war genauso zu veranschlagen, als wäre es uns gelungen, mehrere SOE-Topagenten innerhalb Deutschlands an strategisch bedeutenden Stellen zu positionieren. Obwohl sich die militärische Situation an der Westfont vorübergehend stabilisiert und die Wehrmacht wieder etwas Zusammenhalt gewonnen hat, ist Hitler nach wie vor in der Lage, auch die fundiertesten militärischen Beurteilungen über den Haufen zu werfen und hilft damit der Sache der Alliierten ganz enorm.«[29]

Im Januar 1945 schien endlich ein nervenstarker Scharfschütze für die »Operation Foxley« geortet zu sein. In den Akten der SOE wird der 25jährige Captain Edmund Hilary Bennett erwähnt, der seit Dezember 1943 als Mitarbeiter des Militärattachés in der britischen Botschaft in Washington Dienst tat. Aber die SOE nahm sich bis März Zeit, um Bennett zu kontaktieren. Bennett erklärte sich für den Einsatz sofort bereit, zu dem es dann doch nicht kam.

Als die Entscheidung für die »Operation Foxley« am 28. Juni 1944 gefallen war, hätten ihre Planer überhaupt nur noch 16 Tage Zeit gehabt, um

```
                                              62
TOP SECRET.

PRIME MINISTER.
       I received a letter from S.O.E. this
morning telling me that they had had information
from Algiers of a project to kill Hitler, and
asking whether the Chiefs of Staff agreed in
principle to its immediate execution.  The
Chiefs of Staff were unanimous that, from the
strictly military point of view, it was almost
an advantage that Hitler should remain in
control of German strategy, having regard to
the blunders that he has made, but that on the
wider point of view, the sooner he was got out
of the way the better.

2.     Since then the telegram at Flag "A" has
been received from Ambassador Duff Cooper.  I
am told that, with your approval, the Foreign
Secretary is instructing him to go ahead.
Consequently the only object of this minute is
to place on record that the Chiefs of Staff are
in full agreement.

3.     I have sent a copy of this minute to the
Foreign Secretary.
                          (Signed)   H.L. ISMAY.

                          (Intld.)   W.S.C.
                                        22.6.
21st June, 1944.
```

Memorandum von Stabschef H. L. Ismay an Churchill über das Pro und Contra einer Beseitigung Hitlers

ihre Zielperson am Obersalzberg zu töten. Doch Major H.B. Court, der als Autor des Dossiers gilt,[30] begann erst nach dem 20. Juli mit der Zusammenfassung der Geheimdienstquellen über Hitlers Lebensgewohnheiten und Alltag am Obersalzberg, was man an der im Foxley-Dossier enthaltenen Analyse des Stauffenberg-Attentats ablesen kann.

Das Foxley-Dossier liest sich heute wie ein Epilog zu Hitler am Obersalzberg. Es dokumentiert die isolierte Existenz des ehemaligen Volkstribuns an jenem Ort, an dem er einst vergöttert wurde. Hitler drehte genau in den Juli-Tagen vor Stauffenbergs Attentat die letzten Male seine einsamen Runden auf dem Obersalzberg. Am 14. Juli 1944 beendete er seinen Sommeraufenthalt im »Berghof« und reiste nach Rastenburg ab. – Es war, achteinhalb Monate vor seinem Selbstmord im Bunker der Berliner Reichskanzlei, ein Abschied vom Obersalzberg ohne Wiederkehr, der Beginn seines Eintauchens in die streng gesicherte Unterwelt seiner militärischen Hauptquartiere.

Off Limits
Kriegsende und Nachkriegszeit

»Meine lieben Parteigenossen! Ich habe in diesen Tagen in britischen Zeitungen gelesen, daß man die Absicht habe, meinen ›Berghof‹ zu vernichten. Ich bedauere fast, daß dies noch nicht geschehen ist, denn was immer ich selbst mein Eigen nenne, ist nicht mehr wert als das, was meinen Volksgenossen gehört.«[1] – Der verheerende Bombenangriff der britischen Luftwaffe auf Dresden ist gerade zehn Tage her, da hört Johanna Stangassinger in Oberau bei Berchtesgaden am 24. Februar 1945 eine Rundfunkansprache Hitlers, von der sich ihr, der einstigen Nachbarin Hitlers, diese Sätze ins Gedächtnis eingruben. Auf dem Obersalzberg wird zu dieser Zeit kurioserweise noch immer weitergebaut, wenn nicht gerade wieder die Sirenen schrillen und sich alle Arbeiter und Beschäftigten in die Luftschutzstollen flüchten. Schon im März waren die Chemikalien der Vernebelungskompanie knapp geworden, mit deren Hilfe der Obersalzberg und die Bauten im *Führersperrgebiet* in eine ätzende und undurchsichtige Dunstwolke gehüllt werden konnten. Fliegeralarm wird um diese Zeit im Berchtesgadener Land fast täglich ausgelöst; eine deutsche Luftwaffe, die die britischen Bomberverbände vom Angriffsziel Berchtesgaden und Obersalzberg abhalten könnte, gibt es nicht mehr, nur ihr Chef, Reichsmarschall Hermann Göring, findet sich am 21. April in der noch unzerstörten Obersalzberger Idylle ein. Am Tag zuvor, nach der Gratulationskur zu Hitlers 56. Geburtstag in der Geisterwelt des Reichskanzleibunkers im nahezu eingeschlossenen Berlin, hat Göring sich hierher abgesetzt und sinnt darauf, nach dem Fall Berlins als Nachfolger Hitlers ins Spiel zu kommen. Zwei Tage später, am 23. April, fragt er mit einem Funkspruch in Berlin nach, ob er die Führung des Reiches übernehmen solle.[2] Das sei Verrat, redet Bormann Hitler im Reichskanzleibunker ein, und tatsächlich enthebt Hitler Göring aller Ämter und befiehlt der Obersalzberger SS, Göring zu verhaften, was am Abend des 24. April auch geschieht.

Mehrfach schon waren britische Bomberverbände im April zur allgemeinen Verwunderung an Berchtesgaden vorbeigezogen, als interessierten sie sich nicht für dieses Ziel. Dann, am Morgen des 25. April, erinnert sich Johanna Stangassinger, ging alles sehr schnell.

»Um 9 Uhr früh kamen die Flugzeuge vom Kehlstein da rüber, und am Roßfeld war die größte Flak von Deutschland, die Hermann-Göring-Flak, die haben in die Flieger reingeschossen, und die Flieger sind nach Oberau und haben in Oberau die Bomben ausgelöst, die ersten zehn Bomber. Und nachher sind Bomber auch aufs Roßfeld rüber und da haben sie nicht mehr schießen können. Dann haben sie den Obersalzberg in zwanzig Minuten glattrasiert. Und vielleicht in einer guten halben Stunde ist der nächste Angriff gekommen, aber auch nur am Obersalzberg. Da war hier in Oberau eine Verneblungskompanie von den SS-Maiden. Und da sind sie nicht mehr dazugekommen, zum Vernebeln. Durch des haben die da oben alles getroffen.«[3]

Als die Bomber abgedreht und sich die gewaltigen Staubwolken gelegt haben, klettern 3 500 Menschen unversehrt aus den Bunkern zutage und finden anstelle des vor kurzem noch noblen und gepflegten *Führersperrgebietes* eine von Bomben-

Der brennende Berghof am 4. Mai 1945, fotografiert von der amerikanischen Kriegsberichterstatterin Lee Miller

kratern übersäte Mondlandschaft mit Ruinen vor. Völlig zerstört sind die Häuser Görings und Bormanns, das »Bechsteinhaus«, die gesamte SS-Kaserne, die daran angrenzenden Verwaltungsgebäude Bormanns und das Gewächshaus. Der »Berghof«, das Quartier der Hitler-Leibwache

Plünderer bei Hitlers »Berghof«, beobachtet von Lee Miller

RSD, die Adjutantur Görings und das Hotel »Platterhof« haben nur leichte bis mittlere Schäden abbekommen.

Auflösung, Anarchie, Durcheinander. An eine Fortsetzung der Bauarbeiten ist jetzt nicht mehr zu denken. Große Teile der Arbeiter-Barackenlager Riemerfeld und Antenberg sind dem Erdboden gleichgemacht. Die Fremdarbeiter werden entlassen, nachdem sie zwei Tage lang in einem letzten Arbeitseinsatz die Straßen wieder notdürftig geflickt und passierbar gemacht haben. Hermann Göring, seit dem Vorabend des Bombenangriffes von der Obersalzberger SS in seinem Haus arrestiert, wird so zum einzigen Privatbunker-Besitzer der Obersalzberger NS-Hierarchie, der die unterirdische Millioneninvestition für ein paar Stunden nutzt und nach der Entwarnung den oberirdischen Trümmerhaufen besichtigen kann, der einmal sein Obersalzberger Landhaus war. Er wird – noch immer unter Arrest – nach Schloß Mauterndorf bei Salzburg gebracht, von dort aus begibt er sich am 9. Mai in amerikanische Kriegsgefangenschaft. Seine Pläne, als deutscher Verhandlungspartner akzeptiert zu werden und mit General Dwight D. Eisenhower zu einem Separatfrieden zu kommen, zerschlagen sich kläglich.

»Am Berg ging es drunter und drüber«, berichtet Josef Geiß. »Niemand bewachte Stolleneingänge und Gebäude. Die Bevölkerung strömte herbei, nicht selten mit Gespannen, um die Depots zu räumen. Ungeheure Berge von Lebensmitteln, Warenlager von Stoffen, Kleidern, Schuhen, Geschirr, Waschmitteln usw. lagen vor erstaunten Augen und fanden neue Besitzer. Kunstgegenstände aller Art wurden verbrannt oder verschleppt. Im Vorratsbunker Bormanns watete man knöcheltief in Butter, Zucker, Mehl und anderen Dingen.«[4] Der Verwalter[5] des »Berghofs« erkennt im ersten Pulk der Plünderer eine Menge Berchtesgadener, die aus gutem Grund ganz genau wissen, was zu holen ist: Es sind ortsansässige Lieferanten und Handwerker, denen klargeworden ist, daß ihre offenen Rechnungen anders gewiß nicht mehr zu begleichen sind.

Der SS-Kommandant auf dem Obersalzberg signalisiert dem Landrat und dem Bürgermeister von Berchtesgaden, das Gelände zu räumen und keinesfalls eine bewaffnete Auseinandersetzung mit den anrückenden amerikanischen Truppen zu suchen. Der fanatische Berchtesgadener NSDAP-Kreisleiter ist weit schwieriger von der Anzettelung selbstmörderischer Volkssturm- und Werwolf-Aktionen abzuhalten, aber am Ende gelingt auch dies. Am 4. Mai ist es soweit. Landrat Theodor Jacob fährt den US-Truppen als Parlamentär mit weißer Fahne entgegen, um Berchtesgaden kampflos zu übergeben und so die Zerstörung der Stadt zu verhindern.[6] Am Obersalzberg verabschiedet sich die SS mit einem besonderen Fanal, das bis ins Berchtesgadener Tal hinunter flackert und das Johanna Stangassinger bis nach Oberau hinüberleuchten sieht.[7]

»Die SS hat dann den ›Berghof‹ angezündet. Waren ja noch welche oben! Und die haben gleich auch noch den ›Platterhof‹ angesteckt. Das war eine Flamme!! Da sag ich noch zu meinem Vater: ›Das ist der schönste Anblick in meinem Leben, daß das Hitler-Haus auch brennt, genau wie unsere Häuser verbrannt worden sind!‹« – Johanna Stangassinger sagt das nicht so dahin, sie strahlt über das ganze Gesicht, als sie die Geschichte dieser Apriltage des Jahres 1945 Jahrzehnte später erzählt. Man meint, in ihren Augen noch heute den Widerschein des brennenden Hitler-Hauses zu sehen. Nach einem tiefen Seufzer fährt sie fort:

»Es war schon ein Haß drinnen, ist ja klar. Die Saubande, die mistige. Wie sollst da keinen Haß kriegen, wenn'st vor nix mehr stehst. Das waren ja unsere eigenen Brüder und Schwestern, das war ja nicht der Feind, der uns vertrieben hat, das waren doch die eigenen Leute, net?

Auf alle Fälle sind dann die Amerikaner gekommen, am 4. Mai, und die haben es freigegeben, und dann sind wir zum Plündern gegangen: Lebensmittel – in den Bunkern war ja zentnerweise Zucker und Mehl und Zigarren in so Kisten drin, beschlagen mit Stanniol – und Bestecke und weiß Gott, was die Leute noch alles hams weggeholt, Bettwäsche und Möbel und, und, und. Es hatte geheißen, das darf jetzt geplündert werden. Und ich bin auch nauf und dann hab' ich mir von Eva Braun ihrem Schlafzimmer ein kleines Kasterl rausgeholt mit ihrem Monogramm. Das hab' ich noch verwahrt.«[8] Und die Erinnerung an die kleine Beute und die große Genugtuung läßt Johanna Stangassinger befreit auflachen.

Kleine Rast beim Plündern

Die Besitzerin des Nachtkästchens, Hitlers Geliebte Eva Braun, ist schon nach der ersten Aprilwoche auf eigene Faust nach Berlin gefahren. Im Führerbunker heiratet Hitler die jahrelang versteckt gehaltene Geliebte in der Nacht zum 29. April, am Tag darauf begehen sie gemeinsam Selbstmord. Einen Tag später erst, am 1. Mai um 22 Uhr 20, scheppert die Todesmeldung via *Großdeutscher Rundfunk* aus den Lautsprechern der Volksempfänger von Kiel bis Berchtesgaden. »Aus dem Führerhauptquartier wird gemeldet, daß unser Führer Adolf Hitler heute nachmittag in seinem Befehlsstand in der Reichskanzlei, bis zum letzten Atemzug gegen den Bolschewismus kämpfend, für Deutschland gefallen ist.«[9] Auch jetzt noch lügt die Propaganda die Fakten *Führer*mythentauglich um.

Auf die Nachricht von Hitlers Tod hin macht sich die amerikanische Fotografin und Reporterin Lee Miller auf den Weg. Sie hat die Befreiung der Konzentrationslager Buchenwald und Dachau erlebt, nun ist sie im gerade besetzten München auf Hitlers und Eva Brauns Spuren und will das private Interieur des Diktators kennenlernen, der ungezählte Menschen in Lagern erniedrigen, quälen und ermorden ließ. Die Kriegsberichterstatterin der Zeitschrift »Vogue« hatte sich in Hitlers Münchner Wohnung am Prinzregentenplatz einquartiert, hatte in Eva Brauns Bett in deren Haus in der Wasserburger Straße genächtigt, jetzt schließt sie sich wieder dem Troß der amerikanischen Armee an, diesmal der 101. Airborne Division, die weiter nach Süden vorrückt, um die befürchtete letzte Sammlung von intakten Wehrmachtseinheiten und Nazi-Führung in einer legendären *Alpenfestung* zu vereiteln, zu der man vor allem die Anlagen am Obersalzberg zählt.

Lee Miller ist dabei, als die Amerikaner am 4. Mai in Berchtesgaden einziehen, auch sie sieht vom Tal aus den »Berghof« in Flammen aufgehen und schließt sich spätnachmittags den ersten GIs an, die sich den Obersalzberg hinaufwagen. Sie fotografiert das brennende Haus, und was sie gesehen hat, kabelt sie in ihrer nächsten Story an »Vogue«:

»Ich sah, wie der Krieg in einer Rauchfahne zu Ende ging, die aus den Überresten von Hitlers Rückzugsort in Berchtesgaden aufstieg. Als das Gebiet aus der Luft bombardiert worden war, die Häuser wie die Schalen hartgekochter Eier zerdrückt wurden und die Berglandschaft von Kratern übersät war, war Hitlers Haus noch stehengeblieben, mit leicht schiefem Dach, während jetzt das Feuer, das die berittene SS als letzten Salut gelegt hatte, aus den Fenstern schlug. Ich kroch über die von Bomben aufgeworfenen Hügel und die Ruine von Görings Nachbarhaus und sah die leere Fahnenstange, an der das Nazibanner über der Redoute gehangen hatte. Die untergehende Sonne färbte die schneebedeckten Berge, das Feuer sorgte für angenehme Wärme. Auf dem Gipfel gegenüber entzündeten sich zwei weitere Feuer wie Fanale, und die Soldaten auf dem Jeep hielten ihre Maschinenpistolen bereit, denn falls irgendwelche rachsüchtigen Nazis noch nicht aufgegeben haben sollten, boten wir im Schein des Feuers ein treffliches Ziel.«[10] Lee Miller übernachtet in Berchtesgaden. Dort sind nur Stunden nach den Amerikanern französische Panzertruppen eingetroffen, die mit Plünderungen und Vergewaltigungen unter der Bevölkerung Angst und Schrecken verbreiten. Betrunkene Besatzungssoldaten sind es auch, die am nächsten Tag den vom Landrat als zivilen Aufseher des Obersalzberg-Geländes eingesetzten Bauleiter Georg Gretlein und einen seiner Angestellten erschießen. Mit diesem letzten Ausbruch von Gewalt geht am Obersalzberg der Krieg zu Ende, und er endet für Lee Miller, die sich am Morgen des 5. Mai auf dem »Berghof« noch einmal neugierig unter die Soldaten und Plünderer mischt und den ramponierten Herrschaftssitz durchstöbert, mit einer Party – und einem visionären Ausblick.

»Am nächsten Morgen war das Feuer fast erloschen, und die Plünderer waren am Werk. (...) Es brannte nicht Hitlers ganzes Haus. Über der Erde gab es einen unversehrten Lagerraum mit Büchern und Kostbarkeiten. Die große Überraschung aber war das Innere des Berges. Kilometerweit Bibliotheken, Speisesäle, Filmprojektoren, Wohn- und Küchenräume. Rustikale bayerische Möbel und schwere kunstgewerbliche Keramik prägen den Stil der Einrichtung. Kisten mit Silber und Wäsche mit Adler und Hakenkreuz über den Initialen A. H. wanderten in die Taschen der Souvenirjäger, die Bücher wurden umhergeworfen, wenn sie keine Aufschrift, keine Widmung oder keinen persönlich aussehenden Einband hatten. Jeder war auf der Jagd nach Andenken aus dem Leben

Der ausgebrannte Berghof Anfang 1945, französische Soldaten befestigten zum Zeichen des Sieges die Trikolore – beobachtet von Lee Miller

mit Hitler und durchsuchte die Wohnquartiere und den Untergrund. Wenn man bedenkt, daß Hitler Abstinenzler war und niemandem erlaubte, in seiner Gegenwart auch nur eine Zigarette zu rauchen, war er bemerkenswert gut ausgestattet mit den besten Weinen und Sektsorten Europas,

Jubelnde amerikanische Soldaten am 5. Mai 1945 vor der Ruine des »Berghofs«

englischem Whisky und den feinsten Zigarren. Es war wie eine ungeheuer wilde Party, bei der die Champagnerkorken über den Fahnenmast flogen, während das Haus über uns zusammenfiel. Alle paar Augenblicke rutschte der Mörtel in wahren Kaskaden das Dach herunter, und im Inneren des Hauses erschütterte eine Explosion (der französische militärische Geheimdienst versuchte, Hitlers Safe zu sprengen) den Hügel, und der spuckte Rauch und Ziegelsteine. (...) Es ist nicht ein Stück übriggeblieben für ein Museum über den großen Kriegsverbrecher, und über die ganze Welt verstreut werden den Menschen auf ewige Zeiten immer nur ein einzelner Serviettenring oder eine Gurkengabel gezeigt werden, die vermutlich von Hitler benutzt worden sind.«[11]

Zu den ersten Schritten des alliierten Kontrollrates in Deutschland gehörten im Oktober 1945 das Verbot der NSDAP und die Beschlagnahme aller Besitzungen, die als Eigentum der Partei zuzuordnen waren.[12] Hiervon gab es im Grundbuch von Berchtesgaden, insbesondere im Gebiet des Obersalzbergs, jede Menge, was unschwer zu erkennen war: Immer wieder prangte der Name Martin Bormann im Grundbuch, bisweilen war auch Hitler persönlich eingetragen. Die Amerikaner verstanden sich nicht als Eroberer, die das Eigentum des besiegten Kriegsgegners Deutschland auf Dauer annektieren wollten. Deutschland sollte, zunächst über die Konstituierung der Länder, in die eigene souveräne staatliche Existenz zurückfinden. Was den führenden Vertretern des nationalsozialistischen Staates und insbesondere seinen politischen Organisationen gehört hatte, sollte den neu entstehenden, demokratisch regierten Ländern schrittweise übereignet werden. Das legte der Alliierte Kontrollrat knappe zwei Jahre nach dem einstigen Beschlagnahmebeschluß im August 1947 in der Kontrollratsdirektive Nr. 50 fest. Schon im März 1949 kann der bayerische Staatsminister der Finanzen, Dr. Hans Kraus, die »Übertragungsurkunde Nr. 1259 nach Artikel V der Kontrollratsdirektive« in Empfang nehmen. Der Bayerische Staat ist seither Eigentümer der ehemaligen NS-Liegenschaften, auch wenn das Gelände und viele Gebäude noch von der Besatzungsmacht beansprucht und für die deutsche Öffentlichkeit gesperrt sind. »Off Limits« – Zutritt verboten! heißt es damals beispielsweise am Tor zum Beginn der Kehlsteinstraße. Das von Bomben unversehrt gebliebene »Kehlsteinhaus«, das in den letzten Kriegstagen eingeschneit und wenigstens in den ersten Tagen nach Kriegsende für Plünderer unerreichbar blieb, avancierte in den Nachkriegsjahren zum beliebten Sight-Seeing-Ziel hochrangiger amerikanischer Militärs und Politiker, darunter der General und spätere US-Präsident Eisenhower. Es kamen so viele, daß die US-Armee einen regelmäßigen Fahrverkehr vom Parkplatz Hintereck zum »Kehlsteinhaus« einrichtete. Bis ins Frühjahr 1949 war für deutsche Besucher auch das Ruinengelände am Obersalzberg mit dem Schild »Off Limits« versehen.

Ende der vierziger, Anfang der fünfziger Jahre kam auf verschiedenen Ebenen Bewegung in die Frage, wie die Zukunft des Obersalzbergs aussehen sollte. Im September 1948 entfachte der alte und neue, nunmehr gewählte Landrat Theodor Jacob mit einer Publikation der Kurdirektion Berchtesgaden die Diskussion vor Ort. In ihr wurden die verschiedensten Zukunftspläne veröffentlicht: Der letzte Obersalzberger Pfarrer Johannes Baumann wünschte sich die Errichtung einer Sühnekapelle auf dem Berg, Josef Hölzl (der Vater

Amerikanische Soldaten im Rahmen des großen »Berghof«-Panoramafensters (oben). Amerikanische Offiziere besichtigen die große Halle in der Ruine des »Berghofs« (unten)

von Johanna Stangassinger) forderte die kostenlose Rückgabe des ehemaligen Grundbesitzes an die vertriebenen Obersalzberger, und der Arzt und Kreistagsabgeordnete Dr. Werner Braun schlug sogar vor, die »Berghof«-Ruine zu erhalten und unter Denkmalschutz zu stellen »als Mahnmal dafür, wohin es führt, wenn ein größenwahnsinniger Tyrann in vermesser Raserei die Weltherrschaft erstrebt«.[13] In der überwiegenden Mehrheit aber plädierten die anderen Autoren[14] im Sinne des Landrates Theodor Jacob: »Sicher ist eines, Berchtesgaden muß wie bisher so auch in Zukunft vom Fremdenverkehr leben und alles, was ihn fördert, ist richtig.«[15]

Solange die Amerikaner das Obersalzberg-Gebiet abriegelten, konnte es keinen allgemeinen Fremdenverkehr geben; Neugierige kamen auf der Straße nach Obersalzberg nur bis zu den ehemaligen Postenhäusern des *Führersperrgebietes*, an dem seit Mai 1945 amerikanische Wachposten aufgezogen waren. Von der großen Öffentlichkeit kaum vermerkt, hoben die Amerikaner diese Sperrung Ende Mai 1949 auf.[16]

Nun begann ein Tourismus auf leisen Sohlen. Geisterhaft setzte er ein und blieb in Bewegung. Niemand trieb dafür offiziell Werbung, doch jeder, der in das Gebiet kam, wußte Bescheid. Am Parkplatz »Hintereck«, an dem die Busse der Amerikaner zur Fahrt auf das »Kehlsteinhaus« hielten, lebte das Café »Adlerhorst« auf. Die Militärregierung hatte einer Deutschen den Betrieb dieses Erfrischungs- und Andenkenkiosks schon im August 1945 genehmigt – zur Versorgung der amerikanischen Besucher.[17] Von nun an lohnte es auch wieder, deutschsprachige Souvenirs ins Programm zu nehmen.

Als nächster Anziehungspunkt eröffnete Weihnachten 1950 neben der Ruine von Hitlers »Berghof« eine altbekannte Hotel- und Gasthofsadresse, das Hotel »Zum Türken«, eine Geschichte, deren spannende Verwicklungen unseren Blick von den schon wieder anwachsenden Besucherschlangen vor Hitlers Hausruine für eine Weile auf den paragraphengespickten Versuch lenken muß, nationalsozialistisches Unrecht vor den Schranken der Gerichte wieder zu korrigieren. Karl Schusters Witwe Maria und ihre Tochter Therese hatten vor der Wiedergutmachungskammer auf Rückerstattung ihres Eigentums geklagt. Sie beriefen sich dabei mit Erfolg auf das Kontrollratsgesetz Nr. 59. In diesem ersten Prozeß um die Rückgabe eines alten Obersalzberger Anwesens wurden die Schusters durch den Berchtesgadener Rechtsanwalt Dr. Oskar Steuer vertreten. Er begriff bei späteren, erfolglosen Prozessen für andere zwangsenteignete Obersalzberger, wie entscheidend es war, sich auf dieses Gesetz Nr. 59 berufen zu können: »Der Fall ›Türken‹ war ein Ausnahmefall, nämlich insofern er nach den Bestimmungen des Wiedergutmachungsgesetzes abgehandelt werden konnte. Das Wiedergutmachungsgesetz sieht den Rückgabeanspruch politisch Verfolgter, religiös Verfolgter oder rassisch Verfolgter vor. Und nachdem der ›Türken‹-Wirt, also der Vater der Frau Partner, der Herr Schuster, Opposition geleistet hat im Dritten Reich und dort schon gelegentlich mal eingesperrt war, konnte sie geltend machen, daß das der Fall einer politisch verfolgten Person ist, als Erbin. Das ging dann nach den Wiedergutmachungsregeln, sie bekam ihr Grundstück zurück. Und sie war eine recht unternehmungslustige, tatkräftige Frau, die dann andere ermuntert hat, ihre Ansprüche auch geltend zu machen. Nun lagen diese Ansprüche allerdings alle anders, keiner war im eigentlichen Sinne politisch verfolgt. Es waren – bis auf die letzten Verkaufsfälle – alles Kaufverträge, die unter einem gewissen Druck zustande gekommen sind, Fälle, die der Bormann, der auf dem Obersalzberg wohnte, im einzelnen abgehandelt hat. Karl Schuster aber war eben ein politischer Gegner, während die anderen Leute, die oben zum Verkauf gezwungen wurden, keine politischen Gegner waren. Das waren harmlose Bürger, die nicht wider den Stachel gelöckt haben, dem Dritten Reich weiter keine Schwierigkeiten bereitet haben, die nur in ihrem Eigentumsrecht durch die Nationalsozialisten gestört worden sind. Die sind deswegen politisch nicht hervorgetreten. Das machte den Unterschied. Sie haben also nichts getan, um das Dritte Reich zu stören.«[18]

Rechtsanwalt Steuers Argumentation klingt bizarr angesichts der Vorgeschichte des »Türken«-Wirts, der Rolle, die er zwischen 1923 und 1933 gespielt hat – und ist doch gerechtfertigt: Karl Schuster, einer der ersten Sympathisanten Dietrich Eckarts und Adolf Hitlers am Obersalzberg, in dessen Gasthof Hitler schon im Sommer 1923 zu den Sommergästen sprechen durfte, NSDAP-Parteimitglied seit 1930, ist ja tatsächlich an jenem 18. August 1933 schlagartig zum politisch Verfolgten der nationalsozialistischen Bewegung geworden, der er selbst angehörte.[19] Die wochenlange Boykottaktion mit Posten und Plakaten der NSDAP-Ortsgruppe war ebenso beweisbar wie die Schutzhaft, die Karl Schuster verbüßen mußte.

Maria Schuster beziehungsweise ihre Tochter Therese Partner erhielten ihren Besitz nicht unentgeltlich zurück, da sie ja 1933 nicht entschädigungslos enteignet, sondern zu einem diktierten Preis zum Verkauf gezwungen worden waren. Der Wiedergutmachungsprozeß endete daher mit einem Vergleich. Die Familie erhielt den 1934 zum Wachquartier umgebauten Gasthof und das Grundstück gegen einen Zahlung von 22 000 DM an das Land Bayern zugesprochen.[20] Nach der Rückgabe des Besitzes der Familie Schuster schöpften auch andere ehemalige Obersalzberger Hoffnung, ihr früheres Eigentum zurückzuerlangen, zumal ihnen der Bayerische Landtag im April 1950 mit einem Beschluß den Rücken zu stärken schien. Die Abgeordneten forderten die Bayerische Staatsregierung auf, »in allen Fällen der Veräußerung eines Grundstücks, das der frühere Eigentümer gezwungenermaßen (...) zum Zwecke des organisatorischen Aufbaus der NSDAP oder einer ihrer Gliederungen oder zum Zwecke der Begünstigung eines der Mitglieder der NSDAP (...) veräußert hat, das Grundstück vorzugsweise den früheren Eigentümern anzubieten«.[21]

Eine »Gemeinschaft der ehemaligen Obersalzberger« fand sich zusammen, traf sich im Gasthof »Zum Türken«, beratschlagte mit Rechtsanwalt

Der ehemalige Gasthof »Zum Türken« als Wachlokal von Hitlers Leibgarde ...

... und das beim Bombenangriff teilzerstörte Gebäude, das den alten Eigentümern durch ein Wiedergutmachungsverfahren zurückerstattet wurde

Steuer und meldete sich am 11. August 1951 mit einer Resolution in der Presse, beim Bayerischen Landtag und bei der Bayerischen Staatsregierung zu Wort, deren auf einer altersschwachen Schreibmaschine getipptes Original in der »Akte Obersalzberg« der Bayerischen Staatskanzlei gelandet ist. »Die heute im Gasthof ›Zum Türken‹ am Obersalzberg versammelten ehemaligen Obersalzber-

> **Sonntag, 25. Januar 1959** — **BUNTE RUNDSCHAU** — Nummer 20a
>
> ## Hitlers ehemalige Nachbarn kämpfen um den Obersalzberg
>
> Oberlandesgericht München muß über einstiges „Führer-Sperrgebiet" entscheiden · Kläger sagen: Zwangsverkäufe an Partei rechtsungültig · Nebeltruppen konnten Bombenvernichtung bis April 1945 verzögern · Sorge vor neuer „Nazi-Brutstätte"
>
> Berchtesgaden. Das Oberlandesgericht München muß demnächst eine heikle Entscheidung fällen, von der es weitgehend abhängt, ob jetzt dem Erdboden gleichgemachte, in 800 bis 1000 Meter Höhe liegende Höfe am Obersalzberg von ihren früheren Besitzern wiederaufgebaut werden dürfen. Die Kläger in diesem ungewöhnlichen Zivilprozeß sehen sich als die ersten Zwangsvertriebenen des „Dritten Reiches" an. Wie die anderen Bewohner des Obersalzbergs hatten sie das Unglück, Hitlers Nachbarn zu werden, als dieser lange vor der Machtübernahme das später mit großem Arbeits- und Finanzaufwand zu dem berüchtigten „Berghof" ausgebauten Landhaus „Wachenfeld" kaufte.

Schon in den fünfziger Jahren machte der Kampf der ehemaligen Obersalzberger um ihre verlorenen Häuser und Grundstücke Schlagzeilen

ger fordern durch ihre rechtmäßige Vertreterin, die Gemeinde Salzberg, den bayerischen Landtag auf, die durch Hitler gestörte heimatliche Ordnung alsbald wiederherzustellen. Sämtliche Obersalzberger sind bereit, dem Bayerischen Landtag Red und Antwort zu stehen in Sachen der ehem. Zwangsverkäufe. Sie würden es begrüssen, wenn eine Abordnung des Bayerischen Landtags an Ort und Stelle sich von der unhaltbaren Lage ihrer alten und von ihnen nie aufgegebenen alten Heimat überzeugen wollten.«[22] Unter den 17 Unterzeichnern[23] der Resolution findet sich auch ein Sohn des streitbaren Oberwurf-Bauern Josef Hölzl, Otto Hölzl, ein Bruder von Johanna Stangassinger. Den Fall »Oberwurflehen« erachten Rechtsanwalt Steuer und alle anderen Mitglieder der Gemeinschaft der Obersalzberger als besonders geeignet, um die rücksichtslose Vertreibungsstrategie Bormanns im Dienste Hitlers vor Gericht in einer Art Musterverfahren darzulegen. Niemand ahnte, daß sich dieser Rechtsstreit zermürbend lange hinziehen würde. Johanna Stangassinger beklagt, daß ihr Bruder Otto Hölzl am Ende als Einzelkämpfer übrigblieb: »Mein Vater war 1950 gestorben, meine Mutter 1956. Und mein Bruder hatte die Vollmacht noch von meiner Mutter gekriegt, aufs Armenrecht für meine Mutter zu prozessieren. 1954 hat er angefangen. Er hat 14 Jahre prozessiert, und zweimal hat er verspielt. Und in der dritten Instanz in Karlsruhe hatte er dann den Prozeß gewonnen. Er wollte die ganzen Obersalzberger zusammen haben. Aber es hätte ein jeder 1 000 Mark zahlen müssen Kostenstellung. Da hat keiner mehr mitgemacht. Und da hat er allein prozessiert, für seine Heimat, für seinen Grund, für seinen Boden und hauptsächlich auch für den Wald.

Und dann hat er in der dritten Instanz in Karlsruhe den Prozeß gewonnen und hat 120 000 DM ausbezahlt gekriegt, vom Bayerischen Staat. Aber den Grund und Boden hat er nicht zurückbekommen, nur das Geld. Und er war Schwerkriegsversehrter und hat sich hinterher ein kleines Häusel gebaut. Und nachher sagten natürlich alle: ›Ach ja, wenn wir das gewußt hätten, wenn wir das gewußt hätten, hätten wir mitgemacht‹ – und vorher wollten sie nicht. Und das war der große Fehler. Wenn die nämlich alle mitgemacht hätten, dann wären die nach München zum Staatsministerium und hätten gesagt: ›So, jetzt wollen wir unseren Grund und unseren Boden zurück. Und wenn das nicht ist, dann kommen wir mit den Heugabeln und den Sensen!‹ – So hätt's nämlich ausgeschaut. Aber er allein konnt sich ja net rühren.«[24]

Für den Aufmarsch empörter Obersalzberger mit Heugabeln und Sensen vor dem Staatsministerium in München hätte es in den 14 Jahren von 1954 bis 1968 eine Reihe guter Gründe gegeben. Dazu zählte zunächst die Prozeßstrategie des Freistaates Bayern, gegen den sich die Klagen der ehemaligen Obersalzberger zu richten hatten.

All diese Klagen mußten anders aufgebaut sein

als die der Familie des »Türken«-Wirtes Karl Schuster. Bei aller Nötigung, mit der der Oberwurfbauer Hölzl und seine Nachbarn durch Martin Bormann und seinen Beauftragten Gotthard Färber zum Zwangsverkauf veranlaßt worden waren, lag in seinem Fall kein offen ausgesprochener und ausgetragener politischer Konflikt vor. In der zähen Auseinandersetzung, die sich Oberwurf-Bauer Hölzl mit Bormann lieferte, blieb Hölzl beherrscht und leistete sich keine Schimpfkanonade »gegen die braune Bande, bei der man wie im Zuchthaus lebt« – auch wenn er gewiß ähnlich dachte wie der »Türken«-Wirt Karl Schuster, dem diese Beschimpfungen entfuhren. Und Bormann ließ vor Hölzls Oberwurflehen auch keine Boykottposten aufziehen und Plakate anbringen, in der er den Bauern der »feindlichen Gesinnung gegen das neue Deutschland« bezichtigte, auch wenn er insgeheim den fleißigen Kirchgänger und Meßner der Gemeinde als katholisch infizierten Antinazi ansah. Hölzl konnte deshalb nicht als politisch Verfolgter des Nazi-Regimes klagen und sich auf das hierfür geschaffene Kontrollratsgesetz Nr. 59 stützen. Rechtsanwalt Steuer mußte einen schwierigen Beweis erbringen, daß nämlich auf den Bauern Hölzl solch massiver Druck zum Verkauf ausgeübt wurde, daß der am Ende abgeschlossene Vertrag als sittenwidriges Geschäft anzusehen ist. Dafür gab es in diesem Fall jedoch starke Indizien und Beweise.[25]

Der Freistaat Bayern aber wählte eine verblüffende und zynische Prozeßtaktik. Dabei interessierte er sich gar nicht dafür, ob das Obersalzberger Erbe, das er von den Nazis übernommen hatte, von diesen in sittenwidrigen Geschäften zusammengerafft worden war – zum Nachteil privater Grundbesitzer. Die Prozeßvertreter des Freistaates Bayern beriefen sich achselzuckend darauf, den Obersalzberger Besitz von der amerikanischen Besatzungsmacht übertragen bekommen zu haben. Das Gericht folgte ihnen in erster Instanz und wies Hölzls Klage 1958 mit der Begründung ab: »Diese Übertragung war ein Verwaltungsakt der Besatzungsmacht. Als solcher kann er auf seine Richtigkeit und Ordnungsmäßigkeit nicht mehr durch deutsche Gerichte überprüft werden.«[26]

Rechtsanwalt Steuer und sein Mandant Otto Hölzl waren empört – und gingen in eine zweite und dritte Runde, die schließlich mit einem Vergleich vor dem Bundesgerichtshof in Karlsruhe endete, in dem Otto Hölzl eine Entschädigungssumme von 120 000 DM erstritt. Die juristischen Kapriolen, die auf dem Weg dahin geschlagen wurden, gäben Stoff für ein eigenes Buch.[27]

Wie formal und fadenscheinig der Freistaat seinerzeit argumentierte, um ja nichts aus seinem Obersalzberger Besitz abgeben zu müssen, ist aus der jüngst freigewordenen »Akte Obersalzberg« ersichtlich, die in der Bayerischen Staatskanzlei von Juni 1951 bis Februar 1953 geführt wurde.[28]

In dieser Zeit fallen gerade wichtige Entscheidungen. Der Freistaat ist zwar seit März 1949 schon Eigentümer der Nazi-Liegenschaften, kann aber auf den Grundstücken nichts unternehmen, weil sie von den Amerikanern noch nicht zur Nutzung freigegeben sind. Am 1. November 1951 schreibt der amerikanische Landeskommissar George N. Shuster einen sehnlichst erwarteten Brief an den Bayerischen Ministerpräsidenten Hans Ehard. Er teilt ihm mit, daß der amerikanische Hohe Kommissar nun dem Wunsch der Deutschen entspricht und eine Reihe von Grundstücken und Gebäuden den Deutschen zur Nutzung freigeben möchte: den »Platterhof«, die SS-Kaserne, die Häuser und Grundstücke von Hitler, Göring und Bormann, »unter der Bedingung, daß die Häuser vollständig abgetragen und alle Spuren, die auf ihren Standort hinweisen, beseitigt sind«. Und dann merkt George N. Shuster lakonisch an: »Anzumerken ist, daß das Haus ›Türken‹ in diesen Plan nicht einbezogen wird. Dieser

Besitz wurde durch den Beschluß deutscher Gerichte Frau Therese Partner zugesprochen, der Rechtsanspruch auf dieses Haus ist ihr nach dem Rückerstattungs-Gesetz zugebilligt worden.«[29] In dieser kurzen Anmerkung steckt viel Sprengkraft. Auch das Haus »Türken« war ja von den Amerikanern in der Übertragungsurkunde vom 1. März 1949 dem Freistaat Bayern zum Eigentum übertragen worden – zusammen mit allen anderen NSDAP-Liegenschaften. Erst ein Dreivierteljahr später, im Dezember 1949, fällt die Entscheidung im Rückerstattungsverfahren, den Gasthof »Türken« den ehemaligen Besitzern zurückzugeben. Was tun die Amerikaner? – Sie korrigieren ihre eigene Entscheidung. Sie zeigen Verständnis für Rückerstattungs- und Wiedergutmachungsansprüche deutscher Bürger, die durch die Nazis Unrecht erlitten hatten, und sind als Besatzungsmacht dabei durchaus bereit, die Urteile deutscher Gerichte zu akzeptieren.

Niemand kannte diese undogmatische Haltung der Amerikaner besser als die Vertreter des Freistaates, die jedoch bei allen Klagen der ehemaligen Obersalzberger bis Anfang der siebziger Jahre vor Gericht immer wieder geltend machten: Ob den Obersalzbergern nun in der Nazi-Zeit Unrecht widerfahren sei, sei zweitrangig – der Freistaat Bayern dürfe und könne die Entscheidungen der Besatzungsmacht nicht antasten.

Die Frage, warum die Amerikaner bei Freigabe der Obersalzberger Grundstücke so kompromißlos darauf pochen, die Hausruinen des Nazi-Triumvirats Hitler, Göring und Bormann zu sprengen und restlos abzutragen, führt nach der Exkursion in die Gerichtssäle zum Schauplatz Obersalzberg zurück, in den Sommer 1951. Am Ende des Jahres wird die offizielle Polizeistatistik für die Sommersaison 136 560 Besucher auf dem Obersalzberg verzeichnet haben,[30] die in einem wüsten, unerschlossenen Ruinenfeld herumgestapft sind.

In diesen dichtgedrängten Pulk geriet Anfang Juli ein Journalist, der gerade in Berchtesgaden Ferien machte. Jürgen Neven du Mont hörte zu, was der Zug der ratlos Staunenden in Hitlers rußgeschwärzter »Berghof«-Ruine von selbsternannten Fremdenführern erzählt bekam, fotografierte, notierte mit und veröffentlichte einige Tage später einen Bildbericht in der »Münchner Illustrierten«[31] und eine Reportage in der »Süddeutschen Zeitung«: »›Meine sehr verehrten Herrschaften, ich möchte Sie besonders auf diesen großen Kamin aufmerksam machen ...‹ Ein mittelgroßer,

Touristen im »Berghof«: alle Treppenstufen aus gutem Material sind nach 1950 bereits geplündert

etwa 30jähriger Mann mit eierförmigem Kopf drängt sich mit ausladender Geste in den Vordergrund. ›Sie werden in seiner Mitte einen roten Steinblock bemerken. Da sich Tag für Tag Besucher einfinden, die ein Stückchen von ihm abbrechen, um es als Andenken mit nach Hause zu nehmen, wird bald nichts mehr von ihm übrig sein. Viele wollen halt einen Teil aus des Führers Feuer mit nach Hause nehmen.‹ – Wir befinden uns auf dem Obersalzberg in Hitlers ›Berghof‹. Es handelt sich um den Kamin in seinem ehemaligen Konferenzzimmer. Nur ein kleiner Teil des Publikums, der sich hauptsächlich aus 18–20jährigen Burschen zusammensetzt, folgt dem Führer in einen anderen Raum, während die übrige Menge sich anderen Fremdenführern anschließt. Nachdem sich die kleine Gruppe um einen Pilaster versammelt hat, spricht erneut der Führer: ›Sie werden bemerken, wie einfach die Einrichtung gehalten war.‹ – Die jungen Leute, die kurz zuvor auf Motorrädern mit aufgeschnallten ehemaligen Infanterie-Tornistern ankamen, sind sichtlich beeindruckt. Auf der großen Terrasse treffen wir eine Gruppe unter Führung von Görings ehemaligem Hausverwalter Zychke. Er sagt: ›Hier standen einst die roten Schirmchen, unter denen der Führer, der ja sehr kinderlieb war, Kinder aus allen deutschen Gauen empfing.‹ – ›Ja, unser Führer‹, stöhnt ein alter Mann und bückt sich nach einem Trümmerstück, welches er als Andenken einsteckt. Er wird photographiert und wendet sich begeistert an den Photographen: ›Nicht wahr‹, sagt er, ›wir wissen ja, was die Stunde geschlagen hat. Ich habe zwar meinen Bruder durch die SS verloren, aber ich bin dem Führer doch treu geblieben. Solch eine große und schöne Zeit werden wir nicht mehr erleben.‹ Er findet allgemeinen Beifall. Später kauft er an einem der zahlreichen Kioske Photographien und eine Zeichnung ›Der Obersalzberg einst und jetzt‹.«[32]

Jürgen Neven du Monts Artikel lösten heftige

Amerikanische Offiziere und ihre Frauen zu Besuch auf dem Kehlstein

Reaktionen aus. Der Berchtesgadener Landrat Jacob bezeichnet in einem Brief an den bayerischen Innenminister und stellvertretenden Ministerpräsidenten Hoegner die Presseberichte als »stark übertrieben«.[33] Er veranlaßt, daß die noch weithin offenstehenden Bunkereingänge vermauert werden, er schickt Beamte der Landespolizei, die die »wilden Führungen« in der »Berghof«-Ruine für eine Weile unterbinden, und er läßt in einer überraschenden Polizeiaktion Andenkenartikel beschlagnahmen. Jacob macht aber auch deutlich, daß alle diese Aktivitäten, ausgenommen die Vermauerung der Bunker, nichts bringen. Die wilden Führungen werden weitergehen, wenn die Landespolizei wieder abzieht, und nostalgische Andenken sind nur strafbar, wenn sie NS-Kennzeichen enthalten. Jacob entwickelt weitere Aktivitäten, um sein wichtigstes, mit Ehrgeiz verfolgtes Vorhaben nicht zu gefährden: Er will die Freigabe des »Kehlsteinhauses«, das er als Anziehungspunkt für den Tourismus im Berchtesgadener Land erobern möchte. Jacob fürchtet, daß einige Politiker nach dem öffentlichen Wirbel um die Hitler-Nostalgie in den Obersalzberger Ruinen auch wieder über die Sprengung des »Kehlsteinhauses« nach-

193

Der »Platterhof« in den Tagen nach dem britischen Bombenangriff im Mai 1945

GIs in der Empfangshalle des ehemaligen Hotels unter dem Bild von »General Walker« im Jahr 1995

denken werden. Der Berchtesgadener Landrat weiß, daß der amerikanische Landeskommissar zeitweise mit dem Gedanken spielt, auf dem Berg anstelle des »Teehauses« »eine Art überkonfessionellen« Tempel zu errichten. Und im bayerischen Kabinett gibt es ebenfalls Gegner einer Freigabe.

Anfang August 1951 ist Landrat Jacob am Ziel. Bei einem Lokaltermin des Kabinetts kann er mit Innenminister Wilhelm Hoegner einen der einflußreichsten Skeptiker auf seine Seite ziehen, ebenso in einem persönlichen Gespräch den amerikanischen Landeskommissar George N. Shuster. Alle werden sich einig, daß die Ruinen der Wohnhäuser von Hitler, Göring und Bormann sowie die SS-Kasernen gesprengt und abgetragen werden sollen. Das »Kehlsteinhaus« jedoch soll erhalten und als Ausflugsgaststätte genutzt werden.

Am 30. April 1952 nachmittags wird die Ruine des »Berghofs« gesprengt. Das Datum ist symbolträchtig. Genau sieben Jahre zuvor hatte Hitler Selbstmord begangen.

Kurios verläuft die Geschichte des »Platterhofes«. Zunächst soll auch er gesprengt werden. Aber die Witwe des ehemaligen Besitzers Bruno Büchner, Elisabeth von Ferro, erhebt Einspruch. Sie hat ein Rückerstattungsverfahren in Gang gebracht, dessen Abschluß erst abgewartet werden muß.

Elisabeth von Ferro unterliegt in diesem Verfahren,³⁴ aber zwischenzeitlich hat sich bei der Staatsregierung ein Kaufinteressent gemeldet, ein Generalkonsul Lahmann, der ehemalige Besitzer des Hotels »Weißer Hirsch« in Dresden. Für ihn verwendet sich Ministerpräsident Ehard (CSU) und nach dem Regierungswechsel Ministerpräsident Hoegner (SPD), der die Amerikaner im November 1952 bittet, den »Platterhof« ohne die Auflage freizugeben, das Gebäude sprengen und abtragen zu müssen, um es an den Hotelier Lahmann weiterverkaufen zu können. Im Februar 1953 entdecken die Amerikaner, daß sie den »Platterhof« eigentlich selbst als Erholungshotel für ihre Soldaten gut brauchen können, und erbitten das Gebäude zu ihrer Nutzung zurück. So entsteht das Recreation-Hotel »General Walker«, das bis zum Abzug der Amerikaner im Herbst 1995 existiert.

Nachdem die Häuser Hitlers, Görings und Bormanns gesprengt und abgetragen sind, kümmert sich die Staatsregierung um die Realisierung des Plans, den der Minister für Landwirtschaft und Forsten ausgearbeitet hat. »Die möglichst rasche Bestockung des Geländes wird am besten erzielt durch eine raschwüchsige Pionierholzart, wozu sich die Weißerle bestens eignet; diese soll in einem Verband von 2,5 x 2,5 Meter gepflanzt werden, damit möglichst rasch dichtes Unterholz entsteht, das die Fläche schwer zugänglich macht.« Niemand soll in das Unterholz der Geschichte eindringen. Und so unterbleiben auch Nutzungsangebote an die ehemaligen Obersalzberger, die Grundstücke im Umkreis des ehemaligen Besitzes der Nazi-Bonzen hatten.

Ein Hotelier mit großem Namen hatte da bessere Karten. Während sich die Prozeßbeauftragten des Finanzministeriums noch vor Gericht mit allen juristischen Raffinessen dagegen sträuben, ehemaligen Obersalzbergern wie Otto Hölzl ihr zwangsverkauftes Eigentum zu erstatten, verkauft der Bayerische Staat, vertreten durch seinen

Schlagzeilenthema »Steigenberger-Skandal«, Ausriß aus »Der Spiegel«, 1958

Finanzminister Friedrich Zietsch, im August 1957 auf einen Schlag 224 880 Quadratmeter Grund aus den ehemaligen Obersalzberger NSDAP-Liegenschaften. Zu dem Paketverkauf gehören vier Hotels, drei Villen, drei Wohnhäuser, der ehemalige Bormannsche Gutshof und eine Pension. Zu den Hotels zählen das »General Walker« – also der ehemalige »Platterhof« – und die drei in Berchtesgaden gelegenen Häuser »Berchtesgadner Hof«,

Nutznießer des Steigenberger-Skandals, Ausriß aus »Der Spiegel«

Hotel »Bellevue« und Hotel »Deutsches Haus«. Der Hotelier Steigenberger muß für das Gesamtpaket nur drei Millionen Mark zahlen, der Verkehrswert dieser Immobilien beträgt zum Zeitpunkt des Verkaufs jedoch ca. 20 Millionen Mark. Der Kaufpreis konnte in zehn bequemen Jahresraten von 300 000 DM entrichtet werden, die Verzinsung der Kaufschuld wird auf nur 2% festgelegt. Das ganze Geschäft kam überhaupt nur zustande, weil der Berchtesgadener Landrat Theodor Jacob und der Zivil-Manager der US-Streitkräfte in Berchtesgaden, Donald Curtis, gemeinsam das Gerücht streuten, die Amerikaner würden den Standort Berchtesgaden verlassen. Im Finanzministerium verließ man sich auf dieses Gerücht, niemand hielt es für nötig, beim Heidelberger Hauptquartier der US-Streitkräfte nachzurecherchieren. Da die Amerikaner aber blieben, fielen Steigenberger jährlich eine halbe Million Nutzungsentschädigung aus der Bonner Staatskasse zu. Mit weiteren im Kaufvertrag zugestandenen Ansprüchen kam der Oberste Bayerische Rechnungshof auf den Betrag von 788 613 DM an Steuermitteln, die Steigenberger im ersten Jahr seines »Kaufes« von Stadt und Land kassierte – bei 300 000 DM Jahresrate also ein jährlicher Reingewinn von 500 000 DM. Nur ein Amerikaner ging – der Tip-Geber Donald Curtis wechselte von der US-Armee zu einer Anstellung in Steigenbergers Hotelkonzern. Die übrigen Amerikaner blieben. Auch Finanzstaatssekretär Panholzer war der Meinung, eine gute Tat getan zu haben, empfing er doch bei Vertragsabschluß mit Steigenberger von ihm einen Scheck von 250 000 DM für den Wiederaufbau der Münchner Residenz. Theodor Jacob hingegen, mittlerweile vom Landrat zum Präsidenten des Bayerischen Sparkassen- und Giroverbandes aufgestiegen, erhielt als Dankeschön Steigenbergers das marode Hotel »Deutsches Haus«, das später abgerissen wurde und als Platz für den Berchtesgadener Sparkassen-Neubau diente. Die Geschichte brauchte bis zur vollen Entfaltung rund 13 Jahre. Am Ende stand ein Spruch des Bundesgerichtshofes, der in dem Verkauf der Immobilien an Steigenberger einen »Verstoß gegen die bayerische Verfassung« sah und befand, der Staat habe nichts zu verschenken. Der Verkauf mußte aufgehoben und rückgängig gemacht werden. So gab Steigenberger nach 13 Jahren des munteren Kassierens das für drei Millionen erworbene Immobilienpaket für 5,75 Millionen DM wieder an den Staat zurück.[35]

Der Führer lebt
Eine Geisterbahnfahrt

Christoph Püschner und ich sind zur Buchenhöhe gefahren, in Bormanns nach Krieg und Bombenangriff restaurierte Mustersiedlung, die ursprünglich für dienstbare Geister erbaut worden war, die im *Führersperrgebiet* arbeiten sollten. Wir haben einen Tip bekommen, hier wohne jemand, der uns genaueres über das Leben der Fremd- und Zwangsarbeiter berichten könne. In einem dunklen Flur in Haus 22 finden wir auf dem Türschild den Namen von Therese S. Wir klingeln. Nach einer Weile nähern sich schlurfende Schritte der Tür, die eine mißtrauisch dreinblickende alte Frau einen Spalt breit öffnet. Niemand habe uns bisher über das Leben in den Baracken-Lagern am Obersalzberg berichten können, ob es denn stimme, daß sie dort gearbeitet habe. – Wer denn das gesagt habe, will sie wissen. Wir nennen unseren Informanten. Der Name scheint Frau S. zu beruhigen. Ja, das sei schon richtig, im Lager Riemerfeld sei sie jahrelang beschäftigt gewesen, aber sie wolle nicht über die Hitler-Zeit am Obersalzberg sprechen. Kein Interview, keine Fotos. Sie möchte diese Zeit nicht wieder aufrühren, sagt sie in einem schleppenden Bayerisch.

Sie bleibt jedoch in der Tür ihrer Wohnung stehen, versperrt mit einer Hand am Rahmen, mit der anderen am Türblatt den Durchgang – und redet, kommt ins Erzählen. Sie macht gar keine Anstalten, uns schnell abzuschütteln und die Tür wieder zu schließen. Sie will durchaus erzählen, nur nicht für den öffentlichen Gebrauch, nicht auf dieses Tonband, das ich umhängen habe. Und sie mochte sich nicht fotografieren lassen, das würde sie nicht dulden, sagt sie zu Christoph, der seine Kameraausrüstung erkennbar geschultert hat.

Immer weiterredend, löst sie sich schließlich von der Tür, wendet sich um und lotst uns mit einer Geste und einem gemurmelten »dann kommens halt rein« in ihre Wohnung. »Aber keine Fotos!« Sie achtet auch dann noch auf den Fotografen, als sie in einem ihrer altmodischen Wohnzimmersessel Platz genommen hat und mit einem Griff über die Lehne beständig den zotteligen schwarzen Hund zu ihren Füßen krault. Nach dem Versprechen, ihren Namen nicht zu nennen, läßt sie sich doch noch zu einem Interview bewegen, wenngleich von dem Augenblick an, als das Tonband läuft, ihre Auskünfte vorsichtiger und spärlicher kommen als zuvor im freien Gespräch.

Köchin und Kantinenwirtin sei sie gewesen. Bis zu 720 Essensportionen pro Tag habe sie mit ihren ausländischen Hilfskräften in der Kantine Riemerfeld zubereitet, die nicht nur von den Bewohnern des Lagers, sondern auch von Arbeitern anderer Unterkünfte aufgesucht wurde. Von der Furcht und dem Heimweh der Tschechen, die streng behandelt und schnell geschlagen wurden, erzählt sie, von ihrem tschechischen Fahrer, den sie schätzte wegen seiner Zuverlässigkeit, vom Hunger der Italiener, die mitgebrachten Wein gegen Brot tauschten, weil die Rationen auf Karte ihren Hunger nicht stillten, und schließlich von jenen als Partisanen verdächtigten Italienern, die 1940 im Morgengrauen eines kalten Februartages auf mehreren offenen Lastwägen der Firma Held & Francke im Lager Riemerfeld am Obersalzberg haltmachten, auf dem Transport ins KZ-Außenlager Kaufering. Die Italiener, eine Gruppe bunt zusammengewürfelter Zivilisten von Männern und Frauen, seien dünn gekleidet gewesen, manche hätten Holzschuhe getragen und als Gepäck allenfalls ein Bündel schnell zusammengeraffter Habseligkeiten. So hätten sie frierend vor den Baracken gestanden. Die hungrigen und zähneklappernden Menschen hätten ihr leid getan, also habe sie die Kantine geöffnet, habe heißen Kaffee ausgeschenkt und ihnen Brot gegeben. Dann seien sie wieder auf die Lastwagenpritschen getrieben und weitertransportiert worden. Und sie hätten geschrien vor Angst, erzählte einer der Lastwagenfahrer Frau S. nach der Rückkunft von Kaufering, als sie dort später die Wachtürme des stacheldrahtumzäunten Lagers auftauchen sahen. Aber mehr habe sie für die armen Hunde eben nicht tun können, als heißen Kaffee und Brot ausgeben, und das habe blitzschnell gehen müssen, damit es ja nicht der Lagerleiter mitbekomme.

Lagerleiter. Frau S. sagt dieses Wort und bricht abrupt ihre Erzählung ab, als habe es einen geheimen Schrecken in ihr geweckt. »Das müssen's herausschneiden«, bittet sie mich, »ich möcht' das nicht«, und sie weist mit einer Armbewegung in eine mir nicht bekannte Nachbarschaft, »da drüben auf der anderen Seite der Straße wohnt nämlich seine Schwiegertochter, da komm' ich noch in Feindschaften, da heroben bei uns sind doch noch manche, da möcht ich keine Angaben dazu machen, ich möcht mir keinen Haß mehr auflegen in meinem Alter«. Das Interview ist vorbei, so sehr ich auf Frau S. einrede, daß doch nicht sie sich heute verstecken oder schämen brauche, die den partisanenverdächtigen Italienern geholfen habe, allenfalls diejenigen, die damals die Verschleppung und Entrechtung dieser Leute für Recht befunden und ohne Skrupel betrieben hätten und hinterher erklärten: Ich hab doch nur meine Pflicht getan.

Die Einwände helfen nicht. Frau S. hat Angst, als könne der Reichssicherheitsdienst oder die Gestapo noch jetzt, Ende der achtziger Jahre, an die Tür donnern und sie abholen. Ich solle das Interview lieber doch nicht veröffentlichen, bekniet sie mich.

Ihre Angst sei doch absurd, rede ich auf Frau S. abermals ein, woher sie die heute noch nehme. – Die anderen, antwortet sie, die damals das Sagen hatten, die seien doch viel besser auf die Füße gekommen als sie, aus denen sei doch was geworden, die gelten doch auch heute was. Wie dieser Diener vom Göring, der sie zur Minna gemacht habe, als sie versehentlich beim Rückwärtsstoßen mal mit ihrem Kantinentransporter den Drahtzaun des Herrn Reichsmarschall ein wenig eingedrückt habe, da habe sie gleich so einen Rapport bekommen, das sei ganz katastrophal gewesen. Wieder deutet Frau S. in die Nachbarschaft, der wohne doch auch hier gleich die Straße rauf. – »Sie, und jetzt schalten's ihr Tonband aber wirklich ab.«

Wir ziehen weiter, wollen wissen, vor wem Frau S. Angst hat. Dieselbe Straße, eine gepflegte, moderne Wohnanlage, Typ Komfort-Eigentumswohnung, für Gutsituierte am Rande der Siedlung Buchenhöhe in den Hang gebaut, wahrscheinlich in den siebziger Jahren. Lange, gerade Kunststeintreppen führen zu den Wohnungen, das Treppenhaus ist hell und kühl. Kein Geräusch dringt durch die schwere Wohnungstür, bevor sie sich öffnet, auch hier erst nur einen Spalt. Kurt H. mustert uns kritisch. Seine Frau erscheint hinter ihm. Ein sportliches, älteres Paar. Kurt H. ist drahtig und schlank. Ich halte ihm meinen Journalistenausweis entgegen; er könne uns doch sicher viel erzählen über den Obersalzberg zu Hitlers und Görings Zeiten. »Nee, da wird soviel Unsinn geschrieben, von Leuten die keine Ahnung haben«, wehrt er ab. Ich locke ihn. Er sei doch dabeigewesen, in unmittelbarer Nähe des Reichsmarschalls. »Und jetzt soll ich mich hinstellen und ihnen erzählen, was für ein Verbrecher er gewesen ist? Ich war zwölf Jahre lang immer drei Schritt

Die Kantinenköchin des Arbeiterlagers Therese S. mit ihrem Transporter für den Materialeinkauf

hinter Hermann, immer Sonderrationen gehabt bei ihm, Kost und Logis frei, Tagegelder dazu, alles bis zum Schluß, als die Kameraden längst im Dreck lagen an der Front und ihre Köpfe hinhalten mußten, und ihn jetzt schlecht machen? Wäre doch schäbig von mir.« – Kurt H. grinst undurchschaubar nach diesem grausam ehrlichen Satz. Aber nein, werfen wir ein, es gehe uns einfach um den Alltag, damals am Obersalzberg, aus allen Perspektiven. Wir drucksen rum, und er begräbt sehend sein Mißtrauen, denn auch dieser Kurt H. will nicht reden – und will doch nichts anderes als reden, eine preußische, Berliner Kodderschnauze, nicht ohne Witz. Bald bittet er uns herein. Noch im Flur eine erste Einlage. »Na, was schätzense, wie alt bin ich?« fragt er, streckt die Arme bis zu den Fingerspitzen aus, winkelt den Oberkörper ab, klappt sich mit durchgestreckten Knien zusammen wie ein Taschenmesser, bis die Fingerspitzen die Fußspitzen berühren. »Jahrgang Null Acht«, strahlt er mit gerötetem Kopf und komplimentiert uns ins Zimmer, »gerade 79 geworden«.[1]

Kurt H. führt uns ins Wohnzimmer zu einer wuchtigen Sitzgarnitur. »Setzense sich dahin«, bietet er mir einen der Sessel an, »da hat der Heidemann vom ›Stern‹ auch gesessen, damals, wie er sich mit der Edda angefreundet hatte«, und fügt mit einem Blick auf unsere fragenden Gesichter hinzu, »Edda, die Tochter vom Reichsmarschall«.

Kurt H. hat ein Faible für Edda. Springt auf, schaltet das Fernsehgerät ein, schiebt eine Kassette in seinen Video-Recorder, zeigt uns Edda, eine halbe Stunde lang. Redet dazu, daß er Edda von ihrer Geburt 1938 an schon gekannt habe, als sie noch Klein-Edda war, ein Kind, herausgeputzt wie eine Prinzessin. Der Typ ist sie geblieben. Gebannt verfolgen wir auf dem Fernsehschirm eine blonde Frau, die man attraktiv, vielleicht sogar schön nennen könnte, irritierte nicht diese unheimliche Mischung aus Barbie und Rainer Barzel in einem wächsern steifen Gesicht ohne Regung, ohne Bewegung, mit glänzendem Teint.

»Ist Original schwedisches Fernsehen! Haben die hier gedreht mit Edda!« Während des Videos redet Kurt H. unablässig weiter. Erst sei er ja Pferdewart geworden beim Reichsmarschall, und das war so: Bei der berittenen Berliner Polizei sei er gelandet, 1931, mein Gott, was für ein Glück, bald sechs Millionen Arbeitslose, und er kriegt eine Stelle, und dann '33, ein Schaureiten vor Göring, und der engagiert ihn und seine Kameraden vom Fleck weg für seine persönlichen Dienste. Als Luftwaffen-Soldat. Zur SS habe er nicht müssen, zur Partei habe er nicht dürfen. Wär' er zwar im Moment unglücklich gewesen, sei später aber ein Riesenglück gewesen für ihn, versichert Kurt H. hintergründig. Dann habe er, weil ein Pferdebursche in Görings Stall fehlte, »Wotan« bereiten dürfen, eines der Pferde des Reichsmarschalls, und der Göring sei mit ihm ins Gespräch gekommen und habe ihm eine Stellung im Haushalt angeboten, als Mädchen für alles, als dienstbarer Geist später vor allem für Frau Reichsmarschall, als Begleitschutz und Einkaufstaschen-Träger bei ihren Abstechern in die Parfümerien, Boutiquen und Schuhgeschäfte des deutsch besetzten Paris. Im goldenen Käfig sei er gesessen, ein Gefängnis, weil er als Junggeselle immer zur Verfügung stehen mußte, Tag und Nacht, fast ohne Ausnahme. Was für ein Gefängnis aber! Mit goldenen Gittern, betont Kurt H., weil er jeden Komfort seiner Herrschaft teilen durfte. Die Reisen im Flugzeug oder

Hier diente neben vielen anderen Adjutanten Görings auch Kurt H.

mit den zwei Sonderzügen Görings nach Italien, nach Spanien und Schweden, der Kuraufenthalt der Frau Reichsmarschall im Hotel »Kaiserhof« in Bad Gastein, Kurt H. immer in der Nähe, mit Zimmer im Nobelhotel auf demselben Flur, denn ums Fingerschnippen mußte er da sein: für Göring, für Hermann, den Chef, und für die Frau Reichsmarschall – war ja eine richtige Schauspielerin!

Beim Erzählen purzelt mit dem Durcheinander der Anreden H.s Haltung zu seinen Herrschaften zwischen Untertanenrespekt, Kumpelhaftigkeit und familiärer Vertrautheit herum. Dieser Haltung scheint Göring Vorschub geleistet zu haben, denn Kurt H. holt Bücher aus dem Regal, ihm handschriftlich gewidmet »von Deinem Hermann«. Alles echt, sagt Kurt H. Es riecht hier nach Exklusivität, nach Ganz-nahe-dran-Sein. Das lockt. Ich kann mir vorstellen, wie hier einst im selben Sessel der Kollege Gerd Heidemann gesessen hat, dieser unglückliche Jäger der verlorenen Nazi-Schätze, und am Ende meinte, mit einem für Abermillionen gekauften Konvolut gefälschter Hitler-Tagebuch-Kladden die Geschichte des *Dritten Reiches* neu schreiben zu können.

Die Nebelschwaden der Privatheit wolken offensichtlich das Hirn ein. Hermann Göring, so ein netter Chef, der Zigarren verschenkt, der zu den skatspielenden Bediensteten in die Küche kommt und schenkelklopfend über derbe Witze seiner Diener mitlacht, dann wieder eine seriöse Erscheinung mit weißer Galauniform und Marschallstab – ist so einer ein politischer Verbrecher? Solche Gedanken kommen nicht auf, wenn Kurt H., der treue Diener, erzählt.

Er war ja bei Hermann bis zum Ende, sagt Kurt H., und eines vergesse er ihm nie: Als der General Unruh, genannt der *Soldatenklau,* 1944 umging an der *Heimatfront,* um überall nach fronttauglichen Soldaten zu suchen, solche wie Kurt H., da habe Göring kurzentschlossen eine Reise angesetzt, um sich seine Dienerschaft nicht an die Front requirieren zu lassen. Bis zum Ende war er bei Göring, auch als der um sein Leben fürchtete in seinem eigenen Haus am Obersalzberg, nachdem ihn Bormann arrestieren und sein Haus von der SS umstellen ließ. Da gelang es Kurt H., mit einem brieflichen Hilferuf Görings an einen seiner Luftwaffengeneräle zu entwischen und sich in einem nagelneuen Chrysler aus Görings Fuhrpark nach München in Marsch zu setzen. Er schaffte es aber nur bis zum Klostergut Fürstenfeldbruck, das damals französische Gefangene bewirtschafteten. Wenige Tage darauf kamen die Amerikaner und befreiten die Franzosen. Kurt H. geriet für ein paar Wochen in Gefangenschaft. Zufällig traf er da einen wißbegierigen Amerikaner, der sich vor seiner Heimreise nach Kentucky unbedingt Hitlers Berchtesgadener Bauten anschauen wollte. Dem erzählte er Geschichten aus dem Obersalzberger Nähkästchen und bat ihn, bei seinem Besuch im »Kehlsteinhaus« einen alten Bekannten, den Fahrstuhlführer, zu grüßen.

Ein paar Tage später kreuzte der Fahrstuhlführer des »Kehlsteinhauses« auf einem Motorrad bei Kurt H. in Fürstenfeldbruck auf. Komm mit, Kurt, habe er gesagt, Du kennst Dich aus. Die Amerikaner seien ganz wild auf das Haus im Berg, und er solle ihm helfen, den Aufzug zu bedienen und zu warten, er brauche dringend Unterstützung.

Die Amerikaner stellen Kurt H. ein. Gegen Kost und Logis und jede Menge amerikanische Tausch- und Schwarzmarktware. So lebte Kurt H. nach kurzer Unterbrechung wieder auf Sonderzuteilung, nur daß jetzt andere Namen auf den Packungen standen, statt Reemtsma Chesterfield, statt Fliegerschokolade Cadbury.

Wieder ein paar Wochen später wird der Fahrstuhlführer, der Kurt H. den Job verschafft hatte, von den Amerikanern entlassen. Er hatte im Entnazifizierungsfragebogen falsche Angaben gemacht. Sowas habe er ja gar nicht nötig gehabt, er sei ja nicht in SS und Partei gewesen, triumphiert Kurt H. Die Jahre darauf ist er als amerikanischer Zivilangestellter am Drücker des Kehlsteinlifts, mehr als zweieinhalb Jahre lang, bis das Haus den Deutschen wieder zurückgegeben wird. Über sein anschließendes Gastspiel in der Gastronomie redet Kurt H. kaum. Daß er sein Geld in das Hotel eines Freundes in Bad Reichenhall steckte und es miterwarb, streift er nur höchst ungern.

Wir sitzen auch längst mit ihm vor seinem Fotoalbum. Darin schlägt er ein Bild auf, das für seine Zukunft wichtig wurde, ein Bild der zerstörten Lagebaracke im Führerhauptquartier »Wolfsschanze« nach Stauffenbergs Bombenattentat am 20. Juli 1944. Kurt H. deutet auf Göring, der sich einige Stunden nach der Explosion den Schaden besah. Und dann tippt er auf einen Uniformierten im Hintergrund: »Hinter dem Reichsmarschall, meine Herrn, meine Wenigkeit.«

Wir jungen Leute könnten uns gar nicht vorstellen, was das für eine Gretchenfrage gewesen sei mit dem 20. Juli, als er und andere Kameraden sich nach dem Krieg bei der neuen Bundeswehr bewarben. Sie seien vielleicht zwanzig ehemalige Soldaten gewesen an einem Vormittag im November 1956, und einem nach dem andern sei diese Frage gestellt worden: Was halten sie vom

201

20. Juli? – Na ja, und aus den Kameraden sei es eben so herausgeplatzt: Verrat! Verrat! Das waren alles Verbrecher und Verräter! – Und da seien die Kameraden eben weg gewesen vom Fenster, der Traum von der Bundeswehr geplatzt.

Er sei als letzter von der Bewerbungskommission hereingerufen worden. Die Herren hätten nur eine Frage: Was halten Sie vom 20. Juli? Und sie hätten eine seiner Personalakten aufgeschlagen, da sei das Bild der zerstörten Baracke dringelegen. – Sie waren doch dabei? – Kurt H. setzt wieder sein undurchschaubares Grinsen auf.

»Also, das von den Kameraden wußte ich ja nun, wie das lief. Hab' ich gesagt: war sicher ehrenwert, aber zu spät. Waren ja Leute aus besten Offiziersfamilien. Aber da so einen schwerverletzten Mann wie den Stauffenberg beauftragen, der nur noch 'n paar Finger hat. Und dann habe ich die Sache mit dem Tisch mit den festen Eichenfüßen erklärt. Die Bombe stand einfach falsch, hinter dem schweren Eichenfuß, der den ganzen Explosionsdruck von Hitler abhielt. Die hätte vor den Eichenfuß gehört, dann hätte es den Adolf weggepustet! Oder einer hätte die Pistole zücken müssen! – Na ja, und dann hatte ich die Prüfung bestanden.«

Nur: die mit Bravour bestandene Prüfung würde Kurt H. bei seinem fortgeschrittenen Alter von 48 Jahren nichts helfen, ließ ihn ein Mitglied der Prüfungskommission wissen, er sei einfach zu alt. Wäre er auch gewesen, hätte es da nicht das alljährliche Geburtstagskränzchen bei Frau Reichsmarschall in München gegeben, bei dem er den ehemaligen Wehrmachts-Luftwaffengeneral Kammhuber wiedergetroffen hätte. Kammhuber war mittlerweile General in den Diensten der Bundeswehr. Was für ein Déjà-vu! Frau Reichsmarschall habe Kammhubers Gedächtnis auf die Sprünge geholfen, ihn erinnert an die letzten Tage in Obersalzberg im Hause der Görings, als er deprimiert im Keller saß und auf einen Termin bei ihrem Mann wartete, der oben mit General Galland allein konferierte. Ob er sich noch erinnere an die Ordonnanz, die ihm damals auf seine Bitte die Aquavit-Flaschen aus Görings schwedischen Privatbeständen ausgehändigt und die Blitz-Telefonate mit der Front vermittelt habe? – Das sei Kurt H. gewesen.

Frau Göring habe Kammhuber später beim Abschied seine kleinen Schwierigkeiten nahegebracht, und Kammhuber wollte schauen, was sich machen ließe. Knapp zwei Monate später ein nächtlicher Anruf von Frau Göring: Frau Kammhuber habe sie wissen lassen, Kurt H. komme zur Bundeswehr. Tags darauf hätte die Zusage der Bundeswehr im Briefkasten gelegen. Kurt H. wurde im Range eines Hauptmanns als KfZ-Sachverständiger eingestellt. Vier Wochen später war er Major. Er stellte Tausende von Führerscheinen aus und brachte es in den elf Jahren, die ihm bis zur Rente blieben, zum Oberstleutnant.

Wir verabschieden uns. Kurt H. zeigt uns auf einer Anrichte in seinem Wohnzimmer noch eine kleine Reminiszenz an das »Kehlsteinhaus«, einen Türgriff aus Messing in Form eines Löwen. *Alles echt hier.* Alles solide gearbeitet in dieser Zeit, schwärmt Kurt H., erste Qualität.

Kein Foto. Dabei bleibt es. Beim Weggehen fragen wir uns, ob Frau Therese S., die Köchin aus dem Fremdarbeiterlager, vor Kurt H. Angst haben muß. Der Göring-Diener würde das hysterisch finden. Wo er doch nie ein Nazi war, kein Parteigenosse, kein SSler. Er hat es nur geschafft, aus einem treuen Diener im Schatten eines Großen der Nazi-Zeit ein geachteter Mann in der neuen Bundesrepublik zu werden und an den Obersalzberg zurückzukehren, mit einer katzenartigen Geschicklichkeit immer wieder auf die Füße zu fallen. Mit dem ein oder anderen verständnisvollen Helfer. Ein friedlicher Mann, der den ehemaligen Obersalzberger »Gutshof« Bormanns in all den Nachkriegsjahren unter weit erfreuliche-

Ein Handicap besonderer Art: Das historische Terrain des ehemaligen Bormannschen »Gutshofs« als Golfparcours

ren Umständen wiedersah. Zum amerikanischen Sporthotel umgebaut, sind die Weideflächen in Deutschlands höchst gelegenem Golfplatz umgewidmet worden. Hier war Kurt H. als Sportsfreund und Vorstandsmitglied im Amerikanisch-deutschen Golfclub immer wieder zu finden. Seine Bekannten wissen, daß er schon früher am Berg war, in anderer Funktion. Wenn er dann sein Fotoalbum herzeigt und erzählt aus der Sicht eines Mannes, der ganz nah dabei war, immer drei Schritte hinter dem Reichsmarschall, dann leuchtet die Aura der ganz großen Zeit des Obersalzbergs wieder auf. Und niemand widerspricht.

Frau Therese S., die die anderen Seiten des Regimes erlebte, versteht das alles nicht. Gut möglich, daß ihr das Angst macht.

Alles echt hier. Der Auktionssaal an der vornehmen Münchner Maximiliansstraße ist bis auf den letzten Platz gefüllt, als die Versteigerung in der Sektion »Drittes Reich Zeitgeschichte« über die Köpfe der Versammelten hinweg mit dem gesetzlich vorgeschriebenen Vorspruch des Auktionators beginnt.[2] »Solange Kataloginhaber, Auktionsteilnehmer und Bieter sich nicht gegenteilig äußern, versichern sie, daß sie den Katalog und die darin enthaltenen Gegenstände aus der Zeit des Dritten Reiches nur zu Zwecken der staatsbürgerlichen Aufklärung, der Abwehr verfassungsfeindlicher Bestrebungen, der Kunst oder der Wissenschaft, der Forschung oder der Lehre, der Berichterstattung über die Vorgänge des Zeitgeschehens oder der Geschichte oder ähnlichen Zwecken erwerben. Die Firma Hermann Historica OHG, ihre Versteigerer und Einlieferer bieten und geben diese Gegenstände nur unter diesen Voraussetzungen an bzw. ab. Mit der Abgabe von Geboten für Gegenstände, welche mit nationalsozialistischen Emblemen versehen sind, verpflichtet sich der Bieter dazu, diese Dinge lediglich für historisch-wissenschaftliche Sammlerzwecke zu erwerben und in keiner Weise propagandistisch, insbesondere im Sinn des §86a STGB zu benutzen.« Das murmelnde Publikum ignoriert den juristischen Vorspruch so routiniert wie eine Horde Vielflieger die Sicherheitshinweise der Stewardess im täglichen Düsenjet. Beim Aufruf des ersten Loses Nummer 4876 jedoch verstummt aller Lärm augenblicklich. Los 4876, ein Aquarell von Adolf Hitler mit der Darstellung des Altwiener Paradeis-Gartls, rechts unten monogrammiert »A. H.«, stimmt die Zuhörer wie mit einem Paukenschlag auf den äußerst umsatzstarken Nachmittag ein, der insgesamt den Eindruck vermittelt, als habe es sich beim *Dritten Reich* des Adolf Hitler vor allem um eine Blütezeit von Kunst und Kunsthandwerk gehandelt. Los 4876 steht mit 9000 DM Mindestgebot zu Buche. Bieter 217 erhält für 15500 DM den Zuschlag.

Auch das Obersalzberger Idyll ist gutes Geld wert. Ein Porträtfoto Hitlers zeigt ihn in Anzug und Krawatte auf der Terrasse des »Berghofs«. Der *Führer* schaut nicht sonderlich glücklich, eher so, als plagten ihn verklemmte Winde. Aber er hat sich zu einer eigenhändigen Widmung an die einstige Besitzerin des Bildes, an Eva Braun, hinreißen lassen: »In herzlicher Verehrung. A. Hitler. Berlin, 28. März 1940«. Soviel menschliches Rühren läßt das Grundgebot von 2000 DM im Katalog von Anfang an hinschmelzen. Geboten sind aus dem Stand 5200 Mark. Der Auktionator sieht sich hart konkurrierenden Bietern gegenüber und treibt den Wettstreit der hochschnellenden Arme in einen immer schnelleren Takt. »5200 Mark hier am Tisch, 5200 Mark. 5400, 5600, 5800, 6000, 6300, 6600, 6900, 7200, Sieben Fünf, Sieben Acht, Achttausend. Acht Vier, Acht Acht, 9200, 9600, Zehntausend sind geboten, zehntausend bei Ihnen. Zehntausend, Zehntausendfünfhundert, Elftausend hier vorne. Elftausendfünfhundert. Zwölftausend hier vorne. Zwölftausend zum Ersten. Zwölftausend zum Zweiten. Zwölftausendfünfhundert hinten. Dreizehntausend hier vorne. Dreizehntausend zum Ersten. Dreizehntausend zum Zweiten, und Dreizehntausend zum Dritten.« Hammerschlag.

Der Wettstreit der Gebote tobt nur zu einem Bruchteil um Gegenstände, die zur kritischen

Obersalzberger Nazi-Reliquien: Ausriß aus einem Katalog des Münchner Auktionshauses »Hermann Historica«

Görings Preziosen im Münchner Auktionsangebot: Die »Reichsmarschall-Kassette« aus 1,6 Kilo Gold, einst ein Geschenk der Deutschen Banken an Göring als Dank für seine Kriegsführung gegen Polen und Frankreich

historischen Vergegenwärtigung der Nazi-Epoche taugen. Persönlich gewidmete Erstausgaben von »Mein Kampf« oder andere Schriftstücke und Autographen, die das politische Wirken des Tyrannen und seiner wichtigsten Gehilfen belegen, spielen eine unwichtige Nebenrolle. Vielmehr geht es um Reliquienverehrung auf den Hausaltären alter und neuer Nationalsozialisten. Hier wird Aura verkauft, Nazi-Aura pur. Der Geistes- und Gemütszustand des zahlungskräftigen Publikums aus aller Welt, der vorgeschickten Strohmänner, der überseeischen telefonischen Bieter, weiß sie den aberwitzigsten Gegenständen anzuheften. Der Saal fiebert um die siebenteilige persönliche Reisetoilettengarnitur mit Puderdose, Ölfläschchen, Badesalz-, Watte- und Zahnbürstenbehälter von Eva Braun. Sie ist mit 3 500 Mark taxiert und wird für über zehntausend Mark zugeschlagen. Jedes einzelne Champagnerglas mit Reichsadler und A. H.-Monogramm, an dem der *Führer* genippt (6 600 Mark), jeder Suppenlöffel, den Hitler abgeleckt (800 Mark), jede Leinenserviette, an der er seinen Mund gewischt (500 Mark), jedes Kopfkissen, das er durchgeschwitzt haben könnte (630 Mark), jedes einzelne Stück geilt den Saal auf und

steilt die Preise. Der Auktionator schont sein krankes, reiches Publikum. Keine Silbe des Spottes kommt ihm über die Lippen, denn am besten gedeihen die Preise in ungestört weihevoller Stimmung. Daher weiß er den banalen Göringschen Champagnerkübel für Magnumflaschen auch als bedeutendes Sammlerstück zu würdigen (23 000 Mark). Routiniert leuchtet er die kitschüberladene Scheußlichkeit einer »Reichsmarschallkassette« von seiten des Materialwertes aus. 1,6 Kilo 18karätiges Gold, 154 Perlen und 490 Edelsteine, zusammengelötet von einem Goldschmied, hatte sich der »Verband Deutscher Banken« 1940 sein Dankeschön an Göring für die Leistungen der Luftwaffe bei der Eroberung und Zerstörung Polens und Frankreichs kosten lassen. Diese edelmetallene und edelsteinbesetzte Unterwerfungsgeste der deutschen Wirtschaft vor dem Nazi-Fürsten wäre in einem deutschen historischen Museum als ein beredtes Schaustück gut aufgehoben gewesen. Jahrelang war das Stück greifbar, die Kassette gehörte dem bayerischen Finanzministerium. Doch das zog es 1974 vor, sie mit 350 anderen ihm zugefallenen Göring-Besitztümern in bares Geld umzusetzen, was der Staatskasse damals 650 000 DM einbrachte. Seither kreisen die mehr oder weniger geschmackvollen Preziosen zu steigenden Preisen auf dem Karussell des Devotionalienhandels. Diesmal wechseln gerade fünf Stücke aus jener Sammlung, darunter die Reichsmarschallkassette, für 305 000 DM den Besitzer – bis zur nächsten Versteigerung.

Hier taucht auch vieles auf, was in den letzten Tagen des *Dritten Reiches*, in den herrenlosen Stunden des Neuanfangs von den letzten Nazi-Getreuen beiseite geschafft, von Plünderern geraubt, von Besatzern requiriert wurde. Woher die Ware kommt, wohin sie geht, ist kaum zu ergründen. Diskretion gehöre zum Geschäft, belehrt mich ein im Kundenauftrag bietender Mitarbeiter des Auktionshauses. Es muß nur ein Stück vom

Führer sein, noch besser eins vom Obersalzberg, dem verschwundenen Denkmal. »Los 4 923. Adolf Hitler. Polstersessel aus dem Teehaus am Mooslander Kopf. Rahmenkonstruktion aus Nußholz, geschweifte Rückenlehne mit Schneckenenden, die Vorderstützen im Vorderteil bogenförmig eingeschnitten. Gekehlte, geschwungene Armlehnen mit Schnecken. Mindestgebot 2 000 Mark.« 3 200 Mark zum Ersten, 3 200 Mark zum Zweiten, 3 200 Mark zum Dritten. Hammerschlag.

Wozu die Stücke ersteigert werden, welchen aufklärerischen Wert sie besitzen sollen, will kaum jemand preisgeben. Nur zwei Vertreterinnen des im Aufbau befindlichen Deutschen Historischen Museums geben sich mir zu erkennen. Kein Kommentar, brummeln die meisten, manche schütteln stumm den Kopf, scheinen peinlich berührt, wenden sich ab.

Nur der gutgekleidete weißhaarige Mann, der für ein Aquarell Hitlers und diverse weitere Stücke gerade mit lockerer Hand mehr als 50 000 Mark investiert hat, ist gesprächig. Fast spielerisch hatte er bei einem der Hitler-Aquarelle mitgeboten und den Zuschlag erhalten, es schien, als

müsse er sich über Investitionen in dieser Größenordnung nicht den Kopf zerbrechen.

Was er nun mit seinem Besitz tun wolle, frage ich ihn: Öffentlich ausstellen, ins Wohnzimmer hängen? – Nichts dergleichen, versichert er, das Bild wandere in den Tresor, es diene ihm als historisches Material, als Beleg für Forschungen, die er unternähme. Das Aquarell beweise doch wie überhaupt seine ganze Lebensführung, daß Hitler eben nicht der Anstreicher gewesen sei, als den ihn die antifaschistische Propaganda immer wieder anschwärze. Dieser Mann Hitler, beginnt er zu schwärmen, der auf der Treppe des »Berghofs« der Frau des ehemaligen englischen Königs mit solcher Grandezza die Hand geküßt habe, sei bis heute in Deutschland noch nicht recht verstanden. Man müsse das ganze *Dritte Reich* aus einer psychologischen Gesamtsicht verstehen, er verwende Belege wie die künstlerischen Aquarelle Hitlers, um diese Gesamtschau zu erarbeiten, sie geeigneten Experten vorzuführen. Er werde darüber zu gegebener Zeit noch ein Buch schreiben. Sprach es und verschwand im Aufzug. Welch toter Plunder auch in seinem Tresor lagern mag: *Der Führer lebt in seinem Herzen.*

Der Führer lebt. Allen mythischen Verklärungen zum Trotz, die auch am *Heiligen Berg* äußerst lebendig sind, endet hier, am Fuß des Obersalzberges, das Leben Adolf Hitlers, genauer gesagt: seine juristische Existenz. Erst über elf Jahre nach seinem physischen Tod wurde Adolf Hitler am 25. Oktober 1956 amtlich für tot erklärt – durch einen Beschluß des Amtsgerichtes Berchtesgaden.

Wer nach Gründen für den befremdlichen Vorgang sucht, muß auf das Wirrwarr der Nachrichtengebung in den letzten Tagen des Zweiten Weltkrieges Rückschau halten. Die erste Meldung über Hitlers Tod wurde über den damals noch *Großdeutschen Rundfunk* am 1. Mai 1945 um 22.20 Uhr verbreitet und enthielt in ihren wenigen

Souvenirs und Steckerl-Eis: Andenkenladen auf dem Obersalzberg 1995

Zeilen bereits eine Unrichtigkeit und eine Lüge. Erstens war Hitler nicht, wie behauptet, am Nachmittag des 1. Mai gestorben, sondern schon am 30. April, und schon gar nicht war er, wie es wörtlich hieß, *bis zum letzten Atemzug gegen den Bolschewismus kämpfend, für Deutschland gefallen* – sondern hatte er sich durch Selbstmord jeder Verantwortung für sein Tun entzogen. Ist dies, kann dies der Tod eines zwölf Jahre lang gottähnlich stilisierten Führers sein? In den Köpfen vieler Anhänger Hitlers und einiger seiner Feinde war ein solch profanes Ende nicht vorstellbar.

Der erste, der sich für die Verfälschung der Todesnachricht nach eigenen Vorstellungen entschied, war Hitlers Nachfolger, Großadmiral Dönitz. Nach ein wenig Wagner-Musik, dem langsamen Satz der siebten Symphonie Bruckners und dem Nachrichtensprecher, verkündete er im Rundfunk volltönend: »Deutsche Männer, Frauen, Soldaten der deutschen Wehrmacht! Unser Führer Adolf Hitler ist gefallen. In tiefster Trauer und Ehrfurcht verneigt sich das deutsche Volk. Frühzeitig hatte er die furchtbaren Folgen des Bolschewismus erkannt und diesem Ringen sein Dasein geweiht. Am Ende dieses seines Kampfes und seines unbeirrbaren, geraden Lebensweges steht sein Heldentod in der Hauptstadt des deutschen Reiches.«

In Wirklichkeit wußte der Marinegroßadmiral Karl Dönitz und *Führer*-Nachfolger im holsteinischen Plön über Hitlers Ende nur schemenhaft Bescheid. Die einzige Information, die er aus dem seit dem 24. April von sowjetischen Truppen eingekesselten Berlin erhalten hatte, war ein kurzes Funktelegramm des Reichspropagandaministers Joseph Goebbels vom 1. Mai, 15.15 Uhr, in dem es hieß: »An Großadmiral Dönitz. Geheime Kommandosache. Chefsache. Nur durch Offizier. Führer gestern verschieden. Testament vom 29.4. überträgt Ihnen das Amt des Reichspräsidenten. (...) Das Testament wurde auf Anordnung des Führers an Sie, an Feldmarschall Schörner und zur Sicherstellung für die Öffentlichkeit aus Berlin herausgebracht. Form und Zeitpunkt der Bekanntgabe an die Truppe und Öffentlichkeit bleibt Ihnen überlassen.«

»Führer gestern verschieden.« Nur diese drei Worte hatte Dönitz erfahren, nichts sonst, doch er log sie um und steckte sie in die gewohnten propagandistischen Hülsen vom mystisch verklärten Heldentod. Was für ein Tod tatsächlich mit dieser Formel gemeint war, konnte Dönitz durchaus ahnen, denn auf der letzten Stabskonferenz der Wehrmachtsführung vor der Einschließung Berlins, am 22. April, hatte Hitler den Krieg verloren gegeben, hatte sich geweigert, die Stadt zu verlassen, und seinen Selbstmord vor dem endgültigen Fall Berlins angekündigt. Über den Ablauf der folgenden letzten acht Tage im Bunker hatte Dönitz keine Informationen, als er der Weltöffentlichkeit Hitlers Tod meldete. Der angekündigte Kurier aus dem Berliner Führerhauptquartier mit den politischen und privaten Testamenten Hitlers hat ihn nie erreicht. In diesen Dokumenten aber,

Schreib mal wieder! Postkarte mit »Hitlerhaus«-Motiven

die erst Monate später aufgefunden wurden, spart Hitler das unheroische Wort vom Selbstmord diskret aus: »Ich selbst und meine Gattin wählen, um der Schande des Absetzens oder der Kapitulation zu entgehen, den Tod. Es ist unser Wille, sofort an der Stelle verbrannt zu werden, an der ich den größten Teil meiner täglichen Arbeit im Laufe eines zwölfjährigen Dienstes an meinem Volke geleistet habe.«

Es ist verständlich, daß sich die alliierten Gegner Deutschlands in den Wochen und Monaten nach Kriegsende nicht einfach auf die vagen Angaben des Großadmirals Dönitz über Hitlers Tod verlassen wollten. Sowjets, Amerikaner und Briten begannen unabhängig voneinander mit eigenen Nachforschungen über Hitlers Ende. Außerdem waberten durch das zerstörte Ruinenland Deutschland wilde Gerüchte. Das jahrelange propagandistische Gerede von Hitlers charismatischen Kräften, das Geraune von Wunderwaffen, Alpenfestungen, Werwölfen, Vorsehung und Endsieg zeigte Wirkung. Ein Flieger namens Baumgart sagte aus, er habe Hitler in letzter Stunde in einem Flugzeug ausgeflogen. In kurzer Folge erschienen abenteuerliche Zeitungs-Stories. Mal hieß es, verräterische Offiziere hätten Hitler im Berliner Tiergarten ermordet, dann, er lebe auf einer nebelumhüllten Insel in der Ostsee. Wieder andere Gerüchte besagten, Hitler verberge sich in einer getarnten Felsenfestung im Rheinland, oder er habe Unterschlupf in einem entlegenen spanischen Kloster gefunden.

Während ein Dr. Carl-Heinz Spaeth aus Stuttgart an seinem Urlaubsort Illertissen unter Eid angab, Hitler sei durch russische Granaten am Zoo-Bunker beim Kampf um Berlin an der Lunge schwer verletzt worden, er habe ihn behandelt und könne seinen Tod bestätigen, beschwor andererseits die schweizerische Journalistin Carmen Mory, Hitler lebe mit Eva Braun, deren Schwester Gretl und Gretls Ehemann Hermann Fegelein auf einem bayerischen Gut. Dolchstoßlegenden, Erlösungsromantik, Heldenmythen feierten fröhliche Urständ. Mochte sich bei der Überprüfung des Dr. Spaeth herausstellen, daß er ein Wichtigtuer unter falschem Namen und falscher Adresse war, der die erfundene Dönitz-Version von Hitlers Heldentod mit seinerseits erfundenen Details ausschmückte, mochte sich Carmen Mory als KZ-Insassin erweisen, die zur Gestapo-Agentin geworden war, andere Häftlinge ans Messer lieferte und mit ihrer Lügengeschichte der bevorstehenden Bestrafung entgehen wollte: Jahrelang tauchten zäh und beständig immer neue Mythen um Hitler auf. Sie hielten sich vor allem, weil sie einen unerwarteten, mächtigen Verfechter fanden, der sie wie kein anderer mit exakten Informationen hätte widerlegen können, sie statt dessen aber weiter nährte: Josef Stalin. Zur allgemeinen Verblüffung versicherte Stalin am 16. Juli 1945 bei der Konferenz von Potsdam dem amerikanischen Außenminister James F. Byrnes und dem Truman-Berater Admiral Leahy, er glaube, daß sich Hitler in Spanien oder Argentinien befinde und sich verborgen halte. Die sorgfältigen sowjetischen Nachforschungen hätten keine Spuren von Hitlers Überresten und keinen definitiven Beweis für seinen Tod zutage gebracht.

Die Irritation auf westlicher Seite war beträchtlich. Denn mit diesen eigenwilligen Theorien widersprach der allmächtige Kremlherrscher den anfänglichen Verlautbarungen seines siegreichen Berlin-Eroberers General Schukow und dessen Spezialisten, die sich sofort nach der Kapitulation der Reichshauptstadt am 2. Mai 1945 durch umfangreiche Nachforschungen kundig gemacht hatten: Dabei hatten sie die in der Stadt gefangengenommenen Deutschen systematisch nach Mitarbeitern aus Hitlers Führerbunker durchkämmt und einige wichtige Augenzeugen der letzten Tage und Stunden Hitlers gefunden. Die Aussagen dieser Zeugen führten schon am 9. Mai

Ausgerüstet für die Trampelpfade durchs Unterholz der Nazi-Geschichte: Wanderer am Obersalzberg

zur Entdeckung der verbrannten Leichen Hitlers und Eva Brauns. Die Sowjets exhumierten sie und machten sich an die Identifizierung. Über diese Untersuchungen hatten die Russen zunächst freimütig geplaudert. Noch am 5. Juni 1945 erklärten russische Offiziere bei einem Treffen der alliierten Oberbefehlshaber in Berlin, sie hätten Hitlers Leiche entdeckt und mit ziemlicher Sicherheit identifiziert. Vier Tage später jedoch, am 9. Juni, bevor noch irgendwelche konkreten Untersuchungsergebnisse veröffentlicht worden waren, schwenkten General Schukow und seine Leute plötzlich auf Stalins Linie um: Hitlers Tod sei nicht mit letzter Sicherheit erwiesen.

Nun wollten die Briten Klarheit. Sie beauftragten den jungen Historiker Hugh Trevor-Roper, der damals Mitglied des britischen Geheimdienstes war, mit Nachforschungen über Hitlers letzte Tage. Auch er fand Augenzeugen, die wichtigsten darunter Hitlers Fahrer Erich Kempka und einen für die Bewachung Hitlers zuständigen Polizisten, Hermann Karnau. Karnau hatte Hitler gegen Mittag am 30. April zuletzt lebend gesehen. Am frühen Nachmittag wurde ihm am Haupteingang der Zutritt zu Hitlers Bunkerräumen, in denen sich auch seine Wachstube befand, verweigert. Was der Polizist Karnau dem Historiker Trevor-Roper über Hitlers Tod und Verbrennung zu

Ruine des ehemaligen Gästehauses Hitlers am Obersalzberg

Protokoll gab, wiederholte er im Jahr 1947 dann in einem streckenweise makabren Rundfunkinterview: »Als ich an der Ecke zwischen Hochbunker – dort, wo ein Posten stand – und dem eigentlichen Führerbunker – als ich in dieser Höhe war, sah ich plötzlich, wie ein Benzinlappen geworfen wurde. Vor mir lag Adolf Hitler auf dem Rücken und Eva Braun auf dem Bauch. Ich habe genau festgestellt, daß er es war. Ich bin zurückgegangen, habe meinen Kameraden Hilko Poppen verständigt, der mir aber keinen Glauben schenkte. Nach einer halben Stunde war ich nochmals da. Ich konnte ihn nicht mehr erkennen, weil er schon ziemlich verbrannt war. Ich habe mit Erich Mansfeld gesprochen, der zu dieser Zeit Posten auf dem Turm hatte, der mir auch bestätigte: Hier, da liegt Adolf Hitler jetzt, er brennt. Ich habe dann diese Stelle verlassen, habe nochmal versucht, durch den Hauptgang hereinzukommen und traf an der Treppe den Sturmbannführer Schedle, der mir bestätigte, daß der Chef hinterm Hause im Garten der Reichskanzlei brennt.«[3]

Unter dem Eindruck der Recherchen des Briten Trevor-Roper[4] räumen auch die Sowjets mit fünfjähriger Verspätung im Jahr 1950 und immerhin noch zu Stalins Lebzeiten ein, daß Hitler am Nachmittag des 30. April 1945 durch Selbstmord gestorben war.

Daß das Amtsgericht Berchtesgaden diese Frage ab 1952 noch einmal aufrollte, hatte – neben dem Wunsch nach Klarheit über Hitlers tatsächliches Ende – konkrete vermögensrechtliche Gründe: Die österreichische Regierung wollte legalen Anspruch auf ein Gemälde Vermeers aus dem Besitz Hitlers geltend machen, das sie seit Kriegsende beschlagnahmt hielt. Dafür benötigte sie eine amtliche Todeserklärung. Kaum war nach einem kurzen Streit um die Zuständigkeit zwischen den Amtsgerichten der Hitler-Wohnorte Berlin-Schöneberg, München und Berchtesgaden zugunsten Berchtesgadens entschieden, begann für den zuständigen Amtsgerichtsrat Dr. Heinrich Stephanus eine langwierige Recherche, immer begleitet von einem steten Rinnsal unaufgeforderter Zuschriften. »Adolf Hitler lebt, ich habe vor wenigen Wochen in Lippstadt und vor längerer Zeit in Bückeburg mit ihm gesprochen«, vermeldete Frau Luise Mayer aus Weinheim in Westfalen und stellte sogleich die Bedingung: »Aber ich denke selbstverständlich nicht daran, Auskunft darüber zu geben, wo er sich gegenwärtig aufhält, solange nicht eine Amnestie erlassen ist.«[5] Und gelegentlich meldete sich eine bis dahin noch unbekannte Verwandtschaft Hitlers, nämlich Herr Fritz v. Reichardt, ehem. Hitler: »Anbei möchte ich Ihnen mitteilen, daß ich als Sohn Herrn Adolf Hitlers lebe und Lebenslauf und einige echte Fotos besitze. Weiterhin habe ich Ihnen amtlich mitzuteilen, daß mein Vater noch am Leben ist. Mit deutschem Gruß. Hitler.«[6]

Unbeirrt von dem meist wirren Sperrfeuer solcher Zuschriften sammelte Amtsgerichtsrat Stephanus sein Material und prüfte jeden ernstzunehmenden Hinweis. Am Ende seiner vierjährigen Untersuchungen hatte er 42 Zeugen gehört, von

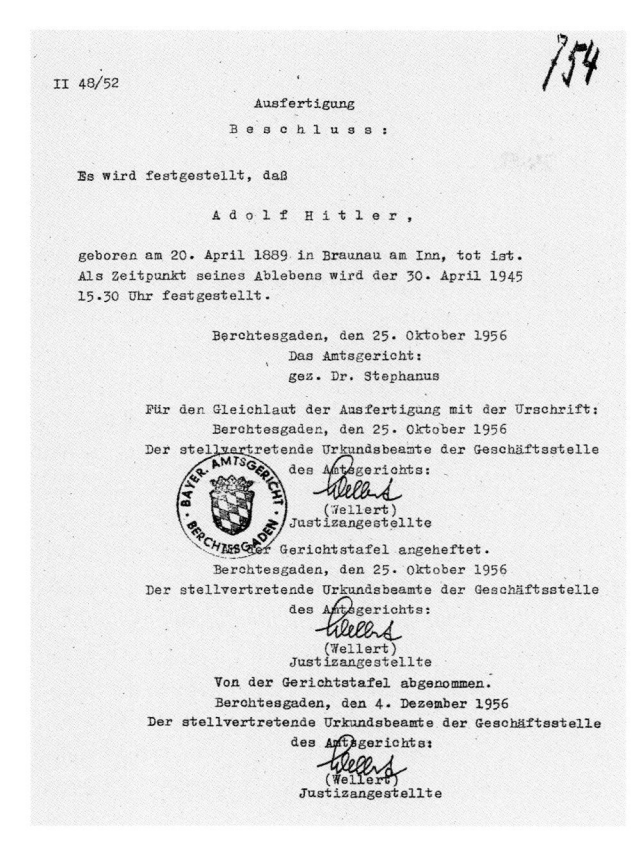

Aushang im ehemaligen Amtsgericht Berchtesgaden über die amtliche Todesfeststellung Hitlers

denen 13 der wichtigsten erst 1955 und 1956 aus sowjetischer Kriegsgefangenschaft oder Haft zurückgekehrt waren – einige von ihnen auch deshalb so spät, weil die sowjetischen Ermittler jahrelang Stalins Verdacht nachgegangen waren, Hitler sei lebend aus Berlin entkommen – etwa mit Hilfe seines deshalb so lange festgehaltenen Flugkapitäns Hans Baur. Als Amtsgerichtsrat Dr. Stephanus schließlich am 25. Oktober 1956 Hitlers Tod amtlich feststellt, hat sich ein ganzer Meter Haupt- und Nebenakten mit Zeugenaussagen und Gutachten angesammelt. In dieser ausführ-lichsten Studie, die von deutscher Seite angefertigt wurde, resümiert Dr. Stephanus die Todesumstände Hitlers so: »Von den vielfach, auch noch in jüngster Zeit, insbesondere im Auslande in allen möglichen Lesarten aufgetretenen Behauptungen, daß Adolf Hitler Berlin lebend verlassen habe und sich nun – mit oder ohne Bormann – in fernen Ländern aufhalte, bleibt auf Grund der gerichtlichen Untersuchungen nichts mehr übrig: Es kann nicht mehr der geringste Zweifel daran bestehen, daß Hitler sich am 30. April 1945 im ›Führerbunker‹ der Reichskanzlei mit eigener Hand, und zwar durch einen Schuß in die rechte Schläfe das Leben genommen hat.« Die Berchtesgadener erfuhren das Ableben ihres einst berühmtesten und berüchtigtsten Bürgers durch den Anschlag, den die Justizangestellte Wellert am 25. Oktober 1956 um 10 Uhr morgens an das schwarze Brett des Amtsgerichtes Berchtesgaden heftete. Darauf stand zu lesen: »Es wird festgestellt, daß Adolf Hitler, geboren am 20. April 1889 in Braunau am Inn, tot ist. Als Zeitpunkt seines Ablebens wird der 30. April 1945 15.30 festgestellt. Berchtesgaden, den 25. Oktober 1956, das Amtsgericht. Gezeichnet Dr. Stephanus.« Der Rest der Welt konnte die Nachricht am Tag darauf den Zeitungen entnehmen.

Ab und zu mußte dem Akt II 48/52 »Todesfeststellung Hitler« auch noch nach Abschluß des Verfahrens neues Material beigeheftet werden. Die bislang letzte Zuschrift stammt vom Oktober 1981. Eine adelige, mit »Heil Hitler« grüßende Dame fordert die Neueröffnung des Verfahrens: »Der Beschluß ist aufzuheben, da die Voraussetzungen für eine Todesfeststellung nicht mehr vorliegen. Herr Reichskanzler Hitler lebt noch. Ich, die Unterzeichnerin, habe den FÜHRER persönlich am gestrigen 4. Oktober 1981 in Puertoventura gesehen.«[7]

Schlußakkord
Von der unendlichen Geduld der Häuser

Das Schneewinkllehen in Schönau in der Nähe des Königssees nur fünf Kilometer südwestlich des Obersalzbergs ist ein uraltes Anwesen. Es hat Generationen einfacher Häusler als Wohnung und Arbeitsstätte gedient, ohne daß in den Annalen der ersten 330 Jahre dieses Lehens je besondere Vorkommnisse gemeldet worden wären. Der waldumschlossene Fleck Erde wurde schon im 16. Jahrhundert als ein guter Ort für einen kleinen Bauernhof befunden. Die erste schriftliche Erwähnung der Liegenschaft spricht nicht vom Bau, sondern schon von einem Besitzerwechsel: Die Chronik von Schönau verzeichnet, daß ein gewisser Josef Walchen das »Gott'shauslehen in der Ebn unter dem Gröllhof« am 4. Januar 1570 im Erbrechtskauf erworben hat.[1]

In Schönau bot sich das gleiche Bild wie im Dorf Obersalzberg: Ende des 19. Jahrhunderts veränderte das solvente städtische Publikum, das zur Sommerfrische aufs Land kam, das Siedlungsbild und verschaffte den ärmlichen bäuerlich-handwerklichen Alteinwohnern neue Nachbarn. Wahrscheinlich war es Oberstleutnant Ritter von Ferro, der 1880 das Lehen erwarb und dem uralten, geduckten Bauernanwesen ein neues Wohnhaus an die Seite stellte. Äußerlich, in der Dachgestaltung und der Verwendung einheimischer Hölzer, paßte sich die Villa »Schneewinkl« der Architektur der Umgebung an. Wer jedoch eintrat, erlebte eine Überraschung.

»Die Villa war städtisch«, erinnert sich Frieda Deser. Sie hat den Grundriß noch genau vor Augen. »Es gab eigentlich nur drei Zimmer: Da war der Salon, ein kleineres Eßzimmer, und hinten noch ein Schlafzimmer. Das Treppenhaus war hochherrschaftlich, hat ausgeschaut wie weißer Marmor – also das Treppenhaus allein war schon eine Schau.«[2] Wenn Frieda Deser von »hochherrschaftlicher« Architektur spricht und von den »Herrschaften« in der Villa »Schneewinkl«, dann beschreiben diese Worte nicht nur das Haus und die Menschen, die es besaßen, sondern auch ihre eigene Rolle: Als sie gerade zwei Jahre alt war, zog sie mit ihren Eltern Georg und Agathe Wein ins Schneewinkllehen. Georg Wein war Königsseeschiffer und Holzschnitzer. Doch die zwei Einkommensquellen des Vaters reichten für die junge Familie kaum aus. Das Angebot der damals neuen Besitzerfamilie Berliner an Agathe Wein, den Hausmeisterposten auf dem Schneewinkllehen zu versehen und dort für eine geringe Miete zu wohnen, kam sehr gelegen. Die ganze Familie zog dorthin, Frieda Deser, geborene Wein, wuchs in der Hausmeisterwohnung des Anwesens auf.

Rudolf und Maria Berliner hatten das Schneewinkllehen von Bertl Sensburg erworben. Die hatte das Haus seit den neunziger Jahren zunächst als Mieterin bewohnt. Die geborene Freiin von Seckendorff fand an ihrem ländlichen Wohnsitz Schneewinkllehen mehr und mehr Gefallen und kaufte es, als sich ihr dazu im Jahr 1909 die Gelegenheit bot. Schon in ihrer Zeit als Mieterin lud sie immer wieder Freunde und Mitglieder ihrer Familie ein, sie in Schönau zu besuchen.

1899 folgte dieser Einladung ein junger, damals noch weitgehend unbekannter Komponist, der 26jährige Oberpfälzer Max Reger, der seit Anfang der neunziger Jahre in Wiesbaden lebte, am Konservatorium studiert hatte und dort dann als Hilfs-

Das Schneewinkllehen in Schönau in der Nähe des Königssees, um 1920

lehrer eingestellt wurde. Reger hatte 1899 gerade erst seine Militärdienstzeit hinter sich gebracht und hielt sich mit den für einen noch nicht durchgesetzten Komponisten üblichen Arbeiten als privater Klavierlehrer über Wasser. Bertl Sensburg war eine seiner Schülerinnen. Die wochenlange Klausur, die die Gastgeberin dem Komponisten bot, trug erkennbar die Züge einer mäzenatischen Zuwendung. Reger, der damals mit massiven Alkoholproblemen kämpfte, erholte sich in Schönau zunehmend und nahm das Komponieren wieder auf. Im Schneewinkllehen entstanden bei diesem ersten Aufenthalt elf Lieder, die noch im selben Jahr als Opus 35 und 36 veröffentlicht wurden.

Bertl Sensburg hatte eine Stiefschwester: Elsa von Bercken. Auch sie war Schülerin Regers. Wahrscheinlich hatte sie seinen ersten Aufenthalt im Schneewinkllehen vermittelt. Von 1902 an kamen die beiden zu zweit dorthin, denn im Oktober dieses Jahres feierten Elsa von Bercken und Max Reger Hochzeit und waren von da an regelmäßig bei Familie Sensburg zu Gast, später in Begleitung ihrer beiden Adoptivtöchter Lotti und Christa. Während jeder dieser Sommerfrischen, meist zu Ostern und im September, hat Reger komponiert. »Dieser See ist meine Musik«, notierte er einmal auf einer Postkarte vom Königssee, die er an seinen Lehrer Adalbert Lindner schickte. »Schneewinkl« bot für den Komponisten ideale Bedingungen. Hier fand er zum einen Ruhe und künstlerische Inspiration. Gesichert ist, daß er in »Schneewinkl« im August eines seiner Hauptwerke geschrieben hat: die Vertonung des 100. Psalms.

»Ich bin katholisch bis in die Fingerspitzen, das zeigt mein 100. Psalm. Die Stelle im Psalm ›Erkennet, daß der Herr Gott ist‹ ist reinste Mystik, ver-

Der Komponist Max Reger (ganz links) im Kreise seiner Familie, 1912; er kam von 1899 an regelmäßig zur Sommerfrische ins Schneewinkllehen nach Schönau

gleichbar der Stelle aus Beethovens Neunter: ›Und der Cherub steht vor Gott.‹« So hat Reger dieses Stück geistlicher Musik beschrieben, das wie kaum ein anderes seinen irdischen Ruhm als Komponisten begründete. Gewidmet hatte er es der Universität Jena als musikalischen Dank für die Ehrendoktorwürde, die ihm zuvor verliehen worden war. Dem Entstehungsort »Schneewinkl« hat Reger möglicherweise aber nicht nur die Inspiration für dieses Werk zu danken, sondern auch den nächsten Karriereschritt als Musiker.

Denn mit Herzog Georg II. von Sachsen-Meiningen[3] residierte seit 1879 ein wichtiger Mäzen des damaligen Theater- und Musiklebens ganz in der Nähe. In seinem Landhaus »Salet« zwischen Königssee und Obersee suchte er immer wieder die Gesellschaft von Künstlern. Max Reger hat er auf einer der erhalten gebliebenen Einladungen mit gutem Essen gelockt: »Sie sollen diesmal den berühmten Königsseer Saibling bei mir speisen, und ich will Sie im Boot über meinen geliebten Obersee fahren.« Zum Zeitpunkt dieser Einladung Regers im März 1912 stand der schon ein Jahr als Hofrat und Generalmusikdirektor in den Diensten des Herzogs und leitete die damals berühmte Meininger Hofkapelle.[4] Reger legte dieses Amt unmittelbar nach dem Tod Georgs II. im Juni 1914 nieder. Zuvor hatte er den April noch in Schönau verbracht. Es sollte sein letzter Besuch im Schneewinkllehen sein. Der musikalisch-christliche Mystiker Max Reger starb nur zwei Jahre später am 11. Mai 1916.

Seine Schwägerin Bertl Sensburg verkaufte das Schneewinkllehen bald an einen Mann weiter, der über ein nicht minder ausgeprägtes Interesse an christlicher Kultur und Symbolik verfügte: Am 12. August 1919 wird im Königsseer Grundbuch als neuer Eigentümer der »wissenschaftliche Hilfsarbeiter Dr. Rudolf Berliner aus München« eingetragen, ein Kunstgeschichtler, der durch seine Forschungen weit über München hinaus Bekanntheit erlangte. »Der Kunsthistoriker Dr. Rudolf Berliner zählt zu den bedeutendsten Wissenschaftlern, die am Bayerischen Nationalmuseum tätig waren«, schrieb 1994 eine seiner Nachfolgerinnen als Konservatorin im selben Haus, Dr. Nina Gockerell. »Was ihn am berühmtesten gemacht hat: Das bayerische Nationalmuseum hatte eine große Krippensammlung. Die hat er aufgebaut.«[5]

Nicht ohne Ironie erzählt heute Christopher Bever, der als Christoph Berliner in München geboren wurde, die Geschichte seines Vaters. »Er war protestantisch erzogen seit der Kindheit, hat sich für christliche Kunst interessiert, und ich glaube, etwas spöttisch haben die Kollegen ihn den ›frühchristlichen Berliner‹ genannt.«[6] Mit der leisen Ironie der Kollegen, die seiner jüdischen Abstammung galt, hatte Rudolf Berliner in den zwanziger Jahren keine Probleme. Seine Reputation als Krippenforscher war unbestritten, die Berufslaufbahn seit seiner Einstellung im Jahr 1912 als »unbesoldeter wissenschaftlicher Hilfsarbeiter« verlief unbehindert. Unterbrochen wurde sie durch die Jahre als Soldat in der kaiserlichen Armee. Aus dem Ersten Weltkrieg kehrte er mit einem Eisernen Kreuz und dem etwas abgerissenen Soldatenmantel zurück, an den sich die Tochter der Hausmeisterfamilie, Frieda Deser, ihr Leben lang erinnerte: »Der Professor Berliner, der hat mit einem alten Waffenrock aus dem Weltkrieg Holz gemacht. Ich erinnere mich auch an die Mutter der Frau Berliner, die Maria Bever, Christophs Oma, eine sehr gütige, sehr gläubige Frau. Sie war für uns Kinder eine sehr mütterliche Frau, möcht' ich sagen. Also, die waren durchaus leutselige und nette Leute. Und, wissen Sie, man hat gesagt: ›Ja, ja, des san Juden!‹ – Na ja. Na sans halt Juden. Aber des waren Leut wie wir auch eigentlich.«[7]

Die Hausmeisterstochter Frieda und Christoph, der Sohn des jüdischen Professors aus München, waren gleich alt. In »Schneewinkl« wurden sie zu Spielgefährten.

»Well, wir haben Ostern zusammen Eier gesucht. Da ich kurzsichtig war, konnte ich die Eier nicht richtig sehen, ich hatte keine Brille, und ich dachte, das läge an meiner Dummheit. Das war so mit fünf, sechs Jahren«[8], erinnert sich Christoph Bever. Auch Frieda Deser haben sich solche Kindheitsszenen unverlierbar eingeprägt: »Das Lehen hat einen schönen Weiher dabei g'habt, und da war ein Floß dabei mit einer Stange. Da hab' ich gebadet und der Christoph auch. Auf die Bäume sind wir miteinander gekraxelt. Am Weg zum Weiher waren zwei alte Zypressen, da haben wir gewetteifert, wer sich am weitesten rauftraut. Es war eine herrliche, unbeschwerte Jugend in Schneewinkl.«[9]

Wenn Familie Berliner das Schneewinkllehen in den Sommermonaten nicht selbst nutzen konnte, vermietete sie es gelegentlich an Feriengäste. Im Juni 1929 erschien eine Familie nebst Anhang aus der österreichischen Hauptstadt Wien zu Besuch. Die unumstrittene Hauptperson war ein weißbärtiger alter Herr, der der Hausmeisterstochter Frieda gewaltigen Respekt einflößte: Professor Dr. Sigmund Freud. »Er hat meistens einen dunkelbraunen Anzug getragen und hat immer sehr ernst geschaut. Ich hab' den Mann nie, nie lachen sehen.«[10]

Das Quartier hatte zuvor schon Anfang Mai Anna Freud, die Tochter jenes hochberühmten Professors ausgesucht. Friedas Mutter kochte für Familie Freud und besorgte den Haushalt. Ihrer Tochter erklärte sie die rätselhafte Profession des berühmten Gastes: »Ja, er tut mit Worten heilen. Er ist Seelenarzt und tut die Leute besprechen, und da haben die dann wieder Mut und werden gesund.« Frieda Deser erinnert sich weiter: »Einmal war eine Frau bei ihm in dem großen Salon. Da hab' ich mich vom Vestibül aus zur Tür hing'schlichen und hab' gehorcht. So ein neugieriger Fratz war ich. Ich hab' aber keinen Laut vernommen, nicht eine Silbe. Und plötzlich kommt Mutter dann nebenan von der Herrschaftsküche raus: ›Was tust Du denn da?‹ – ›Ja, Mama, ich möcht' gern hören, was der Herr Freud sagt, daß die Leut' gesund werden.‹ – ›Du schau, daß't weiterkommst!‹, haut mir eine in den Hintern nei, packt mich beim Kragen und schiebt mich raus bei der Tür. – ›Laß Dich ja nimmer blicken!‹«

Sigmund Freud, der Begründer der Psychoanalyse, war das erste Mal im Jahr 1899 zur Sommerfrische ins Berchtesgadener Land gefahren und kehrte häufig wieder. So schildert der Dramatiker Arthur Schnitzler in seinen Tagebüchern, wie er Freud 1922 in der Pension »Moritz« auf dem Obersalzberg aufsuchte.[11] Im Sommer 1929 ist Freud längst ein Gelehrter von Weltruhm. Er ist 73 Jahre alt und gesundheitlich durch eine komplizierte Gaumenoperation schwer angeschlagen. Doch der Ernst und die finstere Stimmung, die das Hausmeisterkind Frieda von dem Gelehrten ausgehen fühlte, hatte auch damit zu tun, daß Sigmund Freud in der scheinbaren Weltabgeschiedenheit des Schneewinkllehens sich in einer schriftstellerischen Fingerübung den unruhigen Zeitläufen zuwandte. Der Aufsatz »Das Unbehagen in der Kultur«, den Sigmund Freud im Schneewinkllehen verfaßte, sollte später zu seinen meistbeachteten Werken gehören. Aus der Perspektive des Jahres 1929, in dem in Deutschland die rechtsextremistische NSDAP Hitlers zunehmend Furore macht, wird sich »Das Unbehagen in der Kultur« leider bald als eine prophetische Schrift erweisen. Freud schreibt, als erspürte er hier im »Schneewinkl« genau, welche Pläne der fanatische Antisemit Hitler nur wenige Kilometer entfernt in seinem Obersalzberger Haus ausbrütet: »Es wird den Menschen offenbar nicht leicht, auf die Befriedigung ihrer Aggressionsneigung zu verzichten; sie fühlen sich nicht wohl dabei. Der Vorteil eines kleineren Kulturkreises, daß er dem Trieb einen Ausweg an der Befeindung der Außenstehenden gestattet, ist nicht geringzuschätzen. Es ist immer möglich, eine größere Menge von Men-

Sigmund Freud im Schneewinkllehen, 1929

Der Kunsthistoriker Rudolf Berliner erwarb das Schneewinkllehen im Jahre 1919

schen in Liebe aneinander zu binden, wenn nur andere für die Äußerung der Aggression übrigbleiben. Ich habe mich einmal mit dem Phänomen beschäftigt, daß gerade benachbarte und einander sonst nahestehende Gemeinschaften sich gegenseitig befehden und verspotten, so die Spanier und Portugiesen, Nord- und Süddeutsche, Engländer und Schotten usw. Ich gab ihm den Namen ›Narzißmus der kleinen Differenzen‹, der nicht viel zur Erklärung beiträgt. Man erkennt nun darin eine bequeme und relativ harmlose Befriedigung der Aggressionsneigung, durch die den Mitgliedern der Gemeinschaft das Zusammenhalten erleichtert wird. Das überallhin versprengte Volk der Juden hat sich in dieser Weise anerkennenswerte Verdienste um die Kulturen seiner Wirtsvölker erworben; leider haben alle Judengemetzel des Mittelalters nicht ausgereicht, dieses Zeitalter friedlicher und sicherer für seine christlichen Genossen zu gestalten. Es war auch kein unverständlicher Zufall, daß der Traum einer germanischen Weltherrschaft zu seiner Ergänzung den Antisemitismus aufrief.«[12]

Vier Jahre später sind Hitler und die Nationalsozialisten an der Macht, und sie beeilen sich, schon im Mai 1933 Sigmund Freuds Werke zu verbrennen, die so prophetisch den nationalsozialistischen Rassenwahn als politisch planmäßig geschürte kollektive Volkskrankheit analysiert hatten. Auch Rudolf Berliner, der Besitzer des Schneewinkllehens, bekommt noch im Sommer 1933 an seinem Hauptwohnsitz in München die rassistischen Aggressionen der neuen Machthaber zu spüren. Familie Berliner wohnt in der Mauerkircher Straße. Gleich in der Nachbarschaft dient jetzt eine Wohnung als Treffpunkt einer NS-Formation, wahrscheinlich der Hitlerjugend. Von da an gibt es lärmende nächtliche Zusammenkünfte. Irgendein Anwohner beschwert sich bei der Polizei. Christoph Berliner hat nie herausbekommen, wer. Er weiß nur, daß es sein Vater bestimmt nicht gewesen ist. Für die Nazi-Nachbarn aber kann es nur einer gewesen sein: der Jude Berliner. Sohn Christoph erlebt, wie ein Trupp Uniformierter wenig später den Vater abholt: »Spätabends klingelte es. Irgendwer an der Tür forderte: Der Berliner soll rauskommen. Vater zog sich eine Hose an. Dann verschwand er. Meine Mutter wußte eigentlich nicht recht, was passiert war. Mein Vater hat später wenig darüber gesprochen, und ich hätte ihn viel mehr fragen sollen. Er sagte lediglich, er habe nur anständig sterben wollen – er dachte, daß sie ihn ermorden wollten. Statt dessen haben sie ihn nach Dachau geschleppt, und wir wußten nicht, daß er dort war. Er war eben weg.«[13]

Die Art, wie Rudolf Berliner wieder freikommt, gehört zu den Kuriositäten der Zeit der Machtfestigung der Nazis. Ein befreundeter Kunsthändler und Nazi der ersten Stunde, Eugen Bruschwiler, fährt am nächsten Tag mit seinem goldenen NSDAP-Parteiabzeichen am Revers ins KZ Dachau. Er sucht und findet Rudolf Berliner in einer Arbeitskolonne auf dem Gelände und fordert als *alter Kämpfer*, man möge ihm den Häftling mitgeben. Die Wachmannschaften gehorchen ihm und lassen Berliner frei.

Dann mehren sich die Zeichen der Ausgrenzung und Bedrohung. Nach der Verkündung der Nürnberger Rassengesetze im Jahr 1935 wird Christoph Berliner im Münchner Wilhelmsgymnasium wie alle Schüler jüdischer Abkunft auf einen gesonderten Pausenhof verbannt. Seine Eltern schicken ihn daraufhin auf ein englisches Internat in der Schweiz. 1936 erhält er ein Visum für die Vereinigten Staaten und kann sein Studium in Harvard beginnen.

Zur selben Zeit wird in München Rudolf Berliner, nun bereits Hauptkonservator des Bayerischen Nationalmuseums, aus *rassischen Gründen* zwangsweise in den Ruhestand versetzt. Der protestantisch getaufte 50jährige Wissenschaftler, längst ein international anerkannter Krippenspezialist und Experte für christliche Ikonographie, ist für die Nazis nur das, was er in seinem Selbstverständnis am allerwenigsten war: Jude. Rudolf und Maria Berliner lösen ihre Münchner Wohnung auf. Sie ziehen sich ins Schneewinkllehen zurück, das nun für zwei Jahre ihre Zuflucht wird, bis zum 10. November 1938: »Früh an diesem Morgen, nach der Kristallnacht, von der sie dort auf dem Land gar nichts wußten, kam der Polizist von Königssee und sagte: ›Sie müssen hier weg, innerhalb von einer Stunde, oder ich muß Sie verhaften.‹ Glücklicherweise hatte mein Vater damals ein Auto. Sie haben schnell gepackt. Vaters ältester Bruder, der als Soldat in Verdun gekämpft hatte, war gerade zu Besuch da. Die drei, meine Mutter, mein Vater und der Onkel, haben sich dann ins Auto gesetzt. Mein Vater war klug! Und auch er war beim Militär gewesen. Er dachte sich: Auf den großen Straßen fahr' ich nicht, da werden sie wahrscheinlich Sperren haben. Deshalb haben sie die kleinen Landstraßen genommen, und in München sind sie über Nebenstraßen zu meiner Großmutter gelangt, die damals schon Witwe war. Dort haben sie sich zunächst versteckt.«[14]

Ein paar Wochen leben Rudolf und Maria Berliner anschließend in einer Pension am Sendlinger Tor in München. Dann kehren sie noch einmal ins Schneewinkllehen zurück, aber nur, um unter behördlicher Aufsicht ihr Auswanderungsgepäck zu schnüren. Wertsachen wie das Tafelsilber oder die Orientteppiche dürfen sie nicht mitnehmen. 1938 erlaubt das bayerische Kultusministerium Rudolf Berliner, seinen Wohnsitz ins Ausland zu verlegen. Im Spätsommer 1939 gelingt es ihm endlich, einen Arbeitsplatz in einem amerikanischen Museum zu finden, ohne den er kein Visum für die USA erhalten hätte. Gerade noch kurz bevor zu Kriegsbeginn die jüdische Auswanderung aus Deutschland gestoppt wird, kommen Rudolf und Maria Berliner in Amerika an.

Was dann mit dem zeitweise leerstehenden Schneewinkllehen geschah, erfuhren die vertriebenen Besitzer in der Emigration nur schemenhaft. Mit der Ausbürgerung von Rudolf Berliner im März 1943 wurde das Schneewinkllehen entschädigungslos enteignet. Es fiel zunächst an das Deutsche Reich, wurde dann vom Landkreis Berchtesgaden für den Spottpreis von 86 800 Reichsmark erworben und schließlich für die gleiche Summe an den Herrn über die gesamten Nazi-Liegenschaften im Berchtesgadener Land, an den Sekretär des Führers, Reichsleiter Martin Bormann, weitergereicht.

Ob Bormann das vom Obersalzberger *Führersperrbezirk* einige Kilometer entfernte und völlig

Heinrich Himmler, der Reichsführer der SS, und seine Geliebte Hedwig Potthast

abgelegene Haus gezielt und auf Wunsch des künftigen Bewohners erwarb oder nur deshalb, weil er 1943 in Hitlers nächster Umgebung auf die Schnelle kein angemessenes Quartier finden konnte, ist nachträglich nicht festzustellen.

Unter der Anleitung von Architekten begannen Zwangsarbeiter eines Außenkommandos des KZ Dachau mit Erdarbeiten im Garten und Umbauten im Haus. Die Villa »Schneewinkl« wurde für niemand Geringeren als Heinrich Himmler umgekrempelt, Hitlers obersten Vollstrecker des Holocaust. Im Garten entstand ein Luftschutzbunker.

An dieses Ergebnis des Umbaus erinnert sich Frieda Deser mit Schrecken. Sie war seit 1934 in einer Stellung in der Schweiz, sah aber die Villa »Schneewinkl« unmittelbar nach dem Krieg wieder, geplündert und für Frieda Desers Geschmack durch die Umgestaltung, wie sie sagt, zu einer Art »friesischer Fischerhütte« verwandelt und verschandelt.

»Das war nicht mehr schön. Im Obergeschoß war nun eine Parade von Kammern. Nach oben führten schmale, steile Stiegen. Das Treppenhaus mit der Marmorstiege war einfach weggerissen, die Glasfenster, die es erhellt hatten, zugemauert. Ein schrecklicher Umbau, unverständlich, was sich da der Herr Himmler eigentlich gedacht hat.«[15]

Heinrich Himmler, Reichsführer der SS, oberster Herr aller Konzentrations- und Vernichtungslager und des gewaltigen Wirtschaftsimperiums der SS, benutzte Villa »Schneewinkl« für die letzten Sekundenbruchteile des *tausendjährigen Reiches* als seinen ganz persönlichen *Lebensborn*. Hier wohnte zeitweise[16] seine Geliebte Hedwig Potthast, genannt »Häschen«, die ehemalige Chefsekretärin des Reichsführers. Im Unterschied zu seiner Ehefrau Margarete, die in einem Haus in Tegernsee lebte und mit der der selbsternannte oberste Züchter der *arischen Germanenrasse* – welch ein Makel – *nur* eine Tochter hatte, gebar »Häschen« Himmler zwei Kinder, darunter den ersehnten männlichen Stammhalter, der den Namen Helge bekam.[17]

Martin Bormann jr., der älteste Sohn des Reichsleiters, dürfte zu den wenigen Menschen gehören, die das für Himmler und seine Geliebte Hedwig Potthast umgebaute Schneewinkllehen von innen gesehen haben. In den Internatsferien Weihnachten 1944 war der 14jährige zu Besuch im Haus seiner Eltern am Obersalzberg, als seine Mutter ins Schneewinkllehen eingeladen wurde. Möglicherweise wollte sich Hedwig Potthast auf diesem Weg bei den Bormanns für die Vermittlung des Hauses erkenntlich zeigen. Gerda Bormann machte sich

Das Schneewinkllehen in Schönau, 2001

mit dreien ihrer Kinder, darunter Martin, der noch von einem gleichaltrigen Freund begleitet wurde, in das Schneewinkllehen auf.

»Im Erdgeschoß haben wir Kinder Kakao und Kuchen bekommen und wurden da versorgt, und die Mütter haben sich miteinander unterhalten. Dann wurden wir Eingeladenen von der Besitzerin in dieses Stüberl heraufgeführt, dieses Mansardenzimmer, Heinrichs Zimmer. Nur eine Lampe brannte, eine Stehlampe, und uns wurde erklärt: Der Lampenschirm, das ist Pergament aus Menschenhaut. Ich weiß nicht mehr, wie der Stab gearbeitet war, die Halterung und all das. Aber das mit dem Lampenschirm hat sich mir regelrecht eingebrannt. Und dann stand da ein Hocker. Der bestand also offensichtlich aus einem Teil eines menschlichen Beckens, dem Unterteil eines menschlichen Beckens und drei Oberschenkelknochen. Wie der Tisch gearbeitet war, weiß ich nicht, aber das waren wohl auch alles menschliche Materialien. Und dann die Prachtausgabe von Adolf Hitlers ›Mein Kampf‹, handgeschrieben auf Menschenrücken-Pergament.

Das wurde uns im Tonfall einer technischen Information präsentiert, vielleicht einzuordnen – auf dem Hintergrund der damaligen Ideologie – unter der Überschrift: Es gibt eine Rohstoffquelle, die wir noch nicht hinreichend genutzt haben. Erst aussondern, dann einsperren, dann ausbeuten, dann ausschlachten, verwerten. Wie eine Tierkörperverwertung. Denn in der NS-Ideologie waren wir doch soweit, daß tatsächlich alle Nichtanhänger dieser Ideologie zu Nicht-Menschen gemacht wurden.

Das war das Ende des Besuches. Ein sehr plötzliches, offenbar so auch gar nicht vorgesehenes Ende. Unsere Mutter hat im Grunde genommen die Flucht ergriffen. Es packte sie offensichtlich das Entsetzen, das sich auch auf uns übertrug. Wir haben auf der Rückfahrt und auch später nicht mehr miteinander über das gesprochen, was wir gesehen haben.«[18]

Aus dem Bauernanwesen, der Komponistenwerkstatt, dem Familienrefugium und der Gelehrtenstube »Schneewinkl« ist für kurze Zeit – wie ein flüchtiger Spuk – ein Kabinett des Schreckens dieses Jahrhunderts geworden.[19] Schon ein halbes Jahr später, zu Kriegsende im Mai 1945, verschwindet es wieder. Es sind jene wilden Tagen der Anarchie, in der die alten Herrscher der SS schon das Weite gesucht haben und die neuen Herren der US-Besatzungsmacht noch nicht alles kontrollieren.

»Als der Umsturz dann kam, wurde dieses Haus auf den Kopf gestellt, und die Bauern sind mit Heuwägen rausgefahren. Alles, was nicht niet- und nagelfest war, sogar die Hähne an der Badewanne, Teppiche, Möbel – dem Himmler sein gesamtes Zeug – das haben sie fortgeschafft. Die Villa war danach völlig leer.«[20]

1952 wird das Schneewinkllehen an die Familie Berliner zurückerstattet. Aber weder die Eltern noch ihre Söhne mochten wieder in dem ihnen fremd gewordenen Haus wohnen. Rudolf und Maria Berliner verkauften »Schneewinkl«, kehrten aus den USA zurück und verbrachten mit Hilfe des Kauferlöses ihre letzten Jahre in einem Berchtesgadener Hotel. Hier vollendete Rudolf Berliner sein durch die Emigration unterbrochenes Manuskript, das er als sein Lebenswerk ansah. Es erschien 1955 unter dem Titel »Die Weihnachts-

Sigmund Freud mit seiner Frau Martha (Mitte) und deren Schwester Minna Bernays (links) im Schneewinkllehen, 1929

krippe« und ist »bis heute das grundlegende Standardwerk«, wie Nina Gockerell schreibt.

Schneewinkl war nicht mehr sein Haus, nicht mehr das Haus Max Regers, nicht mehr das Haus Sigmund Freuds, der hier einst das Verhängnis dieses Jahrhunderts vorausgeahnt hatte: »Die Schicksalsfrage der Menschenart scheint mir zu sein, ob und in welchem Maße es ihrer Kulturentwicklung gelingen wird, der Störung des Zusammenlebens durch den menschlichen Aggressions- und Vernichtungstrieb Herr zu werden. In diesem Bezug verdient vielleicht die gegenwärtige Zeit besonderes Interesse. Die Menschen haben es jetzt in der Beherrschung der Naturkräfte so weit gebracht, daß sie es mit deren Hilfe leicht haben, einander bis auf den letzten Mann auszurotten. Und nun ist zu erwarten, daß die andere der beiden ›himmlischen Mächte‹, der ewige Eros, eine Anstrengung machen wird, um sich im Kampf mit seinem ebenso unsterblichen Gegner zu behaupten. Aber wer kann den Erfolg und Ausgang voraussehen?«[21]

Wellness und Geschichtsbewußtsein
Nachwort zur überarbeiteten und erweiterten 6. Auflage

»Nachbar Hitler« erschien erstmals vor zehn Jahren im Christoph Links Verlag. Der Buchpublikation von 1995 waren neun Jahre lang Recherchen vor Ort und in Archiven sowie etliche Arbeiten für den Hörfunk vorausgegangen. Angetrieben hatte mich die Mischung aus Verschweigen und Verklären der nationalsozialistischen Vergangenheit, der ich – wie jeder andere der jährlich 300 000 Touristen – bei meinen ersten Besuchen am Obersalzberg ausgesetzt war. Die Entdeckung der nicht erzählten Geschichte des zerstörten Bergdorfes und der Vertreibung seiner Einwohner stand am Anfang. Im Gedächtnis der Zeitzeugen aus Berchtesgaden war diese Geschichte eigentlich in all ihren Facetten vorhanden. Nur interessierte sich niemand dafür, sie aufzuzeichnen, sie mit den Quellen in Archiven und Publikationen zu verflechten und zu erzählen. Einige

Die »Dokumentation Obersalzberg« von Süden gesehen, im Hintergrund der Untersberg

örtliche Verlage publizierten statt dessen über Jahrzehnte bunte Broschüren über Hitler und seine monströsen Bauten. Gemeinde, Landkreis und Staatsregierung machten keine Anstalten, solide Informationen zur Verfügung zu stellen. »Nachbar Hitler« sollte in dieser Situation bewußt ein Gegengewicht setzen. Es war ein glücklicher Umstand, damals noch eine große Zahl wichtiger Zeitzeugen anzutreffen. Sie sind mittlerweile fast alle verstorben.

Im Februar 1995 erklärten die Amerikaner, das »American Forces Recreation Center« Berchtesgaden werde aufgegeben. Das war kurz vor Abschluß des Manuskripts für die Erstausgabe dieses Buches. Schon im Frühjahr 1996 zogen die Amerikaner ab, sämtliche Gebäude und Liegenschaften wurden dem Freistaat Bayern übergeben. Die unwiderrufliche Entscheidung der Vereinigten Staaten war der Bayerischen Staatsregierung zunächst gar nicht recht, setzte aber nach Jahrzehnten der Stagnation auf dem Obersalzberg eine bisher ungekannte Dynamik in Gang. Der rituelle Verweis auf die eingeschränkte Souveränität deutscher Behörden und die Zuständigkeit der Amerikaner galt nun nicht mehr.

Das bayerische Finanzministerium machte sich auf die Suche nach einem Pächter für die Liegenschaften und beauftragte zugleich das Münchner Institut für Zeitgeschichte mit der Ausarbeitung einer Konzeption für ein Dokumentationszentrum am Obersalzberg. Die geplante touristische Wiedererschließung des Areals durch den Bau eines Hotels sollte einhergehen mit einem seriösen, umfassenden und öffentlich zugänglichen Angebot, durch das sich alle Reisenden über die geschichtliche Funktion und Bedeutung des Ortes für die nationalsozialistische Diktatur informieren könnten. So entstand viereinhalb Jahre vor dem Bau des Hotels auf den Grundmauern des ehemaligen Gästehauses »Hoher Göll« ein verglaster Museumsbau, der über einen Verbindungsgang auch einen Teil des unterirdischen Bunkersystems einbezieht. Im Oktober 1999 eröffnete die »Dokumentation Obersalzberg«. Die Jahre des Nationalsozialismus werden hier seitdem in ihrem orts- und zeitgeschichtlichen Kontext dargestellt.

Der Obersalzberg ist ein Täterort, an dem Hitler und andere führende Nationalsozialisten ihre totalitäre Politik im Inneren und nach außen planten. Der für die Museumskonzeption verantwortliche Historiker Dr. Volker Dahm vom Institut für Zeitgeschichte leitete daraus die Perspektive der Ausstellung ab: »An diesem Ort war der Blick primär auf die Täter zu richten, (…) nicht nur auf ihr Leben am Obersalzberg, sondern auf ihr ganzes Leben und Tun, auf ihre ideologischen Überzeugungen und Obsessionen und die daraus hervorgegangenen politischen Ziele – und auf deren Verwirklichung, die im Modus ständiger Eskalation schließlich im Völkermord, in der Verwüstung Europas, in der Teilung der Welt und nicht zuletzt in der Zerstörung des deutschen Nationalstaats mündete.«[1]

In der Propaganda der Nationalsozialisten bis 1945 hatten die Berichte von des *Führers Wahlheimat* und dem *Berg der Deutschen* ausschließlich dazu gedient, die Schauseite des Systems zu präsentieren. Die Ausstellungskonzeption des Instituts für Zeitgeschichte durchbricht mit aufklärerischen Mitteln konsequent jede verharmlosende Tendenz. Hier werden nicht nur die Bilder der mit gläubiger Hysterie zum *Führer* pilgernden *Volksgenossen* gezeigt, sondern parallell dazu auch die brutale Ausschaltung der innenpolitischen Gegner, die Ausgrenzung der Juden, die Planung von Holocaust und Feldzügen. Obersalzberg, Vernichtungskrieg und Auschwitz hängen unauflöslich zusammen. Die Ausstellung illustriert, wie Volker Dahm schreibt, nicht nur die faktischen, sondern auch die bewußtseinsmäßigen Zusammenhänge dieser Extreme »als Wesenszug des NS-Herrschaftssystems: das Nebeneinander, ja die Verschränkung von biederer Normalität und monströser Abnormität.«[2]

Der Einladung der für die »Dokumentation Obersalzberg« zuständigen Arbeitsgruppe des Instituts für Zeitgeschichte, an der Gestaltung des Museums mitzuarbeiten, bin ich gern gefolgt. Materialien aus meinem Archiv und Fotografien von Christoph Püschner fanden als Exponate Verwendung. Im Gespräch mit ihrem Leiter Dr. Volker Dahm und mit Kurator Albert Feiber entstand die Idee, für den ortsgeschichtlichen Teil der Ausstellung einen Film zu produzieren. Mit noch lebenden Zeitzeugen – mein Dank gilt Johanna Stangassinger und Egon Hanfstaengl – und unter Verwendung der Ton- und Bildmaterialien, die Christoph Püschner und ich seit 1987 gesammelt hatten, entstand der Film »Vom Bergbauerndorf zum Führersperrgebiet – Zeitzeugen berichten«, der im Medienraum des Dokumentationszentrums als Teil der permanenten Ausstellung zu sehen ist.[3]

Der Obersalzberg hat erneut sein Gesicht verändert. So sind wieder einige Abbildungen, die in den früheren Auflagen dieses Buches noch aktuelle Ansichten präsentierten, »historisch« geworden. Das gilt vor allem für die Aufnahmen, die den »Platterhof«, beziehungsweise das »General Walker Hotel« zeigen. Dieser Gebäudekomplex mußte im Zuge der Planung des im März 2005 eröffneten Hotels weichen. An seiner Stelle befindet sich jetzt die Abfahrtsstelle für die Busse zum »Kehlsteinhaus«, die von ihrem bisherigen Standort am Hintereck und somit direkt am Fuß des Eckernbichl um etwa 500 Meter in südlicher Richtung verlegt wurde. Daß sie jedoch ausgerechnet an diesem Platz errichtet und dafür der gesamte »Platterhof« abgerissen werden mußte, war keineswegs zwingend. Es gab Standortalternativen und gute Gründe, die schon beschlossene Planung zu überdenken und teilweise abzuändern. Denn bei den Vorarbeiten für den Abriß des »Platterhofes« wurde eine überraschende Entdeckung gemacht. In einem Flügel des 1938 völlig erneuerten Gebäudes tauchte die jahrhundertealte Bausubstanz der historischen »Pension Moritz« wieder auf. Die Balken, Decken und Gemäuer des uralten »Steinhauslehen« waren beim Umbau zum »KdF-Hotel Platterhof« nicht abgerissen, sondern einfach überbaut worden. Aus der Überformung befreit, hätte dieser Bau von der Enstehungsgeschichte des Luftkurortes Obersalzberg erzählen können, an die ja nun wieder angeknüpft wird. Schließlich war genau dieses Gebäude Ende des 19. Jahrhunderts die Keimzelle der touristischen Nutzung des Berchtesgadener Landes gewesen. Mit dem Abriß auch des alten Gebäudeteils ist die Chance vergeben worden,

Teil des »Platterhof«-Bunkers, der von der »Dokumentation Obersalzberg« aus zugänglich ist

höchst anschaulich zu vermitteln, was sich hier vor der Geschichte des *tausendjährigen Reiches* ein Dreivierteljahrhundert lang entwickelt hatte – und von den Nationalsozialisten zerstört worden ist.

Im März 2005 ist auf dem Obersalzberg schließlich das »Intercontinental Resort«-Hotel eröffnet worden. Entworfen wurde der vierstöckige hufeisenförmige Rundbau vom Münchner Architekturbüro Kochta. Das Haus ist als Hotel der Luxusklasse konzipiert. Es bietet neben 138 Zimmern und Suiten drei Restaurants, mehrere Terrassen, Konferenzsäle und einen Bade- und Wellness-Bereich. Der Bau dieses Hotels ist von einer kontroversen Debatte begleitet gewesen. In ihr überwog bis zur Eröffnung ein vorsichtig fragender Tenor, ob ein »Wellness-Hotel« in »geschichtlich kontaminierter Landschaft«[4] denn wirklich angemessen sei.

Was die offen ablehnenden Stimmen angeht, so scheint es, als habe die Ankündigung eines ganz und gar auf luxuriöse Entspannung und Erholung ausgerichteten Hauses, einer »Oase des Wohlfühlens« mitten im ehemaligen *Führersperrbezirk*, die Kritiker besonders provoziert. »Der Bau eines Luxushotels auf dem Obersalzberg ist geschmacklos und eine Enthistorisierung des Ortes«, bemerk-

Das »Intercontinental Resort«-Hotel Obersalzberg auf dem Eckernbichl nach der Eröffnung

te etwa der frühere stellvertretende Vorsitzende des Zentralrates der Juden in Deutschland Michel Friedman.⁵ Der Schriftsteller und Holocaust-Überlebende Ralph Giordano ordnete die künftigen Besucher des Hotel so ein: »Entweder die Leute wissen nicht, was Obersalzberg bedeutet, das wäre schon schlimm genug. Oder sie wissen genau, was das für ein Ort war – nämlich Hitlers zweiter Regierungssitz – und tun es trotzdem.«⁶

»Enthistorisierung« – diese Kritik trifft aber gerade nicht auf die gegenwärtige, sondern auf die dem Museums- und Hotelbau vorangegangenen 50 Jahre währende Phase zu. Seit Ende des Krieges wurde versucht, den Obersalzberg in einen scheinbar geschichtslosen Unort zu verwandeln – durch die Sprengung der Nazi-Ruinen, die Aufforstung der Grundstücke mit schnell wachsendem Unterholz, die Verweigerung jeder historischen Kommentierung des Ortes.

Seit der Eröffnung des Museums haben im Jahresschnitt 130 000 Besucher die »Dokumentation Obersalzberg« besucht, bei weiter steigender Tendenz. Das ist beinahe schon die Hälfte der alljährlich zirka 300 000 Touristen, die seit den fünfziger Jahren auf den Obersalzberg fahren. Aus freien Stücken nutzen sie seit 1999 mit dem Museum ein kostenpflichtiges Informationsangebot. Die überwältigende Akzeptanz der »Dokumentation Obersalzberg« beweist, dass für seriöse historische Informationen eine starke Nachfrage besteht. Der von den Kommunalpolitikern befürchtete Abschreckungseffekt, der einst auch diesem Buch prophezeit worden war, hat nicht eingesetzt. In der Statistik des Fremdenverkehrsverbandes erweist sich die »Dokumentation Obersalzberg« bereits als häufig genanntes touristisches Wunschziel.

Wer – um den ersten Teil von Ralph Giordanos Vorwurf aufzunehmen – in das neue Hotel kommt »und nicht weiß, was Obersalzberg bedeutet«, kann vor Ort dazuzulernen. Der Wohlfühl-Gast, der sich von den neuen komfortablen Wellness-Angeboten des »Mountain Resort Hotels« zum Obersalzberg locken läßt, muß keineswegs ein Zyniker und Verdränger sein, wie Giordano vermutet.

Das Hotel bietet Informationen über die geschichtliche Bedeutung des Obersalzbergs an und weist auf die benachbarte »Dokumentation Obersalzberg« hin. Nicht mehr und nicht weniger. Es liege in der Natur eines Luxushotels, die Kunden nicht mit pädagogischen Anliegen zu bedrängen, bemerkt dazu Jörg Böckeler, der erste Interconti-Generaldirektor am Obersalzberg, der sich zugleich mit einer deutlich gefaßten Hausordnung freie Hand – bis zur fristlosen Kündigung gegenüber unerwünschten Gästen – verschafft hat. »Wir bitten unsere Gäste zu beachten«, heißt es darin, »dass Sie sich an einem Ort befinden, der unter der nationalsozialistischen Herrschaft in Deutschland als Sitz für die Machthaber des nationalsozialistischen Regimes diente. Angesichts dieser historischen Gegebenheit bitten wir unsere Gäste, sich angemessen zu verhalten und insbesondere Handlungen zu unterlassen, die die menschenunwürdige Politik und Behandlung unter der nationalsozialistischen Gewalt- und Willkürherrschaft billigen, gutheißen, verherrlichen, verklären oder in sonstiger Weise dazu geeignet sind, diese zu verharmlosen oder gar zu leugnen.«

Manch kritische Kommentierung des Hotelneubaus am Obersalzberg hatte in den vergangenen Jahren den Tenor: Es sei degoutant, daß nun ein Wellness-Zentrum ausgerechnet in der Nähe von Hitlers ehemaligen Machtzentrums angesiedelt werde. Die in diesem Buch berichtete Geschichte stellt die historische Abfolge richtig: Zuerst gesellten sich zu den Bauernanwesen in Obersalzberg Pensionen und Hotels (darunter auch ein luxuriöses, das Hotel »Antenberg«). Dann erst, Jahrzehnte später, war Hitler gekommen, hatte

Blick aus dem Hotelfoyer in den Innenhof und auf den bewaldeten Hang des Kehlstein

das Dorf Obersalzberg usurpiert und schließlich auch sämtliche, in jahrzehntelanger Entwicklung entstandenen Hotelbetriebe zerstört. Die Verlierer dieser Entwicklung waren die früheren Haus- und Grundeigentümer, die ihren Besitz nach dem Krieg nicht zurückerhielten und über die die geschichtliche Entwicklung mittlerweile hinweggegangen ist. Immerhin aber bekommt die Kultur- und Erholungslandschaft Obersalzberg mit dem Museums- und dem Hotelbau wenigstens teilweise ihr altes Flair zurück – in neuen architektonischen Kleidern.

Das alte Dorf Obersalzberg wird nicht wieder erstehen, allenfalls vielleicht vor den Augen der Leser dieses Buches. Manchmal setzen solche Sehnsuchtsbilder Menschen in Bewegung. Es waren die gebürtigen Obersalzbergerinnen Thekla Rasp und Johanna Stangassinger, die mich durch ihre Erzählungen von Dr. Arthur Eichengrün auf die Fährte des einst berühmten, doch vergessenen deutsch-jüdischen Chemikers und Erfinders brachten. Nach mühsamer Suche konnte ich Eichengrüns nach Namibia, Holland, Teneriffa und Königswinter bei Bonn versprengte Nachkommen ausfindig machen. Die drei noch lebenden Eichengrün-Enkel Jonny Heimann, Madeleine Hansen und Ernst Eichengrün und ihre Familien haben sich im Juni 2005 erstmals gemeinsam in München getroffen. Am Ende des Familientreffens stand ein Ausflug ins Berchtesgadener Land und ein Besuch bei der ehemaligen Obersalzbergerin Johanna Stangassinger, die nun erstmals mit Madeleine Hansen die Tochter ihrer einstigen Spielgefährtin Hille Eichengrün sah.

Schon in der dritten Auflage wurde der Band um die Geschichte des Schneewinkllehens ergänzt, auf die ich erst im Frühjahr 1996 gestoßen bin. Immer wieder und vielerorts ist der gleiche unglückselige Reflex zu beobachten: Man spricht nicht gern von den historisch dunklen Punkten eines Ortes (mag er Dachau, Nürnberg, Oranienburg oder Berchtesgaden heißen). Man will allenthalben unbefleckt sein, man schweigt und nährt in diesem Schweigen und Verschweigen, was man eigentlich gar nicht will: so etwas wie ein Schuldeingeständnis. Doch die Idee einer politischen Schuld oder Belastung eines Ortes ist unsinnig. Auch das scheint mir die bizarre Aufeinanderfolge der Bewohner des Schneewinkllehens von Max Reger über Sigmund Freud bis zu Heinrich Himmler zu erzählen.

In der fünften Auflage neu eingefügt wurde das Kapitel über das britische Geheimdienstkommando »Operation Foxley«, dessen Agenten gegen Kriegsende, wohl eher klugerweise, den bis ins einzelne durchgeplanten Mordanschlag auf Hitler am Obersalzberg nicht mehr ausgeführt haben. Nicht auszudenken, welch Nostalgie- und Mythentourismus sich andernfalls alljährlich den Weg hinauf auf den Obersalzberg bahnen würde.

Die vorliegende sechste Auflage umfasst zusätzlich ein Kapitel über den Bildhauer Gerhard Marcks. Der 1889 im gleichen Jahr wie Hitler geborene Künstler starb 1981, weltberühmt und hoch geehrt. Er gilt längst schon international als

Ein Wiedersehen vertriebener Nachbarn Hitlers: Johanna Stangassinger (li.) und Madeleine Hansen, Enkelin von Arthur Eichengrün

einer der wichtigsten Bildhauer des 20. Jahrhunderts. Dass er zwischen 1915 und 1917 auf dem Obersalzberg einen wichtigen Neuanfang als Mensch und Künstler erlebte, hat er wahrscheinlich deswegen zu Lebzeiten kaum erwähnt, weil dieser Ort nach 1933 in seiner Erinnerung untrennbar mit seinem Obersalzberger Nachbarn Hitler verkettet war. Zum Gewaltherrscher aufgestiegen hat der mediokre, einst an der Wiener Akademie abgewiesene Möchtegernkünstler sich nach 1933 angemaßt, Marcks und die gesamte künstlerische Elite der Moderne für entartet zu erklären. Für die mannigfache Hilfe bei der Erforschung und (bildlichen) Darstellung dieses neuen Kapitels danken Autor und Verlag den Töchtern des Künstlers, Brigitte und Gottliebe Marcks, seinem Großneffen Peter A. Reimers, seinem Neffen Wolfgang Schmidtlein und Arie Hartog vom Gerhard-Marcks-Haus in Bremen, das auch das Bildmaterial zu Marcks' Werken zur Verfügung stellte. Dank ebenfalls an Renate Franz, die den ersten bildlichen Beweis für Bruno Büchners früher enge Beziehung zu Hitler fand, neu eingefügt im Kapitel »Freundschaftsdienste«.

Ulrich Chaussy, Mai 2007

Anmerkungen

Einleitung
1   Um allen Mißverständnissen vorzubeugen: Obersalzberg war eine von fünf Gnotschaften (= Gemeindeteile) der Gemeinde Salzberg, die wiederum eine Gemeinde des Bezirksamtes Berchtesgaden war. Wenn ich Obersalzberg als Dorf oder Weiler bezeichne, so nicht im Sinne einer verwaltungsmäßigen und politischen Gliederung, sondern ich meine damit das in diesem Bereich geschlossene und zusammenhängende Ensemble von Gebäuden – inklusive Feuerwehrhaus und Kirche.
2   Akribische, seriöse und unspektakuläre Darstellungen haben im Souvenirhandel rund um den Obersalzberg leider immer ein Schattendasein geführt. Nennen möchte ich vor allem Hellmut Schöners Publikationen: Der alte Obersalzberg bis 1937. Berchtesgaden 1989 (Berchtesgadener Schriftenreihe Nr. 20), und Hellmut Schöner (Hrsg.): Das Berchtesgadener Land im Wandel der Zeit. Ergänzungsband I, Berchtesgaden 1982.

Kapitel 1: Sommerfrische
1   Interview Michael Lochner mit dem Autor, 5. Januar 1987.
2   Vgl. zu Mauritia (Moritz) Mayer: A. Helm: Das Berchtesgadener Land im Wandel der Zeit. Berchtesgaden 1929, S. 214 ff.
3   Zur Entwicklung der Verkehrswege vgl. ebenda, S. 18 ff.
4   Richard Voß hat zur literarischen Legendenbildung über Mauritia Mayer beigetragen und gab dem späteren Besitzer der Pension »Moritz«, Bruno Büchner, mit seinem Roman »Zwei Menschen« die Gelegenheit, das Haus effekthascherisch in »Platterhof« umzubenennen. Vgl. dazu Kapitel 3.
5   Märit Ullrich-Hellquist: Erinnerungen an den Obersalzberg und den Menschenkreis, der dort oben lebte und verkehrte, aufgezeichnet nach eigenen Erinnerungen und persönlichen Mitteilungen. Gemeindearchiv Schönau am Königsee, o. J.
6   Vgl. hierzu: ebenda.
7   Vgl. Hellmut Schöner: Der alte Obersalzberg bis 1937. Berchtesgaden 1989, S. 70 f. (Berchtesgadener Schriftenreihe Nr. 20).
8   Ullrich-Hellquist: Erinnerungen an den Obersalzberg, a.a.O.
9   Ebenda.
10   Überliefert in: ebenda.
11   Ebenda.
12   Vgl. Helm: Das Berchtesgadener Land im Wandel der Zeit, Berchtesgaden 1929, S. 285 f. In der Zeit des Ersten Weltkrieges geht die Einwohnerzahl auf ca. 1 400 zurück, steigt dann aber bis 1925 wieder auf 1640 an.
13   Ullrich-Hellquist: Erinnerungen an den Obersalzberg, a.a.O.
14   Ebenda.
15   Die Liste dieser Erwerbungen ist unvollständig. Ich beschränke mich auf einige recherchierte Beispiele, an denen sich, wie ich meine, die seit etwa 1875 in Gang gekommene Dynamik zwischen den ursprünglichen Bewohnern des Obersalzbergs und den neu hinzukommenden Urlaubs- und Dauergästen nachvollziehen läßt. Einen Gesamtüberblick vermittelt Hellmut Schöner: Der alte Obersalzberg bis 1937, a.a.O., soweit die dort wiedergegebenen Grundbuchauszüge über Namen, Titel und Herkunft der Eigentümer die Unterscheidung in auswärtige und einheimische Hauskäufer zulassen.
16   Johann Kurz ist hier nur stellvertretend genannt. Auch Mauritia Mayer beschäftigte für ihre Um- und Anbauten ausschließlich einheimische Handwerker. Georg Lochner, der das Antenberglehen an Carl v. Linde verkaufte, baute für den Kunstmaler Georg Waltenberger dessen Villa, das spätere Wohnhaus von Albert Speer und Familie.
17   Der Höhenweg vom Antenberg zum Hochlenzer heißt noch heute nach seinem Stifter »Carl-von-Linde-Steig«. Die Gemeinde Salzberg erhob den Mäzen Linde an seinem 85. Geburtstag zum Ehrenbürger.
18   Das berichtet, ohne eine Kaufsumme zu nennen, Ullrich-Hellquist in: Erinnerungen an den Obersalzberg, a.a.O.
19   Interview Michael Lochner mit dem Autor, 5. Januar 1987.

Kapitel 2: Inkognito
1   Vgl. dazu Constantin Ramstedt: Berchtesgaden in der Reichsgeschichte von Friedrich Barbarossa bis Dietrich Eckart. Kulturhistorische Ausstellung in den Rathaussälen Berchtesgadens, 1. August bis 12. September 1943 (Ausstellungskatalog), S. 146 f.: »Bergauf und bergab, vom Bauern- zum Berghof, vom Watzmann zum Göll führte uns der Weg der Geschichte über die Hofhaltungen der Kaiser, Könige, Kirche und Fürsten in und am Untersberg hinauf zu dem weißen Haus am Obersalzberg. Berchtesgaden sah in Berges Tiefen und Höhen stets die Führenden in der deutschen Geschichte: die sagenhaften Herrscher im Untersberg, die gewaltigen, kunstfrohen Kurfürsten und Erzbischöfe von Salzburg und Köln, die glanzvolle Reihe seiner 47 Pröpste von Eberwein bis Schroffenberg, die jagdliebenden Wittelsbacher und viele Künstler und Politiker des Zweiten Reiches als seine Sommergäste, wie Ranke, Menzel,

Bismarck, Moltke und Roon – und dann nach dem Zusammenbruch die Männer des Dritten Reichs, seinen Seher Dietrich Eckkart, seinen Wegbereiter und vornehmsten Würdenträger Hermann Göring und – endlich als Krönung einer fast unglaublichen, geschichtlichen Wandlung – den Führer des deutschen Volkes selbst, Adolf Hitler!« Hier ist die Melange aus Kitsch und Unterwürfigkeit in voller Blüte, deren Nachklang noch heute in den Texten vieler Obersalzberg-Broschüren herauszuhören ist.

2   Albert Reich: Dietrich Eckart. München 1934, S. 81.
3   Eckart zitiert nach Joachim Fest: Hitler. Eine Biographie. Frankfurt/M. 1973, S. 196.
4   Vgl. Allan Bullock: Hitler. Eine Studie über Tyrannei. Düsseldorf 1969, S. 49. Es handelte sich um 60 000 Reichsmark. »Dietrich Eckart brachte die Hälfte dieser Summe auf, der Rest wurde zum Teil aus Geheimfonds der Reichswehr zur Verfügung gestellt« (wozu der später von Hitler ermordete SA-Chef Ernst Röhm seine Beziehungen spielen ließ).
5   Hier zitiert nach Reich: Dietrich Eckart, a. a. O., S. 93.
6   Münchner Post, Nr. 94, 23. 4. 1923, unter der Überschrift: »Evangelium Hitler«.
7   Adolf Hitler: Monologe im Führerhauptquartier 1941–1944. Die Aufzeichnungen Heinrich Heims, hrsg. von Werner Jochmann. Hamburg 1980. Ausdrücklich verwiesen sei auf die quellenkritische Würdigung dieser Aufzeichnungen im Vorwort des Herausgebers, der auf die Arbeitsbedingungen Heims aufmerksam macht. Heim mußte ohne schriftliche Notizen nachträglich Gedächtnisprotokolle anfertigen. Bemerkenswert an der Passage über den ersten Besuch Hitlers auf dem Obersalzberg ist, daß dessen monologische Schilderung den parteioffiziell und presseöffentlich sonst üblichen mythologischen Schwulst um den angeblich so besonderen deutschen Schicksalsberg komplett ausläßt.
8   Hitler: Monologe, a. a. O., S. 203 f.
9   Vgl. Fest: Hitler, a. a. O., S. 204 ff.
10 Vgl. ebenda, S. 241.
11 Vgl. Bullock: Hitler, a. a. O., S. 60 ff.
12 Vgl. dazu Margarete Plewnia: Auf dem Weg zu Hitler. Der völkische Publizist Dietrich Eckart. Bremen 1970, S. 112: »Es ist nicht ohne historischen Reiz, zu erwägen, wie sich die Beziehungen Hitlers zu Dietrich Eckart gestaltet hätten, wenn nicht der Tod dazwischengetreten wäre. Hätte Eckart die gleiche Behandlung erfahren wie die Altparteigenossen Anton Drexler und Gottfried Feder, die beide von Hitler abgeschoben wurden?« Margarete Plewnias Frage ist vor dem von ihr ausgebreiteten Hintergrund besonders interessant, denn sie weist detailliert nach, wie treibend und prägend Eckart in den Jahren zuvor auf Hitler gewirkt hat, den er zeitweise als seinen Schüler begriff.
13 Ramstedt: Berchtesgaden in der Reichsgeschichte, a. a. O., S. 143.
14 Hitler: Monologe, a. a. O., S. 204.
15 Florentine Hamm: Obersalzberg. Wanderungen zwischen Gestern und Heute. München 1937, S. 18.
16 Adolf Hitlers Wahlheimat. Zweiundzwanzig Zeichnungen von Karl Schuster-Winkelhof, Begleitworte von Walter Schmidkunz. München 1933.
17 Ebenda, S. 1.
18 Vgl. Hellmut Schöner (Hrsg.): Berchtesgaden im Wandel der Zeit. Ergänzungsband I, Berchtesgaden 1982, S. 397.
19 Hitler: Monologe, a. a. O., S. 204 f.
20 Ebenda, S. 204.
21 Vgl. dazu Fest: Hitler, a. a. O., S. 244 ff.
22 Der Fotograf des Führers. In: Der Angriff, Nr. 257, 13. 9. 1940, zitiert nach Rudolf Herz: Hoffmann und Hitler. Fotografie als Medium des Führer-Mythos. München 1994, S. 47.
23 Hitler: Monologe, a. a. O., S. 205.
24 Der Bericht des »Völkischen Beobachters« vom 4. 7. 1923, S. 6, unter der Überschrift »Hitler in Berchtesgaden« ist zitiert in Eberhard Jäckel: Hitler. Sämtliche Aufzeichnungen 1905–1924. Stuttgart 1980, S. 941 f.
25 Ebenda, S. 941.
26 Zitiert nach Reich: Dietrich Eckart, a. a. O., S. 104.
27 Plewnia: Auf dem Weg zu Hitler, a. a. O., S. 92.
28 Brief Bormanns an Dr. Friedrich Wolffhardt vom 27. 12. 1941. National Archives Washington, Suitland Reference Branch, Maryland.

Kapitel 3: Freundschaftsdienste
1   Richard Voß: Aus meinem phantastischen Leben. Stuttgart 1920, S. 356.
2   Brief Elisabeth v. Ferros, verwitwete Büchner, an den Bayerischen Ministerpräsidenten Dr. Ehard, 10. 11. 1951. Bayerisches Hauptstaatsarchiv, StK 114 105.
3   Einbürgerungsantrag Bruno Büchner vom 18. 10. 1921. Staatsarchiv München, LRA 155 655. Am 24. 10. 23 wird Büchner, der zuvor sächsischer Staatsangehöriger war, die bayerische Staatsbürgerschaft verliehen.
4   Bruno Büchner: »Vor dem Krieg war er beruflich als Privatflieger tätig und kam kurz vor Ausbruch des Krieges nach Daressalam (Ostafrika).« Bundesarchiv BDC, OPG-Akte (Oberstes Partei Gericht der NSDAP).
5   A. Helm: Das Berchtesgadener Land im Wandel der Zeit. Berchtesgaden 1929, S. 216 f. Ullrich-Hellquist: Die Leute vom Obersalzberg, a. a. O., gibt eine noch drastischere Version wieder: »Büchner hat sogar den Grabstein der Moritz aus dem Friedhof entfernt und bei sich aufgestellt, mußte ihn aber wieder hinunter tun.«
6   Offenbar hat Büchner auch mit selbstverfaßten Broschüren seine Version der Geschichte von Mauritia Mayer unter die Leute gebracht. Helm: Das Berchtesgadener Land im Wandel der Zeit, a. a. O., berichtet zunächst von der Aufstellung der M.-Mayer-Grabstein-Kopie: »1928 wurden auf der Grabplatte (Untersberger Marmor) durch den Besitzer der Pension Moritz die Worte ›Judith Platter‹ und das Wort ›Obersalzberg‹ hinzugefügt. Eine Nachbildung der Grabplatte ließ der Besitzer der Pension Moritz in seinem Besitztum aufstellen.« Wenige Zeilen

später empört sich Helm merkwürdigerweise ohne konkrete Namensnennung über die publizistische Untermauerung von Büchners Geschichtsklitterung: »Ein 1928 im Eigenverlag des Herausgebers erschienenes Heftchen bringt eine fast wörtliche Wiedergabe des Voß'schen Textes über Moritz Mayer. Das Heftchen, welches keineswegs frei ist von irreführenden Druckfehlern, enthält grobe Unwahrheiten. So wird auf pag. 3 berichtet, M. M. sei durch Erbschaft in den Besitz des Platterhofes in Brixen gekommen und dort erzogen worden. Dies ist frei erfunden; M. M. besaß niemals irgendwelche Besitzungen in Brixen. – Auf p. 8 steht: ›Im Juni des Jahres 1907 sandte sie einen Jubelbrief an ihre Freunde in Italien‹, usw. M. M. starb schon zehn Jahre vorher.« Die zitierte Broschüre war auch im Gemeindearchiv Berchtesgaden nicht auffindbar. Daß sie 1928 erscheint, weist auf Büchner als Verfasser. Es ist das Jahr, in dem er durch den Kauf der Pension vom Pächter zum Eigentümer wird und die mit dem Namenszusatz »Judith Platter« versehene Kopie der Grabplatte von M. Mayer bei sich aufstellen läßt. Es hat den Anschein, daß sich der Heimatforscher A. Helm in seinem 1929 erschienenen Werk nicht direkt mit dem neuen Herrn der Pension »Moritz« bzw. »Platterhof« anlegen möchte.

7 Christian Weber (1883–1945), Pferdehändler, Mitglied des rechtsextremistischen Freikorps »Bund Oberland«, »alter Kämpfer« der NSDAP, SA-Mitglied der ersten Stunde, war in den ersten Jahren der NSDAP an zahlreichen gewalttätigen Übergriffen auf politische Gegner beteiligt. 1924 wurde er wegen eines Überfalls auf einen jüdischen Geschäftsmann zu vier Wochen Gefängnis verurteilt. 1934 schlug er sich bei der Ermordung des SA-Stabsführers Ernst Röhm auf Hitlers Seite. Er avancierte nach der Machtergreifung zum Kreistagspräsidenten von Oberbayern, zum Vorsitzenden der NSDAP-Stadtratsfraktion und schließlich zum »Ratsherrn der Hauptstadt der Bewegung« (eine Ernennung durch Hitler persönlich). Weber war eine groteske Verkörperung des NS-Nepotismus, ein Göring im Kleinformat. Nach seiner Verhaftung durch die Amerikaner starb er am 11. Mai 1945 auf einem Gefangenentransport bei einem Unfall.

8 Vgl. Herbert Rosendorfer: Die Nacht der Amazonen. Köln 1989, S. 62. Rosendorfer druckt Webers Gesuch um Genehmigung eines Waffenscheines vom 28.6.1923 ab, in dem dieser u. a. anführt: »... drittens liegt mein Jagdrecht im Berchtesgadener Land (Hochlenzer-Gebiet), das sehr stark von Wilderern besucht wird«.

9 Vgl. Henry Picker: Hitlers Tischgespräche. Frankfurt/M.,Berlin 1989. Wie Heinrich Heim war auch Henry Picker von Bormann beauftragt worden, Hitlers monologischen Redefluß für die Nachwelt zu konservieren. Picker ergänzte die aus seinen Notizen rekonstruierten Auslassungen Hitlers mit eigenen Randglossen und schreibt in einem längeren Text über Hitlers Bewaffnung auf S. 132: »In der Kampfzeit schützte sich Hitler in den Jahren, in denen ihm jede Waffe verboten war, mit einer Nilpferdpeitsche. Die Wirtin von der Pension Moritz in Berchtesgaden, eine Frau Büchner, hatte sie ihm geschenkt.«

10 Adolf Hitler: Monologe im Führerhauptquartier 1941–1944. Hamburg 1980, S. 205.
11 Thekla Rasp im Interview mit dem Autor, 24.7.1987
12 Vgl. Joachim Fest: Hitler. Eine Biographie. Frankfurt/M. 1973, S. 323.
13 Maria Heiß im Interview mit dem Autor, Juli 1987.
14 Ebenda.
15 Hitler: Monologe, a. a. O., S. 205. Als verantwortlich für den Niedergang der Gastronomie bezeichnet Hitler einen Sachsen namens Dressel, wobei Hitler den – falschen – Eindruck erweckt, die Büchners hätten sich schon damals vom »Platterhof« zurückgezogen, was erst 1936 nach heftigen Auseinandersetzungen geschah. Dressel muß also Angestellter in Büchners Diensten, allenfalls Pächter, wahrscheinlicher verantwortlich für den Gaststättenbetrieb gewesen sein.
16 Wer dieser Herr Modersohn war, ist nicht zu ermitteln. Es handelt sich jedoch nicht um den Maler Otto Modersohn, wie dessen Sohn dankenswerterweise aufgrund der Tagebuchaufzeichnungen seines Vaters ermittelte.
17 Hitler: Monologe, a. a. O., S. 206.

Kapitel 4: Die Eichengrüns (1)
1 Interview Johanna Stangassinger, Juli 1987.
2 Dennoch ergibt sich aus den Unterlagen der Familie Eichengrün die Vermutung, daß ein Mitglied der schon seit 1900 im Nebenhaus wohnenden Familie Schmidtlein, die ebenfalls aus Berlin kam, den Obersalzberg empfohlen haben könnte. Als Besitzer des Hauses »Unterwurf« weist das Grundbuch Dr. Karl Schmidtlein, später Ida Schmidtlein aus. In den nachgelassenen Unterlagen Arthur Eichengrüns findet sich die Patentanmeldung einer seiner zahllosen Erfindungen, eines »Verfahrens zur Herstellung von Gipsbinden«, die ein Berliner Patentanwalt namens Dr. jur. C. Schmidtlein verfaßt hat.
3 Vgl. Hellmut Schöner: Der alte Obersalzberg bis 1937. Berchtesgaden 1989, S. 49 (Berchtesgadener Schriftenreihe Nr. 20). Das Wurfhaus Nr. 7½ Obersalzberg wurde am 28.5.1915 im Grundbuch auf Eichengrün M., Madeleine Henrietta Françoise, Fabrikantenehefrau, Berlin, eingetragen.
4 Informationen zu den Lebensdaten Eichengrüns, sofern nicht anders nachgewiesen, aus: Neue deutsche Biographie, hrsg. v. d. Historischen Kommission bei der Bayerischen Akademie der Wissenschaften. Bd. IV, Berlin 1959, und: Die Pharmazie. Zeitschrift für Pharmazie, pharmazeutische Chemie, Pharmakologie, Pharmakognosie, Toxikologie, experimentelle Medizin und alle Grenzgebiete der Arzneimittelforschung, Berlin, 2 (1947) 8, S. 383 f.
5 Dr. Dr. e. h. A. Eichengrün: Lebenslauf, undatiert, verfaßt zwischen 1945 und 1946. Dokument aus Familienbesitz.
6 Auskunft von Dr. med. Michael de Ridder, Berlin, der sich eingehend mit den pharmakologischen Forschungen Eichengrüns befaßt hat. Dr. de Ridder verdanke ich die Überlassung der Dokumente aus dem Besitz Eichengrün, die er von Hille und Erika Eichengrün für seine Forschungen erhalten hat.

Kapitel 5: Haus »Wachenfeld«

1   Adolf Hitler: Monologe im Führerhauptquartier 1941–1944. Hamburg 1980, S. 206 f.

2   Auch hier gibt es leicht abweichende Angaben: »Da, wo mein Haus steht, ist bis 1917 überhaupt nichts gestanden. Es war nur Grund. 1917, meine ich, haben die Winters aus Buxtehude das Haus gebaut, daher findet sich in dem Gebäude nur Sparmetall.« Hitler: Monologe, a. a. O., S. 202

3   So schreibt z.B. der Herausgeber Werner Jochmann in der hier benutzten Ausgabe von Hitlers Monologen im Führerhauptquartier 1941–1944, a. a. O., S. 439, Anmerkung 60: »1925 mietete Hitler am Nordosthang des Obersalzbergs das ›Haus Wachenfeld‹, das er dann 1929 erwarb und 1936 erweitern und umbauen ließ.« Jochmann geht leider nicht darauf ein, aufgrund welcher Quelle er der von ihm selbst abgedruckten Angabe Hitlers (1928) aus dessen »Monologen« widerspricht. Das von Jochmann angegebene Kaufdatum 1929 stimmt nachweislich nicht, wie Notarvertrag und Grundbucheintrag beweisen. Daß Hitler schon 1925 zum Mieter des Hauses »Wachenfeld« wurde, ist deshalb unwahrscheinlich, weil er in diesem Jahr noch Büchners »Platterhof« bzw. das ihm als Versteck dienende Blockhaus ansteuerte und in der Zeit danach zunächst im Hotel »Antenberg« und dann nachweislich häufig und regelmäßig im Hotel »Deutsches Haus« in Berchtesgaden logierte, was er im Besitz eines eigenen Hauses kaum getan hätte. Insofern ist der präziseste Nachweis wohl bei Anton Joachimsthaler: Hitler in München. München 1992, S. 265, Anmerkung 82 zu finden: »Als Hitler 1925/26 das Haus Wachenfeld am Obersalzberg mietete, holte er am 3. 3. 1927 seine Schwester Angela als Haushälterin aus Wien zu sich, auf deren Namen das Haus auch die ersten Jahre lief (s. Steuererklärung in Hitlers Steuerakte von 1929).« Fügt man das offenbar dokumentierte Datum der Ankunft Angela Raubals mit Hitlers eigener, abweichender Auskunft in den »Monologen« zusammen, nach der er sofort nach der Anmietung seine Schwester angerufen und zur Führung des Haushaltes im Haus »Wachenfeld« überredet haben will, ist wohl Anfang 1927 als der wahrscheinlichste Termin zur Anmietung des Hauses anzusehen. Auch Bormann gibt in einem Brief vom 27. 12. 1941 an: »Zufällig erfuhr der Führer im Jahr 1927, das kleine Haus Wachenfeld sei zu vermieten; der Führer griff sofort zu.« To cut a long story short: Das Dunkel um den Beginn dieses Mietverhältnisses entspricht dem Mangel an Dynamik der Geschehnisse um Hitler am Obersalzberg in dieser Phase. Noch ist Ruhe vor dem Sturm.

4   Albert Speer: Erinnerungen. Berlin 1969, S. 59.

5   Vgl. Anton Joachimsthaler: Hitler in München. München 1992, S. 285, Anmerkung 466.

Kapitel 6: Hitler oder Jesus

1   Der Begriff »Dorf« ist hier (siehe auch Anm. 1 zum Vorwort) nicht im Sinne einer verwaltungsmäßigen und politischen Gliederung zu verstehen. Obersalzberg war eine von fünf Gnotschaften (=Gemeindeteile) der Gemeinde Salzberg, das wiederum eine Gemeinde des Bezirksamtes Berchtesgaden war. Wenn ich Obersalzberg als Dorf oder Weiler bezeichne, so meine ich damit das in diesem Bereich geschlossene und zusammenhängende Ensemble von Gebäuden – inklusive Feuerwehrhaus und Kirche.

2   Johannes Baumann: Obersalzberg – Brannenburg – Surheim. Erinnerungen aus der Seelsorge im Dritten Reich. In: Das Erzbistum München und Freising in der Zeit der nationalsozialistischen Herrschaft, hrsg. v. Georg Schwaiger. München, Zürich 1984, S. 83.

3   Bekanntmachung Heinrich Himmlers, damals Kommandeur der Bayerischen Politischen Polizei. Staatsarchiv München, LRA 29 817.

4   Walter Schmidkunz: Das Berchtesgadener Land, der Salzberg, das Hitlerhaus. In: Adolf Hitlers Wahlheimat, Zweiundzwanzig Zeichnungen von Karl Schuster-Winkelhof. München 1933, S. 9. (Der Zeichner Karl Schuster-Winkelhof ist übrigens ein Sohn des Hitler-Nachbarn und »Türken«-Wirtes Karl Schuster, der wenige Monate nach Erscheinen dieses Buches gezwungen wurde, seinen Gasthof zu verkaufen.)

5   Bekanntmachung Himmlers, a. a. O.

6   Johanna Stangassinger im Interview mit dem Autor, Januar und Juli 1987.

7   Ebenda.

8   Dr. Johannes Baumann im Interview mit dem Autor, Januar und Juli 1987.

9   Florentine Hamm: Obersalzberg. Wanderungen zwischen Gestern und Heute. München 1937. Dieses Spitzenelaborat an Nazi-Kitsch ist im Zentralverlag der NSDAP, dem Eher-Verlag, erschienen.

10   Ebenda, S. 90 ff.

11   Johannes Baumann im Interview mit dem Autor, Januar 1987.

12   Baumann: Obersalzberg – Brannenburg – Surheim, a. a. O., S. 85.

13   Vgl. Joachim Fest: Hitler. Eine Biographie. Frankfurt/M. 1973, S. 668 f. Fest weist auch darauf hin, daß Hitler wahrscheinlich in die Attentatspläne eingeweiht war, die ja einen nationalsozialistischen Putsch einleiten sollten.

Kapitel 7: Die Eichengrüns (2)

1   Schweizerische Eidgenossenschaft, Eidgenössisches Amt für Geistiges Eigentum, Patentschrift Nr. 158 384, Klasse 116 c, Hauptpatent Cellon Werke Dr. Arthur Eichengrün, Berlin-Charlottenburg (Deutschland): Verfahren zur Herstellung von Gipsbinden, veröffentlicht am 1. Februar 1933.

2   Alle Informationen in diesem Abschnitt beruhen auf Angaben vom Februar bzw. März 1995 von Frau Hille Sigloch, die ich nach schwieriger Suche in Holland ausfindig machen konnte.

Kapitel 8: Der verfehmte Volkskünstler

1   Gerhard Marcks in der NDR-Fernsehdokumentation »Gerhard Marcks. Ein Selbstporträt«. Film von Hannes Reinhardt,

o. Jg. Daß Marcks über die Phase am Obersalzberg selbst so gut wie nichts verlauten ließ, hat einen blinden Fleck in der sonst umfangreichen Literatur über Marcks' Leben und Werk zur Folge gehabt. Arie Hartog, dem Kurator des Gerhard-Marcks-Hauses in Bremen und dem Großneffen von Marcks, Peter Reimers, ist zu danken, daß im Jahr 2006 mit der Ausstellung: »Gerhard Marcks und der Obersalzberg. Von Berchtesgaden zum Bauhaus« im Heimatmuseum Schloß Adelsheim und im Bremer Gerhard-Marcks-Haus diese Lücke geschlossen werden konnte. Siehe dazu auch den gleichnamigen Katalog, herausgegeben von der Gerhard-Marcks-Stiftung, Bremen 2006.

2 Siehe S. 23 in diesem Buch.
3 Marcks: Lebenserinnerungen. In: Günter Busch: Gerhard Marcks. Das plastische Werk. Berlin 1977, S. 42.
4 Ebenda.
5 Brigitte Marcks im Interview mit dem Autor, 22.7.2006.
6 Gottliebe Marcks im Interview mit dem Autor, 9.7.2006.
7 Arie Hartog, Kurator des Gerhard-Marcks-Hauses Bremen, im Interview mit dem Autor, 9.7.2006.
8 Brief Gerhard Marcks an Maria Marcks, Sanatorium Hahnenklee, Oberharz, 21.9.1915, in: Gerhard Marcks 1889–1981. Briefe und Werke. a. a. O., S. 31 (siehe Anmerkung 3).
9 Joseph Ebner war ein Sohn aus dem benachbarten Oberwurflehen, deren bayerisch ausgesprochener Hausname »Emmerer« in der Familie von Marcks nicht richtig verstanden und als »Ebner« weitergegeben wurde.
10 Arie Hartog im Interview mit dem Autor, 9.7.2006.
11 Mit den Modeln, die sich in Familienbesitz befinden, wird bis heute in der Marcks-Verwandtschaft zu Weihnachten Gebäck hergestellt.
12 Arie Hartog im Interview mit dem Autor, 9.7.2006. Vergleiche zu Gerhard Marcks Position in der Moderne, zu seiner schwierigen Einordnung zwischen der Selbstbeschreibung als »völkischer Künstler« in einem ganz eigenen Verständnis und seiner Charakterisierung durch die Nationalsozialisten als »entartet«: Arie Hartog, Venus und Gärtnerin. Werke von Gerhard Marcks 1930–1942, Pforzheim 2001.
13 Walter Gropius: Programm des Staatlichen Bauhauses in Weimar, 1919, in: Hans M. Wingler: Das Bauhaus 1919–1933. Weimar, Dessau, Berlin und die Nachfolge in Chicago seit 1937, Köln/Bramsche 1962, S. 40.
14 Arie Hartog im Interview mit dem Autor, 9.7.2006.
15 Zitiert nach: Gerhard Marcks 1889–1981. Briefe und Werke, ausgewählt von Ursula Frenzel. München 1988, S. 69.
16 Die anderen Mitglieder der weitläufigen Familie Schmidtlein, darunter auch Gerhard Marcks' Frau Maria mit ihren Kindern, fuhren weiterhin zu Ferienaufenthalten ins Unterwurflehen. Ihre Mutter Ida Schmidtlein soll sich bis zuletzt in Verhandlungen mit dem Hitler-Adjutanten Wilhelm Brückner gewehrt haben, das Unterwurflehen zu verkaufen, berichtet deren Urenkel Peter A. Reimers. Tatsächlich geht das Unterwurflehen laut Grundbucheintrag erst am 3.2.1937 in den Besitz von Bormann über; vergl. Hellmut Schöner: Der alte Obersalzberg bis 1937. Berchtesgaden 1989, S. 50.
17 Eintrag vom 17. Juli 1937, in: Die Tagebücher von Joseph Goebbels. Sämtliche Fragmente. Herausgegeben von Elke Fröhlich. Teil I: Aufzeichnungen 1924–1941. Band 3, S. 204 f.
18 Gerhard Marcks zieht sich nach seiner Entlassung aus der Staatliche Kunstgewerbeschule Burg Giebichenstein mit seiner Familie nach Niehagen im Fischland zurück, später in ein Atelierhaus in Berlin-Nikolassee, das 1943 bei einem Bombenangriff mit den meisten darin befindlichen Werken zerstört wird. Im Januar 1943 fällt Gerhard Marcks' Sohn Herbert als Soldat bei Stalingrad. Im November wird das Berliner Atelier- und Wohnhaus durch einen Bombenangriff total zerstört.

Woher Gerhard Marcks nach 1945 im Alter von 56 Jahren die Kraft für einen Neubeginn am Nullpunkt nahm, ist nirgendwo beschrieben – und schon gar nicht von dem wortkargen Künstler je benannt worden. Er arbeitete bis ins hohe Alter, nunmehr in Deutschland und international als ein prägender Bildhauer des 20. Jahrhunderts anerkannt. 1981 starb er. Marcks wurde 91 Jahre alt.

Kapitel 9: »Wer war hier zuerst?«
1 Gertrud Schuster im Interview mit dem Autor, 30.3.1995.
2 Gertrud Schuster ist hier der Einfachheit halber mit ihrem Geburtsnamen zitiert. Sie heißt seit ihrer Heirat Gertrud Straniak.
3 Vgl. Adolf Hitler: Monologe im Führerhauptquartier 1941–1944. Hamburg 1980, S. 203 f.
4 NSDAP-Mitgliedskarte des am 26.4.1876 in Stein an der Traun geborenen Gastwirts Karl Schuster. Bundesarchiv, BDC.
5 Vgl. Haus Wachenfeld, der Lieblingsaufenthalt des Führers, Ostern 1933. In: Mitteldeutsche Nationalzeitung, 20.4.1933.
6 Hier sei noch einmal daran erinnert, daß sich gegenüber dem Gasthof »Zum Türken« das Haus »Mitterwurf« der Familie Eichengrün befand und Hille Eichengrün das tagtägliche Anwachsen der Nazi-Präsenz direkt vor Augen hatte, so daß die Drohungen, die die Familie im Jahr 1930 erhielt, Hille Eichengrün und ihre Mutter letztlich resignieren und an Verkauf denken ließen.
7 Thekla Rasp im Interview mit dem Autor, 24.7.1987.
8 Vgl. Haus Wachenfeld, der Lieblingsaufenthalt des Führers, a. a. O.
9 Adolf Hitlers Wahlheimat. Zweiundzwanzig Zeichnungen von Karl Schuster-Winkelhof. Begleitworte von Walter Schmidkunz. München 1933.
10 Gertrud Schuster im Interview mit dem Autor, 30.3.1995.
11 Bestellung einer beschränkten persönlichen Dienstbarkeit, beurkundet am 14. Juli 1933 beim Notariat Berchtesgaden. Urkunde Gesch. Reg. Nr. 504.
12 Der Obersalzberg unter dem Hakenkreuz. Adlerhorst verdrängt Bauernhöfe. In: Düsseldorfer Nachrichten 73 (1952) 224

v. 27. September. Der ganzseitige Artikel nennt leider keinen Verfasser. Er enthält jedoch zwei faksimilierte Dokumente und das Foto eines der Zwangsvertriebenen. Die Vielzahl der präzisen Einzelinformationen kann nur durch Recherchen vor Ort und in den Familien der ehemaligen Obersalzberger gewonnen worden sein.

13 Vgl. Max Domarus: Hitler. Reden und Proklamationen 1932–1945. I. Bd., Würzburg 1962, S. 292f.
14 Brief Martin Bormanns an Dr. Friedrich Wolffhardt vom 27.12.1941. National Archives Washington, Suitland Reference Branch, Maryland.
15 Gertrud Schuster im Interview mit dem Autor, 30.3.1995.
16 Abschrift des Boykottplakates aus den Unterlagen von Frau Gertrud Schuster.
17 Gertrud Schuster im Interview mit dem Autor, 30.3.1995.
18 Johanna Stangassinger im Interview mit dem Autor, Januar 1987.
19 Thekla Rasp im Interview mit dem Autor, 24.7.1987.
20 Johannes Baumann im Interview mit dem Autor, Juli 1987.
21 Ebenda.
22 Brief Martin Bormanns an Dr. Friedrich Wolffhardt vom 27.12.1941, a.a.O.
23 Vgl. Hellmut Schöner: Der alte Obersalzberg bis 1937. Berchtesgaden 1989, S. 47 (Berchtesgadener Schriftenreihe Nr. 20). Der Kaufvertrag wurde am 20.11.1933 geschlossen, die Eintragung ins Grundbuch von Salzberg erfolgte am 25.11.1933.
24 Gertrud Schuster im Interview mit dem Autor, 30.3.1995.
25 Berchtesgadener Anzeiger, 27.1.1934.

Kapitel 10: Hitlers Geld
1 Der seit der Aufgabe der österreichischen Staatsbürgerschaft staatenlose Adolf Hitler wurde am 26. Februar 1932 zum Regierungsrat bei der braunschweigischen Gesandtschaft in Berlin ernannt. Erst durch diese Ernennung erhielt er die deutsche Staatsbürgerschaft und damit das aktive und passive Wahlrecht im Deutschen Reich. Den Regierungsratsposten, den Hitler nie ausgefüllt hat – er wurde sogleich »zur Wahrnehmung politischer Aufgaben« auf unbestimmte Zeit beurlaubt –, verlieh ihm ein von den Nationalsozialisten gestellter Innenminister in einer Koalitionsregierung in Braunschweig.
2 Die Urkunde des Notars Dr. Heinrich Drewes vom 17. September 1932 ist im Faksimile abgedruckt bei Hellmut Schöner: Der alte Obersalzberg bis 1937. Berchtesgaden 1989 (Berchtesgadener Schriftenreihe Nr. 20).
3 Vgl. Wulf C. Schwarzwäller: Hitlers Geld. Bilanz einer persönlichen Bereicherung. Rastatt 1986, S. 144. Schwarzwäller nennt folgende Verkaufszahlen für »Mein Kampf«: 1925 9 473 Exemplare, 1928 3 015 Exemplare, 1929 7 664 Exemplare, 1930 54 000 Exemplare, 1931 50 808 Exemplare, 1932 90 351 Exemplare, 1933 854 127 Exemplare. Ich zitiere Schwarzwäller mit Vorbehalt, da er selbst seine Quellen nicht nachvollziehbar benennt. In seiner Schilderung der Geschehnisse am Obersalzberg befinden sich grobe Unrichtigkeiten. So berichtet er die Geschichte eines Obersalzberger Bauern namens Heinz Jager, der angeblich von Hitler persönlich zum Verkauf seines Hofes gedrängt und, als er sich weigerte, unmittelbar im Anschluß an das Gespräch ins KZ Dachau gebracht wurde. Einen Bauer namens Heinz Jager hat es in Obersalzberg jedoch nicht gegeben, ebensowenig eine Person anderen Namens, auf die diese Schilderung zuträfe. Wie ich von Schwarzwäller erfuhr, entnahm er die Geschichte von Heinz Jager dem Buch des amerikanischen Autors Glen B. Infield: Hitler's Secret Life. New York 1979. Infield hat auf eine Nachfrage nach seinen Quellen und Recherchen nicht geantwortet.
4 Jochen von Lang: Der Sekretär: Martin Bormann, der Mann, der Hitler beherrschte. Stuttgart 1977, S. 98.
5 Vgl. Allan Bullock: Hitler. Eine Studie über Tyrannei. Düsseldorf 1969, S. 114: »Die hohen Honorare, die er glaubte, dafür fordern zu können und welche die sich sträubenden Zeitungen einfach nicht zahlen konnten, waren der Grund häufigeren Murrens gegen Hitler in Parteikreisen.« Zu Hitlers Einkünften durch die Auslandspresse vgl. die Memoiren seines ehemaligen Auslandspressechefs Ernst Hanfstaengl: Zwischen Weißem und Braunem Haus. Memoiren eines politischen Außenseiters. München 1970.
6 Ebenda, S. 115f.
7 Im Rundschreiben 41/39 der Parteikanzlei, zitiert nach Hermann Hammer: Die deutschen Ausgaben von Hitlers »Mein Kampf«. In: VfZ 4 (1956) 2, heißt es: »Die weitmöglichste Verbreitung des Buches ›Mein Kampf‹ ist vordringlichste Pflicht aller Stellen der Partei, ihrer Gliederungen und angeschlossenen Verbände. Es ist anzustreben, daß eines Tages jede deutsche Familie, auch die ärmste, des Führers grundlegendes Werk besitzt.«
8 Vgl. David Irving: Göring. München, Hamburg 1987, S.193. Der Rechtsextremist Irving hat über Görings Raffgier weit mehr Material zusammengetragen als die anderen Biographen.
9 Vgl. Schöner: Der alte Obersalzberg bis 1937, a.a.O., S. 40.
10 Vgl. Irving: Göring, a.a.O., S. 192ff.

Kapitel 11: Gleichschaltung
1 Joseph Goebbels: Tagebücher 1924–1945, hrsg. von Ralf Georg Reuth. Bd. 1, München 1992, S. 262.
2 Ebenda, S. 265f.
3 Bullock: Hitler. Düsseldorf 1969, S. 118.
4 Ebenda.
5 Goebbels: Tagebücher, Bd. 1, a.a.O., S. 267.
6 Schreiben des Reichsministers und Chefs der Reichskanzlei Lammers vom 6.10.1938. Akten der Parteikanzlei, Mikrofiche-Ausgabe des Instituts für Zeitgeschichte, 10 116 375
7 Hans und Sophie Scholl: Briefe und Aufzeichnungen, hrsg. von Inge Jens. Frankfurt/M. 1988, S. 20. In einem Brief an die Eltern schreibt Hans Scholl am 14.3.1938: »Aber was wird noch

alles kommen? Bei uns wird ja ordentlich mit dem Säbel gerasselt. Sonst enthalte ich mich jeder Stellungnahme zu den politischen Ereignissen. Mir ist der Kopf schwer. Ich verstehe die Menschen nicht mehr. Wenn ich durch den Rundfunk diese namenlose Begeisterung höre, möchte ich hinausgehen auf eine große, einsame Ebene und dort allein sein.« Um die Zeit der Machtergreifung war der Vater Robert Scholl noch bei seinen Kindern mit seinen deutlichen Warnungen vor Hitlers Kriegspolitik auf taube Ohren gestoßen.

8 Rudolf Herz: Hoffmann und Hitler. Fotografie als Medium des Führer-Mythos. München 1994, S. 242.
9 Ebenda, S. 243.
10 Goebbels: Tagebücher, a. a. O., Bd. 2, S. 659 f.
11 Artikel 1 und 5 des Gesetzes ermächtigten die Reichsregierung, Gesetze ohne Befragung des Reichstages zu beschließen; Artikel 3 bestimmte, daß nur der Reichskanzler Gesetze zu unterzeichnen brauchte; die Artikel 2 und 4 ermöglichten der Regierung, von der Verfassung abzuweichen.
12 Goebbels: Tagebücher, a. a. O., Bd. 2, S. 786 f.
13 Abgedruckt im vollen Wortlaut bei Max Domarus: Hitler. Reden und Proklamationen 1932–1945. Bd. I, Würzburg 1962, S. 248 ff.
14 Goebbels: Tagebücher, a. a. O., Bd. 2, S. 793 f.
15 Ebenda, S. 793.
16 Ernst Hanfstaengl stammte aus einer renommierten Münchner Kunstverlegerfamilie; er hatte in den USA studiert, dort jahrelang die New Yorker Filiale der Familienfirma geführt und war 1921 mit seiner deutsch-amerikanischen Frau Helen nach München übersiedelt. Er kam früh mit Hitler in Kontakt und diente ihm von 1932 an als Auslandspressereferent. Er entfremdete sich von Hitler und fiel bei ihm zunehmend in Ungnade. 1937 ging er über die Schweiz ins Exil nach England. Bei Kriegsbeginn wurde er dort als »feindlicher Ausländer« interniert. Sein früherer Harvard-Studienfreund, der amerikanische Präsident Franklin D. Roosevelt, »lieh« sich den Kriegsgefangenen Hanfstaengl dann von den Briten als Berater aus.
17 Egon Hanfstaengl: Autobiographie, unveröffentlichtes Manuskript im Besitz der Familie. Bd. 1, S. 303 f. Ich danke Herrn Hanfstaengl für die Genehmigung, aus seinen Memoiren zitieren zu dürfen.
18 Ebenda, S. 296.

Kapitel 12: Ein Dorf wird ausradiert
1 Brief Bormanns an Dr. Friedrich Wolffhardt vom 27. 12. 1941. National Archives Washington, Suitland Reference Branch, Maryland.
2 Ebenda.
3 Brief von Dr. Johannes Baumann an den Bayerischen Landtag vom 3.9.1951. Bayerisches Hauptstaatsarchiv, StK 114 105.
4 Mitgliedsausweis von Bruno Büchner, Mitgliedsnummer 1 075 226, Eintrittsdatum 1. 5. 1932. Bundesarchiv Berlin, BDC.
5 Schreiben Bruno Büchners vom 1. 4. 1935 an Wirtschaftsminister Hermann Esser. Staatsarchiv München, LRA 29 817.

6 Mitgliedsausweis, Personenakte und Parteikorrespondenz Gotthard Färber. Bundesarchiv Berlin, BDC.
7 Eidesstattliche Erklärung von Elisabeth v. Ferro-Büchner, abgegeben vor RA Dr. Oskar Steuer am 8. 7. 1966.
8 Göring zeigt schon im Juli 1935 heftiges Interesse an einem Parteigerichtsverfahren, indem er einen »erschöpfenden Bericht über den Pg. Büchner« bei der Berchtesgadener NSDAP und alle schon erstellten Unterlagen eines Parteigerichtsverfahrens für seine Adjutantur fordert. »Nach Rücksprache des Kreisleiters Kammerer mit dem Adjutanten des Ministerpräsidenten soll der Fall Büchner an Ort und Stelle erledigt werden.« (Zitate aus einem Brief des NSDAP-Kreisgerichtes Berchtesgaden an das Gaugericht der NSDAP München Oberbayern vom 12. 7. 1935. Bundesarchiv Berlin, BDC, OPG Akte Bruno Büchner).
9 Hellmut Schöner: Der alte Obersalzberg bis 1937. Berchtesgaden 1989, S. 53 (Berchtesgadener Schriftenreihe Nr. 20).
10 Schreiben Bruno Büchners an Rudolf Heß vom 26. 7. 1937. Bundesarchiv Berlin, BDC, OPG, Akte Bruno Büchner.
11 Schreiben des Gaupersonalamtes der NSDAP München/Oberbayern vom 3. 10. 1938. Bundesarchiv Berlin, BDC, OPG Akte Bruno Büchner.
12 Dies widerlegt die gelegentlich geäußerte Meinung, die Bechsteins hätten Hitler zum Obersalzberg gebracht; er war wohl deutlich vor ihnen dort und scheint eher umgekehrt die Familie Bechstein nach Obersalzberg gebracht zu haben.
13 Akten der Parteikanzlei der NSDAP, Mikrofiche-Ausgabe, 103 227 08.
14 Schreiben Martin Bormanns vom 18. 10. 1936. Gemeindearchiv Schönau/Königsee. Im Archiv befinden sich Kopien des offenkundig angesengten Originaldokumentes, das zum Bestand der Akten der Parteikanzlei gehört haben muß. Dieser gesamte Bestand sollte zu Kriegsende vernichtet werden. Die Verbrennungsaktion gelang aber nicht vollständig. Der Großteil der geretteten Parteikanzlei-Akten befindet sich im Bundesarchiv Koblenz, die hier zitierten Seiten nicht.
15 Brief Bormanns an den Sicherheitsdienst Obersalzberg, Hauptsturmführer Spahn, vom 30.10.1936, zitiert nach Faksimile-Abdruck in: Düsseldorfer Nachrichten 73 (1952) 224 v. 27. 9.
16 Brief Bormanns an Gotthard Färber vom 22. 12. 1936. Gemeindearchiv Schönau/Königsee.
17 Interview des Autors mit Thekla Rasp, 24. 7. 1987.
18 Interview des Autors mit Michael Lochner, Januar 1987.
19 Brief Georg Lochners vom 20. 11. 1936. Staatsarchiv München, NSDAP 295.
20 Brief Gotthard Färbers an Josef Hölzl vom 21. 10. 1936, zitiert nach: Düsseldorfer Nachrichten 73 (1952) 224 v. 27. 9.
21 Aus Bormanns Brief vom 30.10.1936: »Es ist immer wieder festzustellen, daß der jetzige Distriktstraßenwärter Josef Hölzl, wohnhaft Obersalzberg, seiner Aufgabe als Straßenwärter in keiner Weise gewachsen ist. Da gerade die Straße Berchtesgaden-Obersalzberg aus erklärlichen Gründen ständig auf das

Beste gepflegt werden muß, bitte ich Sie, baldigst einen anderen Straßenwärter mit der Pflege der Straße zu beauftragen.« Zitiert nach Hellmut Schöner (Hrsg.): Das Berchtesgadener Land im Wandel der Zeit. Ergänzungsband I, Berchtesgaden 1982, S. 394.
22 Johanna Stangassinger im Interview mit dem Autor, Januar 1987.
23 Vgl. Faksimile-Reproduktion des Briefes in: Düsseldorfer Nachrichten 73 (1952) 224 v. 27. 9.
24 Vgl.: Der Obersalzberg unter dem Hakenkreuz. In: ebenda.
25 Johanna Stangassinger im Interview mit dem Autor, Januar 1987.
26 Vgl.: Der Obersalzberg unter dem Hakenkreuz, a. a. O.
27 Dr. Johannes Baumann im Interview mit dem Autor, Januar 1987.
28 Brief Bormanns an Dr. Friedrich Wolffhardt vom 27. 12. 1941, a. a. O.
29 Vgl. Max Domarus: Hitler. Reden und Proklamationen. I. Bd., Würzburg 1962, S. 658: »Am 13. Dezember hielt er am Obersalzberg eine Ansprache vor dem SA- und HJ-Führerkorps.« Der nächste Aufenthalt dauert vom 30. 12. 1936 bis 7. 1. 1937. (Domarus, a. a. O., S. 661 f.), dann wieder am 18. 1. (Domarus, a. a. O., S. 664), wobei er eine »Geheimrede an die Bauarbeiter« hielt, sodann vom 11. 2. bis mindestens 17. 2. 1937 (Domarus, a. a. O., S. 679).

Kapitel 13: Architekt in eigener Sache
1 Aus einem wahrscheinlich an den späteren Finanzier der NSDAP gerichteten Lebenslauf Hitlers, den er am 29. 11. 1921 verfaßte; zitiert nach Anton Joachimsthaler: Hitler in München 1908–1920. München 1992, S. 90 ff.
2 Von heutiger Warte aus, 60 Jahre nach Auschwitz und dem Ende des Weltkriegs, würde ich ein mittelmäßiges künstlerisches Werk eines Aquarellisten A. H., verteilt auf alle größeren Galerien des Landes, mit Freuden in Kauf nehmen. Ich ertrüge auch gerne einige von ihm entworfene pompös-überdimensionale Bauten, die die Silhouette unserer Städte verschandelten, hätte uns das Ausagieren Hitlers wie auch immer gearteter künstlerischer Kreativität vor dem Ausleben seiner politischen Destruktivität bewahren können. Aber dies ist nichts als ein hilfloser Zwischenruf post festum.
3 Heinrich Hoffmann: Hitler was my Friend. London 1955, S. 184.
4 Albert Speer: Erinnerungen. Berlin 1969, S. 99.
5 Pläne und nicht ausgeführte Entwürfe von Hitlers »Berghof« befinden sich im Bayerischen Hauptstaatsarchiv unter den Signaturen OBB KuPl 5451–5476. Die tatsächlich beim Landratsamt eingereichten Baupläne, die mit einem Teil der Entwürfe im Hauptstaatsarchiv identisch sind, liegen im Staatsarchiv München.
6 Speer: Erinnerungen, a. a. O., Abbildung gegenüber S. 113.
7 Ebenda, S. 99 f.

Kapitel 14: KZ für einen Widerspenstigen
1 Akten der Parteikanzlei, Mikrofiche-Edition des Instituts für Zeitgeschichte, Nr. 12 404 424.
2 Interview Johanna Stangassinger mit dem Autor, Juli 1987.
3 Interview Elise Kurz und Gertraud Koller mit dem Autor, Juli 1987.
4 Interview Thekla Rasp mit dem Autor, Juli 1987.
5 Interview Elise Kurz und Gertraud Koller mit dem Autor, Juli 1987.
6 Mitteilung der KZ-Gedenkstätte Dachau vom 9. 9. 1994 an den Autor. Außer dem Zusatz »Sch. DR«, der »Schutzhaft Deutsches Reich« bedeutet, gibt es in Dachau keine Aufzeichnungen über Brandners Haftzeit.

Kapitel 15: Architektur im Höhenkoller
1 Max Hartmann: Die Verwandlung eines Berges unter Martin Bormann (1936–1945). Ein Augenzeuge berichtet: »Meine 10 Jahre auf dem Obersalzberg«. Berchtesgaden 1989, S. 26. Hartmann kam als Mitarbeiter des Münchner Ingenieurbüros Rudolf Gerhart, das Vermessungsarbeiten und statisch-konstruktive Berechnungen für den Architekten Roderich Fick durchführte, zum Obersalzberg. Fick war Architekt der Kasernenbauten, des »Teehauses« am Mooslander Kopf, des (neu erbauten) »Platterhofes« und des »Kehlsteinhauses«. Hartmann gibt einen nüchternen und ernüchternden Bericht über die Bauarbeiten und Bauten am Obersalzberg.
2 Lew Besymenski: Die letzten Notizen von Martin Bormann. Ein Dokument und sein Verfasser. Stuttgart 1974, S. 313. Im Anhang seines Buches, das sich vorrangig mit Bormanns Kalender aus dem Jahr 1945 beschäftigt, hat Besymenski auf den Seiten 311–316 auch Auszüge aus Bormanns Kalendern der Jahre 1934–1937 abgedruckt, die vor allem über dessen Aktivitäten auf dem Obersalzberg Aufschluß geben.
3 Jochen von Lang: Der Sekretär: Martin Bormann, der Mann, der Hitler beherrschte. Stuttgart 1977, S. 106.
4 Hartmann: Die Verwandlung eines Berges unter Martin Bormann, a. a. O., S. 51.
5 Josef Geiß: Obersalzberg. Berchtesgaden 1985, S. 97.
6 Bayerisches Hauptstaatsarchiv, NSDAP-Bauakten 11 603, hierin die erwähnten Korrespondenzen und Handwerkerrechnungen sowie eine Unzahl weiterer Vorgänge, die ohne jeden Zweifel für die private Haushaltsführung der Familie geordert, jedoch von der Partei bezahlt wurden.
7 Bayerisches Hauptstaatsarchiv, NSDAP-Bauakten 11 652. Aus einem Schreiben vom 14. 8. 1941: »Für den Berghof, das Haus Bormann und den Gasthof Platterhof werden für Tisch- und Bettwäsche 400 Meter Leinen benötigt. Ich erkläre eidesstattlich, daß dieses Material nur für die kriegswichtigen Bauten des Führers verwendet wird. Heil Hitler! Elise Schulz-Beutler«.
8 Besymenski: Die letzten Notizen von Martin Bormann, a. a. O., S. 313.

9 Für diese vor Ort meistgenannte Begründung habe ich keinen Quellenbeleg gefunden.
10 Florian M. Beierl: Geschichte des Kehlsteins. Ein Berg verändert sein Gesicht. Berchtesgaden 1994. Dr. Ing. Hans Haupner war von 1937 bis 1940 Staatlicher Bauleiter des Kehlstein-Projektes.
11 Ebenda, S. 131. Die Kosten des Straßenbaus betrugen exakt 22 005 563 RM; 1 058 950 RM kostete der Grunderwerb, das »Kehlsteinhaus« mit Inneneinrichtung (hier sind geschätzte Beträge für den Bau enthalten) kam auf 6 631 319 RM.
12 Hans-Günter Ricardi: Phantomtraum Alpenfestung. In: Süddeutsche Zeitung, 8./9. 4. 1995.

Kapitel 16: Die Eichengrüns (3)
1 Dr. Arthur Eichengrün: Erläuterungen zu meinem Testament, Dezember 1942. Originaldokument aus Familienbesitz Eichengrün.
2 Schriftsatz von E.s Sohn Edgar Eichengrün, Berlin, April 1951. Originaldokument aus Familienbesitz Eichengrün.
3 Brief Arthur Eichengrüns an seinen ehemaligen Teilhaber Baron le Fort vom 18. 4. 1946. Familienbesitz Eichengrün.
4 Unglaublich, aber wahr: Göring genießt wegen dieser Rollenteilung in der Öffentlichkeit bei Zeitgenossen mitunter den Ruf des führenden Nationalsozialisten, der in der Frage der Judenverfolgung eine liberalere Haltung eingenommen habe. Als Beleg für diese Auffassung werden jüdische Schauspieler oder andere prominente Personen jüdischer Abstammung angeführt, die auf Weisung Görings nicht mit Berufsverbot belegt, deportiert oder ermordet worden sind, häufig auf Vermittlung von Görings zweiter Frau, der ehemaligen Schauspielerin Emmy Sonnemann. Diese Argumentation ist angesichts Görings wichtiger und treibender Rolle bei der kollektiven Ausgrenzung und Entrechtung aller Juden nur borniert zu nennen. Niemand käme wohl auf die Idee, jemanden, der Menschen einer gewissen Gruppe in einem Haus einsperrt, das Haus in Brand steckt, einzelne aber nach persönlichem Gutdünken wieder heraus holt, einen Lebensretter zu nennen.
5 Protokoll der Sitzung im Reichsluftfahrtministerium, zitiert nach: Gerhard Schoenberner: Der gelbe Stern. Die Judenverfolgung in Europa. Frankfurt/M. 1991, S. 37.
6 David Irving: Göring. München, Hamburg 1987, S. 348.

Kapitel 17: Gipfeltreffen
1 Joseph Goebbels: Tagebücher 1924–1945, hrsg. von Ralf Georg Reuth. Bd. 3, München 1992, S. 970, Eintrag 17. Juli 1936.
2 Besymenski: Die letzten Notizen von Martin Bormann. Ein Dokument und sein Verfasser. Stuttgart 1974, S. 311.
3 Ebenda.
4 Nerin E. Gun: Eva Braun Hitler. Leben und Schicksal. Velden 1968, S. 95: »In der Zeit von 1936 bis 1945 verbrachte sie Dreiviertel ihrer Zeit auf dem Berghof ...«
5 Albert Speer: Erinnerungen. Berlin 1969, S. 106.

6 Als Beispiel sei genannt: »Obersalzberg vor und nach der Zerstörung des III. Reiches«, erschienen im Verlag Erwin und Silvia Fabricius. Hier werden die schon im Nationalsozialismus veröffentlichten, genehmigten Propagandafotos Hoffmanns neben damals nicht freigegebenen Fotos publiziert, ohne daß dieser Umstand auch nur einmal erwähnt wird.
7 »Hitler, wie ihn keiner kennt« erreichte von 1932 bis 1941 eine Auflage von 420 000 Exemplaren. Vgl. Rudolf Herz: Hoffmann und Hitler. Fotografie als Medium des Führer-Mythos. München 1994, S. 372. »Hitler in seinen Bergen« brachte es von 1935 bis 1942 auf eine Auflage von 220 000 Exemplaren.
8 Speer: Erinnerungen, a. a. O., S. 102 f.
9 Max Domarus: Hitler. Reden und Proklamationen 1932–1945. Würzburg 1962. I. Bd., S. 635.
10 Ebenda im Wortlaut.
11 Bericht über das Berchtesgadener Richtfest im »Völkischen Beobachter«, Nr. 19 vom 19. 1. 1937, zitiert nach: Domarus: Hitler. I. Bd., a. a. O., S. 664.
12 Herz: Hoffmann und Hitler, a. a. O., S. 259.
13 23. August 1936: Admiral Nikolaus von Horthy, ungarischer Reichsverweser; 4. September 1936: David Lloyd George, ehemaliger britischer Premierminister; 24. Oktober 1936: Graf Ciano, italienischer Außenminister; 7. Januar 1937: Lord Sidney Rothermere, britischer Zeitungsgroßverleger; 21. Juli 1937: Konstantin Nurenjew, Botschafter der Sowjetunion; 6. August 1937: Marquez de Megaz, spanischer Botschafter; 20. Oktober 1937: Aga Khan, indischer Fürst und Moslemführer; 22. Oktober 1937: Eduard von Windsor, abgedankter König von England, und seine Ehefrau Wally Simpson; 19. November 1937: Lord Halifax, britischer Außenminister; 12. Februar 1938: Kurt von Schuschnigg, österreichischer Bundeskanzler; 11. März 1938: Mafalda, Königliche Prinzessin von Savoyen, italienisches Königshaus; 2. September 1938: Konrad Henlein, Führer der Sudetendeutschen Volkspartei; 15. September 1938: Arthur Neville Chamberlain, britischer Premierminister; 18. Oktober 1938: François Poncet, französischer Botschafter; 24. November 1938: König Carol II. von Rumänien; 5. Januar 1939: Oberst Beck, polnischer Außenminister; 17. Juni 1939: Khalid al Hud, Sondergesandter König Ibn Sauds von Arabien; 8. August 1939: Graf Csaky, ungarischer Außenminister; 11. August 1939: Carl Jacob Burckhardt, Kommissar des Völkerbundes; 23. August 1939: Lord Henderson, britischer Außenminister.
14 Neue Zeitung vom 19. 6. 1948, zitiert nach Domarus: Hitler, I. Bd., a. a. O., S. 787.
15 Domarus: Hitler, II. Bd., a. a. O., S. 1238. Hier sind auch die anderen Protokolle und Mitschriften dieser Rede abgedruckt, deren übereinstimmender Tenor belegt, daß Hitler sie so gehalten hat.
16 Ebenda, S. 1248.
17 Speer: Erinnerungen, a. a. O., S. 103 f.
18 Kriegstagebuch des Generaloberst Franz Halder, zitiert nach Domarus: Hitler, II. Bd., a. a. O., S. 1565.

Kapitel 18: Bunker und Bomben

1   Lew Besymenski: Die letzten Notizen von Martin Bormann. Ein Dokument und sein Verfasser. Stuttgart 1974, S. 314.

2   Zitiert nach: Die Rückseite des Hakenkreuzes. Absonderliches aus den Akten des Dritten Reiches, hrsg. von Beatrice und Helmut Heiber. München 1993, S. 39 f.

3   Die Bauabrechnungen sind im Münchner Hauptstaatsarchiv erhalten unter: NSDAP Bauakten, Büro Speer 2042–2161.

4   Die Einräumung dieses Wohnrechts im August 1935 gibt einen Hinweis darauf, daß sich Hitlers Plan, in Obersalzberg Tabula rasa zu machen, sprich, die gesamte alte Bebauung und Einwohnerschaft zu entfernen, wohl erst ab Ende 1935/Anfang 1936 entwickelt hat.

5   Hoffmanns verlogene Inszenierungen wirkten jahrzehntelang in vielen Nachkriegspublikationen weiter. Sie sind in heute noch verbreiteten Büchern nur noch zynisch zu nennen. Die Bildlegenden in dem 1985 bei Langen-Müller publizierten Band von Ferdinand Schaffing: »Der Obersalzberg – Brennpunkt der Zeitgeschichte« zu zwei Bildern, von denen eines Rasp zeigt, lauten: »Der ›gute Nachbar Rasp‹, unterhalb des fertiggestellten ›Berghof‹« und: »Hitler im Gespräch mit seinen Nachbarn. Die Aufnahmen waren nicht gestellt. Hitler hatte bis zu seinem Abschied vom Obersalzberg tatsächlich ein gutes persönliches Verhältnis zu seinen Nachbarn.«

6   Mitteilung seiner Schwiegertochter Thekla Rasp an den Autor.

7   Eidesstattliche Erklärung des Carl-Victor v. Bomhardt vom 18. 8. 1961, Kopie im Besitz des Autors.

8   Vgl. Besymenski: Die letzten Notizen von Martin Bormann, a. a. O, S. 315; Bormanns Kalendereintrag lautet am 14. 10.: »Der Führer entscheidet abends Abbruch des Freiding-Lehens«, am 18. 10.: »Abbruch des Freiding-Lehens beendet (Wiese)«.

9   Brief Martin Bormanns an Friedrich Wolffhardt, 27. 12. 1941, National Archives Washington, Suitland Reference Branch, Maryland.

10   Brief Bormanns an Robert Ley vom 2. 1. 1938, aus: Akten der Parteikanzlei der NSDAP, Mikrofiche-Ausgabe 17 03 592-93.

11   Deutsche Arbeitsfront, Geschäftsführung, Berlin 9. Februar 1938. Bericht über die Tagung bezüglich der Bauvorhaben in Berchtesgaden am 29. Januar 1938. Aus: Akten der Parteikanzlei der NSDAP, Mikrofiche-Ausgabe 17 03 594-95.

12   In der Leitung des Hotels »Berchtesgadener Hof« findet sich wieder ein alter Bekannter. Es wird nämlich von der NSDAP zwischen März 1939 und November 1941 an die »Deutscher Hof Nürnberg Hotelbetriebsgesellschaft« verpachtet. Deren Geschäftsführer ist »Generaldirektor Gotthard Färber, München«. Derselbe Gotthard Färber, der am Obersalzberg als rücksichtsloser Grundaufkäufer aufgetreten war und die von Hitler und Bormann beschlossene Heimatvertreibung exekutiert hatte, ist also vor Ort mit einem weiteren Sonderprofit belohnt worden – neben seinen sowieso schon exorbitant hohen Einkünften als festangestellter NSDAP-Grundstücksmakler. Vgl. Bundesarchiv Berlin, BDC, Personalakte Gotthard Färber.

13   Josef Geiß: Obersalzberg. Die Geschichte eines Berges von Judith Platter bis Hitler. Berchtesgaden 1985, S. 132 f. Geiß schildert ausführlich den ungeheuren Aufwand an Geld und Material, der auf den Bau verwandt wurde, als in Kriegszeiten allgemein schon äußerste Restriktionen galten.

14   Zu nennen ist hier auch noch der hochaufwendige Bau der Siedlungen »Klaushöhe« und »Buchenhöhe«, die für den ständig wachsenden Stamm der in Obersalzberg beschäftigten Angestellten angelegt wurden.

15   Max Hartmann: Die Verwandlung eines Berges unter Martin Bormann (1936–45). Berchtesgaden 1989, S. 85 f.

16   Akten der Parteikanzlei der NSDAP, Mikrofiche-Ausgabe, Nr. 10 200 534. Einen Tag später reicht Himmler eine Anweisung nach, die nach dem Befehl zum Bunkerbau beweist, zu welcher Irrationalität sich die militärische Befehlsgebung versteigt, wenn die Gefahr auch nur vermutet wird, das Wohlbefinden des *Führers* könne beeinträchtigt werden. Es geht um die Einrichtung von Flugabwehrbatterien auf exponierten Berggipfeln, das einzige Mittel, um wenigstens ansatzweise einen feindlichen Bomberangriff bekämpfen zu können. Natürlich bietet sich dafür aus strategischen Gründen als Standpunkt u. a. der Gipfel des Kehlsteins an. Himmler jedoch läßt seinen für den Flakschutz verantwortlichen SS-Standartenführer Burk wissen: »Ich habe heute mit Reichsleiter Bormann gesprochen. Er möchte nicht, daß die 8,8 Batterien auf dem Kehlstein aufgestellt werden, da der Führer in diesem Gebiet sehr gern spazieren geht und damit die Ruhe gestört und vorbei wäre.« Vgl. Akten der Parteikanzlei, Mikrofiche-Ausgabe, Nr. 10 200 536.

17   Geiß: Obersalzberg, a. a. O., S. 164 f.

18   Ulrich Herbert: Fremdarbeiter. Politik und Praxis des »Ausländer-Einsatzes« in der Kriegswirtschaft des Dritten Reiches. Berlin, Bonn 1985, S. 11.

19   Geiß: Obersalzberg, a. a. O., S. 168.

20   Laut Inschrift des Architekten Hermann Giesler auf dem Blatt »Führerskizze 10. August 43, betrifft Stollensicherung Linz bzw. Obersalzberg«; vgl.: Adolf Hitler als Maler und Zeichner. Ein Werkkatalog der Ölgemälde, Aquarelle, Zeichnungen und Architekturskizzen, hrsg. von Billy F. Price. Zug (Schweiz) 1983. Der als Herausgeber fungierende texanische Millionär Price ist einer der weltweit finanzkräftigsten Hitler-Fetischisten, der systematisch »Hitleriana« jeder Art sammelt.

21   Paul Ludwig Troost (1878–1934) entwarf für Hitler die Parteibauten der NSDAP an der Arcisstraße, die *Ehrentempel* für die beim Putsch vom 9. November 1923 getöteten Nationalsozialisten, die sog. *Blutzeugen der Bewegung*, außerdem das *Haus der Deutschen Kunst* in München.

22   Geiß: Obersalzberg, a. a. O., S. 172; hier findet sich folgende Aufschlüsselung:

Stollen:	Stollengänge	Kavernen	Kavernenfläche
Berghof-Stollen	450 m	17	745 m^2
Bormann-Stollen	200 m	5	275 m^2
Flakbefehlsstelle	385 m	11	615 m^2
Göring-Stollen	240 m	10	400 m^2
SS-Stollen	200 m	8	520 m^2
Platterhof-Stollen	235 m	12	745 m^2
Stollen Klaushöhe	800 m	10	700 m^2
Stollen Antenberg	265 m	6	120 m^2
Gesamt:	2775 m	79	4120 m^2

23 Zitiert nach Niklaus Meienberg: Es ist kalt in Brandenburg. Ein Hitler-Attentat. Berlin 1990, S. 118.
24 Ebenda, S. 118 f.

Kapitel 19: Sklavenarbeit für die Herrenrasse
1 Nur Josef Geiß widmet sich in seinem bereits 1952 erstmals erschienenen Buch: Obersalzberg. Die Geschichte eines Berges von Judith Platter bis Hitler. Berchtesgaden 1985, überhaupt ausführlich der Situation der Arbeitskräfte, dem unglaublichen Mißverhältnis der von den Nazi-Führern angemaßten Privilegien auf der einen und den miesen Lebensbedingungen der schwer arbeitenden Bauleute und Handwerker auf der anderen Seite.
2 Ebenda, S. 178.
3 Ebenda.
4 Florian M. Beierl: Geschichte des Kehlsteins. Berchtesgaden 1994, S. 31: »Die Arbeiter erhielten Zusatzleistungen in Form von Trennungsentschädigungen, Höhenzulagen, Tiefenzulagen (Tunnelbau), Dreckzulagen, Strapazenzulagen, Gefahrenzulagen (Sprengmittel).« Beierl stützt sich auf die Angaben des ehemaligen staatlichen Bauleiters Hans Haupner.
5 Geiß: Obersalzberg, a. a. O., S. 179.
6 Anton Großmann: Fremd- und Zwangsarbeiter in Bayern 1939–1945. In: Klaus J. Bade: Auswanderer, Wanderarbeiter, Gastarbeiter. Bd. II, Ostfildern 1984, S. 606.
7 »Zu den Ärmsten der Armen zählten ... die polnischen und sowjetischen Landarbeiter, die schon 1939 mit Kleidung, Unterwäsche, Schuhwerk und Strümpfen nur notdürftig versehen waren und nach 1942 oft barfuß, von Hunger und Krankheit geschwächt, in Deutschland eintrafen. (...) Russische Landarbeiter verrichteten die Feldarbeit bis Ende November barfuß, russische Industriearbeiter standen barfuß an den Drehbänken. Dies führte zu zahlreichen Erfrierungen und Fußverletzungen durch Eisenspäne.« Ebenda, S. 588.
8 Frau Therese Schöder im Interview mit dem Autor, Juli 1987.
9 Volkhard Bode/Gerhard Kaiser: Raketenspuren. Peenemünde 1936–1994. Berlin 1995, S. 89.
10 Ebenda, S. 92. Die Zitate entstammen der Vernehmung Speers vor dem Schwurgericht Essen, in der er als Zeuge im Prozeß gegen den SS-Angehörigen Sander aussagte.

11 Beierl: Geschichte des Kehlsteins, a. a. O., S. 103; er führt an: »Fünf Arbeiter kamen am 10. August 1937 bei dem Erdrutsch unterhalb des Südwesttunnels ums Leben. Ein Lastwagenfahrer stürzte mit seinem ›Opel Blitz‹ über eine 200 Meter tiefe Böschung und wurde dabei vom Fahrzeug erdrückt. Ein Arbeiter stürzte während der Ausbauarbeiten in den 130 Meter tiefen Aufzugschacht.« Beierls Auskünfte decken sich mit den Angaben, die ich bei meinen Recherchen von Zeitzeugen erhielt.
12 Bayerisches Hauptstaatsarchiv, NSDAP 964.
13 Hier sind in erster Hinsicht die »Polenerlasse« vom 8. März 1940 und die »Ostarbeiter«-Erlasse vom 20. Februar 1942 zu nennen, die die Zwangsaushebung russischer und ukrainischer Arbeitskräfte und ihre Behandlung beim *Reichseinsatz* regelten. Die Lektüre zu diesem schwierigen Gebiet macht zweierlei deutlich: Über den *Reichseinsatz* gab es erstens innerhalb der nationalsozialistischen Führung heftige ideologische Kontroversen, zum Beispiel zwischen dem Reichssicherheitshauptamt und dem SS-Reichsführer Himmler. Himmler favorisierte das Konzept der *Vernichtung durch Arbeit*, er mißtraute allen eher technokratischen Ansätzen, die Fremd- und Zwangsarbeiter positiv zu motivieren und ihre Ausbeutung auf diesem Weg effektiv zu gestalten. Zweitens verlief vor Ort, in den Fabriken, Arbeitslagern und auf den Bauernhöfen, die gleiche Konfliktlinie noch einmal. Viele Betriebsführer unterliefen diskriminierende Bestimmungen der Partei- und Staatsführung zur Behandlung der Fremd- und Zwangsarbeiter, zuweilen aus zynischem Effizienzdenken, zuweilen aus Kollegialität und Mitmenschlichkeit. Vgl. hierzu vor allem: Ulrich Herbert: Fremdarbeiter. Politik und Praxis des »Ausländer-Einsatzes« in der Kriegswirtschaft des Dritten Reiches. Berlin, Bonn 1985.
14 Staatsarchiv München, LRA 29774, Rundschreiben Martin Bormanns vom 7.12.1940.
15 Helmut Heiber (Hrsg.): Reichsführer – Briefe an und von Himmler. München 1970, S. 168; hier zitiert nach: Christa Paul: Zwangsprostitution. Staatlich errichtete Bordelle im Nationalsozialismus. Berlin 1994, S.125.
16 Paul: Zwangsprostitution, a. a. O., S. 135, nennt folgende Zahlen: »Wenn alle Kategorien an staatlich betriebenen Bordellen zusammengefasst berücksichtigt werden – 500 Wehrmachtsbordelle im Jahr 1942, 60 Bordelle für Fremd- und Zwangsarbeiter mit ca. 600 Prostituierten laut SD-Bericht vom November 1941, 9 Bordelle in Konzentrationslagern, eine unbekannte Zahl von SS-Bordellen –, wenn also in dem Versuch, eine Zahl zu nennen, von 569 Bordellen ausgegangen wird, in denen jeweils 10 Frauen arbeiteten und angenommen wird, diese 569 Bordelle wären jeweils drei Jahre betrieben worden und alle 6 Monate seien die Frauen ausgewechselt worden, so ist das Ergebnis die Zahl von 34140 Frauen, die in staatlich betriebenen Bordellen zur Prostitution gezwungen wurden.« Paul führt weiter aus, daß diese Zahl zu tief gegriffen sei, weil in den Jahren 1943–1945 gegenüber dem Stand von 1941/42 in allen genannten Kategorien weitere Bordelle eingerichtet wurden.

17 Staatsarchiv München, LRA 29774, Der Reichsarbeitsminister, Va 5780/4191, 17. 9. 1941.
18 Staatsarchiv München, LRA 29774, Staatliche Kriminalpolizei an LR Berchtesgaden, 30. 12. 1942.
19 Staatsarchiv München, LRA 29774, Merkblatt für den Bordellverwalter vom 29. 12. 1942.
20 Zitiert nach Diemut Majer: Fremdvölkische im Dritten Reich. Boppard 1981, S. 257, Anm. 198.
21 Staatsarchiv München, LRA 29774.

Kapitel 20: Operation Foxley
1 Public Record Office (PRO), HS 6/624. Die Akten der SOE wurden im Juli 1998 freigegeben, wenig später brachte das Public Record Office das vollständige Faksimile der Akte HS 6/24 unter dem Titel »Operation Foxley. The British Plan to Kill Hitler«, London 1998, in seiner Schriftenreihe heraus, mit einer Einleitung von Mark Seaman und einem Vorwort von Ian Kershaw. Im folgenden beziehen sich die Seitenangaben des Foxley-Dossiers auf die Paginierung in der Originalakte im Public Record Office. In Klammern hinzugefügt ist die Paginierung in der leichter zugänglichen Faksimile-Edition.
2 1938 waren drei getrennte Organisationen gebildet worden, mit denen sich die britische Regierung auf den zu erwartenden Krieg einstellte: »Section D«, eine Sabotage Abteilung des MI6, »MI R«, eine Nachrichtenabteilung des War Office, und »Elektra House«, eine teilweise geheime Propagandaabteilung des Außenministeriums. Im Jahr 1940 verfügte Premierminister Winston Churchill die Verschmelzung dieser drei Organisationen zur Special Operations Executive, der SOE. Deren Aufgabe war es, Sabotage und Subversionsaktivitäten in feindlich besetzten Gebieten zu organisieren und einen Stab speziell trainierter Mitarbeiter zu bilden, welcher die Widerstandsgruppen im feindlich besetzten Gebiet unterstützen sollte.
3 Foxley: The British Plan, a. a. O., S. 5 (38).
4 Offenkundig handelte es sich nicht um den *Sonderzug des Führers*, der in den Attentatsplänen der SOE ebenfalls als Angriffsziel erwogen worden war, da die sehr kurzfristige Reise von Anfang an mit dem Flugzeug geplant war.
5 Autobiographie eines Attentäters. Johann Georg Elser. Der Anschlag auf Hitler im Bürgerbräu 1939. Hrsg. und eingeleitet von Lothar Gruchmann, Stuttgart 1989. Hierin ist die gesamte polizeiliche Vernehmung Elsers abgedruckt, daraus hier zitiert S. 83 f.
6 Vgl. hierzu ausführlich: Gruchmann/Elser: Autobiographie, a. a. O., S. 9 f.
7 Ebenda, S. 75.
8 Gruchmann/Elser: Autobiographie, a. a. O., S. 13 f., spricht mit Berufung auf die Berichterstattung im *Völkischen Beobachter* vom 23. 11. 1939 von einem Sonderkommando der SS. Mark Seaman geht in seinem Vorwort zur Edition des Foxley-Dossiers (vgl. Anmerkung 1) jedoch von einer Geheimdienstaktion des Sicherheitsdienstes SD aus, der ja als Geheimdienst der SS fungierte.

9 Foxley: The British Plan, a. a. O., S. 4 f. Ausführlich beschrieben wird der für den britischen Geheimdienst katastrophale »Venlo incident«, bei dem sich als Akteur auf der deutschen Seite der Auslands-Spionagechef des SD und Leiter der Abteilung VI des Reichssicherheitshauptamtes (RSHA) Brigadeführer Walter Schellenberg profilierte, vgl. Christopher Andrew: Secret Service. The Making of the British Intelligence Community, London 1985, S. 434–439. Vgl. auch: SOE in Low Countries, London 2001, S. 14 ff. – Eine mißtrauische und distanzierte Haltung wurde in der Folge auch gegenüber dem Verschwörerkreis des militärischen Widerstands um Graf Stauffenberg und gegenüber dem Kreisauer Kreis eingenommen. So wurde beispielsweise ein von James Graf von Moltke im Mai 1942 angeregtes Treffen in Stockholm Vertretern der SOE auf Weisung von Premierminister Churchill untersagt. Vgl. W. J. M. Mackenzie: The Secret History of SOE. The Special Operations Executive 1940–1945, S. 689 f. Kurioserweise stammte der Sprengstoff, den Stauffenberg bei seinem Attentat am 20. Juli verwendete, aus Beständen der SOE. Er war für Aktionen der Resistance über Frankreich abgeworfen worden und Deutschen in die Hände gefallen, die zum militärischen Widerstand gehörten. Vgl. Foxley: The British Plan, a. a. O., S. 16.
10 Völkischer Beobachter, 22. 11. 1939.
11 Hierin ist der Grund zu sehen, daß es nie zu einem Schauprozeß gegen Elser und die britischen Offiziere gekommen ist. Elser kam in strengste Isolationshaft im KZ Sachsenhausen. Neben seiner Haftzelle wurde eine Werkstatt eingerichtet, und Elser bekam den Auftrag, seine Bombe noch einmal zu bauen. Er rekonstruierte sie detailgenau nach den Zeichnungen, die er schon während der Verhöre angefertigt hatte, womit das für die Ermittler unliebsame Ergebnis bekräftigt war, daß dieser Attentäter tatsächlich alleine gehandelt hatte. Elser wurde Ende 1944/Anfang 1945 ins KZ Dachau verlegt und dort auf Anweisung Himmlers am 9. April 1945, also wenige Wochen vor der Befreiung, im Krematorium des Lagers mit einem Genickschuß ermordet. Himmler hatte seinem von Gestapo-Chef Heinrich Müller übermittelten Mordbefehl vom 5. April 1945 noch die vorformulierte Anweisung beigefügt, wie Elsers Tod zu verschleiern sei: »Am ... anlässlich des Terrorangriffes auf ... wurde u. a. der Schutzhäftling Elser tödlich verletzt.« Vgl.: Peter Steinbach/Johannes Tuchel: »Ich habe den Krieg verhindern wollen.« Georg Elser und das Attentat vom 8. November 1939, Berlin 1997, S. 91.
12 Foxley: The British Plan, a. a. O., S. 5.
13 Ebenda, S. 93 (56). Das Datum wird im Foxley-Dossier nicht genannt. Boris I. war schon einmal am 7. Juni 1941 im »Berghof« zu Besuch gewesen, die Aufnahme im Dossier ist jedoch eindeutig dem zweiten Besuch am 3. April 1943 zuzuordnen.
14 Vgl. vor allem Foxley: The British Plan, a. a. O., S. 109 (72) (Fußnote). Hier geht es darum, daß ein SOE-Team von der Anwesenheit Hitlers im »Berghof« durch die vor dem Haus gehißte Hakenkreuzfahne erfahren kann: »Der Kriegsgefangene/

Informant, ehemals SS-Wachkompanie Obersalzberg, ist ganz sicher, daß es diese Fahne gibt und daß sie nur gehisst wird, wenn sich Hitler auf dem Berghof befindet.«
15 Ebenda, S. 108 (71).
16 Ebenda, S. 101 (64).
17 Ebenda, S. 104 (67). Hier führt das Dossier eine Reihe von Beobachtungen auf, die auf die Existenz eines Hitler-Doubles verweisen. Relativ konkret wird ein Angestellter in der Berliner Reichskanzlei erwähnt, der als Hitler-Double täuschend echt ausgestattet gewesen und sogar von Angehörigen des Wachregiments für Hitler gehalten und als solcher gegrüßt worden sei. Das Dossier verweist aber auch auf kritische Stimmen, die all diese Meldungen als haltlose Gerüchte dementierten.
18 Ebenda, S. 110 (74).
19 Ebenda, S. 104 (67).
20 Die Beschreibung des Giftes, der notwendigen Dosierung und Wirkungsweise, allerdings ohne Preisgabe der chemischen Zusammensetzung, in: Ebenda, S. 157 (121).
21 Ebenda, S. 9.
22 Ausführlich geschildert in: Peter Wilkinson/Joan Bright Astley: Gubbins and SOE. London 1993, S. 107 ff.
23 Interessanterweise sind bis heute im Völkerrecht keine Regularien eingefügt, die die Unrechtmäßigkeit solcher Angriffe auf Staatsoberhäupter oder führende Regierungspolitiker feststellen oder Bedingungen beschreiben, unter denen solche Angriffe zu rechtfertigen sind. Auskunft des Völkerrechtlers Dr. Andreas Paulus, Universität München, gegenüber dem Autor, Juni 2005.
24 Foxley: The British Plan, a. a. O., S. 6.
25 Denis Ridgen: Kill the Führer. Section X and Operation Foxley. London 1999, S. 54 ff., hier S. 56.
26 Ebenda, S. 53. Thornleys Sicht wurde von weiteren SOE-Mitarbeitern in der Deutschland-Abteilung »Section X« geteilt. Miss E. B. Graham-Stamper zum Beispiel schrieb, Hitler »sollte am Leben gelassen werden – bis er an senilem Verfall vor den Augen seines Volkes stirbt, das er verführt hat. (…) Laßt ihn zu einer lächerlichen Figur werden!« Marguerite Holmes meinte: »Jeder Versuch der Alliierten, Hitler zu ermorden, erfolgreich oder nicht, spielt den Deutschen in die Hände. Wir dürften umgehend mit einer modernen Version dieses Kyffhäuser-Nonsens zu tun bekommen, der dann zum Ausgangspunkt einer Nazi-Wiedergeburt Deutschlands werden könnte.« Ebenda, S. 54. Holmes' Assoziation ist um so zutreffender, wenn man bedenkt, daß der dem Obersalzberg gegenüberliegende Untersberg zu den (alternativen) Schauplätzen des Barbarossa-Mythos gehört.
27 Foxley: The British Plan, a. a. O., S. 54.
28 Ebenda, S. 15 ; Originaldokument in PRO, HS 6/623, p. 62.
29 Ridgen: Kill the Führer, a. a. O., S. 53.
30 Ebenda, S. VI.

Kapitel 21: Off Limits
1 Max Domarus: Hitler. Reden und Proklamationen 1932–1945. Bd. II, Würzburg 1962, S. 2 206. Die von Hitler verfaßte Ansprache zum alljährlich in München begangenen Parteigründungstag der NSDAP wurde übrigens von Hermann Esser vorgetragen. Hitler schützte vor, in einem militärischen Hauptquartier in Frontnähe unabkömmlich zu sein, befand sich tatsächlich aber im Bunker der Berliner Reichskanzlei.
2 Görings eher vorsichtig abgefaßter Funkspruch lautete: »Mein Führer! Sind Sie einverstanden, daß ich nach Ihrem Entschluß, in der Festung Berlin zu verbleiben, gemäß Ihres Erlasses vom 29. 4. 1941 als Ihr Stellvertreter sofort die Gesamtführung des Reiches übernehme mit voller Handlungsfreiheit nach innen und außen? Falls bis 22 [Uhr] keine Antwort erfolgt, nehme ich an, daß Sie Ihrer Handlungsfreiheit beraubt sind. Ich werde dann die Voraussetzungen Ihres Erlasses als gegeben ansehen und zum Wohle für Volk und Vaterland handeln.« Der Erlaß, auf den sich Göring beruft, war von Hitler nach dem Flug von Rudolf Heß nach England verfaßt worden. Zitiert nach Domarus: Hitler. Bd. II, a. a. O., S. 2 228.
3 Johanna Stangassinger im Interview mit dem Autor, Juli 1987.
4 Josef Geiß: Obersalzberg. Berchtesgaden 1985, S. 196.
5 Mitteilung von Willi Mittelstrasser an den Autor.
6 Detaillierte Schilderungen des Einmarsches amerikanischer und französischer Einheiten in: After the battle, No. 9, Battle of Britain Prints International. Edited by Winston G. Ramsey. London 1975, S. 20 ff. Zu den Auseinandersetzungen auf deutscher Seite in Berchtesgaden, die den kampflose Übergabe des Ortes durch Landrat Jacob ermöglichten, finden sich Zeitzeugenberichte in: Hellmut Schöner (Hrsg.): Die verhinderte Alpenfestung Berchtesgaden 1945. Dokumente und Berichte. Berchtesgaden 1971.
7 Der ehemalige SS-Kommandant des Obersalzbergs von September 1943 bis 1945, Bernhard Frank, der Göring verhaftete, schildert diese Verhaftung und ihre Folgen, den Bombenangriff, den er im unterirdischen Luftlagezentrum miterlebte, und seine Absprachen mit Landrat Jacob über den kampflosen Abzug der SS vom Obersalzberg sehr detailfreudig. Frank berichtet auch völlig illusionslos über den militärischen Unsinn und die wirtschaftliche Verschwendung, die der Ausbau der Stollensysteme im Gebirge zur *Alpenfestung* bedeutete. Nur: Daß und warum die SS des geliebten *Führers* »Berghof« beim Abrücken in Brand setzte, erläutert Frank nicht. Über die Lage der Fremdarbeiter in dieser Zeit verliert er ebenfalls kein Wort. Vor den NS-Führern steht der ehemalige Sturmbannführer sprachlich und innerlich noch immer stramm, insbesondere vor Göring. Sie erscheinen als energiegeladene geschichtliche Gestalten, die sich bei ihrer Mission bedauerlicherweise zunehmend verrannten und damit am Ende großes Unglück über die Deutschen brachten. Von anderen Opfern ist keine Rede. Als Negativfigur dient Frank der grobe, ungehobelte und ungebildete Bormann, der auch hier wieder den exklusiven Part des Bösewichts übernehmen darf. Der verbrecherische Gesamtcharakter des Nationalsozialismus hat sich dem promovierten Geisteswissenschaftler Frank bis heute nicht enthüllt. Vgl.

Bernhard Frank: Die Rettung von Berchtesgaden und der Fall Göring. Berchtesgaden 1984.

8   Johanna Stangassinger im Interview mit dem Autor, Juli 1987.

9   Deutsches Rundfunkarchiv, Band Nr. 45 502.

10 Lee Miller: Der Krieg ist aus. Deutschland 1945. Berlin 1995, S. 82 f.

11 Ebenda, S. 83.

12 Das Kontrollratsgesetz Nr. 2 verfügte nach dem Verbot der NSDAP und ihrer Unterorganisationen in Artikel II: »Jegliche Immobilien, Einrichtungen, Fonds, Konten, Archive, Akten und alles andere Eigentum der durch vorliegendes Gesetz aufgelösten Organisationen sind beschlagnahmt.«

13 Obersalzberg Gestern–Heute–Morgen. Berchtesgaden, September 1948 (Sonderdruck ohne Impressum).

14 Für eine Wiederherstellung des Obersalzbergs zu touristischen Zwecken plädierten, mit Variationen, Josef Hallinger, Bürgermeister der Gemeinde Salzberg (die übrigens 1971 von Berchtesgaden eingemeindet wurde); Dr. Stefan Imhof, Bürgermeister von Berchtesgaden; Otto Schüller, katholischer Pfarrer von Berchtesgaden; Georg Zimmermann, Kreisbaumeister; Dr. Rudolf Kriß, erster Nachkriegsbürgermeister von Berchtesgaden, der in der Nazi-Zeit vom Volksgerichtshof wegen Defätismus zum Tode verurteilt worden war, sowie der Berchtesgadener Kurdirektor Aigner.

15 Landrat Theodor Jacob in: Obersalzberg Gestern–Heute–Morgen, a. a. O.

16 Hellmut Schöner (Hrsg.): Das Berchtesgadener Land im Wandel der Zeit. Ergänzungsband I, Berchtesgaden 1982, S. 374

17 Bayerisches Hauptstaatsarchiv, StK 114 105. Die Geschichte des Cafés »Adlerhorst« geht aus einem Schreiben des Berchtesgadener Rechtsanwaltes Hansjochen Kubitz vom 27. 5. 1952 an das Amt des amerikanischen Landkommissars für Bayern hervor. Der Cafébesitzerin Schwarzgruber wurde zuvor vom Bayerischen Finanzministerium bedeutet, die Besatzungsmacht bestehe auf einem Abriß des Cafés. Die Erkundigung ergibt, daß sich der Bayerische Staat zu Unrecht hinter der Besatzungsbehörde verschanzt. Der amerikanische Offizier vor Ort, Everett W. Schoening, teilt seinem Landkommissar auf Anfrage nämlich mit: »Ich glaube nicht, daß eine solche Bedingung gesetzt wurde zum Zeitpunkt, an dem das Obersalzberg-Gebiet dem Bayerischen Staat übergeben wurde, sondern eher, daß der Name der Besatzungsbehörde vom Finanzminister ins Spiel gebracht wurde, um die Beseitigung dieses Kioskes zu erzwingen. (...) Die Ausrede der deutschen Behörden lautete, daß die Besatzungsbehörde bestimmte Bedingungen gesetzt hätte und die endgültige Freigabe des Obersalzberg-Gebietes von deren Erfüllung abhängig sei. Ich habe den Eindruck, daß wir mit dem Fall Schwarzgruber nichts zu tun haben.« Mit dieser Methode, dem Verweis auf die Besatzungsmacht und die angebliche eigene Ohnmacht, wird der Freistaat in umstrittenen Fragen am Obersalzberg dann auch bei den Gerichtsprozessen auf Rückgabe von Grundstücken vertriebener Obersalzberger operieren.

18 Dr. Oskar Steuer im Interview mit dem Autor, Sommer 1988.

19 Siehe Kapitel über die Vertreibung des »Türken«-Wirtes »Wer war hier zuerst?«, S. 61–72.

20 Bayerisches Hauptstaatsarchiv, StK 114 105.

21 Der aus Gründen der Lesbarkeit im Text gekürzte Beschluß des Bayerischen Landtags vom 19. 4. 1950 zur Vollständigkeit hier im vollen Wortlaut. Die vorher ausgelassenen Passagen sind kursiv gesetzt. Der Landtag fordert die bayerische Staatsregierung auf, sie möge »in allen Fällen der Veräußerung eines Grundstücks, das der frühere Eigentümer gezwungenermaßen *zur Errichtung eines Konzentrationslager, eines Arbeitslagers oder einer ähnlichen, der Verfolgung der Gegner des Nationalsozialismus und Militarismus dienenden Einrichtung oder* zum Zwecke des organisatorischen Aufbaus der NSDAP oder einer ihrer Gliederungen oder zum Zwecke der Begünstigung eines der Mitglieder der NSDAP *oder einer ihrer Gliederungen* veräußert hat, das Grundstück vorzugsweise den früheren Eigentümern anzubieten. *Die Veräußerungsabsicht ist in geeigneter Weise öffentlich bekannt zu machen.*«

22 Bayerisches Hauptstaatsarchiv, StK 114 105.

23 Nicht alle Unterschriften sind für mich zuzuordnen. Deutlich erkennbar allerdings zwei Unterzeichner, deren Schicksale in diesem Buch ebenfalls beschrieben sind: Hans Kurz vom Alpengasthof »Steiner« – und der Kunstmaler Michael Lochner.

24 Johanna Stangassinger im Interview mit dem Autor, Juli 1987.

25 Siehe Kapitel 11: Ein Dorf wird ausradiert, S. 86–99.

26 Urteil des Landgerichts Traunstein/Freistaat Bayern vom 16. 10. 1958.

27 Hier sei nur umrissen, wie Rechtsanwalt Dr. Steuer in der nächsten Instanz gegen den Vorwand des Freistaates argumentierte, er sei an den Übertragungsakt der Besatzungsmacht gebunden: »Dagegen haben wir wieder gesagt: Es verstößt gegen die guten Sitten und gegen Treu und Glauben, wenn sich der Freistaat Bayern hinter einer solchen Vorschrift verschanzen will. Gerade der Freistaat Bayern oder eine Behörde ist zu besonderer Sittenstrenge, gewissermaßen als Vorbild für andere, gehalten. Und der kann so etwas nicht machen. Er kann nicht auf der einen Seite zur Kenntnis nehmen, daß die Verträge im Dritten Reich durch sittenwidriges Verhalten zustande gekommen sind, durch Druck und Drohung mit diesem miesen Preisergebnis, und kann auf der anderen Seite sagen: Ja, die Besatzungsmacht, die hat das nun alles formal gebilligt. Da verhält sich der Staat jetzt auch noch sittenwidrig.« (Dr. Steuer im Interview mit dem Autor, Sommer 1988).

28 Bayerisches Hauptstaatsarchiv, StK 114 105. Gewiß ist diese Akte weitergeführt worden, sie ist aber noch nicht einsehbar.

29 Bayerisches Hauptstaatsarchiv, StK 114 105.

30 Zitiert nach: Der Spiegel, 5.12.1951. Die Polizeistatistik verzeichnet 136560 Besucher auf dem Obersalzberg vom 13. Juli bis 20. Oktober, davon beinahe 110000, also ca. 80%, Ausländer.
31 Münchner Illustrierte, 14.7.1951: »Propagandazelle Obersalzberg«.
32 Süddeutsche Zeitung, 11.7.1951: »Kleine Geschäfte mit verblichenem Glanz«.
33 Bayerisches Hauptstaatsarchiv, StK 114 105, Brief des Landrates Theodor Jacob an den Bayerischen Staatsminister des Innern und stellvertretenden Ministerpräsidenten Dr. Wilhelm Hoegner vom 17.7.1951.
34 Die Akten dieses Verfahrens waren mir leider nicht zugänglich.
35 Süddeutsche Zeitung, 18./19.4.1970.

Kapitel 22: Der Führer lebt
1 Die Besuche bei Therese S. und Kurt H. fanden im Sommer 1987 statt. Die Wiedergabe des Besuchs beim Göring-Diener Kurt H. beruht auf Notizen, die ich nach dem Besuch gefertigt habe, da mir Kurt H. damals keinen Mitschnitt des Gespräches auf Tonband erlaubte, woran ich mich hielt. Seine erstaunlichen Angaben hätte ich mit dieser unsicheren Beweislage hier nicht ausgebreitet. Zwei Jahre später, am 7. Juli 1989, gelang es mir jedoch, Kurt H. zu einem Tonband-Interview zu bewegen, das er mir auf der Veranda des ehemaligen Bormannschen Gutshofes, dem AFRC-Sporthotel »Skytop Lodge«, mit Blick auf den Golfplatz gewährte. Hier wiederholte er – nur in Nuancen abweichend und um viele Details bereichert –, was er auch zwei Jahre zuvor bei der ersten Begegnung erzählt hatte.
2 Die hier geschilderte Auktion fand am 13. Mai 1989 in München statt. Auch andere Auktionshäuser, wie zum Beispiel das »Hanseatische Auktionshaus für Historica« in Hamburg, veranstalten solche Auktionen.
3 Archivband WDR/DOK 1401/2 vom 28.11.1947: Augenzeugenbericht über den Tod von Adolf Hitler.
4 Vgl. Hugh Trevor-Roper: Hitlers letzte Tage. Zürich 1950, und ders: Lügen um Hitlers Leiche. Moskau und das Ende der Reichskanzlei. In: Der Monat (1956) 92 = Mai, S. 3.
5 Amtsgericht Laufen, Bestand des aufgelösten Amtsgerichtes Berchtesgaden, Aktenzeichen II 48/52.
6 Ebenda.
7 Ebenda.

Kapitel 23: Schlußakkord
1 Siehe Chronik der Gemeinde Schönau am Königssee, auszugsweise in: Der Marktbote, Beilage des Berchtesgadener Anzeigers, Sommer 1995.
2 Frieda Deser im Interview mit dem Autor, 30.12.1996 in Schönau.
3 Georg II. von Sachsen Meiningen, geb. 2.4.1826, bestieg 1866 den Meininger Thron. Er ist wegen seiner großzügigen und interessierten Förderung der Aktivitäten des Meininger Hoftheaters als »Theaterherzog« in die Geschichte eingegangen.
4 Reger wurde 1911 als Leiter der Meininger Hofkapelle berufen und hatte prominente Vorgänger, darunter Hans von Bülow und Richard Strauss.
5 Nina Gockerell: Krippen im Bayerischen Nationalmuseum. München 1994, S. 21.
6 Christopher Bever/Christoph Berliner im Interview mit dem Autor, 11.3.1997 in Boston. Christopher Bever wurde als Christoph Berliner am 12.3.1919 in München geboren. Er kam 1936 in die USA, wurde 1943 eingebürgert. Studium in Harvard und Washington. Praktizierte bis zu seinem Ruhestand als Psychiater und Psychoanalytiker.
7 Frieda Deser im Interview mit dem Autor, 30.12.1996 in Schönau.
8 Christopher Bever/Christoph Berliner im Interview mit dem Autor, 11.3.1997 in Boston.
9 Frieda Deser im Interview mit dem Autor, 30.12.1996 in Schönau.
10 Ebenda.
11 Arthur Schnitzler: Tagebuch 1920–1922. Wien 1993, S. 343 f. Der Berchtesgadener Notar Dr. Josef Maidl weist eine Fülle weiterer Aufenthalte Freuds im Berchtesgadener Land nach. Beim ersten Aufenthalt 1899 hat Freud große Teile seiner Schrift »Die Traumdeutung« ausgearbeitet. Siehe: Josef Maidl: Sigmund Freud und Berchtesgaden. In: der Marktbote, Beilage des Berchtesgadener Anzeigers, 1995.
12 Sigmund Freud: Das Unbehagen in der Kultur. Gesammelte Werke XIV, London 1948, S. 473 f.
13 Christopher Bever/Christoph Berliner im Interview mit dem Autor, 11.3.1997 in Boston.
14 Ebenda.
15 Frieda Deser im Interview mit dem Autor, 30.12.1996 in Schönau.
16 Von zwei weiteren Quartieren im mecklenburgischen Brückentin und am Tiroler Achensee berichtet Peter Ferdinand Koch: Oswald Pohl und das Wirtschaftsverwaltungshauptamt der SS. Hamburg 1988, S. 179.
17 Himmlers Sohn Helge Potthast wurde am 15.2.1942 im SS-Lazarett Hohenlychen geboren, seine Tochter Nanette-Dorothea am 20.7.1944 im Achenseehof am Tiroler Achensee. Siehe: Koch: Oswald Pohl, a. a. O., S. 184 ff.
18 Martin Bormann jr. im Interview mit dem Autor, Juli 1997 in München.
19 Die Beobachtungen von Martin Bormann jr. stehen nicht allein. Eine ausführliche Zeugenaussage des Häftlings Gustav Wegener über die Fertigung von Pergament aus Menschenhaut findet sich in: David A. Hackett: Der Buchenwaldreport. München 1996, S. 261. Ein weiterer Zeuge, der französische Mediziner Alfred Balachowsky, sagte zum gleichen Thema am 29.1.1946 im Nürnberger Hauptkriegsverbrecherprozeß als Zeuge aus, siehe: Der Prozeß gegen die Hauptkriegsverbrecher vor dem Internationalen Militärgerichtshof. Nürnberg 1947.

Bd. VI, S. 347. Die Amerikaner fanden bei der Befreiung von Buchenwald am 11.4.1945 in Block 2 noch gegerbte und tätowierte Menschenhäute sowie einen Lampenschirm aus Menschenhaut, der aus der Wohnung des Kommandanten Karl Koch stammen soll, siehe: Hellmut Auerbach: Lampenschirme aus Menschenhaut. In: Wolfgang Benz (Hrsg.): Legenden, Lügen, Vorurteile. Ein Lexikon zur Zeitgeschichte. München 1990, S. 134 f.
20 Frieda Deser im Interview mit dem Autor, 30.12.1996 in Schönau.
21 Freud: Das Unbehagen in der Kultur, a. a. O., S. 506.

Nachwort
1 Die tödliche Utopie. Bilder, Texte, Dokumente, Daten zum Dritten Reich. Hrsg. v. Horst Möller, Volker, Dahm und Hartmut Mehringer, München 2001, S. 24 f. Dieses Katalogbuch zur Ausstellung ist in der »Dokumentation Obersalzberg« erhältlich.
2 Ebenda, S. 25 f.
3 Der Film »Obersalzberg – Vom Bergbauerndorf zum Führersperrgebiet. Zeitzeugen berichten« ist in der »Dokumentation Obersalzberg« auch als DVD zu erwerben.
4 So z.B. Sonja Zekri in der Süddeutschen Zeitung, 24.2.2005.
5 Zitiert nach stern, 25.2.2005.
6 Ralph Giordano gegenüber dem ARD-Kulturmagazin »Titel, Thesen, Temperamente« am 16.1.2005.
7 Im Juni 2005, kurz vor der Eröffnung des Erweiterungsbaus der »Dokumentation Obersalzberg«, konnte bereits der 700 000., im Juni 2007 der millionste Besucher begrüßt werden. 20 % der Besucher sind Schüler und Studenten.
8 Hausordnung »Intercontinental Resort Berchtesgaden«. Noch strikter ist der Absatz VI der Allgemeinen Geschäftsbedingungen »Besonderer Rücktrittsvorbehalt und Kündigungsrecht des Hotels« gefaßt: »Das Hotel behält sich das Recht vor, jederzeit von dem Beherbungsvertrag zurückzutreten, sollte es davon Kenntnis erlangen, dass der Vertragspartner eine rechtsextreme Gesinnung offenbart, einer rechtsextremen Partei, einem rechtsextremen Verein oder sonstigen Organisation, die der rechtsextremen Szene zuzuordnen ist oder ihr, in welcher Art und Weise auch immer, nahe steht oder angehört.« Weiter unten wird verdeutlicht, daß die Hotelführung weder Neonazis und Nazi-Nostalgiker noch Vertreter modernisierter Formen von Rassismus, Intoleranz und totalitärer Gesinnung unter seinen Gästen möchte: »Gleiches gilt, wenn der Gast aufgrund von Herkunft oder Nationalität zum Hass gegen einzelne Bevölkerungsgruppen aufstachelt oder zu Gewalt- oder Willkürmaßnahmen gegen sie auffordert, sowie ihre Menschenwürde dadurch angreift, dass er sie aufgrund ihrer Herkunft oder Nationalität beschimpft, böswillig verächtlich macht oder verleumdet.«

Bildnachweis

Alle Aufnahmen (39) vom Zustand des Obersalzberges um 1995 stammen von Christoph Püschner. Die Fotos im Nachwort stellten das Institut für Zeitgeschichte München – Berlin sowie Ulrich Chaussy zur Verfügung. Die Abbildungen im Kapitel zur »Operation Foxley« entstammen dem Public Record Office und dem Imperial War Museum London sowie dem Archiv der Autoren.

Die historischen Aufnahmen stellten ansonsten folgende Personen und Archive zur Verfügung:
Archiv Fredy Budzinski / Zentralbibliothek der Sportwissenschaft der Deutschen Sporthochschule Köln (1)
Anton Plenk KG (3)
Bundesarchiv (2)
Bayerisches Hauptstaatsarchiv (1)
Bayerische Staatsbibliothek München (7)
Berlin Document Center (2)
Sigmund Freud Museum Wien (2)
Gemeindearchiv Schönau (4)
Gerhard-Marcks-Stiftung, Bremen (8)
Lee Miller Archives (5)
Brigitte Neumann (1)
Privatarchiv Reinhart Balser (2)
Privatarchiv Christoph Bever (1)
Privatarchiv Eichengrün (9)
Privatarchiv Peter Ferdinand Koch (1)
Privatarchiv Charlotte Linke (8)
Privatarchiv Michael Lochner (32)
Privatarchiv Thekla Rasp (7)
Privatarchiv Therese Schröder (3)
Privatarchiv Gertrud Straniak (4)
Privat (8)
Staatsarchiv München (6)
Archiv der Autoren (37)
Archiv des Verlages (23)

Personenregister

Der Name Adolf Hitler wurde aufgrund seines häufigen Vorkommens nicht in das Register aufgenommen. Die kursiv gesetzten Ziffern verweisen auf Namen in den Bildunterschriften der entsprechenden Seite.

Adalbert, Prinz von Preußen 24
Aga Khan 153, 237
Aigner (Kurdirektor) 241
Amann, Max 36
Amort (Bauer) 61

Balachowsky, Alfred 243
Barbie, Klaus 200
Barzel, Rainer 200
Baumann, Johannes *49, 49* f., 52, 54, 56, 77 f., 96, 106 f., 187
Baumgart (Flieger) 208
Baur, Hans 211
Bavaud, Maurice *159,* 159 ff.
Bechstein, Edwin 12, 29, 39, 98, 118, 235
Bechstein, Helene 29, 39, 99, 235
Beck, Józef 237
Becker, Th. 43
Beierl, Florian M. 129, 238 f.
Beneš, Edward 175
Bennett, Edmund Hilary 178
Bercken, Elsa von 213
Berliner, Christoph 215, 217 f., 243
Berliner, Maria 212, 215, 217 f., 220
Berliner, Rudolf 212, 215, 217 f., *217,* 220
Bernays, Minna *221*
Best, Sigismund Payne 170
Besymenski, Lew 236
Bever, Christopher (siehe Berliner, Christoph)
Bever, Maria 215
Bismarck, Otto von 26, 230
Bode, Volkhard 164
Böckeler, Jörg 226
Bomhardt, Carl-Victor von 153
Bomhardt, von (Familie) 152
Boris I. 172, 240
Bormann (Familie) 159

Bormann, Gerda 219 f.
Bormann, Martin *9,* 10 f., 20, 33, 53, 74, 77 f., 83, 88, 94, 96 f., *97,* 99–107, *107, 116,* 116, 121, *122,* 123–127, *125,* 132, 137, *138 f.,* 139, 150, 152 f., *152,* 154 f., 158 f., 165, 173 ff., 180–182, 186, 188, 190–192, 194 f., 197, 201 f., *203,* 211, 218 f., 227 f., 231–233, 235–238, 241 f.
Bormann, Martin (Sohn) 219 f., 243
Borsig, Ernst von 29
Brandner (Familie) 116, *116,* 119
Brandner, Johann 116–120, *117 ff.,* 236
Brauchitsch, Walther von *145*
Braun, Eva 115, *137 f.,* 138 f., 147 f., *148,* 158, 173, 183 f. 204 f., 208–210, 236
Braun, Gretel *148,* 208
Braun, Ilse 148
Braun, Werner 187
Brehm (NSDAP-Ortsgruppenleiter) 80
Breiler (Bauer am Obersalzberg) 22
Breker, Arno 68, 147
Bruckmann (Verlegerfamilie) 29
Bruckner, Anton 207
Bruschwiler, Eugen 206
Büchner, Bruno 27 f., 30, 33–36, *34, 36–38,* 39, 59, 80, 96 ff., *98,* 154, 194, 228–232, 234 f.
Büchner, Elisabeth 28, 30, *34,* 35 f., 80, 96 ff., 231
Bülow, Hans Guido Freiherr von 243
Bullock, Allan 85
Burckhardt, Carl Jacob 237
Burk (SS-Standartenführer) 238
Byrnes, James f. 208

Carol II., König von Rumänien 237
Cecilie, Kronprinzessin von Preußen 70
Chamberlain, Arthur Neville 141 f., *142,* 144 f., 237
Churchill, Winston 175 f., 178, *178*
Ciano, Galeazzo, Graf von Cortellazzo *143,* 237
Court, H. B. 179
Csaky, Graf (ungar. Außenminister) 237
Curtis, Donald 196

Dahm, Volker 223 f.
Degano, Alois 83, *83,* 109 f., *110*
Deser, Frieda 212, 215 f., 219
Dietrich, Otto 92
Dollfuß, Engelbert 56
Domarus, Max 140
Dönitz, Karl 207 f.
Dressel (Angestellter im »Platterhof«) 231
Drewes, Heinrich 233
Drexler, Anton 25, 28, 230
Duisberg, Carl 43

Ebert, Friedrich 26, 33, 60
Ebner, Joseph 63
Eckart, Dietrich 25–33, *27 ff., 31, 33,* 35, 39, 60, 69 ff., 96, 130, 189, 230
Eduard, Herzog von Windsor 141, *141, 206,* 237
Ehard, Hans 191, 195
Eichengrün (Fabrikantenfamilie) 23, *42,* 61, 131, 227, 231, 233
Eichengrün, Arthur 23, 40–44, *40 f., 44,* 58 f., *59, 60,* 131 f., *132–136,* 134 ff., 227, *228,* 231 f.
Eichengrün, Edgar 236
Eichengrün, Erika 232
Eichengrün, Ernst 228
Eichengrün, Hans 41, *41,* 58 f.
Eichengrün, Hille (verh. Sigloch) 41, *41,* 58 ff., 135, 228, 232 f.
Eichengrün, Lucia (gen. Lutz) 58, 132, *133,* 134 ff.
Eichengrün, Madeleine 40 ff., 58 ff., *60,* 231, 233
Eisenhower, Dwight D. 182, 187
Elser, Georg 169–171, 240
Esenger (Architekt) 154
Esser, Hermann 33, 74, 96, 241

Färber, Gotthard 97, *97,* 99–106, 191, 237
Feder, Gottfried 33, 230
Fegelein, Gretl 208
Fegelein, Hermann *148,* 208
Feiber, Albert 224

Ferro, Elisabeth von 194
Ferro, Ritter von 212
Fest, Joachim 232
Fick, Roderich 128, 154, 236
Frank, Bernhard 182, 241
Freud, Anna 216
Freud, Martha *221*
Freud, Sigmund 215–217, *216*, 221, *221*, 228, 243
Friedman, Michel 226
Friedrich II. (gen. Barbarossa) 8, 149, 240
Furtwängler, Wilhelm 70

Galland, Adolf 202
Ganghofer, Ludwig 17, *56*
Geiß, Josef 124, 156, 163, 182, 238
Georg II., Herzog von Sachsen-Meiningen 214 f., 242 f.
George, David Lloyd 141, *141*, 237
Gerhart, Rudolf 236
Giesler, Hermann 238
Giordano, Ralph 226
Glas (Familie) 17, 24
Glas, Regine 17
Gockerell, Nina 215, 221
Goebbels, Joseph 37, 39, 68, 85 f., 90 f., *92*, 129, 132 f., 135, 137, *137*, 152, 159, 170, 207
Göring, Edda 159, 199 f.
Göring, Emmy (geb. Sonnemann) 138, 159, 200, 202, 236
Göring, Hermann 10 f., *56*, 74, 83 f., *83 f.*, *92*, 93, 97, 132 ff., *134*, 136, 138, 150, 158–161, *161*, 173, 180–182, 191–195, 198–202, *200*, 203, 205, *205*, 230 f., 234, 236, 241 f.
Graham-Stamper, E. B. *177*, 240
Gretlein, Georg 184
Gropius, Walter 65, 67
Großmann, Johannes 164
Grynspan, Herschel 132
Gubbins, Colin 176–178, *176*
Gündel, Dr. (Ministerialrat) 99
Guntrum, H. 43
Gussow, Karl 23, 98

Halder, Franz *145*
Halifax, Edward 237
Hallinger, Josef 241
Hamm, Florentine 55
Hanfstaengl (Familie) 29
Hanfstaengl, Egon 92 f., 224

Hanfstaengl, Ernst 72, 91 f., 234
Hanfstaengl, Helen 92 f., 234
Hanke, Kurt *137*
Hansen, Madeleine 228, *228*
Hartmann, Max 122 f., 154, 236
Hartog, Arie 62, 64 f., 228
Haupner, Hans 129, 236, 238
Heidemann, Gerd 199 f.
Heim, Heinrich 230 f.
Heimann, Jonny 228
Heiß, Maria 37–39
Helm, A. 231
Henderson, Neville Meyrick 144 f., 237
Henlein, Konrad *143*, 237
Herbert, Ulrich 157
Herz, Rudolf 89, 140
Heß, Rudolf 36, 76 f., 82 f., 93, 98, 241
Hesse, Hanna 21 f.
Heydrich, Reinhard 133 f., 175
Himmler, Heinrich 51 f., *51*, 155, 161, 170, 173, 219 f., *219*, 228, 238–240
Himmler, Margarete 219
Hindenburg, Paul von 90
Hirtreiter (Begleiterin Hitlers) 27
Hitler, Alois 108
Hoegner, Wilhelm 193–195
Hoffmann, Heinrich 31 f., 52, 82, 89, *89*, 109 f., 138 ff., 144, 148, 152, *152*, 236 f.
Hofmann, Felix 43
Holmes, Marguerite 240
Hölzl (Familie) 41, *41*, 53 f., 73, 105 f.
Hölzl, Eva 60
Hölzl, Johann 22, 40, 100
Hölzl, Josef (gen. Emerer) 54, 100, 104–107, *104*, 163, 187, 190 f., 235
Hölzl, Otto 190 f., 195
Hölzl, Simon 77
Horthy, Nikolaus von 237
Hud, Khalid al 237
Hummel, von (Referent Bormanns) 107

Ibn Saud von Arabien 237
Ibsen, Henrik 25
Imhof, Stefan 241
Irlinger, Wolfgang 75
Irving, David 234
Ismay, Hastings L. 178, *178*

Jacob, Theodor 182, 187, 193 f., 196, 241
Jallowitz, Trude 67
Jochmann, Werner 232
Jodl, Alfred *145*

Josef, Ernst 34
Josef, Eugen 34

Kaiser, Gerhard 164
Kammerer, Max 154, 234
Kammhuber (Ehefrau von J. Kammhuber) 202
Kammhuber, Josef 202
Karnau, Hermann 209
Keitel, Wilhelm *145*
Kempka, Erich 209
Kershaw, Ian 239
Klauer (Präsident des Reichspatentgerichts) 135 f.
Koch, Karl 243
Kochta (Architekturbüro) 225
Koller, Gertraud (geb. Brandner) 117–120, *119*
Kraus, Hans 187
Kreglinger (Hotelbesucherin) 21
Kriß, Rudolf 241
Krupp von Bohlen und Halbach, Gustav 82
Kubitz, Hansjochen 241
Kun, Béla 25
Kurz (Familie) 41 f., 101 ff.
Kurz, Anna 101 ff.
Kurz, Elise (geb. Brandner) 117–120, *119*
Kurz, Hanni 41
Kurz, Hans 242
Kurz, Johann 22 f., 40, 42, *100*, 102
Kurz, Johann senior 22, 42, 229
Kurz, Peter 100

Lahmann (Generalkonsul) 195
Lammers, Hans Heinrich 234
Lammers, Karl 140
Leahy (Admiral) 208
Lehmann, Lilli 70
Lehmann, Lotte 70
Lenin, Wladimir 26
Leonhard (Direktor) 21
Lewald (Hotelgast) 21
Ley, Robert 153
Liebig, Marie von 20 f., 24
Linde (Familie) 19 f., 21, 23
Linde, Carl Ritter von 12, 17–21, 23 f., *23*, 103 f., 137, 229
Linde, Richard Ritter von 103 f.
Lindner, Adalbert 213
Lochner (Familie) 12, 16 f., 20, 48
Lochner, Georg 103 f., 229

Lochner, Michael 12 f., 15 f., 48, *48*, *101 ff.*, 102, 242
Lochner (Tochter) 48, *48*
Ludendorff, Erich 54
Ludendorff, Mathilde 54

Maedel (Ministerialrat) 99
Mafalda, Prinzessin von Savoyen 237
Magaz, Marquez de (spanischer Botschafter) 237
Maidl, Josef 243
Mann, Erika 70
Mann, Thomas 70
Mansfeld, Erich 210
Marcks, Brigitte *61*, 63, 228
Marcks, Gerhard 61–65, *63–66*, 67 f., *68*, 228
Marcks, Maria (geb. Schmidtlein) 61 f.
Marcks, Gottliebe 62, 68, 228
Marcks, Herbert *61*
May, Karl 92
Mayer, Antonie 34
Mayer, Luise 210
Mayer, Mauritia (gen. Moritz) 16 f., *18 f.*, 22, 27, 34 f., 154, 229–231
Mellinger, Ludwig 17 f.
Menzel, Adolph von 230
Mettenheim, Anneliese von 135
Milch, Eberhard 143
Miller, Lee *182*, 184, *185*
Modersohn (Hotelgast) 39, 231
Moltke, Helmuth Graf von 230, 240
Mory, Carmen 196
Müller, Heinrich 240
Mussolini, Benito *147*, 152

Neven du Mont, Jürgen 192 f.
Nippold (stellv. NSDAP-Gauleiter) 97
Noeldechen, Charlotte 21, 24
Noeldechen, Johanna 21, 24
Noeldechen, Kaethe 21, 24
Nurenjew, Konstantin 237

Panholzer (Finanzstaatssekretär) 196
Partner, Therese (geb. Schuster) 188 f., 192
Paul, Christa 239
Paulus, Andreas 240
Picker, Henry 231
Plewnia, Margarete 230
Poncet, François 237
Poppen, Hilko 210
Potthast, Hedwig 219, *219*

Potthast, Helge 219, 243
Potthast, Nanette-Dorothea 243
Price, Billy f. 238

Rahm (KZ-Kommandant) 136
Ranke, Leopold von 230
Rappold (Obersalzberg-Bewohner) 118
Rasp (Familie) 101 f.
Rasp, Josef 45, 152, *152*
Rasp, Steffl 36
Rasp, Thekla (geb. Kurz) 36, 40 ff., 44, 73, 76, *100*, 101, 118, 227
Rath, Ernst Eduard vom 134
Raubal, Angela (verh. Hammitzsch) 27, 46, 77 f., 138, 232
Raubal, Angelika 46
Reger, Christa 213
Reger, Lotti 213
Reger, Max 212–215, *214*, 221, 228, 243
Reichardt, Fritz von 210
Reichsarbeitsminister 166
Reichsbankpräsident 74
Reimers, Peter A. 228
Renoth (Lehrmeister von M. Lochner) 15, 18
Ribbentropp, Joachim von 144, 146, 173
Ridder, Michael de 232
Ritchie, A. P. 176 f.
Röhm, Ernst 27, 72, 76, 230 f.
Roon, Albrecht Graf von 230
Roosevelt, Franklin D. 234
Rosegger, Peter 17, 70
Rosendorfer, Herbert 231
Rothermere, Sidney 237
Rust, Bernhard 68

Sander (SS-Mann) 238
Sandrock, Karl 45 f.
Schaffing, Ferdinand 237
Schalk, Gustav 92
Schaub, Julius 174
Schedle (SS-Sturmbannführer) 210
Schellenberg, Walter 240
Schirach, Baldur von 148
Schirach, Henriette von (geb. Hoffmann) 148
Schleicher, Kurt von 90
Schmeling, Max 148
Schmidtlein (Familie) 23, 231
Schmidtlein, C. 61, 231
Schmidtlein, Ida 231
Schmidtlein, Karl 23, 231
Schmidtlein, Maria 23

Schmidtlein, Wolfgang 228
Schmundt, Rudolf 145
Schnitzler, Arthur 216
Schoening, Everett W. 241
Scholl, Hans 88, 234
Scholl, Robert 234
Schöner, Hellmut 83
Schörner, Ferdinand 207
Schukow, Georgij 208 f.
Schüller, Otto 241
Schulz-Beutler, Elise 236
Schumann, Clara 17
Schuschnigg, Karl 143, 237
Schuster (Familie) 75 f., 78 ff., *78 ff.*, 83, 94, 189
Schuster, Gertrud (verh. Straniak) 69 f., 73, 75, 80, 125, 233
Schuster, Karl 33, 69 f., *71 f.*, 72–81, *78*, *80*, 83, 91, 94, 98, 125, 188–191, 232
Schuster, Maria 69, 76, *78*, 188 f.
Schuster-Winkelhof, Karl 73, 232
Schwarzgruber, Enne 241
Schwarzwäller, Wulf C. 233
Schwechten (Berliner Architekt) 19
Seaman, Mark 170 f., 239
Seitz, Richard 24, 49, *49*, 80, 105, 124
Sensburg, Bertl 212 f., 215
Seyß-Inquard, Arthur 143
Shuster, George N. 191, 194
Sigloch, Otto 59 f.
Silberhorn (Telefonistin) 173
Simpson, Wally 141, *141*, 206, 237
Spaeth, Carl-Heinz 208
Speer, Albert 46, 109 ff., 124, *137*, 138 f., 139, 146, 152, 162, 172 f., 229, 238
Stalin, Josef 144, 208–210
Stangassinger, Johanna (geb. Hölz) 40 f., 52–55, 73, 76, 104 ff., *104 f.*, 117, 163 f., 180, 183, 187, 190, 224, 227, *228*
Stauffenberg, Claus Graf Schenk von 161, 179, 201 f., 240
Steigenberger, Albert 195 f., *195 f.*
Stephanus, Heinrich 210 f.
Steuer, Oskar 188–191, 242
Stevens, Richard 170
Stieff, Helmut 161
Strasser, Georg 72, 85
Strauss, Richard 243
Streicher, Julius 90
Sunner, Serano *143*

Ternina, Milka 98
Thiersch, Erni 20

Thiersch, Ludwig 19 f.
Thorak, Josef 68, 148
Thornley, Richard H. 177 f., 240
Thyssen, Fritz 29, 82
Trevor-Roper, Hugh 209 f.
Trimpl, Wolfgang 30
Troost, Gerdy 158
Troost, Paul-Ludwig 158, 238
Truman, Harry S. 208

Ullrich-Hellquist, Märit 19, 21, 230

Vermeer van Delft, Jan 210
Voß, Richard 17, 21, 34 f., 231

Wagner (NSDAP-Gauleiter) 84
Wagner, Richard 147, 207
Walch (Ladenbesitzer) 100
Walchen, Josef 212
Waltenberger, Georg 152, 229
Weber, Christian 27 f., 35, 231
Wegener, Gustav 243
Wein, Agathe 212, 216

Wein, Georg 212
Weizsäcker, Ernst Freiherr von 145
Wessel, Horst 92
Wilhelm, Kronprinz von Preußen 70
Winter, Margarete (geb. Wachenfeld) 45 f., 71, 232
Winter, Otto 45 f., *82*, 232
Wolffhardt, Friedrich 94

Zietsch, Friedrich 195
Zimmermann, Georg 241
Zychke (Hausverwalter) 193

Angaben zu den Autoren

Ulrich Chaussy
Jahrgang 1952, aufgewachsen in Karlsruhe, lebt seit 1965 in München; Germanistik- und Soziologiestudium; seit 1977 Journalist, Autor und Moderator vor allem für den Bayerischen Rundfunk (BR), zugleich Arbeit für Filme, Ausstellungen, Bücher. Zu seinen wichtigsten Arbeiten zählen:
»Die drei Leben des Rudi Dutschke. Eine Biographie« (1983 u. 1993); »Oktoberfest. Ein Attentat« (1985 – ausgezeichnet mit dem Internationalen Publizistikpreis); »Die Weiße Rose« (CD-ROM, 1995 – ausgezeichnet mit dem Prix Moebius International des französischen Kulturministeriums); »Obersalzberg. Vom Bergbauerndorf zum Führersperrgebiet« (Ausstellungsfilm, 1999); »Freiheit! – Eine kurze Geschichte der Weißen Rose«, in: »Sophie Scholl – Die letzten Tage. Buch zum Film« (Hrsg. Fred Breindersdorfer, 2005); »Sophie Scholl – Allen Gewalten zum Trotz« (mit Marieke Schroeder, Dokumentarfilm 2005).

Christoph Püschner
Jahrgang 1958, seit der Beendigung seines Fotografiestudiums an der FH Bielefeld freischaffender Fotojournalist, Einsätze in den Ländern der ehemaligen Sowjetunion, im Nahen Osten, Afrika und in Südostasien; seine Fotoreportagen wurden in deutschen und internationalen Nachrichten-Magazinen veröffentlicht; seit 1999 ist er assoziiertes Mitglied der in Stuttgart ansässigen Agentur »Zeitenspiegel«.
Die Scharzweiß-Reportage vom Obersalzberg begann Christoph Püschner 1988; in den folgenden Jahren aktualisierte und erweiterte er das Bildmaterial bei zahlreichen Aufenthalten auf dem Berg.